地理
八十八向眞訣(山書)

金明濟 著

明文堂

著者

大地眞穴天定數
萬事不求忠孝外

序言

自他가 누구나 다 그 父母의 白骨의 墓를 平安하게 모시고자 하는 것은 貴賤을 莫論하고 사람의 子息된 사람으로서 千萬人이 비록 몸은 다르다고 하나 마음만은 같을 것이다.

世上에는 羅經의 用法조차도 分別할줄 모르는 人士 特히 他人의 白骨의 將來는 一顧도 하지 않는 그러한 風水의 말을 盲從함이 自己 父母白骨을 모시는 것 보다 尊對를 하니 所謂 風水라 하는 人士는 그것을 좋은 機會삼아서 自己 報酬만을 많이 받으려고 計劃的으로 相對者를 속이고 있는 事例가 間間 있다는 것을 볼 수 있다. 風水가 아무것도 모르며 무엇하나 배우지 않고 或者는 道를 通하였다고 하며 남을 속이고 白骨을 不安中 더 不安하게 하고 있는 形便이다. 勿論 道通하면 그 以上 바랄것이 없겠으나 한낱 羅經의 用法도 모르며 어찌하야 陰陽을 알고 道를 通하였을 것인가. 그는 다만 他人을 속이고 白骨을 不安하게 하고 自己 利益만을 더좀 많이 얻을 수 있는 道를 通하였던 것이다. 이러한 事實이 自故로부터 있는 故로 俗談에 風水의 孫子의 똥이 드물다고 하는 말도 事實인 것이다. 이와같이 風水라는 人士가 風水의 理致를 모르고 他人의 家庭을 亡쳐버리니 그 어찌 後孫이 잘 되겠는가. 참으로 銘心해야 할 일이라 하겠다.

이와같이 딱한 事情을 往往 보니 그 속는 子孫도 딱하거니와 다시 못오는 白骨이 그 얼마나 不安하겠는가 하고 生覺한 나머지 여기 붓을 들어 唐突하게 頭序없이 古人의 書를 編綴하게 되었다.

古人이 말하기를 天機를 妄把하고 洩泄하지 말라고 하신 말씀을 或은 拒逆하는 듯 하나 同志가 相互間 合理하는 地理書를 世上에 發表하여 그 是是非非를 알아서 自他間 奉堃하면 그 얼마나 多幸한 일이겠는가 믿어진다.

現在 科學이 發展하여 달나라 旅行이 이미 實驗段階에 있는바 果然 이루어질 것인가고 世人의 耳目은 集中하고 있다. 우리나라 노래로 불려지는 저「달속의 桂樹나무를 가져다가 집을 짓자」는 노래는 根據없는 夢想의 노래였던가. 科學의 글字조차도 모를 어찌 그런 노래가 나왔던가. 그 노래의 主人公이 밝히지 않았으니 알 사람은 없다고 하여두자. 날이 가고 時間이 갈수록 禮儀나 道德은 한 口頭禪에 不過하고 無人倫狀態로 기울어진 듯 하다. 이와같아서는 目前의 利害가 父母보다 더 크다고 할 수가 있다. 그렇다면 將來할 世代에 죽은 父母白骨은 어찌 될 것이며 人倫은 어디서 찾을 것인가고 생각되어 民族 隆興이라는 大命題에서 編綴하지 않을 수 없게 된 것이다. 地理書가 雜多하나 天上의 八十八星座를 主唱한 救貧楊公의 八十八向法은 地理書

6

中에서 形家理氣보다도 一般이 努力하면 分別하기가 가장 容易하고 簡明하며 李朝時代 首都를 定하고 宗廟를 定하였다는 無學도 槪用 此法하였는 듯 하며 道詵도 云하기를 能知八十八向하면 橫行天下에 無棄地라고 하였으니 從此法이면 有助하리라 믿고 있다. 勿論 此法外에 奇形怪穴도 있다.

指南指北하는 羅經을 모르는 듯한 人士가 作穴하는 것을 보니 보는 사람도 不安하지만 그 靈魂이 얼마나 不安할지 모르나 當場에 말을 하고저 하다가 그 地師나 그 子弟들이 어떠할까 하여서 말도 못하고 日常 그 일을 生覺하니 自然 心思가 不快하나 別道理가 없고 하니 여기 册子라도 發表하는 것이 可하다고 믿게되었다.

穴上의 小差라 하여도 百步千步를 가면 그것은 差라고 할 수가 없을 程度라고 하고 싶다. 不備之才로 册子를 重大한 册子를 編綴하며 或 差錯이 있더라도 學者 諸賢은 過責마시고 諒解와 高見을 베풀어주시면 執筆者의 幸일까 한다.

하고싶은 말

天文과 地理가 一脈 相通한다는 것은 古代부터 이 時刻까지 不變한 것이니 天上星辰을 仰觀하고 地上의 垂像을 살피고 作穴한다는 것은 무엇보다도 的實하다. 이와같이 天文地理를 能通한다면 그 以上 더 잘 알 수는 없는 것이다. 그러니 그 말은 至極히 容易하나 俗人은 一生을 두고도 受得하기가 至難하다기보다 할 길이 없다하여도 過言은 아닌가 한다. 楊公이 老年에 不常羅經하고 倒杖之法을 用之하고 的穴하였다고 하니 天地를 通觀한 것이 事實인가.

이제 우리 後人이 짐작을 할 程度라 믿어진다. 이와같이 楊公이 專重한 生旺이 쉬우며 어려운 것이다. 新羅朝에 처음으로 元曉慈惠大師가 生旺互用하는 內外兩盤의 夫婦配合하는 法을 取用하고 그後 五百餘年이 지나서 義相道士가 生旺八卦를 大用하였으며 또 麗末의 懶翁大師 無學大師가 中原의 唐一行禪師로부터 生旺互用之法을 受得하였으며 그後 俗間에 有名한 玉龍子가 生旺을 大用하고 連하여 俗稱의 法風이 專用하였을 뿐인가. 李朝가 崩하고 中國 文獻을 師가 生旺을 大用하고 連하여 俗稱의 法風이 專用하였을 뿐인가. 李朝가 崩하고 中國 文獻을 一般 俗人이 自意로 求見하게 되어서 俗人이 雖有文章이나 그 理를 未解하고 能通하고 解意한 사람이 적었던 것이다. 大概는 山中의 大小寺奄에 名師가 不絕하고 그 名師가 踏査名山하고 記錄한 骨髓의 文書를 取寫 妄用하는 例가 許多하여서 中國版 地理書가 俗間에 많이 들어오니 앞날의 風水가 行世하기가 過去와 같이 工夫를 하지않고 橫行欺世할 수가 없으니 中國版의 生旺互用之書는 우리나라를 亡치려고 中國人이 故意로 만들어진 것이다. 그러니 믿지말아야 한다. 이와같이 流布하고 古人이 訣錄을 쓴 物形論을 가지고 사람사람을 속혀오는 例가 非一非再였던 것이다. 여러분 物形인들 龍이라고 부르는 山과 水가 아니고 物形과 富貴를 房中에서 알길이 있으리요. 風水라는 某形하면 그저 그 風水의 말에 얼마나 많은 先代白骨을 積惡하였으리요. 이와같은 者도 누구도 모르니 古人의 訣錄을 따라서 사람들이 속아왔던 것이 事實이 아니리요. 이와같은 虛無猛狼한 말을 하여서 自身이 그 法을 모르는 것은 硏講치않고 自稱 名師라고 大師라고 道僧道士라고 이 世上사람을 잘하는 甘言利說로 敗家亡身케 한 그 나 士의 後繼가 있으며 있다하여도 繁榮하리라 믿기가 어려운 것이다. 名士가 眞正한 知士라 면 名師가 아는 것을 完全하게 傳하며 따라서 自身이 未解不明한 點을 傳하여서 後世人이 當初 發明한 先賢에 따를 程度로 發展할 수 있게 傳한다면 그 名師의 後繼는 그 名士의 積善之德을 입어 大昌하리라 믿어진다.

그러나 集編者의 좁은 小見에는 우리나라의 先代知士가 自已 得知한 것을 傳人할지를 모르고 自已 一身에서 그만 그치고 말은 것이 아닌가 믿어진다. 누구나 自身이 배우지않고 古訣의 某形某座某得某破만을 가지고 그 原理를 未得하고 어찌 眞穴을 아는 名師가 되겠는가. 그는 欺世橫行하는 名師라 指稱하고 싶다. 그대가 名師라면 世上을 속이고 橫行하는 것을 삼

가하는 것과 名師의 弟子에 眞傳하기를 빌고싶다. 學者는 金木水火가 土와 不可分의 關係가 있었다는 것을 짐작한다면 眞穴을 可히 分別할 것이요 그 理를 未解하고 自已 臆見으로 사람을 속이면 古人이 말한 바와 같이 九族이 受殃할지도 모르니 살피고 또 살펴서 一毫의 差도 없어야 한다.

그대 後繼가 그대 몸에 있으니 그대의 一言一動이 莫重한 것이다.

世人을 속이고 白骨積惡을 하는 名師여, 그대는 알고 사람을 속이는가 모르고 그대가 山水한테 속는가 그대가 山水에 속는다면 不幸中에 或은 幸이 있을지 모르나 그대가 알고 속인다면 天伐夭死를 어찌 免하리요. 그대가 眞實로 그 寶物을 可히 占친다면 그대는 그어찌 그런 弱行을 하는가 그 寶物을 얻는 者는 福祿이 長久할 것이어늘 白米 幾十에 自己의 마음을 팔며 天下寶物을 自己 家中의 物件처럼 파는가. 그 白骨의 生時의 所望을 그 子孫이 保全하게 하였는가. 可憐한 者를 도우면 그대의 마음도 平安하며 天地神明이 그대를 도울 것이요 그대가 他人의 金錢寶物에 마음을 뺏기어 그 寶物을 自意로 판다면 그대 마음이 아주 不安할 것이니 必是 그 禍가 그대 子孫에 미칠것이다. 乘金相水穴土印木을 그대도 말하리요. 穴의 相도 要하나 그 사람의 相을 보고 有德하다면 그도 可하거니와 그 富貴의 權度에 그대 精神이 屈하면 그 寶物을 그대가 어찌 辨定하리요. 눈에 보이는 것은 乘金相水穴土印木이 아니라 富貴의 權勢만이 보이리요. 너무 唐突한 말같으나 筆者의 先伯 孝誠이 至極함을 世

人이 公知함을 機會삼아서 不良한 名師 癸丑之下에 艮坐坤向의 正針으로 先祖移葬當年에 先伯이 得病死去하시니 財丁이 風散하고 三十餘歲 變喪七八人이요 家家가 不睦하니 地理를 受得하여 小家 一門和睦을 永世 保全하고저 專心地理하오나 未得眞意는 어리석은 緣故라. 그때 筆者 年十有餘年이요 當日 葬時 二人의 僧侶가 痛嘆하고 지나간 事實이 있었으나 家運이 그뿐인가. 그 말을 不從하였으니 難知者는 人間事라 學地理者는 先賢寶典을 求見하며 살피고 살펴서 奉塋하기를 懇切하게 말하는 것이다.

立地하면 萬水가 廻環하고 千山이 拱揖하였으니 必然 眞穴이 깃들였도다. 隱隱한 眞穴을 찾았다면 王侯 將相 公侯가 그대 子孫世代에 連出하는 것을 그대는 얼마나한 榮華라 기뻐하리. 平地의 結咽이라면 높은 頂上에 그 穴이 居焉하며 山上結咽이라면 다리와 다리에 相適한 脚間에 그 穴이 깃들이로다. 四象 兩儀 五突 十字 三停을 그 어찌 벗어나리요. 山水가 同去하면 絶嗣를 可約하는 일이며 陰陽이 相配하면 무엇을 疑心하리요. 다못 良辰을 擇하여 葬之할 일이드라 窩鉗乳突이 五星의 形體에 常時不離할 것이니 乳突에 窩鉗 窩鉗에 乳突을 누가 疑心할 것인가. 蟬翼 蝦鬚가 分明하지 못하거든 生旺中의 休囚脈을 아니든가. 그대 손을 처놓고 보고보는 또 보아서 休囚를 自認하였다면 비록 開地를 하게끔 되었다손 치더라도 金井이 아니니 버리는 것이 至富하리라. 沐浴이 犯하면 男女의 淫亂함을 무엇으로 避하리요. 煞中에 大惡煞은 八煞 黃泉 桃花가 아니리요 假花는 無蔕하니 結實을 못하며 穴도 不居하니라.

大地를 만나고서 初의 小凶을 못견디고 移改하는 子孫네야 그어찌 公侯 巨富의 榮華를 누리리요. 毬檐이 分明하면 正居正穴이 的實하니 毬의 上을 犯하면 龍을 傷하며 檐의 下에 作穴하면 眞氣를 失하였으니 眞穴을 얻기가 어렵고 어렵도다. 金木水火土五星中에 難知者는 火焰인가 하도다. 龍이 穴을 生하면 貴子를 낳을 것이요 穴이 龍을 生하면 子孫이 孝子라 崇祖하는 法이요 龍이 穴을 剋하면 相殘을 하며 穴이 龍을 剋하면 子孫이 忤逆하며 龍과 穴이 比和하면 必是 後昆이 不嗣하리라.

巽龍이 入首하며 侯右하면 取己하고 己龍이 入首하며 侯左하면 取巽하며 乾亥가 雙行하면 乾을 避하고 辛戌이 趣亥하며 辛戌이 雙行하면 辛을 避하고 戌이 乾을 犯하면 癸丑이 雜하면 어찌 後孫을 자랑하리요. 乙辰이 雙來하며 子孫이 不盛하며 戌이 乾을 犯하면 鰥寡之人이 並出하도다. 寅龍에 亥山을 托하려면 寅節에다 藏尸하는 것이다. 人人이 巽辛을 노래하니 巽辛이 文筆砂가 高하다면 神童貴子가 並出하는 하나 萬若에 辛峰이 巽峰보다 低하다면 三十未滿의 早歸하는 學士가 있을 것이요 巽丙丁의 三陽方에 掛榜砂가 蓮桂之魁元이 出하는 法이나 丙丁의 掛榜砂가 巽辛의 文筆만 못하리요. 그대가 金帶를 찾는다면 巽方을 살피어라. 震方의 旌旗가 나부끼니 出閑外之將軍이요 艮丙의 倉庫砂는 白手之人이 成家 天馬는 速發公侯를 可期하며 巽方의 저 娥眉는 天下美女의 相徵이요 艮丙의 倉庫砂는 白手之人이 成家 官將을 可約하였으며 巽方의 저 娥眉는 天下美女의 相徵이요 하도다. 文筆을 가장 좋아하나 乾坤方의 文筆은 非理之爭訟이며 兌丁이 秀高하면 壽高文章을

可知하며 震坎艮三方이 秀麗하면 多男함을 不避하며 兌巽离가 秀麗하면 多女함이 確實하다. 艮峰이 特秀하면 申峰이 特秀하면 聰明하도다. 丙午丁의 三方은 魁元의 得點함을 자랑하드라. 庚酉辛이 幷立하면 腰間에 金帶를 두를 것이요 丑方이 高圓하니 貴婿가 分明하며 未方이 尖秀하니 貴婦가 入室하드라. 巳丑峰이 相對하면 富貴를 雙全하며 辰巳이 貴婿가 奴婢가 億萬이며 子午나 辰戌의 旗砂가 出하면 坤申方이 低缺하면 陣兵이 滅亡하도다. 四金의 窺山을 모든 사람이 가장 꺼리는 緣故는 財帛之盜失이요 四金이 壓冲하면 巽辛의 禍를 不測하드라. 子午의 窺山은 男女가 淫亂하고 卯酉方의 窺峰은 官灾하는 것이며 未乙方에 長岩이 立하며는 勇力之將이 出하며 午未에 三尺가량의 石이 있다며 有德한 君子가 出하며 龍虎方의 獅子岩은 致天祿之日長이라 앞에서의 九曲水가 朝來하면 迂逆하여 孝子忠臣이 並出하며 穴上의 正岩은 致天祿之寅方하니 新婦가 淫走하드라. 辰水가 連於巽水하면 絶嗣할 것이요 癸丑水가 交流하면 毒藥之凶禍하며 來水가 長大하고 去短하면 美하며 反之則 不美하다. 天關이 通達하고 地軸은 周密하면 氣散함을 可知하며 外堂이 狹小하면 氣促하니라. 內堂이 小正함을 꼭 求하여야하며 外堂의 寬平함을 찾아라. 萬若 內堂이 欹闊하다면 奇怪穴이라도 그어찌 取하리요. 또한 內堂이 斜窄하면 非穴이니 勿取하라. 穴前의 灣弓水는 進財實於朝朝하고 穴前의 反弓水는 散財實於暮暮하니 灣弓水를 놓치 말라.

大哉라 先賢이여 後生이 愚迷하여 實文을 未解하고 버리는 곳이 많으니 어느 때에 解得할 것인가 夢中에라도 敎示하면 天下의 無棄地라 하리로다.

再三再四 또 말하고저하는 것은 學者여 滿局生旺을 期取하기를 硏講하는 것이 가장 安全하도다. 水의 生이 龍이요 陰이니 婦라 하며 甲庚丙壬은 水요 陽이니 夫라 龍의 生이 즉 水의 旺이요 水의 生이 즉 龍의 旺이라.

乙辛丁癸는 龍이요 陰이니 婦라하며 甲庚丙壬은 水요 陽이니 夫라 龍의 生이 즉 水의 旺

乙丙 丁庚 辛壬 癸甲 等의 金木水火 四局을 不忘하고 平生用之하는 것을 把旨하였는지.

生旺은 一體의 夫婦와 天地와 같으며 化生萬物하고 生男生女하니 그 後繼가 不絶하며 天地日月의 遁環과 如一하니 이것이 陰陽交媾의 生成하는 理라는 것을 그 누가 否認하리요. 旺去迎生하는 長生向 生來會旺하는 正旺向 兩水가 爽出하는 正墓向 貴人祿馬上街去의 正養向 借庫消水하는 自生向 借庫消水하는 自旺向 等을 그 局의 滿局生旺이라고 하니 勿論 旺龍旺向 生龍生向은 龍水正配라 發福이 無異하다. 그러나 龍이 或 死絶이라하여도 滿局生旺을 立向하면 生旺水가 能히 그 龍의 死絶을 救하는 것이 아니리요.

天干과 地支의 十二個向은 楊公十四進家業興이라 一等의 上格龍이라면 富貴가 極品이요 二等의 中格龍이라면 小富小貴를 期하는 것이요 三等의 下格龍이라면 兵丁術士가 生하며 四等의 無地脈이라도 人丁이 不絶하니 絶嗣는 하지않으니 그 緣故는 向水의 生旺이 龍의 死絶을 救한 關係인 것이다.

그러니 如上의 四條項은 十二個向이 一向이라도 不發하는 일은 없고 稍差가 있다하나 亦無

大害하고 必有人丁하도다. 其餘의 十個向은 皆皆發福하나 稍差가 있다면 其禍가 不淺하여서 敗絶하니 初學者는 不可輕用이 可하도다. 또 滿局生旺을 立向한다 하더라도 그대의 作穴은 衰 向墓流의 不立向 病向墓流의 不立向 胎向墓流의 不立向 沐浴向墓流의 不立向 冠帶向墓流의 不立向 臨官向墓流의 不立向을 犯하지 않았던가. 이 中에 楊救貧의 龍水經의 十四退神과 十四進神의 祿存消水는 發福이 綿遠하도다. 아이 말이 未詳하거든 滿局하였으니 陰陽이 相合하였으며 夫婦가 相 하면 알으리라. 美哉라 生旺의 滿局이여 同一歸庫하였으니 陰陽이 相合하였으며 夫婦가 相 配하여 化化生生하였으니 그어찌 窮苦하리요. 이 滿局生旺의 富貴綿綿하여 永不休하는 것은 陰陽의 大道며 內外元關이 同一竅라(元은 向이요 關은 龍 이요 竅는 水口也라). 陰陽의 大道를 未解하는 地師여 滿局生旺을 모르고 大小惡煞을 云云하니 그 地師가 그 白骨보다 더욱 可憐하다. 아니다 그 白骨 그 子孫이 可憐하다. 子孫네야 地師에 속지말고 부디부디 安葬不改하소. 나는 어찌 이 말을 쓰는가. 아— 不得己也라 巽下에 子坐午向이며 水口가 正庫辛이거늘 그 어느 地師先 生이 殺이라고 云謂하니 그 地師에 속은 白骨이 地下에서 痛哭하는 소리가 들리는 듯하니 시 붓을 들은 緣由이다. 前上의 三陽峰은 三公이 鼎出할 것이요 午方의 天馬가 催官을 하며 天市艮의 貴砂는 早年出仕하는 것이며 丁方의 雙貴砂는 兄弟가 聯登할 것이요 但巽辛이 相 照하지 못하고 穴坂이 奇狹하니 적으나마 恨이드라. 學者여 이와같이 臆知로 作穴하는 習性을 본받지 말고 理氣나 山形을 따라서 作穴하면 皆發할 것이요 不發한다 하나 別無大害하리라.

目 次

序 言 ……………………………… 五
하고싶은 말 …………………… 九

其 一

一、羅經圖解 …………………… 三
二、內外盤 ……………………… 三
三、五行總論 …………………… 三
四、正五行 ……………………… 四二
五、五行相尅相生 ……………… 四七
六、双山五行 …………………… 六六
七、四長生五行 ………………… 六八
八、五行生旺例 ………………… 七一
九、三合五行 …………………… 哭

十、羅經縫針三合双山論
十一、向上五行…………………………………五一
十二、元空五行…………………………………五二
十三、小玄空五行………………………………五三
十四、大玄空五行………………………………五四

其 二

一、四局說………………………………………五五
二、龍去不宜立向………………………………五六
三、四局乙辛丁癸四龍論………………………五八
四、龍身生旺墓絕論……………………………六一
五、迎官取祿……………………………………六三
六、收水錯誤之向………………………………六七
七、論龍總旨……………………………………六七
八、龍　訣………………………………………六八
九、亥龍合玄竅相通是古認水立向法…………六九

- 十、闡明救貧楊公天機水法論 ……… 一三
- 十一、解文庫大小俱得位 ……… 一六
- 十二、顛倒五行論 ……… 一八
- 十三、二十四龍犯天罡解 ……… 一九
- 十四、立穴得水論 ……… 二四
- 十五、九星認水立向論 ……… 二七
- 十六、奇形怪穴論 ……… 三一
- 十七、巒頭五星九星裁用訣 ……… 三四
- 十八、穴訣陰陽圖 ……… 三〇
- 十九、地　理 ……… 三二
- 二十、救貧楊公說 ……… 三六
- 二一、左旋右旋陰陽龍水論 ……… 三七
- 二二、穴訣并言 ……… 三八
- 二三、九宮水法歌 ……… 四二
- 二四、九宮水法補遺 ……… 四三
- 二五、天機大要黃泉 ……… 四六

二六、黃泉解 …………………………………………………… 一四七
二七、小黃泉 …………………………………………………… 一五〇
二八、龍上八煞解 ……………………………………………… 一五二
二九、桃花煞 …………………………………………………… 一五三
三〇、三吉六秀 ………………………………………………… 一五五

其 三

一、砂法全圖（砂說） ………………………………………… 一五七
二、五星貴人得位圖 …………………………………………… 一六七
三、五星結穴圖 ………………………………………………… 一七〇
四、二十四凶圖 ………………………………………………… 一七六
五、橫龍穴의 吉凶圖 …………………………………………… 一八〇
六、八方天馬方位 ……………………………………………… 一八一
七、借馬法與借祿同 …………………………………………… 一八二
八、四局馬例 …………………………………………………… 一八三
九、貴人例 ……………………………………………………… 一八二

20

十、文筆峰 ……………………………………… 一八三
十一、庫櫃砂 ……………………………………… 一八四
十二、天馬砂 ……………………………………… 一八五
十三、印盒砂 ……………………………………… 一八六
十四、紗帽砂 幞頭砂 席帽砂 ………………… 一八七
十五、蛾眉砂 ……………………………………… 一八八
十六、旗鼓砂 ……………………………………… 一八八
十七、案砂 ………………………………………… 一八九
十八、先弓砂 ……………………………………… 一八九
十九、朝拜砂 ……………………………………… 一九〇
二十、羅星砂 ……………………………………… 一九〇
二一、風水說 ……………………………………… 一九一
二二、八山總論 …………………………………… 一九二
二三、地理入門法 ………………………………… 一九三
二四、覆驗舊塋法 ………………………………… 一九四
二五、看大地法 …………………………………… 一九五

二六、看小地法 …………………………………一六六

其　四

一、平洋地富貴丁壽四法 …………………………一六七
二、平洋貴人祿馬論 ………………………………一九一
三、八穴借庫歌 ……………………………………二〇一
四、十二龍理氣歌 …………………………………二〇一
五、臨官貴人歌 ……………………………………二〇二
六、福星貴人歌 ……………………………………二〇三
七、坐祿貴人歌 ……………………………………二〇四
八、沐浴冠帶臨官貴人歌 …………………………二〇五
九、騎龍訣 …………………………………………二〇六
十、水法房分 ………………………………………二〇六
十一、一尋山水 ……………………………………二〇九
十二、原真滴派口訣 ………………………………二二七
十三、青囊經 ………………………………………二二八
十四、一粒粟源派立穴歌訣 ………………………二二六

- 十五、唐國師楊救貧筠松訣 …… 二六二
- 十六、白雲堂訣 …… 二七七
- 十七、八十八向 …… 二八九
- 十八、向向發微 …… 三一六
- 十九、二十四龍 …… 三五六

附錄（二）

- 一、陽宅正義 …… 三六七
- 二、東西四宅 …… 三七二
- 三、靜宅要旨 …… 三六八
- 四、七星吉凶總論 …… 三八〇
- 五、星宮生尅吉凶論 …… 三八七
- 六、相宅定規論 …… 四〇〇
- 七、陽宅開門法 …… 四〇四

附錄（三）

- 一、喪禮 …… 四一一
- 二、祝文式 …… 四二三

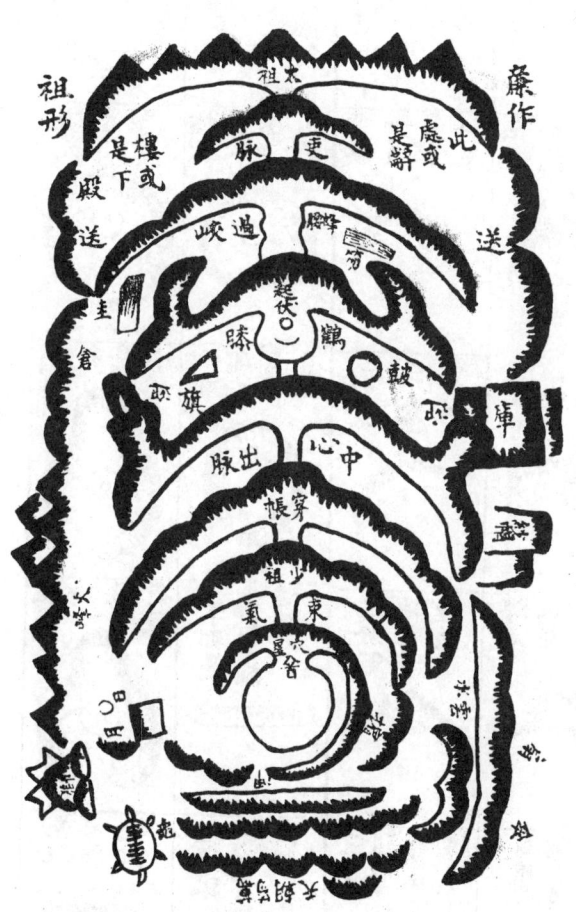

廉貞火山發祖圖

吉砂圖

山如筆架兄弟齊發	砂如玉几富貴無比	右執笏中丞出	左先弓長房隆
五峰義義五子登科	玉璜如月秀子科甲	椎胸長舌妻子剋傷	右先弓小房豐
方山紗帽狀元封誥	蛾眉一案女作宮妃	砂如鑾穴官司口舌	提右單發小兇
蛾眉福屋富貴遐齡	弓若眠案富貴重重	一字文星案科甲綿綿見	左單提長有餘
席帽糊皆藏貢	三台列前富貴綿綿	玉帶環抱富貴立朝	左執笏御史出

宰相筆案頭出	貴人雙薦兄弟聯翩	拜伏作案為官	龍樓鳳閣朝臣登出
葉外插天會魁狀元	天馬峯出富貴神速	侍讀侍講龍恩至渥	帳下貴人內閣名臣
筆現三峯定出三公	天砲文星詞林文士	貴人捧誥屢蒙封詔	玉堂金馬文臣使者
仙橋凌空純陽三丰	文士嶙峋頓筆挨生	貴人執笏忠君愛國	貴人上殿當朝名宦
砂如展誥皇恩卽到	砂有三台穗步金階	砂加鞭乘馬	貴人陛邊榜科甲及第
			貴人觀榜科甲及第

27

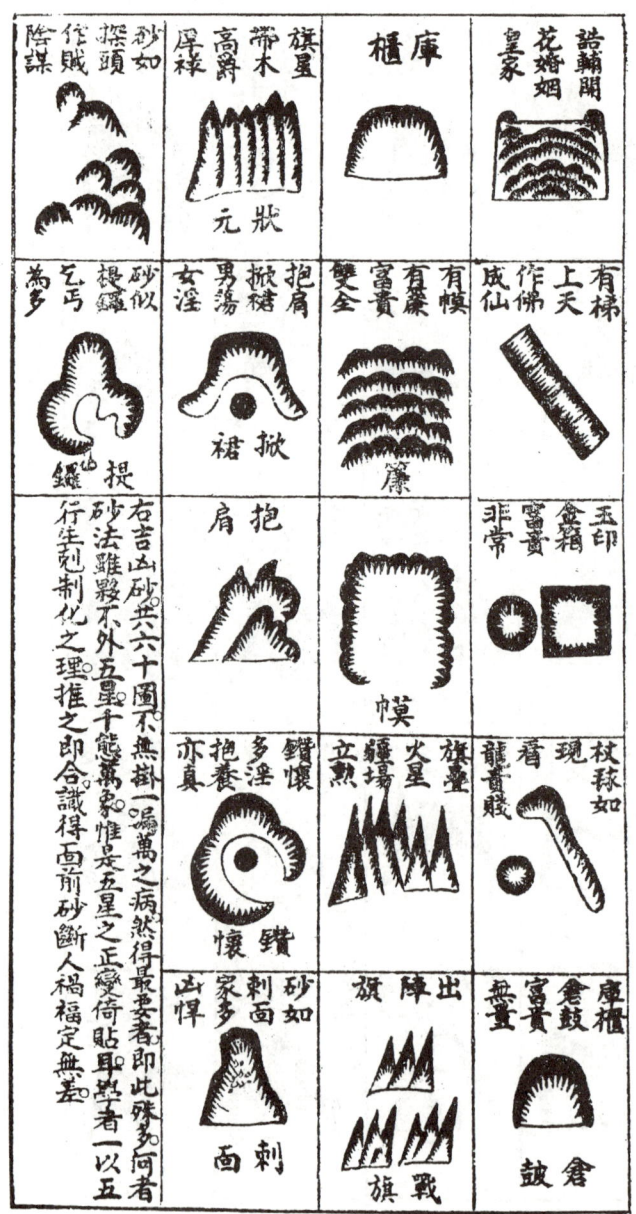

羅經圖

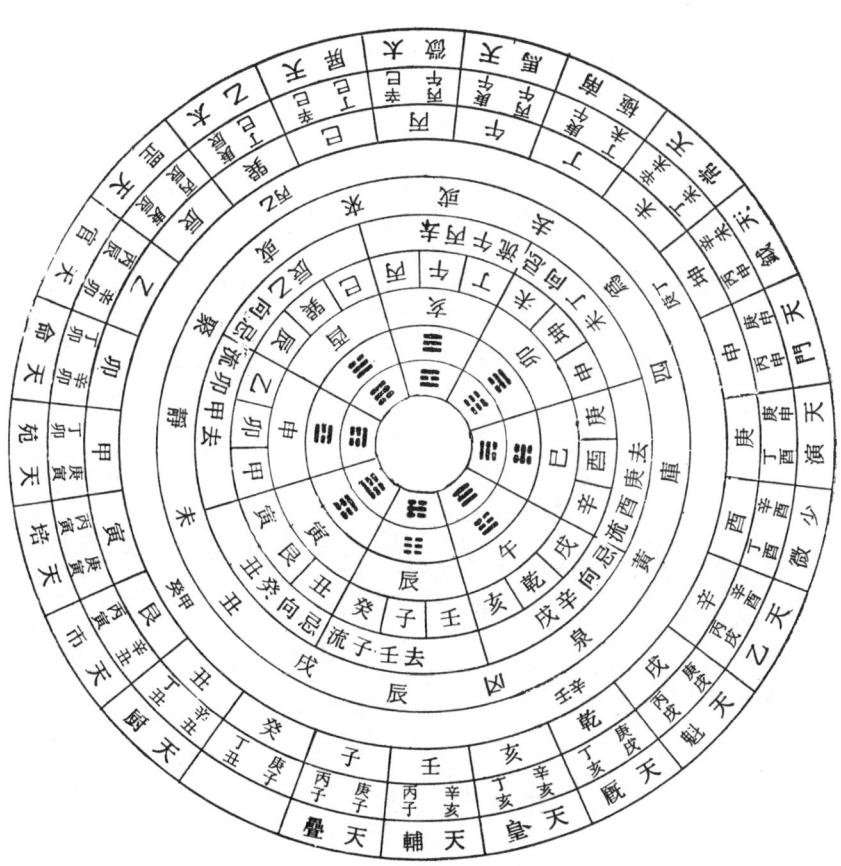

其 一

一、羅 經

羅經之用이 從來에 向이며 十二宮을 十二地支 子午卯酉寅申巳亥辰戌丑未가 分居하였으며 伏羲氏가 始畫 八卦하신 乾南 坤北 離東 坎西 兌東南 艮西北 巽西南 震東北 이와같이 各各居하며 一定不移하는 것이었다. 如上하게 先天八卦가 十二宮을 十二字가 分居하여 後世人이 未解 其意하는故로 文王께서 演易하시어서 坎北 離南 震東 兌西 巽東南 艮南北 乾西北 坤西南에 各各 分居하는 後天八卦를 作하시었다. 그러며 中心의 天地針 黑頭紅頭는 언제나 그 어디서나 移不動하는 것이고 後天八卦의 外盤縫針은 그 變化가 無窮無盡하여서 그 變化를 測定할 수 없先天八卦의 內盤正針의 子午만을 常指하는 것이며 天地의 自然之道에 準合하여 一定하여서 不加하여서 二十四位를 遂成하였으니 十二宮 壬子同宮 癸丑同宮 艮寅同宮 甲卯東宮 乙辰同宮 巽巳同宮 丙午同宮 丁未同宮 坤申同宮 庚酉同宮 辛戌同宮 乾亥同宮이 되었으며 內地盤正針의

午字가 外天盤縫針의 丙午二字를 縫하였으며 內地盤正針의 酉字가 外天盤縫針의 庚酉二字를 縫하여서 十二宮이 二字同宮이 되었으니 雙山이라 한다. 그러니 즉 正針의 壬子의 中間이 縫針의 壬이며 正針의 子癸의 中間이 縫針의 子가 되는 것이다.

經에 云하기를 「二十四山雙雙起少有時師通此意」라 하니 즉 十二宮의 二個字 同宮이라는 것을 時師들이 全部 其意를 不通한다고 하며 玉尺經에 云하기를 「四生三合是天機雙山五行全秘訣」이라 하니 즉 四生四旺四墓의 三合이 天의 造化며 雙山五行이 全秘訣이라는 것이며 又에 云하기를 「先將子午定山崗」이라고 하였으니 內地盤 正針으로 먼저 山崗의 龍派를 格定하라는 것이며 「却把中針來較量」이라고 하니 外天盤縫針으로 立穴收水定向을 較量하는 것이다. 그러니 地理를 精通하자면 先將子午定山崗하고 却把中針來較量하는 것이 眞精한 得訣이라 한다.

如上의 陰陽의 理致를 一顧도 하지 않고서 作穴하는 俗士가 巷間에 許多하니 遇然하게 得地하였다 하더라도 如此之理를 未解하고 어찌 眞實로 金井을 開穴할 것인가. 두말 할 것 없이 眞穴을 破局하고마는 것이 된다.

學者는 先後天의 八卦가 內外의 兩盤을 만들었다는 것을 第一로 不忘하고 熟爛胸中하여서 一字一句나 一圖라도 應用하지 못하면 反招災禍하는 것이다.

雙山五行二十四山分金

立乾亥向　用丁巳丁亥　辛巳辛亥分金

立癸丑向　用丁丑丁未　辛丑辛未分金
立甲卯向　用丁卯丁酉　辛卯辛酉分金
立巽巳向　用丁巳丁亥　辛巳辛亥分金
立丁未向　用丁未丁丑　辛未辛丑分金
立庚酉向　用丁酉丁卯　辛酉辛卯分金
立丙午向　用丙午丙子　庚午庚子分金
立壬子向　用丙子丙午　庚子庚午分金
立坤申向　用丙申丙寅　庚申庚寅分金
立艮寅向　用丙寅丙申　庚寅庚申分金
立辛戌向　用丙戌丙辰　庚戌庚辰分金
立乙辰向　用丙辰丙戌　庚辰庚戌分金

羅經의 分金이 總如上한 것이 本源의 分金이라 하는 것을 自作聰明하여서 徒作妄用하는 人士가 間有하니 그 底意를 未解한다。 四維乾坤艮巽은 本宮에서 借祿迎祿을 하는 것이고 八幹甲庚丙壬乙辛丁癸는 借祿迎祿을 하며 分金을 用之하는 것이다.

羅經의 正中心을 天地針이라고 하며 紅頭는 向午를 하고 黑頭는 向子를 하며 正南正北을 子午一線으로 指定하니 子午라 하는 것은 正針의 子午며 一定不變하는 것이며 外盤의 子午를

指定하는 것은 아니다. 或 外盤의 陰宅의 立向收水를 한다고 하며 外盤의 指定하여서는 大錯誤이며 外盤의 陽 內盤의 陰의 不動으로 變하는 것이니 內外兩盤을 通用하며 南北의 子午는 恒時 內盤의 陽의 動이 外盤의 陽의 子午로 南北을 指

第一層 後天八卦 즉 文王八卦이며 陽에 屬하며 夫라 하며 天이라 하니 外天盤의 縫針에 相應하다.

第二層 先天八卦 즉 伏羲八卦이며 陰에 屬하며 婦라 하며 地라 하니 內地盤에 相應하다.

第三層 龍上八殺이니 坎龍坤兎震山猴 巽鷄乾馬兌蛇頭 艮虎離猪爲煞曜 塚宅逢之一旦休 즉 八個龍身을 剋하는 官鬼星이니 忌한다.

第四層 內地盤 正針이니 二十四山을 格龍한다. 즉 龍脈을 格定한다. 陽宅을 並看한다. 先天伏羲八卦에 相應하며 十二地支만이 있었으나 外盤이 될 때에 亦是 十二地支에 四維八幹을 添配하였으며 爲靜爲體를 하니 格龍入首通竅한다.

第五層 小黃泉 或云 冲祿黃泉이라고 한다. 乙辰向忌甲卯破 丁未向忌丙午破 辛戌向忌庚酉破 癸丑向忌壬子破 或은 向上의 祿位로 流去하는 故로 黃泉이니 凶하다. 但 穴前橫過는 無妨하다.

第六層 辰戌丑未字上에 靜聚 或은 三叉口 去來가 四庫黃泉이니 大凶하다.

第七層 八大黃泉이니 救貧黃泉과 殺人黃泉이 있다. 黃泉解를 詳見하라. 去來하는데에 따

第八層 라서 救貧殺人의 區別이 있다. 甲庚丙壬向을 하고 乾坤艮巽位의 臨官祿水가 來하면 救貧黃泉 去하면 殺人黃泉이다. 乙辛丁癸墓向을 하고 絶位乾坤艮巽位로 去하면 救貧黃泉이 되고 絶胎方水가 來하여서 向上의 當面으로 去하면 殺人黃泉이다. 즉 絶水가 墓庫를 倒沖하니 大惡殺人黃泉이다.

第九層 外天盤縫針이라 한다. 天動水動하니 方可立向收之한다. 出水口가 玄竅相通한다. 上應天星하고 下熙地穴하니 陰陽動靜이 配合한다. 屬陽 屬夫한다. 二十四分金이 如此相交한다. 迎祿과 借祿을 한다.

第十層 天上의 二十四星이 如此排列하였다. 金木水火가 合局하면 吉하고 不合局하면 凶하다. 書云 上應天星下熙地穴이라고 하는 것이다.

二, 內 外 盤

內外盤은 內盤正針과 外盤縫針을 一言하여서 이르는 말이다. 오늘날 한 圓을 三百六十度로 學校나 一般이 取用하고 있으니 三百六十度에 對하여서 內盤과 縫針 또는 그 分金의 分明한 分點을 槪述하여서 十二宮의 二十四字의 位置를 三百六十度 上에서 論하고저 한다. 三百六十度는 즉 零이 된다. 三六〇 즉 零과 一八〇度를 한 直線으로 그으면 그 三六〇度

는 內盤正針의 올바른 正子가 되며 一八〇度는 內盤正針의 올바른 正午가 된다. 三六〇度 즉 零이 正子며 그 子는 三六〇度中에서 三五二·五度와 七·五度사이를 一切로 內盤正針의 子라고 한다. 따라서 一七一·五度와 一八七·五度 사이를 內盤正針의 午位라고 한다. 이 三六〇度와 一八〇度는 그 어느 坐向에서나 어느 곳에서나 一直線을 이루게 올바로 맞추는 것이 經針을 正確하게 取捨하는 根本이 된다. 그리고 一定不易하는 法이다. 內盤針 즉 先天의 針의 子午는 이러하며 外盤縫針이라고 하는 즉 後天의 針은 後天하는 子午를 一線으로 그으며 맞추는 것이 옳다고 하기가 쉬울 듯 하나 이것이 있어서는 안되는 것이다. 內盤을 쓰고저 하며 正針의 子午의 一線을 맞추어서 쓰고 外盤을 쓰고저 하여서 縫針의 子午를 一線을 맞추어 쓴다며는 아주 큰 錯誤인 것이다. 그러니 正針을 쓰고저하나 縫針을 쓰고저하나 一分의 어김이 없이 正三六〇度와 正一八〇度를 맞추는 것이다. 三六〇度와 一八〇度가 正針의 正確한 子午가 되며 一八七·五度는 올바른 縫針의 正午가 된다. 七·五度가 올바른 縫針의 正子가 되며 三五二·五度는 縫針의 子位라고 한다. 따라서 一五度는 內盤正針의 正位가 되니 七·五度에서 二二·五度사이는 縫針의 子位라고 한다. 이와같이 나누어지니 三六〇度는 內盤正針과 外盤縫針을 나누는 基點이 되는 것이다. 正針을 놓고저 하니 三六〇度에 羅針의 黑頭를 맞추고 一八〇度에 羅針의 紅頭를 맞추는 것 만이 아니라 縫針을 놓고저 하드라도 黑頭

는 三六〇度를 紅頭는 一八〇度를 맞추는 法이다. 그래서 十二宮은 三〇度씩이니 十二宮의 二十四字는 一字가 一五度씩을 차지하게 된다. 그러니 그 各字가 차지한 一五度를 三等分하는 것이 內盤의 分金이며 外盤의 分金이 된다. 그러면 或 分金이 하나며 그 分金이 內盤의 外盤의 分金이냐고 할지 모르나 그것은 그렇지 않다. 三五二・五度와 七・五度 사이가 正針의 子位이니 丙子와 庚子는 內盤의 壬子의 中間이니 外盤縫針의 正壬位요 正針의 丙子의 올바른 中心은 三五二・五度와 三四七・五度 사이가 內盤의 壬과 子를 나누며 庚子는 三五二・五度와 三五七・五度 사이가 되니 正針의 丙子와 庚子는 外盤의 올바른 正壬位를 만들고 外盤의 丙子와 庚子는 正針內盤의 子位를 만드는 것이다. 즉 內盤의 分金이 外盤이 되게 하고 外盤의 分金은 內盤의 正位가 되게 한다. 그러니 分金이 이와같이 十二宮의 二十四字를 取하려면 하나만을 取하여도 兩祿을 다 찾는 結果가 된다. 그러니 그 字에서 向이나 坐의 어느 祿을 取가 三等分이 되었으니 이로 因하여서 七十二龍을 云謂하는 것은 너무 深過한 말인가 한다. 金寅 水土巳 火亥木申의 四局의 生旺死絶의 龍도 未分하면서 허울 좋게 七十二龍으로서 全備之地를 廣求한다는 것은 참으로 千里來龍에 吉地가 하나 있을까 말까 한다. 따라서 사람으로는 그 吉龍에 吉地를 擇한다는 것은 없을 것이 아닌가 저윽히 의심스럽다. 이와같이 이 分金을 더 파고든다면 分金中에 또 十二宮이나 무엇이 그 分金을 만든 것이 아닌가 싶다. 이 分金을 生覺하면 果然 楊公救貧이 易書의 易五行을 우리 世俗 사람에 알 수 있게 한 큰 不滅의

光身이었다는 것을 想起할 수가 있는 것이다.

三一五度는 正針盤의 올바른 正乾이니 三〇七·五度와 三二一·五度 사이가 內盤의 乾位가 되니 三二一·五度와 三二七·五度 사이는 外盤針의 正針盤의 亥位요 그 中間 三二〇度는 正針內盤의 올바른 正亥가 되고 三二七·五度는 外盤針의 正亥가 된다. 따라서 三三〇度와 三四五度 사이가 外盤縫針의 亥가 된다. 또 三四五度는 正針의 正바른 壬이 되고 三三七·五度와 三五二·五度 사이는 內盤의 壬이 된다. 그러니 三五二·五度는 外盤의 正壬位요 三四五度와 三六〇度 사이는 外盤의 壬이라고 한다. 三六〇度라는 그 圓은 어디서나 三六〇度와 一八〇度를 黑頭와 紅頭가 一線을 만드니 그 線은 그 圓의 中心 즉 一名 天心이라고 하는 적은 一點을 無極이라고 할 수 있을만큼 指南指北을 하는데나 正針이나 縫針의 坐向이나 分金까지도 그 天心을 떠나서는 있을 수 없는 法이다.

三六〇度와 一八〇度가 內盤의 子午正針의 一線이 그 天心上으로 그으며 九〇度와 二七〇度의 卯酉가 正針의 一線이 그 天心上으로 그어지니 그 天心은 二十四位의 分岐라고 할 수 있다. 이것을 能知하면 그 坐向을 擇하는데 一分의 差錯이 없으며 그 地方 그 地方의 時間까지도 能히 判定할 수 있는 것이다. 萬若 三五二·五度와 七·五度사이의 一五度가 正針의 生覺하고 一八〇·五度나 三五九·五度를 子午라고 하여 맞추었다면 그 어찌 옳은 指南指北을 하였다고 하리요. 그렇다면 一年 三六五日이 四百日이든가 三〇〇日이 되는 結果가 된다.

	子	癸	丑	艮	寅	甲	卯	乙	辰
內盤正針度	三六〇	一五	三〇	四五	六〇	七五	九〇	一〇五	一二〇
	三五二・五〜七・五	七・五〜二二・五	二二・五〜三七・五	三七・五〜五二・五	五二・五〜六七・五	六七・五〜八二・五	八二・五〜九七・五	九七・五〜一一二・五	一一二・五〜一二七・五
外盤縫針度	七・五	二二・五	三七・五	五二・五	六七・五	八二・五	九七・五	一一二・五	一二七・五
	三六〇〜一五	一五〜三〇	三〇〜四五	四五〜六〇	六〇〜七五	七五〜九〇	九〇〜一〇五	一〇五〜一二〇	一二〇〜一三五

巽	巳	丙	午	丁	未	坤	申	庚	酉
一三五	一五〇	一六五	一八〇	一九五	二一〇	二二五	二四〇	二五五	二七〇
一四二·五	一五七·五	一七二·五	一八七·五	二〇二·五	二一七·五	二三二·五	二四七·五	二六二·五	二七七·五
一四二·五	一五七·五	一七二·五	一八七·五	二〇二·五	二一七·五	二三二·五	二四七·五	二六二·五	二七七·五
一五三·〇五	一六五·〇五	一八〇·〇五	一九五·〇五	二一〇·〇五	二二三·〇五	二三四·〇五	二四〇·五〇	二七五·〇五	二八七·五〇

辛	二八五	二七七·五	二九二·五
		二九二·五	二八五
戌	三〇〇	二九二·五	三〇七·五
		三〇七·五	三〇〇
乾	三一五	三〇七·五	三二二·五
		三二二·五	三一五
亥	三三〇	三二二·五	三三七·五
		三三七·五	三三〇
壬	三四五	三三七·五	三五二·五
		三五二·五	三六〇(〇)

以上은 二十四字의 內盤正針과 外盤縫針의 正位를 表示하였으며 그 各度는 相交하여서 內盤의 度가 外盤을 나누었으며 外盤의 度가 內盤을 나누었으니 즉 二九二·五度는 外盤의 辛이며 二一二·五度의 乙은 內盤의 辛戌과 乙辰을 分定하는 正中이다. 二七七·五度의 外盤의 酉와 九七·五度의 外盤의 卯는 內盤의 酉辛과 卯乙을 나누는 正中間의 點이다. 또한 內盤의 辛은 外盤의 酉辛을 바르게 正分하는 度가 된다. 앞에서 말한 分金을 附加하자면 辛祿이 在酉라고하니 陰宅을 立向하면서 乙坐辛向을 擇地하는 때에 二八五度 三〇〇度 사이가 外盤의 酉位이었으니 그 一五度를 五度씩 三等分하여서 二八〇度까지를 辛位에 加하면 元來의 一五度로 變化하니 二〇度의 辛이며 이

때에 一○五度서 一二○度 사이가 乙位라 亦是 卯의 一五度中에서 三分之一의 五度를 乙位로 加하면 卯의 五度와 乙의 一五度가 合하여서 二○度가 되며 一○○度서 一二○度 사이가 外盤의 乙이 그 祿을 맞아들인 結果가 된다. 이와같이 辛이 그 祿을 取하면 乙도 따라서 自然的으로 辛과 같은 祿을 取하는 것이 된다. 이 때에 二九二·五度의 辛位가 二九○度上으로 變化하니 또 乙의 一一二·五度는 一一○度로 되는 것이다. 즉 迎祿이나 借祿을 하면 二·五度라는 度數가 變動하는 것이니 迎官取祿論을 詳察하고 그 禍를 避하고 그 福祿을 取하는 것이다.

三, 五行總論

五行의 名稱이 甚히 많은 것은 쓰는 方法이 數多하기 때문에 不同하다. 書云 四經審脈遵三合하고 三合元空眞妙訣이라 즉 四經五行으로 審脈을 하되 三合法을 遵守하고 三合五行과 元空五行은 眞妙訣이라 하고 又云 四生三合是天機요 雙山五行全秘訣이라 즉 四長生五行의 三合法 이 天의 變化하는 氣運이고 雙山五行은 全秘訣이라 무릇 五行의 理致는 같은 것이다. 五行이라는 것이 火土金水木 이 五個를 一言하여서 五行이라 하며 木은 東이고 火는 南이고 金은 西이고 水는 北이고 各其 金木水火는 各各 本然의 位置가 있으나 土는 中宮에 있으니 地理上

으로 坐山이나 向上에서 金木水火만을 運用하고 土는 北方의 水와 遁還을 같이 하는 것이니 其實은 四行이니 四經五行이라고 한다. 三合이라 하는 것은 十二宮에 定하여 있는 金木水火의 四局의 生旺墓의 三方이 吊合하여서 名하기를 三合이라 하니 즉 寅午戌의 三方이 吊合하니 合成火局이라 하고 巳酉丑을 合成金局이라 하고 申子辰을 合成水局이라 하고 亥卯未를 合成木局이라고 한다. 長生이라고 하는 것은 十二宮의 四隅(乾亥艮寅)(坤申巽巳)가 長生하니 즉 金木水火의 長生의 方位가 되니 四長生五行이라 한다. 雙山은 二十四字의 方位가 二個字가 合하여 一宮이니 壬子 癸丑 艮寅 甲卯 乙辰 巽巳 丙午 丁未 坤申 庚酉 辛戌 乾亥 이와같이 二個字가 一宮을 이루니 壬이니 艮은 天干이라 하고 子는 地支라 하며 艮丙辛의 三合이 즉 寅午戌의 合成火局하였으며 또한 九星에 定位가 있으니 廉貞은 南方이라. 그러니 艮寅 丙午 辛戌의 生旺墓가 合成火局하였 例와 같이 巽庚癸가 巳酉丑과 武曲金이 되고 坤壬乙과 申子辰이 文曲水가 되고 乾甲丁과 亥卯未가 貪狼木이 되었으니 즉 二個字가 合하여 同宮이 되는 것을 雙山五行이라고 한다. 元空은 生入尅入하고 生出尅出하여 吉凶을 區分하니 즉 元은 神明의 變化요 空은 一偏으로 倚著치 않 는 것을 말하며 立向하는 法이 完全히 虛靈한 水法을 憑據하는 것이니 元空五行이라고 한다. 向上은 楊公 救貧의 秘訣이며 金木水火의 四局의 水口를 定하였으며 또한 向에서 四長生의 三 合이 配合하고 死絶을 生旺케 하는 것이니 向上五行이라 한다. 以上의 四經五行 三合五行 雙

43

山五行 元空五行 四生五行 向上五行이 名稱은 다르나 理致는 같은 것이다. 學者는 六個五行을 胸中에 熟爛하고 收水나 立向에 適宜利用하면 된다. 六個五行의 外에도 宗廟五行 洪範五行 穿山透地五行巒頭理氣五行 七十二龍等의 五行이 數多하나 或得或失하니 信行이 至難하다.

四、正 五 行

此係先天內盤正針用以峽上格龍即八卦五行 坎水 離火 震木 兌金 乾金 坤土 巽水 艮土

先天의 內盤인 正針으로 過峽에서 格龍한다.

東方木 南方火 西方金 北方水 中央土 金木水火土

寅甲卯乙巽東方木 左旋龍作甲木論甲木長生在亥順行 右旋龍作乙木論乙木長生在午逆行 寅甲卯乙巽은 東方木에 屬하고 甲은 陽이니 順行하고 乙은 陰이니 逆行한다.

巳丙午丁南方火 左旋龍作丙火論丙火長生在寅順行

右旋龍丁火論丁火長生在酉逆行

巳丙午丁은 南方火에 屬하고 丙은 陽이니 順行하고 丁은 陰이니 逆行한다.

申庚酉辛西方金 左旋龍作庚金論庚金長生在巳 右旋龍辛金論辛金長生在子逆行

申庚酉辛은 西方金에 屬하고 庚은 陽이니 順行하고 辛은 陰이니 逆行한다.

亥壬子癸北方水 左旋龍作壬水論壬水長生在申 右旋龍癸水論癸水長生在卯逆行

亥壬子癸는 北方水에 屬하고 壬은 陽이니 順行하고 癸는 陰이니 逆行한다.

坤艮辰戌丑未中央土 左旋戌土龍論戌土長生在申順行 右旋己土龍長生在卯逆行

坤艮辰戌丑未는 中央土에 屬하고 戌는 陽이니 順行하고 己는 陰이니 逆行右旋한다.

※ 註 羅經의 內盤正針에 屬하는 즉 陰陽宅의 格龍에 쓰는 것이니라. 또 陽宅의 立向에도 쓰나 收水는 縫針을 써야 한다.

五、五行相尅相生

相生   金生水   水生木   木生火   火生土   土生金

相尅   金尅木   木尅土   土尅水   水尅火   火尅金

六、雙山五行

乾亥同宮木長生位　艮寅同宮火長生位　巽巳同宮金長生位　坤申同宮水長生位
甲卯同宮木旺位　　丙午同宮火旺位　　庚酉同宮金旺位　　壬子同宮水旺位
丁未同宮木墓位　　辛戌同宮火墓位　　癸丑同宮金墓位　　乙辰同宮水墓位

羅經의 二十四字가 天干地支의 二個字가 合하여 同宮이 되니 總十二宮이 된다.

七、四長生五行

甲木長生在亥　　乙木長生在午　　丙火長生在寅　　丁火長生在酉
庚金長生在巳　　辛金長生在子　　壬水長生在申　　癸水長生在卯

甲庚丙壬은 陽이니 屬夫하고 乙辛丁癸는 陰이니 屬婦하니 從夫하여서 名曰四長生 또는 八長生五行이라 한다. 各其一定不變하는 生旺墓의 方位가 있으니 或은 三合五行이라고 한다. 甲은 夫라 順行하니 墓가 未요 癸는 婦라 逆行하니 墓가 未라. 그러니 甲陽木과 癸陰水는 配合이라고 한다. 癸의 生은 甲의 旺이요 甲의 生方은 癸의 旺方이 된다. 그러며 墓는 癸甲이 모두 在未하니라 乙과丙 丁과庚 辛과壬이 各其配合한다. 仔細하게 말하자면는 甲은 乾亥가 長生方이며 壬子가 沐浴方이며 癸丑이 冠帶方이며 艮寅이 臨官方이며 甲卯가 帝旺方이며 乙이 衰方이며 巽巳가 病方이며 丙午가 死方이며 丁未가 墓方이며 坤申이 絶方이며 庚酉가 胎方이며 辛戌이 養方이다. 乙은 丙午가 長生方이며 丁未가 沐浴方이며 巽巳가 病方이며 乙辰이 冠帶方이며 艮寅이 帝旺方이며 癸丑이 衰方이며 壬子가 病方이며 乾亥가 死方이며 庚酉가 墓方이며 坤申이 絶方이며 丁未가 養方이 된다. 그러면는 甲陽木과 乙陰木은 兩者의 生旺墓의 三方이 配合치 않으나 癸는 甲卯가 長生方이며 艮寅이 沐浴方이며 癸丑이 冠帶方이며 乾亥가 帝旺方이며 辛戌이 衰方이며 庚酉가 病方이며 坤申이 死方이며 丁未가 墓方이며 丙午가 絶方이며 巽巳가 胎方이며 乙辰이 養方이니 癸와 甲은 配合이고 乙과 甲은 配合치 못한다. 乙丙 丁庚 辛壬이 癸甲과 그 理致가 同一하니 同推하라. 一者의 配不配의 理致를 明確하게 把握하면 外의 三者의 理致를 易解하고 不忘할 것이니 同推하라고 한다. 四長生五行은 向上法과 不可分의 關係가 있으니 學者는 分明하게 알아야 한다.

八、五行生旺例

生即生　浴即沐浴　帶即冠帶　官即臨官　旺即帝旺　衰病死　墓即葬　絶胎養　沐浴一名敗　絶一名胞　養一名小長生

47

陽死處陰生 陰死處陽生

人之初生하니 즉 長生하고 沐浴하고 冠帶하고 臨官하고 旺하고 衰하고 病들고 死하니 葬地한다. 다음에 絶하여 그 魂이 胎하여가지고 母胎에서 養하여 復生한다는 遁還의 理致를 五行의 十二宮에 定名하였으니 人生의 生死는 不切한다.

順序로 男順女逆하니 甲庚丙壬은 寅申巳亥에서 起長生하며 反對方向으로 遁하나 乙辛丁癸는 子午卯酉에서 起長生하며 時計針이 도는 方向으로 遁하는 順序이다. 婦는 逆數요 夫는 順數니라.

生我者印綬父母 我生者子孫 克我者官鬼 我剋者妻財 比和者兄弟

九, 三合五行

亥卯未) 貪狼一路行 此木局之三合也
乾甲丁)

乾亥는 木長生方이요 甲卯는 木旺方이요 丁未는 木墓方이니 亥卯未는 地支三合이며 乾甲丁은 天干三合이다. 貪狼은 九星論의 木이니라.

寅午戌) 位位是廉貞 此火局之三合也
艮丙辛)

艮寅은 火長生方이며 丙午는 火旺方이며 辛戌은 火墓方이니 寅午戌은 地支三合이고 艮丙

辛은 天干三合이다. 廉貞은 九星論의 火를 말한다.

巳酉丑
巽庚癸) 盡是武曲位 此金局之三合也

巽巳는 金長生方이며 庚酉는 金旺方이며 癸丑은 金墓方이니 巳酉丑은 地支三合이며 巽庚癸는 天干三合이다. 武曲은 九星論의 金을 말한다. 金은 그 方位가 西方이니라.

申子辰
坤壬乙) 文曲從頭出 此水局之三合也

坤申은 水長生의 方位이며 壬子는 水旺方이며 乙辰은 水墓方이니 申子辰은 地支三合이며 坤壬乙은 天干의 三合이 된다. 文曲은 水니라.

以上의 生旺墓는 그 局에서 一定하였으며 또 甲庚丙壬의 夫와 乙辛丁癸의 婦가 相交하여 火局 金局 水局 木局을 定하니라.

十、羅經縫針三合雙山論

四生三合是天機
四旺四墓合最徵
雙山五行全秘訣
方知卦例却爲非

羅經內盤의 正針은 陰에 屬하니 婦라 하며 收龍 즉 某字의 龍인가를 區分하고 外盤의 縫針은 陽에 屬하니 夫라고 하며 立向을 하니 夫婦雌雄의 交度라고 한다.

或은 收龍 즉 格龍과 立向을 內盤이나 外盤만으로 用之하면 陰陽이 不配하니라. 그러나 坐山收金 즉 立向을 하면 艮寅은 火局의 旺龍이니 內盤正針으로 龍上收金은 當然하다. 坐山收金은 外盤縫針을 用之하여서만 玄竅相通한다. 辰方에 水口가 있으면 辛壬會而聚辰의 水局이라 丙午는 水局의 胎方이 되거니와 丙午가 火局旺方이라고 旺向을 하면 辛庚會而聚辰의 水가 墓絶水 病死水로 化하며 巽巳는 丙午의 臨官祿位며 乙辰은 冠帶方이 되니 辛庚坤方의 病死墓水가 沖破祿位하면 殺人大黃泉의 水法이 된다. 이때에

龍을 버릴 수가 없다면 丁未向을 하여라. 丁未는 水局의 養方이니 坤庚辛方의 水는 生水 冠帶水로 化하며 辰巽方에 出水하니 三折祿馬上衙去의 三奇貪狼格으로 된다.

다음은 巽巳向 즉 水局의 自生이 될 수 있는가 살펴서 立向하여라. 如上의 陰陽交度하는 것을 不知하고 純陰의 正針이나 純陽의 縫針을 偏用하니 大地가 不發하고 招禍하니라. 竅는 水口이며 玄은 向을 가리켜 하는 말이다.

十一、向上五行

此는 從向上하여 長生을 起하는 것이며 死絶을 化生旺하는 法이라. 四局에 正庫로 消水하나 堂局의 水口와 穴星이 不合하면 權宜立向하여 借庫로 消水한다. 大槩가 水口로 長生을 定하나 吉水가 아니면 可히 用之못한다. 寅申巳亥를 向하여서 立向하면 自生向 즉 絶處逢生向이며 從向上에서 長生을 起한다. 子午卯酉를 向하여서 立向하여는 從向上에서 帝旺을 起한다. 但 그 局의 水口에 不拘하고 向上作主하며 或衰方 或沐浴方 或胎方으로 借庫消水한다.

즉 自生向 自旺向이 된다.

原來에 四生 四旺 四墓가 四長生五行에 確定하여서 一定 不變하는 四局을 이루었다. 그러나 譬하여서 말하자면 巽巳는 水局의 絶方이 되는데 巽巳를 向하여 立向하면 巽巳向 乾亥坐

는 水局의 自生向이니 水口가 乙辰이나 巽巳나 丙午方에 되니라. 甲卯方은 水局의 死方이되나 向甲卯 坐庚酉를 하면은 自旺向 즉 水局의 絶處逢旺向이니 乙辰이 水口의 本庫이였으나 向上作主를 하였으니 乙辰은 衰方이 되니 水口는 衰方乙辰이라 庚酉가 水局의 沐浴方이 될 境遇에 向庚酉 坐甲卯를 하면 水局의 浴處逢旺向이니 此亦 自旺向이라 하나 此向은 衰方消水면 玄竅不通하니 向上作主를 하고 또 沐浴方丙方에 消水하니 丙은 水局의 胎 즉 祿存이 된다. 如上하게 그 局의 死絶이 化生旺하는 法이 向上五行이다. 水局의 自生自旺하는 理致와 同一하게 木局이나 火局이나 金局에서 同推完解하면 된다.

十二, 元空五行

元空五行을 玄空五行이라고 하며 玄空五行에는 大玄空五行과 小玄空五行이 있으며 즉 元空五行이라고 하면 一般이 小玄空五行을 말하게 된다.

大玄空五行은 後天外盤의 縫針으로 收水立向하며 小玄空五行도 穴前의 來水와 魁의 一者中에서 取하며 消水 亦是 生이나 魁에서 定하는 것이다. 平洋之地에는 小玄空을 用之하고 山地나 騎龍에서는 四方에 高大한 山巒이 鼎立하여서 大玄空五行이라야 한다. 玄空法에서 比和는 禁塞하여야 한다. 若比和면 敗絶耗散한다. 小玄空五行으로는 格龍과 立向은 不犯하고

52

單只 收水하라.

十三、小玄空五行

丙丁乙酉原爲火　亥癸艮甲是木神　乾坤卯午金同倫　辰戌丑未土爲眞
子寅辰巽庚兼巳——申與壬方是水神

來水去水가 生入剋入하고 또는 剋出生出하는 法이며 水裏龍身이 不上山이라.

그래서 諸家에서 必用此法하여 立證하였으며 四經四生等의 五行은 金木水火가 東西南北을 各各 分定되고 中宮의 土는 從水하게 되었으나 小玄空五行의 特色은 東西南北에 分定치않고 金木水火土의 五者 즉 五行이 二十四個字를 나누어서 相生相剋을 論하였다. 譬如하면는 丙丁 乙酉를 火라고 한다. 他五行에서는 丙丁은 南方의 火라고 하며 九星에서도 火라고 한다. 그러나 小玄空五行에서는 乙과 酉가 各各 東西 리고 乙은 東方木이며 酉는 西方金인 것이다. 그러나 小玄空五行에서는 乙과 酉를 火라고 한다. 그러나 此理無窮하고 無限하며 甚奧하여서 完解者에 있는 方位는 不變시켜 固定시켜 두고 乙과 酉를 火라고 한다. 그러나 此理無窮하고 無限하며 甚奧하여서 完解者는 大端히 不安하다고 生覺될줄로 안다. 初學者는 大端히 不安하다고 生覺될줄로 안다. 初學가 적으니 十分硏講할 것이며 小玄空에서 가장 凶惡한 것은 比和라고 하니 比和라는 것은 相生과 相剋을 比和한다는 것이다.

十四、大玄空五行

金寅水土巳木申火亥當하니 如子坐午向은 木向也라 即寅申巳亥가 長生이니 倣此라 皆付於向上이라.

子寅辰乾乙丙金　　卯巳丑艮丁庚水　　午申坤戌壬辛木　　酉亥未巽癸甲火

小玄空五行에서 論하였던 것과는 또 特異하다. 土는 水로 從하며 金木水火를 二十四字가 名稱을 六個字씩 가졌으며 南方만이 火의 方位가 아니고 四方에도 있다. 金은 寅에서 起하고 水와 土는 巳에서 起하고 木은 申에서 起하고 火는 亥에서 起한다.

54

其 二

一、四局說

乙陰木 生于午 旺于寅 墓于戌
丙陽火 生于寅 旺于午 墓于戌

乙陰木과 丙陽火가 生旺墓의 三方이 配合하니 艮寅은 乙의 旺이며 丙의 生이 되고 丙午는 乙의 生이며 丙의 旺이 되고 辛戌은 乙과 丙의 墓가 되니 乙婦와 丙夫가 一局을 이루어 乙丙 交而趣戌의 火局이 된다.

辛陰金 生于子 旺于申 墓于辰
壬陽水 生于申 旺于子 墓于辰

辛陰金과 壬陽水가 生旺墓의 三方이 配合하니 坤申은 辛의 旺이며 壬의 生이 되고 壬子는 辛의 生이며 壬의 旺이 되고 乙辰은 辛과 壬의 墓庫가 되니 辛婦와 壬夫가 一局을 이루어 辛壬會而聚辰의 水局이 된다.

丁陰火　生于酉　旺于巳　墓于丑
庚陽金　生于巳　旺于酉　墓于丑

丁陰火와 庚陽金의 生旺墓의 三方이 配合하니 巽巳는 丁의 旺이며 庚의 生이 되고 庚酉는 丁의 生이 되며 庚의 旺이 되고 癸丑은 丁과 庚의 墓가 되니 丁婦와 庚夫가 一局을 이루어 斗牛納丁庚之氣의 金局이 된다.

癸陰水　生于卯　旺于亥　墓于未
甲陽木　生于亥　旺于卯　墓于未

癸陰水와 甲陽木의 生旺墓의 三方이 配合하니 乾亥는 癸의 旺이며 甲의 生이 되고 甲卯는 癸의 生이며 甲의 旺이 되고 丁未는 癸와 甲의 墓庫가 되니 甲夫와 癸婦가 一局을 이루어 金羊收癸甲之靈의 木局이 된다.

二、龍 去 不 宜 立 向

玉尺經에 云—乙辛丁癸之婦는 宜配甲庚壬之夫라 하였으니 蓋乙辛丁癸는 屬陰하니 是는 論龍하고 不論向이니라. 甲庚丙壬은 屬陽하니 是는 論向하고 不論龍이니라. 不論向也니 不宜立向이니라. 時人이 立向錯亂하니 水가 不歸庫而致敗絶矣라. 如水口가 在戌이면 乙丙交而趣戌이

니 乙은 是龍也라 立乙向이면 水가 不歸戌庫矣라。乙丙이 交하면 立艮丙辛兼寅午戌之向하고 水口가 在辰이며 辛壬會而聚辰이니 辛은 是龍이라 立辛向이면 水가 不歸庫矣리니 宜與壬配立 하니 坤壬乙兼申子辰之向하고 水口가 在丑이면 斗牛納丁庚之氣이니 丁은 是龍也라 立丁向이 면 水가 不歸庫矣리니 宜與庚配立하니 巽庚癸兼巳酉丑之向하고 水口가 在未하면 金羊收癸甲 之靈이니 癸는 是論龍也라 立癸向이면 水가 不歸庫리니 宜立乾甲丁兼亥卯未之向이니라。此는 不易之法이며 方合夫夫婦婦雌雄의 交度之說이라。然이나 四局之外에 可有立向者也니라。
古人이 如上하게 仔細하게 論述하였으나 時人이 或有未解하고 或은 錯誤가 나지않을까 한 나머지 概論한다。乙辛丁癸는 龍을 말하고 甲庚丙壬은 向을 말하였다。그러면 乙丙交而趨戌 의 火局을 말하자면 乙龍에 乙을 하면 水가 戌庫로 가지 向은 반드시 丙向을 하여 야 한다。여기의 乙과 丙은 火局의 龍의 生旺死絕의 理致가 乙이 다 代表하였으니 즉 乙을 하여 生在午에서 逆行을 하니 旺在寅이 된다。丙陽火는 生在寅이 되니 丙은 火局의 向의 生旺死絕 을 다 代表하였으니 艮寅이 火局의 正長生向이라고 한다。乙을 從하여 艮寅이 旺方이라고 하며 艮寅을 火局의 正旺向이라고는 못한다。그 理致는 簡明하다。乙龍에서 乙向을 하면 丙水가 어찌 過前하여서 歸庫 즉 戌方으로 가겠는가 乙龍에서 丙向을 取하여서만 水가 歸庫한다。總 括하여서 말하자면 乙辛丁癸는 陰이며 子午卯酉에서 逆行하니 龍의 生旺死絕을 內盤으로 觀 之하여 그 局 그 局 즉 金水木火의 龍을 말하고 甲庚丙壬은 陽이니 寅申巳亥에서 順行을 하니 外盤으로 立向을 한다.

乾亥 坤申 巽巳 艮寅은 四旺龍이고 甲卯 壬子 丙午 庚酉는 四生龍이라고 하며 乾亥 坤申 巽巳 艮寅을 四長生向이라 하며 壬子 甲卯 丙午 庚酉를 四旺向이라 한다.

三、四局乙辛丁癸四龍論

辛壬會而聚辰水局辛龍生旺死絕

到頭하고 結穴한 곳에 이르거든 羅經外盤縫針으로 水口를 보면는 水口가 乙辰 巽巳 丙午 六個上에서 交會하면 辛壬會而聚辰의 水局이라고 한다. 이것이 四局說에서 말한것과 같이 水局辛龍이니 이 辛龍이 어디에 屬하는 龍이 되는가를 알기 爲하여 羅經內盤正針으로 格龍을 한다. 辛의 長生이 子에 있으며 逆行을 하니 壬子方에서 入首면 子는 辛의 生方이니 生龍이 며 辛戌方에 入首면 坤申方에서 入首면 坤申은 辛의 冠帶方이니 冠帶龍이며 庚酉方에서 入首면 庚酉方는 辛의 臨官方이니 臨官龍이며 坤申方에서 入首면 坤申은 辛의 旺方이니 旺龍이다. 雙山으로 以上의 八個 字가 理氣가 生旺을 得하였다고 하며 또 그 龍의 形狀이 生旺하며 束氣하고 淸眞하며는 必然 코 大發한다. 萬若에 丙午方에서 入首면 丙午는 辛의 病方이니 病龍이고 巽巳方에서 入首면 巽巳는 辛의 死方이니 死龍이며 甲卯方에서 入首면 甲卯는 辛의 絕方이니 絕龍이라고 하며

雙山으로 以上의 六個字를 理氣가 死絶을 犯하였다고 한다. 理氣犯死絶의 龍이 그 形狀이 生旺하였드라도 的實히 不發한다.

斗牛納丁庚之氣金局丁龍生旺死絶

到頭하고 結穴한 곳에 이르거든 羅經外盤縫針으로 水口를 보며는 水口가 癸丑 艮寅 甲卯의 六個字上에서 交會하며는 斗牛納丁庚之氣의 金局이라고 한다. 이것이 四局說에서 말한 것과 같이 金局이니 이 丁龍은 어디에 屬하는 龍이 되는가를 알기 爲하여 羅經內盤正針으로 格龍을 한다. 丁의 長生이 酉에 있으며 逆行을 하니 庚酉方에서 入首면 酉는 丁의 生方이니 生龍이며 丁未方에서 入首면 丁未는 丁의 冠帶方이니 冠帶龍이며 丙午方에서 入首면 丙午는 丁의 臨官龍이며 巽巳方에서 入首면 巽巳는 丁의 旺方이니 旺龍이고 束氣가 淸眞하면 必然코 大發한다. 萬若에 甲卯方에서 入首면 甲卯는 丁의 病方이니 病龍이고 艮寅方에서 入首면 艮寅은 丁의 死方이니 死龍이고 壬子方에서 入首면 壬子는 丁의 絶方이니 絶龍이라고 하며 八個字가 理氣가 生旺을 得하였다고 하며 또 그 龍의 形狀이 生旺하며 雙山으로 以上의 六個字 龍을 理氣가 死絶을 犯하였다고 한다. 理氣가 死絶을 犯하는 龍은 비록 그 形狀이 生旺하였드라도 的實不發한다.

金羊收癸甲之靈木局癸龍生旺死絶

到頭하고 結穴한 곳에 이르거든 羅經外盤縫針으로 水口를 보며는 水口가 丁未 坤申 庚酉의

59

六個字上에서 交會하면 金羊收癸甲之靈의 木局이라고한다. 이것이 四局說에서 말한 것과 같이 木局의 癸龍이니 이 癸龍의 어디에 屬하는 龍이 되는가를 알기爲하여서는 羅經內盤正針으로 格龍을 한다. 癸는 癸의 長生이 甲卯에 있으며 逆行하니 甲卯方에서 入首하면 生龍이며 癸丑方에서 入首면 癸丑은 癸의 冠帶位니 冠帶龍이며 壬子方에서 入首하면 壬子는 癸의 臨官位니 臨官龍이며 乾亥方에서 入首하면 乾亥는 癸의 旺方이니 旺龍이다. 雙山으로 以上의 八個字가 理氣가 生旺을 得하였다고 하며 또 그 龍의 形狀이 生旺하며 束氣가 淸眞하면 必然大發한다. 萬若에 庚酉方에서 入首하면 庚酉는 癸의 病位라 病龍이며 坤申方에서 入首면 坤申은 癸의 死位라 死龍이며 丙午方에서 入首면 丙午는 癸의 絕方이니 絕龍이라고 하며 理氣가 死絕을 犯하였다고 한다.
個字를 理氣가 死絕을 犯하였다고 한다. 理氣犯死絕龍이 그 形狀이 비록 生旺하였드라도 實하게 不發한다.

乙丙交而趨戌火局乙龍生旺死絕

到頭하고 結穴한 곳에 이르거든 羅經外盤縫針으로 水口를 보며는 水口가 辛戌 乾亥 壬子 六個字上에서 交會하며는 乙丙交而趨戌의 火局이라고 한다. 이것이 四局說에서 말한것과 같이 火局乙龍이니 이 乙龍의 어디에 屬하는 龍이 되는가를 알기爲하여 羅經內盤正針으로 格龍을 한다. 乙의 長生이 丙午에 있으며 逆行을 하니 丙午方에서 入首면 生龍이며 乙辰方에서 入首면 乙辰은 乙의 冠帶方이니 冠帶龍이며 甲卯方에서 入首면 甲卯는 乙의 臨官方이니 臨官

龍이며 艮寅方에서 入首면 艮寅은 乙의 旺方이니 旺龍이다. 雙山으로 以上의 八個字가 理氣가 生旺을 得하였다고 하며 그 龍의 形狀이 生旺하며 束氣가 淸眞하면 期然大發한다. 萬若에 壬子方에서 入首면 壬子는 乙의 病方이니 病龍이고 乾亥方에서 入首면 乾亥는 乙의 死方이니 死龍이고 庚酉方에서 入首면 庚酉는 乙의 絕方이니 絕龍이라고 하며 雙山으로 以上의 六個字 龍을 理氣가 死絕을 犯하였다하니 理氣가 死絕을 犯한 龍이 비록 그 形狀이 生旺하였더라도 的實히 不發한다.

以上은 二十四龍의 生旺死絕을 말하였으며 其局에서 恒時 잊지말고 平常時에 心中 握旨하면 立向에 生旺死絕을 擇하면 大地를 可히 分別한다. 龍은 水와 不可分의 關係 다시말하여 龍水相互間의 理氣가 不合하면 不發하며 或은 敗絕하니 愼察하기를 바란다.

四、龍身生旺墓絕論

陽木　生在亥　旺在卯　墓在未
陰木　生在午　旺在寅　墓在戌

甲卯入首를 木氣라고 한다. 그러면 乾亥方으로 부터 이르며는 陽木이라고 하며 丙午方으로 부터 이르며는 陰木이라고 하며 이 두 方位로 부터 이르는 陰木龍과 陽木龍은 모두 生氣方에서 出身한 것이다. 萬若 坤申庚酉의 두 方位에서 出身하였다면 坤申庚酉는 陽木陰木의 絕胎方이니 理氣上으로 龍脈의 發源이 이미 絕하였다.

丙午入首를 火氣라고 한다. 그러면 艮寅方으로 부터 이르며는 陽火龍과 陰火龍은 모두 生氣方에서 出身한 것이다. 萬若 乾亥壬子의 두 方位에서 出身하였다면 乾亥壬子는 陽火陰火의 絕胎方位라 理氣上으로 龍脈의 發源이 이미 絕하였다.

庚酉入首를 金氣라고 한다. 그러나 巽巳方으로 부터 이르며는 陽金龍과 陰金龍은 모두 生氣方에 서 出身한 것이다. 萬若 艮寅甲卯이 두 方位에서 出身하였다면 艮寅甲卯는 陽金陰金의 絕胎方位라 理氣上으로 龍脈의 發源이 이미 絕하였다.

陽火　生在寅　旺在午　墓在戌
陰火　生在酉　旺在巳　墓在丑
陽金　生在巳　旺在酉　墓在丑
陰金　生在子　旺在申　墓在辰
陽水　生在申　旺在子　墓在辰
陰水　生在卯　旺在亥　墓在未

壬子入首를 水氣라고 한다. 그러나 坤申方으로부터 이르며는 陽水라고 하며 甲卯方으로 부터 이르며는 陰水라고 하며 이 두 方位로 부터 出身한 것이다. 萬若 巽巳丙午 이 두 方位에서 出身하였다면 巽巳丙午는 陽水陰水의 絶胎 位니 理氣上으로 龍脈의 發源이 이미 絶하였다.

龍이 絶位에서 出身하면 到頭를 따라 得局하였으며 그 形狀마저 完固하드라도 發福을 못한 다. 經云―陽龍이 左旋하니 從生趨旺하고 陰龍이 歸右하니 自旺朝生하니라. 모든 陰龍과 陽 龍이 理氣와 形狀이 生旺完固하고 莫帶天罡하고 莫犯鬼却하고 陰陽本生을 尅泄하며는 참으로 爲美하니라. 그러나 如此한 龍이 果然 있다든지 없는지. 있다라 하여도 極히 稀有하니 全無라 하여 도 過言은 아닐까 한다. 如此한 龍은 再論하지 말고 譬如하자면 木龍이 坤申絶位에서 出 身하여 庚酉를 轉하여서 生方乾亥에서 入首하면 그 勢를 살펴 死絶의 氣가 短小하고 長生의 氣가 長厚하거든 輕棄하지 말고 살피고 살펴서 權宜立向하여라.

五、迎官取祿

글字대로 臨官을 迎하고 祿水와 祿位를 取한다는 것이니 官과 祿은 一位며 分立하지 않는 다. 迎官 즉 다시 말하자며는 立向을 하여서 臨官方에 貴峰 貴砂 貴水 湖池等을 穴과 向에서

放棄치 말고 正確하게 取하는 것을 말한다.

一例로 乙丙交而趣戌이 火局이라고 하니 丙午向은 火局의 臨官方位가 되며 祿의 位하는 곳이니 丙午旺向을 立向하면 巽巳에서 迎官取祿을 한다. 그러니 庚酉旺向은 坤申方이며 壬子旺向은 乾亥方이며 甲卯旺向은 艮寅方이 臨官方位라는 것은 向에서나 또는 그 坐에서는 一定不變하는 方位가 된다.

乙은 生在午하여서 逆行을 하니 官在卯하고 癸는 生在卯하여서 逆行을 하며 辛은 生在子하여서 逆行을 하니 官在酉하고 丁은 生在酉하여서 逆行을 하니 官在午하고 甲은 生在亥하여서 順行을 하니 官在寅하고 壬은 生在寅하여서 順行을 하니 官在巳하고 庚은 生在巳하여서 順行을 하니 官在申하고 丙은 生在申하여서 順行을 하니 官在亥하고 祿이 在申 辛祿이 在酉 壬祿이 在亥 癸祿이 在子 謂之하기를 乙祿이 在卯 丁祿이 在午 丙祿이 在巳 庚祿이 在巳하니라.

以上의 甲庚丙壬乙辛丁癸의 八干은 借祿을 하고 乾坤艮巽 즉 四維는 正祿이 있으니 乾祿은 在壬하고 坤祿은 在庚하고 艮祿은 在甲하고 巽祿은 在丙하니 立向하여서는 乾坤艮巽의 四長生向에서 上堂하는 것이 極히 好格이라고 한다. 乙辛丁癸의 同宮이 되는 辰戌丑未는 元來에 無祿하니 同宮取祿이 可合하며 萬若 四長生이 되는 乾坤艮巽을 犯하면는 極凶하다. 如此하며 子午卯酉寅申巳亥 亦是 從天干한다. 特別 留意하고 不忘하여라. 冲破祿位하면 大惡殺人黃泉이다. 後의 一粒粟歌訣에 有宗旨하니 細察하여 立向에서 分明히 應用하는 것이다.

六、收水錯誤之向

雖用此收水而水不過堂從傍而出庫則不可謂之收水須要門面方正處立向如門面不正則當棄之

古人이 如此하게 收水와 立向을 말하였으나 世人이 往往 이 말을 不信하고 作穴하는 例가 있기에 말하고저 한다. 언제나 自古로 來龍은 그 龍의 水口가 正庫 또는 借庫가 定하여서 있으니 그 龍에서는 그 水口로 立向치 않으면 斜卸하니 門面 즉 向과 水口가 方正치 않으니 門面이 方正한 곳에서 作穴하는 것이다. 乾亥龍에서는 甲卯破가 되게 作穴하지 말어라. 乾亥는 木龍의 旺位며 木局의 長生位가 甲卯다. 如上의 木局의 예와 같이 木局의 旺位며 木龍의 長生位가 되니 甲卯龍은 乾亥破의 作穴을 말으라는 것이다. 巽巳龍은 庚酉破를 하지않으며 巽巳龍은 庚酉破를 艮寅龍은 丙午破는 하지않고 丙午龍은 艮寅破를 하지않는 것이다.

生方發足忌雜塵多僞旺處出身愁恨遭喪

此句節은 龍身生旺에서 말한 것과 같으나 假令 乾亥龍의 後一節이 犯戌하고 艮寅龍의 後一節이 犯丑하고 巽巳龍의 後一節이 犯辰하고 坤申龍의 後一節이 犯未하는 것을 生方이 忌하는 것이다. 그리고 假令 丙午龍의 後一節이 犯水 즉 帶亥壬子癸를 하며는 行恨遭喪이라고 한다. 이 外의 四帝旺方位의 龍이 帶尅하는 것을 忌한다. 如此하게 楊公이 龍과 水를 相生하는 것을 闡明하여 天地의 氣運의 造化를 提唱하여서 朝貧暮富를 하였다는 證佐로 楊救貧이라고 까지 하여서 傳世하는 것이 八十八向이라고 한다. 後人이 眞實로 傳하지않았기에 坐山에서 收水하고 龍身에서 收水하고 穿山透地五行으로 收水하고 妙訣로 收水하고 六十龍七十龍으로 收水하고 卦例로 收水한다고 한다. 天河運收水를 하자니 收水가 種種錯用하여서 一이 그 長短을 彈逑치 못한다. 楊公은 辰戌丑未四金龍을 四局으로 分之하여 龍과 水의 生旺을 配 하였으니 즉 辛壬會而聚辰 斗牛納丁庚之氣 乙丙交而趨戌 金羊收癸甲之靈이 局은 四局이나 그 理致는 一法이다. 乙陰木은 生存午 旺在寅 墓在戌하고 丙陽火는 生在寅 旺在午 墓在戌하여서 配合하니 즉 龍의 生이 向의 旺이며 向의 生이 龍의 旺이며 墓는 戌이니 乙陰木은 婦라고 하며 丙陽火는 夫라고 하니 夫婦雌雄의 交度라 한다. 時師가 十四進神을 不顧하여서 冲生破旺 하니 人家에 그 禍가 많은 것이 참으로 痛嘆할 일이다. 中國 元國時代에 劉秉忠이 著述한 玉尺天機가 楊公의 天星理氣에 配合하며 巒頭理氣가 또 合理함이 明白하다. 辰戌丑未를 四 天罡이라고 한다. 假令 乾亥龍의 後一節이 犯戌하는 것과 같이 犯天罡이다. 鬼却은 假令 丙午 火龍의 後一節이 犯水를 하는 것 즉 壬子를 犯하는 것을 鬼却 또는 遭喪이라고 한다. 或은 辛戌 癸丑 丁未 乙辰等의 雙行龍은 어찌하는가 할 것이나 辛戌雙行龍은 棄辛하고 取戌하며 癸丑雙行龍은 棄癸하고 取丑하며 丁未雙行龍은 棄丁하고 取未하며 辰乙雙行龍은 棄乙하고 取辰하는 것이다.

地理를 배우는 사람은 靑囊經 玉尺經等을 熟讀하면 錯誤가 없다 한다.

七、論 龍 總 旨

尋龍의 訣이 以陰陽으로 爲體하고 三合으로 爲用한다. 脈의 左旋을 陽이라고 하며 脈의 右旋을 陰이라고 한다. 또 三合이라고 하는 것은 陽龍의 脈이 寅申巳亥에서 起하며 順行 左旋하고 陰龍의 脈이 子午卯酉에서 起하며 逆行右旋하니 每樣 一龍의 生旺墓가 있으니 尋龍하는 法이 各其 龍의 出身處가 生으로 부터 旺에 이르러의 入首가 凶方이면 棄之하고 吉方이면 取하여 立穴한다. 그러나 또 其龍을 즉 陽龍인지 陰龍인지를 左旋右旋으로 나누는 것이니 龍의 變化가 無窮하다.

經云―坎癸申辰坤乙離壬寅戌兼乾甲하여서는 陽山이라고 하며 艮丙兼兌丁巳丑巽辛震庚亥未는 陰山이라고 하며 左右旋을 가지고 拘泥할 것인가 하였으니 此는 陰龍陽龍의 一定한 本位만을 이르는 것이다. 如此하게 龍論에 各論이 있으니 참으로 難知者는 尋龍이라고 하겠다. 그러니 楊公은 三合을 爲用하였으니 即 申子辰水局 亥卯未木局 寅午戌火局 巳酉丑金局等을 尊重하고 用之하니 四局乙辛丁癸의 四龍과 龍身生旺論等을 握旨하면 庶幾乎無弊니라 體라 면 左旋龍右旋龍의 形體요 陰龍에도 左旋右旋이 있으며 陽龍에도 左旋右旋이 있으니 즉 陰中

에도 陰陽이 있고 陽中에도 陰陽이 있으니 不可信胡說하고 從楊公이며는 大地大發하고 小地 小發하는 것이다.

八、龍 訣

各論에서 論龍하였으나 一括하여서 論하기는 多難하다. 一樣山을 가지고 그 論旨가 各異 色하니 難知難知하다. 그러니 八八八向 楊公의 救貧法은 分明하게 乙辛丁癸四龍을 從主하였 으니 理氣와 形體가 다같이 生旺하면 眞龍이라고 한다. 形態를 多分하게 表現한 尋龍易曉訣 의 原文의 一部를 參考로 後에 記入하니 그 例로 有送無迎은 글字는 簡明하나 其實 山上에서 觀別하는데는 差가 없다. 또는 明確하다 不明하다 하는 等의 差가 或有하다.

乙辛丁癸四龍論에 있는 것과 같이 各其局의 生旺死絶龍中에서 無條件하고 死絶龍은 棄之하 고 生旺龍이라고 擇하여서는 不可하다. 勿論 理氣上으로 生旺하였다는 것은 切要한 條件이 되나 外面에서 觀望하여서 屈曲하고 活動하는 듯하고 氣勢가 雄雄하고 秀麗하여야 한다. 蠢 粗直硬하고 氣가 散漫하고 亂走하고 賤하면 즉 眞龍이라고 못하며 不發한다. 一言으로 眞龍 이라면 理氣와 形狀이 俱備然하여서 眞龍이라고 한다.

如上의 眞龍이 到頭하면 거기에서 二三丈이나 數十丈間에서 穴星을 찾는 것이다. 到頭하면

穿帳하고 其中에서 左나 右나 中에서 出하여 穴星을 이루기까지 遠近間에 出脈이 束氣를 하는 것이 如絲如帶하게 淸眞하여서 穴星에 이르러서는 央圓方正하고 豊肥圓滿하니 來龍의 氣運이 穴星을 完成한 證據가 分明하다. 如上의 眞龍에서 作穴하는데 大略 大小殺人黃泉 龍上 八煞 桃花殺은 極히 避하며 砂水를 觀定하고 立向作穴하면 可히 無異하다.

九, 亥龍合玄竅相通是古認水立向法

陰陽이 爲體 三合이 爲用이라는 것을 前迷하였으니 左旋 右旋의 陰陽이 어느 龍에서든지 二十四龍에 各各 陰陽이 있는 것이며 三合爲用이라고 하는 三合五行의 寅申巳亥順行 子午卯酉逆行 이 兩者의 順逆의 理를 말하는 것이다.

山中의 龍은 劉靑田의 披肝露膽 平洋地의 砂水之脈은 救貧楊公의 靑囊經과 劉太師의 玉尺經에 詳述하였으며 點穴하는 秘訣은 郭景純의 葬經과 譚仲簡의 一粒粟과 廖金精의 九九八十一變이 五星變化의 全書라고 한다. 其意가 或 難解하여서 俗間에 誤書가 間有하다. 以上의 諸書가 解意하기가 至難하다는 것을 모르는 俗士가 大槪 輕用하는 故로 謾傳하는 誤書가 있는 것이다. 脫龍就局을 하는 法은 顚倒五行의 龍訣이다. 무릇 金局木局水局火局等의 龍의 正脈이 一定한 것이 左旋右旋으로 決斷하는 것이나 그 局의 龍이 그 局의 水法에 盡合해야 하는

것이 或 盡合하지 않으니 즉 乙丙交而趣火局의 右旋乙木陰龍이 左旋丙火陽水向과 未合하였다고 하여서 乙龍의 脈氣가 旺盛하고 秀麗한 것이 不居한다고 버릴 것이 아니라 丙水는 아니드라도 그 水가 吉水며 참으로 合情하면 버리지 말고 流去하는 水口가 合法하거든 水口를 從觀하고 立向하는 것이다. 勿論 來去水가 盡合情이라야 하나 그 來龍이 眞龍이라면 來水가 不合하더라도 去水口를 보고 立向하는 것이다. 大概 眞龍은 그 祖山에서 發脈하며 轉關過峽을 하고 轉換하여서 順行이나 逆行을 하며 左旋右旋間에 來하여서 作穴하는 法이다. 그러나 或 發祖는 眞龍이었으나 重要한 到頭에 이르러서 發祖와 不合하며 到頭는 短하고 後節이 長하다면 眞龍이 僞龍으로 變化한 證據라 勿取하고 棄之하는 것이 常例라 하나 거기에서 觀察하여서 生旺墓의 三方이 吊合하는 三合局이면 勿論 發祖에서 부터 三合龍이라면 더 말할 必要가 없이 眞龍이 되나 그렇지 못하고 但 三合이라니 即 亥卯未乾甲丁 木局을 譬例하자면 亥龍右旋이면 甲卯木局正旺向을 立向 亥龍右旋이면 丁未木局墓向을 立向 할 수 있는 것이니 以上의 顚倒五行과 三合五行의 龍에 對한 眞髓라 하나 以上외에 古來로 認水立向하는 法 즉 玄竅相通하는 例를 記述코저 한다. 亥龍入首에 丁未가 生方乾亥水가 上堂하여 合局이며 金羊收癸甲之靈木局이다. 甲卯木局正旺向을 立向하면 左邊의 甲卯旺水가 上堂하여서 丁未正庫로 消水하며 丁未墓向을 하면 左邊의 生方乾亥水가 上堂하여 百步轉欄을 하여서 不犯未字하고 正丁字上으로 歸去하든가 坤方絕位로 歸去하든가 或 胎方庚字上으로 歸去하

70

든가 三水口가 모두 丁未墓向의 水口法이다. 그러면 八八八向法을 보고 筆者더러 狂人이라고 하며 墓向水口를 反問하는 사람이 있으리라고 生覺이 되는 故로 中間에서 漸間 疑問을 解意하고저한다. 丁未墓向을 立向하였을 境遇 庚字上으로 消水하는 것은 未歸坤하는 水口가 收山出煞하는 最好한 水口라. 그러나 坤을 由하여서 吉凶相半하나 年久하면 有丁無財하니 不利하다. 初初年에 發福하며 不發도 하며 或 壽高壽短하니 過交라 즉 情이 過하니 初初年에 發福하며 水가 上堂하는 旺水를 倒冲하여서 百步轉欄을 못하고 右邊의 丁庚坤 上의 大惡殺人黃泉이니 極凶하다. 그러나 右邊의 甲卯旺水가 倒左하여서 未字를 不犯하고 百 步轉欄을 하면서 生方水가 過前하지않고 正丁字로 流去하면 發福하며 生水가 過前하고 旺水 가 犯未하고 龍이 假龍이면 黃泉의 大惡法이니 極凶하다. 如上 丁未墓向과 같이 亥龍入首를 하고 辛戌癸丑乙 辰等이 墓向이 되는 때 消納水神의 來去는 그 理가 相同無異하다. 亥龍入首를 하고 甲卯旺 丁未墓向을 못하고 丙午向을 借立하면 木局의 自旺向이니 左의 寅甲官旺祿水가 上堂하여서 借庫丁未로 消去하니 이때 丙午死絶이 旺으로 變化하니 丁未는 衰로 變化한다. 이때의 消 水를 經하 云하는 惟有衰方可來去라 하는 것이다. 또 亥龍이 絶方坤申向하면 木局의 消 向이니 右方의 乾亥壬子의 官旺祿水가 上堂하고 水口가 坤方이면 砂水가 朝對하고 堂局이 齊 整한 것이다. 또 亥龍이 乾亥長生向을 立向하면 틀림없이 回龍顧祖局이며 倒騎穴을 作하니 向上의 乾亥長生水 養位辛水가 上堂하여서 未坤方으로 歸去한다. 特히 養方辛水가 戌을 不犯

해야 한다. 그러면 여기에서의 疑問을 解意하고저 한다. 木局의 長生向水口가 丁未가 어찌 坤上去 하는가. 勿論 甲寅生龍에서 丁未墓向을 하면 正丁流가 事實이다. 그러나 이때에 亥龍이 長生向을 立向하였으니 亥龍으로서 坤上水口를 하면 情이 過하니 亦是 初年發丁하니 有壽無財하며 功名不利하고 不富하니 貧寒하다. 그러나 或 穴後의 玄武가 坤字까지 轉하고 兩水가 夾出하고 右의 旺水가 坤에서 交合하면 大格局이라고 한다. 또 亥龍이 騎龍穴을 作하는 境遇하며 上의 穴前에 官星이 作案하였으니 分明히 明堂氣가 聚集하여 管氣를 하니 水神을 不論하고 作穴하는 것이며 經에 云하는 山上龍身不下水라는 金言과 適配하는 것이다. 回龍穴이 그 穴前이 割脚을 하였으니 但只 一人이 可히 拜墓할 程度며 上砂만이 抱穴하고 下砂는 멀리 直至하는 것이다. 또 亥龍에서 入首하고 火局正旺丙午向을 立穴하면 左의 寅甲生旺官祿水가 上堂하여서 正庫辛戌方으로 流去하니 陰陽이 不配하나 大發하니 그 理가 眞妙하다. 또 亥龍에서 入首하고 金局巽巳長生向을 立穴하면 庚酉旺水가 巽의 長生水와 同到上堂하여서 絕方艮字上으로 去하는 것이다. 또 亥龍入首에 出水口가 乙辰方이 되는 境遇에 巽巳는 水局自生向이 되니 右方의 官旺祿水가 上堂하여서 借庫乙辰方으로 消去한다. 亥龍이 乙辰辛戌水局墓向을 立向하였으면 兩方의 靑龍砂와 白虎砂가 有情하게 屈曲하며 百步轉欄을 하고 巽方으로 歸去하니 收山出煞하는 乙向巽流淸富貴의 局이다. 亥龍에서 辰向을 立向하지 못한다고 하는 것은 大謬라 한다. 또 亥龍에서 丁未水局養向을 立向하면 坤申長生水와 官旺祿

水가 同到上堂하여서 辰巽方으로 去하면 大利하다. 또 亥龍에서 水局自旺甲卯向을 하면 乾亥壬子官旺祿水가 上堂하여서 衰方乙辰으로 流去한다. 如上 亥龍으로서 玄竅相通하면 立向하는 法을 述하였으니 陰陽龍의 貴賤을 가려서 어찌 立向할 것인가를 生覺할 必要가 있다. 或은 辰戌丑未龍은 貴人이 不臨한다고 立穴을 하지않으나 이 龍에서도 狀元 宰相 科甲이 連出하는 것이며 辰龍에서 戌向을 立穴하고 九代富貴를 兼全한 穴도 있다. 或은 또 向上에서 本身의 龍을 剋하면 그 害가 莫甚하다고 하나 離龍에서 壬을 立穴하면 向上의 水가 火丙午龍身을 剋한다는 것이니 向上의 水가 祿水라는 것을 未解하는 所致라 하겠다. 楊公의 乙辛丁癸龍과 迎官取祿을 學者는 熱爛胸中하는 것이 正法이다. 巷間에는 納甲 八卦로 收水 立向을 하고 或은 淨陽으로 十二陰陽龍까지 專用하며 身邊가까이 있는 大地를 알지못하고 數百數千里를 헤매며 莫甚한 損害를 보는者가 있으니 참으로 可笑可嘆할 노릇이다. 그뿐인가 或者는 閉門著書까지할 程度의 識見을 가지고 輕口妄言하며 新舊의 墳墓를 考驗치 못하며 穿山透地五行으로 土色의 分別을 能斷하며 龍水의 理致를 모르고 作穴云謂하는 者가 있는 것을 判斷하여야 한다.

十、闡明救貧楊公天機水法論

術家의 道라고하는 根本이 四大辰戌丑未의 水口를 爲主로 決斷하는 故로 登局을 하며는 或

은 正局을 立向 變局을 立向하는 것이 오직 楊公의 天機水法이며 其要가 迎神避殺하고 化煞 生權하는 向上法이다. 靑囊經에 向을 定하고 生旺水가 上堂하여서 正庫나 借庫로 歸去하면 有吉休凶한다고 하였다. 卽 母局 金局 木局 水局 火局에서 그 局의 二十二向이 秘訣의 眞傳이라는 根據가 確然하다. 그러니 靑囊經에 先天盤正針 卽 內盤으로 格龍을 하고 後天盤縫針 卽 外盤으로는 立向收水를 한다는 것을 明指하였다. 또 靑囊經에 二十四山이 雙雙으로 되었으니 二字同宮이라는 것을 世俗時師가 未解하고 雙山五行의 理致를 通爛한 者가 적으니 羅經十二宮을 잘 解義해야 한다고 하였다. 二十四字가 十二宮에 天干地支로 配定하였다. 아니다 時師가 雙山五行은 口頭禪처럼 외치고 있으나 영뚱하게 先天이나 後天이나 雜多한 八卦論을 强制로 通用하는 것인가 한다. 또 靑囊經에 이미 外盤이 天上의 二十四星과 相應相同하여서 立向하는 要法이 仔細하게 辨別하였으니 卽 天星이 이미 穴을 있으니 무엇이 難하리요. 단지 向上을 알아서 立向하고 放出하면 된다고 하였다. 또 靑囊經에 百里의 江山이 一向之間이라고 하였으니 亦是 向上을 主斷하라는 말이다. 이와같이 格龍作穴을 詳細하게 辨述하였다. 楊公이 翻天하고 倒地하는 것이 不同하다. 勿論 內盤 外盤이 모두 二十四位의 一樣이다. 그러나 紅頭와 黑頭는 어느 때 어느 곳에서나 內盤正針의 子午를 가리키는 것이며 外盤으로 立向收水한다고 하여서 外盤의 子午를 가리키는 것은 아니다. 羅經이 原來 十二地盤뿐이었던 것을 後世人이 未解하고 誤用할 것을 걱정하야 內外兩盤을 만들었다. 萬若 內地盤

74

으로 立向收水하면 陰龍陰向이니 즉 二女가 同居하는 格이라 純陰이니 不長하고 外盤으로 格
龍하면 陽龍陽向이니 陽水陽向을 하니 兩男이 同居하는 格이라 純陽이니 不長하는 것이다.
즉 世上의 萬物이 陰陽의 配偶가 生長하는 것이다.

大槪 四生 三合 雙山等의 五行의 一定한 것을 알아야 한다.
旋水가 相互 配合하는 것이며 右旋龍에 右旋水 左旋龍에 左旋水라고 하면 亦是 二女가 同居
二男이 同居하는 理致라 左右旋도 偏用하면 陰陽配偶가 되지않는 것이다. 玉尺經에 自古로
來去水를 辦定하고 立向定穴하면 吉凶禍福을 明白히 하는 것이며 向上의 出煞하는 法이 즉
朝貧暮富하는 獨特한 方法이다. 그리고 分金을 人人이 모두 쉽게 말하며 輕用을 하나 分金의
深源한 理致는 그實 無窮하다. 즉 丙向의 分金을 살펴보면 內地盤의 辛巳辛亥分金이 外天盤
의 丁巳丁亥分金이 巳丙亥壬을 分하였으니 巳의 丁亥 丙의 辛巳 壬의 辛亥가 相交하여
서 巳丙亥壬을 分하였으니 槪用三分이면 可하다. 亦是 十二宮九星理氣에도 壬이 在亥 丙祿
이 在巳하다. 分金中에 乙辰 丁未 辛戌 癸丑等의 四天罡辰戌丑未의 分金이 가장 重要하다.
一例로 乙祿이 在卯하는 것을 乙辰 丁未 辛戌 癸丑等의 分金이 가장 重要하다.
誤定하여도 覆宗絕嗣之禍가 生하는 것이니 그 立向을 忘却하고 妄用하면 不可하
다. 흔히 時師가 高談濶論하며 그 實 分金은 모르고 妄用하여서 破局하는 例가 有하니 盲從
하지 말아야 한다.

75

十一、解文庫大小俱得位

靑囊經에 云하기를 文庫大小俱得位라고 한 것은 向上의 沐浴方位로 出水하는 것 즉 九星內의 文曲位 文庫로 出水하는 것을 말한다. 그러니 生向 旺向 墓向을 하고 生旺水가 墓庫位로 出水하는 것 즉 三方이 吊照하여서 從墓位로 出水하는 것을 大庫라고 한다. 自生向 自旺向을 하고 死絶이 化하여서 즉 化煞生權하는 것이 借庫로 消水하는 故로 小庫라고 한다.

楊公의 向上五行의 法이며 決斷코 差錯이 없다. 乾坤艮巽의 絶이 生으로 化하여서 寅申巳亥向을 立穴하고 自生向으로 出水하는 天干으로 出水하는 境遇, 즉 絶處逢生向이 되는 때 좀 異常하나 生向의 生破라고 하지 않으며 立向을 借向하고 庫는 本局의 庫絶位를 借하니 大庫라고 한다.

이 一句를 더 詳述하자면 巽巳는 水局의 絶位가 되니 坤申向이 水局의 長生向이며 水局에서 巽巳向을 立向하며 巽으로 出水하니 右邊의 坤申庚酉의 官旺祿水가 上堂하여서 乙位로 去水하면 自生向의 借庫消水하는 滿局生旺이 되나 그렇지 못하고 巽字上으로 去水하면 이것이 즉 大庫라 하며 巽巳自生向의 生破라고 하지 않는 法이다. 初學者는 勿論 難信하리라고 生覺이 된다.

四生 四旺 四墓의 一定한 盤中의 理致를 다 잘 알면 水神과 龍身의 變化를 自然的으로 得知하게 된다. 大概 登局하면 金龍辰戌丑未의 動不動을 測量하고 來龍의 血脈의 眞假를 觀察

하고 立穴하고 第一 가까운 內水口가 何字上인가를 分定하고 金龍이 動하면 즉 水口가 한 곳이 되어야만 金龍이 動하며 水口가 二三處라면 金龍이 決難立穴한다. 金龍이 動하면 그 水口가 그 어느 一向에 通竅하여서 生旺官祿水가 上堂을 하며 病死絕水가 庫方으로 撥去하여서 天機의 妙用에 配合한가를 愼重히 詳察하여 아무리 外水口가 重重하다 할찌라도 內堂의 水口가 不合하면 勿用하고 外水口가 不合하면 內水口가 用之하는 것이다. 勿論 內外의 兩水口가 盡合하면 最佳하다. 水神의 消納이 四生三合雙山等의 五行에 相合한가 能히 迎神避煞하고 化煞生權을 하였으며 上堂하는 來水가 財祿水를 管하였는가 去水가 歸庫하는 것이 人丁을 管하였는가 時間을 두고 考察하여라. 그리고 龍과 穴이 陰에 屬하니 四大乙辛丁 癸龍이 즉 陰이 되면서 婦가 되니 이 婦가 甲庚丙壬 陽水向과 夫婦의 生旺이 相合한가를 살펴야 한다. 이 理致가 곧 周公께서 指南車를 造하실 때 同姓이 아닌 異姓의 男女가 配合하여야만 生成萬物하는 陰陽의 理致와 同一한 것이다. 生旺水가 上堂하는 것을 迎하여서 庫나 借庫로 歸去하는 것이며 眞實로 病死絕水가 撥去歸庫한다면 夫婦가 階老하는 合局이며 萬若에 生旺水가 庫方으로 不歸하면 즉 立坤申水長한다면 夫婦가 相交情意하는 上向의 生旺水가 庫方으로 流出하면 冲生破旺을 生向을 하고 坤申長生水가 上堂하여서 定庫로 不去하고 壬子旺位로 하니 비록 有子일찌라도 所用이 없고 立內午火局旺向을 하고로 冲出한다면 富貴라 하여도 所用이 없는 丙旺水가 上堂하여서 生方艮寅으로 것이다.

77

得龍을 하고 得穴을 하였으나 水와 向을 不得하려는 孤陰한 女子가 夫婿가 없는 것과 같으며 得龍得穴得向을 하였으나 水가 不歸庫하면 孤陽한 男子가 妻妾이 없는 것과 같으니 兩個 局은 終末에 가서 孤絕하고마는 것이다. 自旺向 自生向을 하고 迎生避煞하면 趨吉避凶을 하니 즉 朝窮하다가도 暮富하는 것이다. 楊公水法이며 山上龍身不下水 水裏龍身不上山이라. 그런故로 四生三合是天機 雙五行全秘訣이라고 하니 四生五行 三合五行 三者가 向上을 專重한 九星의 水神을 從하여서 立向하는 法이며 若有小差하면 必生絕嗣하는 것이니 楊公의 詳述한 九星을 琓得하는 것이 第一의 要訣이다. 卦例나 坐山의 九星 河圖洛書等을 適用하다가 種種 誤人害人하면 안된다. 楊公이 云하기를 請驗人家舊宅墳 十墳埋下九墳貧 惟有一坟能發福 去水 來山盡合情이라고 하는 말은 貪巨祿文廉武破輔弼의 九星法을 用之하고 作坟을 하여서 楊公九 星向上法으로 冲生破旺을 한 墳墓가 十中九요 十中一墳이 可合하였다고 하는 一大訓言이라 生覺이 든다. 楊公의 八十八向法이 즉 每局二十二向中 十六向이 生旺水가 上堂하는 法이며 病死絕水가 歸庫를 하는 즉 收山出煞하는 妙法이다. 그런故로 有吉無凶하다. 이와같이 死絕 水가 上堂하면 必然 敗絕하는 法이니 地師는 立向을 하고 天機의 妙法이라는 水神의 消納하 는 것을 조금도 差錯이 없어야 한다.

生旺墓의 向을 하고 正庫의 乙辛丁癸로 消水하면 主로 賢良孝義之人이 出하며 長生水나 小 長生養水가 上堂하여서 歸庫하면 貪狼直步天罡하며 百年 顧壽하며 顯文章하고 螽斯千古라 하

78

며 極佳하다。或 乾坤艮巽絶位로 消水하면 過宮水라고 하며 太公八十遇文王이라고 하며 功名
不利하고 初年에 有丁有壽하며 無財하니 水가 正庫로 不歸한 緣故라고 한다。或 甲庚丙壬胎
位로 消水하면 祿存流盡佩金이라고 하는 것이며 이것은 自旺向에 自生向에 있으며 墓向에는
平洋地에 있고 山地의 墓向胎流는 敗絶하는 것이다。旺向을 하고 墓向을 하고 絶流가
出殺하는 法이며 特히 墓向을 하는 境遇 左水가 倒右하는 것이 合法이니 一例로 木局의 墓丁
未向을 하면 必然코 먼저 甲卯旺水가 倒右하여서 由未歸坤을 하여야한다。그러나 或 生方乾
亥水가 먼저 上堂하여서 坤上去하면 黃泉은 아니라고 하나 實은 黃泉이며 官司口舌하고 敗絶
하는 것이다。그러니 丁未가 水局의 養向이었을 때 乾亥는 臨官水이며 水局과 木局은 如此判異
한 것이니 乾亥水가 巽方 즉 水局의 絶方으로 流去하는 것이 合局이며 四局의 墓向과 養向이
相混되어서 禍福이 相反하는 例가 或有하니 愼察하여야 한다。또는 丁未向을 하고 丑艮方으
로 去水하면 水局養向이 變하여지지도 않고 坤申長生水가 巽方으로 不歸하며 이때에 坤申長
生水가 絶水로 變하니 但只 丁未가 木局의 墓向이라。所謂 丁庚坤上是黃泉이라고 하는 八大
黃泉이 되니 大凶하다。이것을 若在生方例難同斷이라고 하는 것이니 辛戌 癸丑 乙辰等向
變局의 出水 立自生向 즉 絶處逢生向은 右水가 倒左하여서 乙辛丁癸로 流出하는 것이 立巽
巳自生向을 하고 乙字上으로 去水 立坤申自生向을 하고 丁字上으로 去水 立乾亥自生向을 하
推此하면 不誤한다。

고 辛字上으로 去水 立艮寅向을 하고 癸字上으로 去水하는 것등이 右水가 官祿水라 上堂하는 것이 切要하며 더욱 三吉六秀의 貴人方水가 同到上堂하면 大貴格이며 發福이 永遠하나 萬一出水가 有錯하면 必是 穴法이 不眞할 것이니 大滅福力한다. 變局의 出水 立自旺向 處逢旺向을 하면 左의 生方水가 倒右하여서 向上衰方으로 去水하는 것이니 立甲卯旺向 즉 絶處逢生向이니 向의 衰方乙字上으로 去水 立丙午旺向 즉 木局의 自旺向을 하고 向의 衰方天干癸字上으로 去水하는 것이며 或 三吉六秀方의 水가 朝拱을 하면 局의 自旺向을 하고 向의 衰方乙字上으로 去水 立庚酉自旺向 즉 火局의 自旺向을 하고 向上의 衰方天干丁字上으로 去水 立壬子自旺向 즉 金局의 自旺向을 하고 向上의 衰方天干辛字上으로 去水의 生水養水官旺祿水等이 上堂하여서 衰方去하는 것이며 衰方天干上으로 모두 左邊自然發福이 久遠하다. 惟有衰方可去來라고 九星歌에 云하는 出水며 萬若 水가 衰方을 지내서 病字乾坤艮巽字方으로 去水하면 三房이 大凶하다. 變局의 出水 自生向 즉 絶處逢生向이니 向의 天干乾坤艮巽으로 當面出水 즉 向上直去하는 것이니 立己向을 하고 巽字上去水 立申向을 하고 坤字上去水 立亥向을 하고 乾字上去水 立寅向을 하고 艮字上去水하는 것이니 期必 右邊의 向上官旺祿水가 上堂하여서 當面去水하는 法이니 이것을 不分하고 巳向을 錯立丙午旺向을 하면 水口도 不合하거니와 巳向을 하면 右邊의 坤申庚酉의 官旺祿水가 病死絶水로 化하니 즉 病死絶水가 丙午旺位를 沖傷하여 其害가 速甚하니 이르기를 針一轉하여 從生하는 法이다. 반드시 巽巳自生向을 立穴하여

坤申庚酉水가 官旺祿水로 變化하는 것이며 化煞生權하는 法이며 玉尺經에 云하기를 生穴水神 倒左를 하여서 向雖死而無害라고 하는 것이 바로 이 自生向을 指稱하였으니 坤申 乾亥 艮寅 等의 自生向이 되는 境遇에 巽巳自生向과 그 理가 同一하다.

變局의 出水 自生向에 前論과 같이 水가 相同하나 立向을 地支가 아니고 水口天干向 즉 乾坤 艮巽向을 하고 右水가 倒左上堂하여서 當心直去하는 法이니 去水가 湯然하게 直去하는 것이 아니라 百步外轉欄을 하며 去하는 法이니 主로 有德한 公卿之人이 出하는 四維의 得法之局 이라고 하는 것이다.

變局의 出水 自生向에 前의 二者와는 相反되는 水法이니 向上의 左邊養水 즉 小長生水가 上堂하여서 右邊의 甲庚丙壬位 즉 向上의 沐浴方으로 消水하는 것이니 立巽巳自生向을 하고 乙位小長生水가 上堂하여서 丙字上으로 去水하는 法이니 立坤申自生向을 하고 丁位小長生水 가 庚字上으로 去水 立乾亥自生向을 하고 辛位小長生水가 壬字上으로 去水 立艮寅自生向 하고 癸方小長生水가 甲字上으로 去水하는 法이다. 이 法이 左邊의 官旺祿水가 或은 向上의 生水 와 同到上堂하여서 沐浴方으로 歸庫하나 必是 右邊의 官旺祿水가 拱聚를 하니 更妙更妙하다. 또 貪狼星이 照하면 顯文章하니 必得螽斯千古富貴雙全하는 局이다. 右邊의 衰方巨門의 乙辛 丁癸水가 來堂하면 富貴의 期驟며 巨門水가 즉 學堂水라 聰明之才가 出生하며 少年文章及第 를 하며 長壽高하며 金谷盈한다는 秀局이다.

變局의 出水 自旺向 이것은 浴處逢旺向이며 消水口가 亦是 向上의 沐浴方 甲庚丙壬位로 消水하는 文庫得法의 旺局이다. 즉 一例로 丙午는 金局의 沐浴方이라 立丙午自旺向은 金局의 自旺向이 되며 衰方의 丁水가 上堂하여서 甲字上으로 去水하는 法이니 必然 巽位祿水가 拱朝하며 丁學堂水가 來하니 方合大格局이며 或 卯水가 聚積하고 午水가 拱朝하면 的實하게 文官이 出하며 或 兵權을 掌握하는 大貴가 出하는 것이며 或 巳丙卯水가 同拱하면 꼭 文武의 靈官이 出하고 或 艮寅長生水가 甲字位로 消去하면 方發大族하는 것이 無疑하나 萬若 甲方水가 生方艮寅으로 流去하면 즉 玄竅不通하는 것이니 極凶하다. 立庚酉自旺은 水局의 浴處逢旺向이며 辛方巨門水가 上堂하여서 丙字位로 消去 立甲卯自旺向은 火局의 浴處逢旺向이며 衰方乙水가 上堂하여서 壬字上으로 歸去 立壬子自旺은 木局의 浴處逢旺向이며 癸巨文衰水가 上堂하여서 庚字上으로 消去하는 것이니 즉 衰方巨門乙辛丁癸의 小赦文水가 拱來하는 惟有衰方可來 去라고 하는 法이다.

大槪 變局立向을 하는 境遇 生과 旺을 不脫하고 自生向 自旺向을 立穴하는 것이 가장 最好하며 모두 小庫의 合法이 되는 緣故가 되는 것이다. 自生向 自旺向에 前述한 바와 같이 絶處逢旺向과 浴處逢旺向에 있어서는 衰方의 來水去水가 對照的이며 惟有衰方可來去라고 九星歌에 合法이다. 그러나 正自生向이나 自生向을 하고 病死衰方으로 出水하면 이것을 交如不及이라고 하며 아주 不可하며 極凶하다. 交如不及이면 寡居가 不知其數라 正旺向 自旺向을 하고 病死方으로

로 去水하는 것도 亦是 交如不及한다고 하며 顏回三十便亡身이라 短命이 的實한 것이다. 沐浴方 冠帶方 臨官方 衰方 病方 胎方을 立向하면 生旺水가 墓庫로 消去하지 못하는 것이다. 其 向하면 發福이 絶處逢生旺하는 變化 즉 化煞生權의 向上五行의 法이니 正確하게 立 死絶이 絶處逢生旺하는 變化 즉 化煞生權의 向上五行의 法이니 正確하게 立 向하면 發福이 永遠하다. 自生向三法 自旺向二法 衰向 胎向 이 七個向二字同宮이니 全部十四 個向이나 其沐浴方甲庚丙壬位의 來去가 可하며 祿位寅申巳亥을 兼來하면 大 富와 大官員이 出하는 것이다. 子午卯酉水가 來하면 淸白之風을 難乘하는 것이다.

大概 平洋地立穴은 坐空朝滿하여서 山地와 平洋地는 그 地形이 相反하는 故로 風水를 避하 여 絶地라고 하나 風吹水激하고도 壽丁永昌하는 例가 있으니 橫過龍에서 或 倒騎穴을 作하면 穴後가 低하여서 橫過水가 穴後로 低流하며 來水가 冲穴을 하면 能히 龍脈을 大旺하게 하는 것이 된다. 그 冲하는 곳이 穴後의 左邊을 冲하면 長房이 發福하고 右方을 冲하면 三房이 發 福하고 穴後의 正後方을 冲하면 그 形狀이 坐의 文筆이라 二房이 均發한다. 或 穴前의 左方 을 冲하면 必然 其 形態가 右執笏을 이루었을 것이니 中丞이 出하는 法이요 穴前의 右方을 冲 하면 그 形態가 左執笏을 이루었으니 御史가 出하고 面前의 案에 三台筆峰이 있으면 尙書閣 老가 出하고 甲庚方을 冲하는 水가 있으면 腰懸金印하고 丙壬方을 冲하는 水가 있으면 身掛 朱衣를 하는 法이다.

原來에 地勢는 陰에 屬하며 不動하고 水神은 陽에 屬하면 流轉을 하는 것이 天地自然의 理

라 陰龍에 陽水가 配合하니 陰陽交度라고 하며 方成格局한다. 來水의 貌樣이 笏筆의 狀이면 方爲吉地요 天干赦文水가 來堂하면 참다운 吉神이라고 한다. 長大한 赦文水가 來堂하면 必是 穴이 低處에 있을 것이나 或 穴이 高處에 있는 境遇는 面前의 明堂이 開展을 하여 來堂水가 좀 遠하다 하여도 不碍하는 것이다. 細小細長하여서 箭射하는듯이 來하면 凶하다. 縱에 있는 氣脈은 沈底하여야 하며 或 潤하면 그 氣脈이 散虛하여 서 그 氣運이 不住하는 것이다. 上堂水가 穴의 天心에 聚하며 水口로 進하니 靑龍과 白虎하여 自然的으로 分하여 陽砂와 陰砂가 分明하면 方吉하다고 하며 戒 靑龍과 白虎가 相互相對하고 不讓하면 排牙煞이라고 하며 極凶하다. 生旺向을 하면 生旺水가 上堂하여서 歸庫하는 것 이 當然하다. 즉 寅申巳亥向을 하고 貪狼水가 特히 拱朝하면 佳好하나 生水가 없고 來堂水가 穴이 高處에 있고 그 水가 좀 遠하다 하여도 不妨하며 穴이 低處에 있어 그 水가 穴에서 가까웁게 보이면 大發하는 合局이 橫過水城이면 無妨하니 可히 立穴을 하고 그 水가 不妨하며 生旺方의 地支水가 朝來한다면 必然 武職之將 다. 干地支가 混雜하여도 不妨하며 龍眞穴的하여서 墓方의 出水가 辰戌丑未字上을 犯하며 辰戌 이 出하는 法이다. 그러나 正庫借庫를 莫論하고 天亡하며 大凶하다. 이것을 四庫黃泉이라고 丑未字上으로 去하면 必然 翻棺倒槨하는 것이라 天干에 如何間 穴에서 辰戌丑未의 四庫黃泉 하며 背逆之子가 出하며 夫婦中에 必有孤寡하는 法이니 水가 不見하여야 하며 或 池蕩靜聚도 俱凶하다. 그러니 經에 云하기를 萬水盡從天上去라 하는 것이 即 外天盤天干으로 去水하는 것이 最佳하며 原則이라 한다. 四庫의 地支辰戌丑未는 天罡殺星이니 特히 四庫黃泉水의 來去가 冠帶方에서 보이면 凶中 아주 極凶하다. 山中에서 辰戌丑의 四山이 起峰하면 必是 먼저 退神案砂가 보일 것이니 必然 橫死之人이 有하며 終局에는 天亡하며 또 刀鎗砂가 보이면 刀傷之禍가 生하는 것이며 平洋地 亦是 相同하다. 赦文水가 大中小를 莫論하고 吉하다고 한다. 即 乾坤艮巽乙辛丁癸甲庚丙壬水를 赦文水라 하며 水神의 來去가 俱吉하나 十二宮의 九星理氣로 觀別하는 것이지 死絕方의 水의 來堂은 凶하며 生旺方流去는 極凶하니 來去俱吉이라 하여서 無作定하고 吉한 것은 아니다. 穴에서 立向하고 生旺方의 赦文水의 來堂이 吉하며 正借大小庫의 天干字上으로 去水가 吉하다. 生旺의 赦文水가 拱穴하는 것을 雌雄交度라 하며 庫方의 去水가 直射直流하는 것이 穴에서 보이면 家業이 漸退하는 法이니 去水가 有情이 去하며 水口가 不通舟라 할 程度가 趣吉避凶하는 入神精義요 一言千金이라 하겠다. 點穴定向하는 要旨가 納水神 消水神하는 妙微라 한다. 世人俗士等이 關竅만을 겨우 解意하고 水神의 納消하는 變化는 모르고 그저 오목하고 보기 좋은 곳에서만 立穴하는 것이 現世의 通例같으니 恨心할 일이며 비록 그 差가 穴上에서는 小小하나 그 實 至大한 差라 結局 敗絕하는 法이니 참으로 悲慘할 노릇이다. 玉尺經에 云하기를 五行實無係于龍家禍福須明于水路라고 하였으니 即 正局 變局을 立向定穴하면 變化하는 水神의 消納을 十分觀別하고 作穴하면 差誤가 없는 것이다. 天地의 循還動靜하는 것이 地

85

靜 天動하며 天地의 動靜이 相合한 것이 이 自然이다. 水神이 從天하여서 流動하며 天地의 動靜配合 하는 道를 收하는 故로 陰宅立向하는 것을 보고 立穴定向하며 天地의 動靜配合하니 附在縫中하니 天動之局이며 天과 水가 動하는 것을 보고 立穴定向하며 內盤은 一定不動하는 陰에 屬하며 地 婦體靜하니 不動하는 故로 格龍通竅만에 쓰며 陽宅이 靜하며 不動하는 故로 陽宅立向에 쓰는 것이다. 이 外盤이 原來에 上應天星하였으며 艮寅 巽巳 坤申 乾亥 等의 四長生方位가 四天星의 方位와 相照相同하며 東方甲卯가 天上의 天苑天命이 下의 木旺位와 相應相同하며 南方丙午가 上의 太微天廟와 下의 火局旺位가 相同하며 西方庚酉가 上의 天演少微와 下의 金局旺位와 相應相同하며 北方壬子가 上의 天輔天壘와 下의 水局旺位와 相應相同하며 天皇帝星의 位라하며 四局의 旺位라 旺向이 되며 또 甲庚丙壬을 大赦文星이라고 하고 來去가 俱吉하다. 辰戌 丑未를 四墓天盃星 丁을 南極壽星 癸를 天漢星이라고 하며 四墓가 藏金煞하였으니 水神의 納消가 俱凶하니 夭亡한다. 乙을 天官星 辛을 天乙星이라고 하며 四墓天盃星을 亢金龍星을 小赦文星이니 水神消納이 俱吉하며 墓庫四 金星이라 하며 得水得向 하면 謂之合局이라 上應天星하고 下乘地穴하니 得水라고 하 向에 조금이라도 小差가 있으면 水가 會局치 못하니 上達天星하고 下乘地穴하니 失位를 하는 것이니 立穴을 하고 得水得向을 하면 謂之合局이라 첫째 天干이 된다. 을 天乙星 丁을 南極壽星 癸를 天漢星이라고 는 것이 그實은 非得水며 來去가 失位를 하는 것이니 如此 緻密한 內外盤의 用法을 모르 時師가 內盤을 專用하고 不用外盤하는 事實이 許多하니 그 先塋白骨이 平安할 것인가. 毫釐之

86

差가 千里之誣라 하니 眞實로 金言一句라 하겠다. 그리고 山地立穴하며 催官하는 貴人祿馬山이 起峰하면 薦福이 如雷하다. 假令 乙木亥龍入首에 亥卯未木局에 合局하면 木局의 馬가 在巳하니 木局自旺丙午向을 하면 丙祿이 在巳하며 丙은 火局旺方이라 火局의 馬가 在申하며 丙丁의 貴人이 猪鷄位라 猪는 亥요 鷄는 酉라 丙向을 하고 巳申酉亥의 四貴人祿馬山이 起峰하면 貴人祿馬山이 現하였다고 하는 催官最速한 一等局이다. 그 뿐인가? 亥龍의 貴人이 卯未卯巳 方이라 巳는 向祿局馬外에 本龍 즉 亥龍의 貴人位를 兼全하였으니 必發科甲이 無疑하다. 亥龍의 貴人이 卯未卯巳 火가 艮寅에서 生하니 艮寅甲卯乙巽巳가 天祿貴人峰이며 向上의 生旺官祿馬의 位가 되니 二 三四個의 文峰이 交應하든지 兌가 薦丁 巽이 薦辛 震이 薦庚을 하고 六秀가 相應하면 的實히 子孫이 發貴가 極速하다. 艮丙이 相應하면 六秀요 天祿貴人의 同卿이니 必發大族 하고 大貴한다. 艮丙의 生旺이 齊起하였으니 食祿이 萬鍾하며 艮丙辛三方의 生旺墓가 吊照起 峰하면 三合連珠貴無價라 하며 世世子孫이 亨榮하며 己丙峰이 高聳하면 武將英豪가 出 하며 巽辛이 應位하면 必顯文章高等하며 震庚이 交應하면 富堪敵國이요 丙午丁峰이 秀拔하면 主로 獨占魁元하며 四維乾坤艮巽이 生氣之曜가 있으면 必是 開府하는 것이며 八將이라고 하 는 甲庚丙壬乙辛丁癸 亥壬震庚四方이 高聳하면 亥壬은 天皇紫微帝星의 位며 震庚은 武將의 權이니 震庚亥壬이 相應하면 出將入相하며 王侯가 出한다. 甲庚이 朝堂하면 必懸腰金印하고 丙壬이 到局하면 身掛朱衣하며 艮丙이 交應하니 世世에 出魁元하는 微兆니라.

以上의 貴砂가 山地에서는 山峰 平洋地에서는 水를 가려 分別하는 것이다. 辛丙丁庚의 四龍을 陽催官龍 巽兌艮震의 四龍을 陰催官龍이라고 한다. 또 南方廉貞에서 祖山이 發脈하고 或 三臺가 高聳하여서 至尊無比하고 中心에서 出脈하고 重重穿出帳하여 帳幕이 多하고 富豪한 貌樣이며 或 邊方에서 出脈하였다 하여도 過峽에 有扛有護하여서 風吹露脈을 免하면 過峽이 宜短하고 不宜長하며 또 過峽이 蜂腰나 鶴膝같으며 束氣를 하고 來龍이 住하는 것이니 龍脈이 脫煞하며 穿田渡水龍이며 倉庫를 帶하면 大富하고 旗鼓를 帶하면 大貴하고 龍이 大地를 結하자면 必然 上應天皇하여서 尖員方正한 것도 龍의 入相이라고 한다. 火星員이 金木體를 이루면 金土의 三體가 富貴雙全하는 것이 無違하니라.

平洋之地에서 兩水가 夾出하여 眞氣가 水交하는 곳에 이르렀드라. 眞氣가 水交하는 곳에 이르렀드라. 勢가 浪湧하며 來하니 水繞砂廻한 곳에 直至하니 結穴이 的實하더라. 眞龍이 到頭하면 有送有迎을 하였으니 참 方成大格局이며 雌는 入首가 尖員하여서 小泡한 곳을 雌라고 하며 雄은 穴後의 小祖山을 雄이라고 한다. 穴의 入首가 尖員方正한 것도 龍의 入相이라고 한다.

方成大格局이었드라. 竪起하고 平洋星辰이 貼地하여서 來龍이 자는듯 하는 곳에 이르러 星辰이 竪起하면 그 곳에는 必然 金木土體를 이루었으니 山動水動이라고 하는가 하나 靜은 山穴의 前後左右에서 上堂하는 水가 或라 하는 것이니 어찌 山動水動이라고

은 明朝하고 或은 暗拱하며 必須深蓄하니 靜이라고 表하며 文貴之人이 出한다. 그러니 期必 水가 要深하여야 하며 水가 淺하면 不深하니 非靜이라 濁하니 濁하면 粗賤之人이 出하며 大槪는 不結穴하는 것이다.

十二, 顚倒五行論

楊公의 顚倒二十四山有珠寶라고 하는 것이 즉 顚倒라 하는 것이다. 左旋陽龍에 右旋陰水, 右旋陰龍에 左旋陽水 이와같이 陰陽이 相互配合하는 것이 陰陽正配가 되는 것이 當然하나 그러나 左旋龍이 左旋으로 作地를 못하고 右旋으로 作地를 못하는가 右旋으로 作地 즉 作穴을 하든가 宜當 陰陽配合이 되나 正長生向 正旺向 正墓向을 못하는 境遇 自生向 自旺向이라든가 奇形怪穴을 立穴하는 것이 顚倒二十四山有珠寶라고 하는 것이니 登局을 하면 반드시 消納하는 水神의 生旺死絶을 判斷하고 나서 비로소 適合한 立向을 하고 消水를 하는 것이니 順逆을 莫論하고 그 水神의 變化에 따라서 立向收水를 하고 斷無差誤를 하는 것이다. 그런故로 二十四山有珠寶라고 하는 것이다. 아무리 眞正한 富貴의 龍이라 하여도 그 水神의 消納이 不合陰陽한다고 하면 즉 二八靑春이 七旬老嫗와 雌雄陰陽하는 것이니 어찌 男女가 一生 同樂階老하리요. 老者早

歸하는 것이니 珠寶라고 할 수 있으리요. 二十四山이 有珠寶하는 것이 가장 좋으나 有大坑하니 즉 南方의 己丙午丁의 左旋龍은 火陽龍이라 水口가 宜當 戌方이 되는 것이 正法이거니와 水口가 戌이 아니면 이 左旋陽火龍은 乙丙交而趣戌의 火局의 立向을 할 수 없으며 陽火龍이 또 右旋陰火龍으로 變하면 火龍立向은 全然 不當하고 이 陰火龍이라면 水口가 丑方이라야 陰陽이 配合하는 것이니 火龍이라 하여도 陽火는 水口가 戌方이 되나 陰火는 水口가 丑方이 配合하는 斗牛納丁庚之氣의 金局이 되는 것이 陰陽交媾이거늘 俗士가 未分하고 作穴을 하니 有大坑이라 하는 것이다. 이것은 火龍을 例擧하였으나 水龍 金龍 木龍도 火龍의 例와 같이 左旋右旋의 變化가 配合하는 水口가 있는 것을 常時 不忘하고 臨地作穴하는 것이다. 즉 火金木의 龍의 理와 같이 辰方에 相配하는 水口가 있고 戌方이 있고 丑方이 있고 水龍水口라면 火龍이 左旋右旋 即 左右旋 水龍水口라 하여도 戌方이 있고 丑方이 있고 辰方이 있고 木龍水口라면 木의 龍이 未方과 같이 辰方이 即 左右旋 金龍水口라 하여도 丑方이 있고 辰方이 있고 水龍水口 丑方이라면 謂之 有大坑이라 한다. 坤申亥壬龍入局이라면 坤申은 水局의 長生位며 亥는 臨官 位며 壬은 帝旺位라 한다 하는 것이나 水口가 金局의 丑方이라면 巳酉丑의 金局의 立向을 하 歸하는 것이니 當然하며 强制로 申子辰의 水局生旺龍이라고만 生覺하고 立向을 하면 水가 辰庫로 不 甲卯乾亥는 木氣行龍이라 丁未水口가 當然하나 丁未墓水가 明堂에 來入하든가 또 丁未墓水 는 것이 丑庫로 流去하니 傷丁退財하는 故로 有大坑이라고 한다.

90

가 坤申絶水 庚酉胎水 丙午死水가 流合하여 明堂에 來入하여서 寅卯生旺方으로 流去를 하면 이것은 來去하는 水神이 不合하는 것 뿐만이 아니라 來去水神이 그 法度를 失하였으니 前後左右가 모두 滿局帶煞을 하였으니 凶中에서도 아주 極凶한 것이다. 壬子向이나 乙辰方向을 하면 壬子는 木局의 沐浴方이며 乙辰은 木局의 衰方이니 亦是 丁未墓水來堂을 하면 財祿이 大損하는 것이다. 또 丙午向을 하면 丙午는 木局의 死方이며 辛戌은 木局의 養方이라 亦是 丙午辛戌을 하면 傷丁退財하는 法이다. 이와같이 비록 그 龍이 生旺龍이라 하나 作地立向을 하고 水口가 不配合하면 그 生旺龍이 反하여 被害極甚하고 마는 것이다. 그러니 甲卯乾亥의 木氣行龍이 水口가 丁未方이 아니고 卯寅方의 去水가 撥去丑庫하는 境地에서는 丑庫를 따라서 己酉丑金局으로 立穴을 하면 丁未墓水가 金局의 冠帶水로 變하니 坤申이 臨官水 庚酉가 帝旺水로 變하니 卽 煞水가 모두 進神水로 變하니 亥氣木龍의 殺이 出하는 結果가 되니 木局丁未墓庫를 不得하고 丁未墓水가 反來하거든 巳酉丑의 金氣立向을 하면 亥卯의 木龍氣가 비록 受害를 하나 亦無太害하는 法이다. 그러나 反對로 右水가 倒左生水가 倒右하는 壬子丙午庚酉甲卯의 來龍이 五行의 四帝旺之位라 帝旺向을 立穴하면 것이 즉 生來會旺하는 帝旺向의 立向收水하는 法이다. 이것은 向上의 病死絶水가 來堂入局을 하며 旺方을 冲하고 生方으로 流去를 하는 것이니 이

91

때에는 帝旺向을 하지 말고 그 局의 養向을 하는 것이니 즉 壬子는 水局旺龍이니 丙午向을 勿取하고 丁未養向을 立穴하고 丙午는 火局의 旺龍이니 壬子向을 立向하지말고 癸丑養向을 期取하고 庚酉는 金局의 旺龍이니 乙辰養向을 立穴하고 甲卯는 木局龍이니 庚酉向을 버리고 辛戌養向을 立穴하면 死水로 變하니 迎吉避煞하는 가장 좋은 法이다. 勿論 龍三合의 奇局이 있으며 丙午向에 坤申得乙辰破 壬子向에 艮寅得辛戌破 庚酉向에 乾亥得丁未破 甲卯向에 巽巳得癸丑破 等의 怪局穴은 俗士는 勿侵하는 것이 可하며 萬一 輕侵하면 그 害 太甚하다. 龍三合에서 龍眞穴의하면 初年에는 大發하나 三十年後에 가서는 아무리 龍眞穴의 하였다 하더라도 向上의 病死絕水의 煞曜의 害가 極甚하여서 敗絕하는 法이니 愼察立穴하여야 한다. 若此하니 假龍假穴이면 當代絕嗣하니 勿爲作穴하는 것이 地師之本行인가 한다. 坤壬乙申子辰의 行龍入首라고 하면 東南方으로 水가 流去하는 것이 宜當하나 그러나 反對로 西北方으로 水가 流去하면 生旺을 擊散하며 到堂을 하니 水土의 龍이 그 水口에 不能融合하는 것이다. 이 三方의 行龍이 水局의 龍이라는 것은 事實임에도 不拘하고 그 水口가 辰方이 아니고 戌方이라면 葬之하면서 禍가 되는 것을 立向에서 避하는 것이 바로 反逆하는 惡曜惡煞을 避하는 法이다. 그러니 作穴을 하고 葬之하면서 禍가 되는 것을 立向에서 避取向을 하고 未方이라면 甲卯 乾亥 丁未等의 三向中에서 取向을 하고 戌方이라면 丙午 艮寅 辛戌等의 三向中에서 取向을 하고 丑方이라면 庚酉 巽巳 癸丑等의 三向中에서 取向을 하는 것이다. 勿論 龍眞穴的하여 그 龍의 本然의 水口라면 取好

92

하나 水口가 正庫가 아닌 때는 그 水口를 따라서 立穴하는 것이다. 火局은 東南方의 水가 官旺方이니 收水하면 能히 發財發貴하는 것은 事實이다. 그러나 木局에서 東南方의 收水를 하면 輕發財祿하고 退敗하니 木局은 東北 水局은 西北 金局은 西南에서 收水하는 것이 宜當하다. 그 뿐인가? 東南方收水는 火局의 收水하는 方位나 木局의 收水하는 方位는 아니며 東南은 金局의 長生方이라 金局에서 東南方收水를 하면 能히 發丁하며 不致少亡하는 것이 天定之理라. 그러니 또한 坤申은 火局의 死方이 되나 水局의 長生方이 되는 것 亦是 天定之理라. 各其 그 局에서 取捨하는 것이다. 生方이며 乾亥는 金局의 病死方이 되나 木局의 長生方이며 艮寅은 水局의 病死方이 되나 火局의 長生方이 되는 것이니 定庫辰方外에 未戌丑方이 되는 때에 立向收水하는 것과 이와 같이 坤壬乙申子辰의 水局龍이 辰戌丑未方이 되는 境遇나 亥卯未乾甲丁의 木局龍이 戌丑辰같이 巽庚癸巳酉丑의 金局의 龍이 方이 水口가 되는 境遇 艮丙辛寅午戌의 火局龍이 丑辰未方이 水口가 되는 境遇 坤壬乙水局의 例와 같다. 亥龍이 木局의 長生龍이라 未方水口가 原則이다. 그러나 辰方이 水口라면 亥는 正五行의 水라 水龍에 屬하는 故로 申子辰水局의 生旺墓向을 하는 것이 顚倒五行의 一龍의 變化하는 것이니 이것이 즉 臨地하여서 機變하는 것이 向上五行과 同一하다.

93

十三、二十四龍犯天罡解

一龍 즉 같은 龍을 觀別하는 사람의 心目에 따라서 亥龍을 壬龍이다 乾龍이다 하며 그 龍을 不分을 하니 自然 立向을 하며 混錯하는 事實이 不知其數라 그 어찌 發福을 할 것이리요. 發福은 生覺할 餘地도 없다 할 수 있는 것이다. 順龍에나 逆龍에서나 그 龍의 觀分을 仔細히 하는 것이 가장 緊要하며 差錯이 없는 것이다.

假令 亥龍이라면 開帳을 하고 束氣를 하고 來하는 것이니 遠近間에 左還右抱를 하고 穴前에 이르러서 護砂가 되는 것이며 亥가 壬字子字로 變하여서 過峽을 놓고 出脈하며 戌乾壬子로 또 轉하며 來하고 그 形勢가 屈曲活動을 하는 것이다. 勿論 어느 龍은 屈曲活動을 하지 않고 亥龍만이 屈曲活動하느냐 反問이 有할 것이나 龍은 一般이라 그 形狀은 다르나 屈曲活動하는 것은 共通된 것이다. 그러니 亥龍이 數里를 轉來하며 支脈에서 亥가 生起지않고 本脈에서 出脈하여서 來하는 것이 眞亥龍이라. 萬一 支脈이 亥龍이라면 決斷코 亥龍이 아니며 必是 壬子戌乾의 龍이 的實하다. 亥는 原來 紫微帝星之位에 屬하며 北方의 水에 屬하는 故로 龍氣가 비록 屈曲活動하고 行動을 하였다 하는 亥龍이라 하나 來龍이 戌乾壬子를 犯雜하면 亥龍으로서 住氣를 不肯하는 것이다. 즉 眞亥龍이라면 그 形勢가 嬌嫩하며 老山을 脫卸하였으며 帶石하지않고 來하는 것이 眞亥龍이다.

94

그러나 或은 現沖天木星 或은 現倒地木星 或은 現土星 或은 現金星 或은 現水泡 或은 現形象 等物을 하는 수도 있고 或은 到頭까지는 眞亥龍이 되고 變하여 戌乾으로 僞落하여서 入首하며 亥龍이 되는 때에 이 乾은 乾亥同宮이니 無妨하나 戌만큼은 大忌하는 것이다. 이 亥乾龍에 戌이 犯한 것을 참으로 犯天罡이라고 하며 大忌하는 것이다.

참으로 眞亥龍이라면 特히 木局의 生旺龍이며 水局의 臨官龍이니 木局의 甲卯正旺向을 立向하면 丁庫로 消水를 하는 것이며 巽巳向을 立向하면 巽巳는 水局의 絶位라 絶處逢生인 自生向을 立向하면 木局과는 달리 右水가 倒左를 하여서 乙方으로 消水를 하는 것이 眞亥龍의 得地하는 法이다. 또 木局에서 丙午自旺向을 立穴한다면 八穴借庫歌에 있는 가장 最好한 局이 다. 後龍이 大旺하면 丙午向을 하여도 發福이 的實하나 若不然이면 敗絶을 하니 午向을 하면 즉 火局의 正旺丙午向을 하면 乾亥는 火局의 絶位라 絶處逢生인 自生向인 丙이 三台龍脈이 發祖하여서 萬馬奔騰하는 듯하며 四鄕過峽을 하고 束氣가 淸眞하며 到頭하며 三台起伏을 하였다면 그 어찌 龍을 疑心하리요. 二十四龍之勢가 如上하면 此謂眞龍이라.

來龍이 辰戌丑未를 犯하면 謂之天罡이라 天機會元에 辰戌丑未過脈을 天罡이라고 하며 敗絶을 한다는 것만은 主張하며 棄之하는 辰戌丑未脈이 有하니 天罡과 辰戌丑未의 秀脈이 未分하고 그저 辰戌丑未의 三合秀脈을 棄之하는 것은 切不可하다. 來龍 乾坤艮巽 甲庚丙壬 子午卯酉 乙辛丁癸 等의 龍이 辰戌丑未字를 犯한 것은 天罡을 犯한 것이니 宜當棄之하나 辰戌丑未의 來龍

은 乙辰 丁未 辛戌 癸丑 等中에서 天干乙辛丁癸는 勿取하고 乙辛丁癸가 同宮이나 地支辰戌丑 未向을 衰墓養間에 期取하는 것이다. 俗間에는 如上의 理를 未得하고 乙辛丁癸辰戌丑未의 雙 行龍과 特히 玄竅가 相通한 辰戌丑未脈을 그저 凶하다하며 棄之하는 것이니 事實이니 愼察取用하면 速發大發하는 法이다. 劉靑田이 千里來龍只看到頭一節이라고 하였으니 未龍이 到頭하고 穴 前의 左水가 倒右하여 辰巽方으로 消去한다면 水局의 墓辰向을 立向하고 巽絕位로 去水를 하 니 未는 水局의 養龍이요 巽은 水局의 絕方이니 收山出煞을 하였으니 後嗣가 蕃衍하고 틀림 없으나 辰의 右邊巽字向을 取하면 水局自生向이니 敗財하는 것이며 經에 云하는 破生方 向稍差而就絕이라고 하는 것이 이 未龍巽自生向의 例에 對한 格言이라하겠다. 그러니 戌龍辰 向 辰龍戌向 丑龍未向 未龍巽向 戌龍坤向 丑龍乾 向 辰龍艮向은 敗絕하는 것을 相混하지 말아야 한다.

또 一例로서 角度는 辰戌丑未와 다르나 五行相尅에 土尅水라는 것을 말하고자한다. 壬子癸 龍은 本來 屬水하는 故로 壬子癸龍이 艮으로 轉하면 艮은 五行에 屬土를 하니 土尅水라하여 서 棄之하는 例가 있다. 그러나 來龍이 受尅을 해야만 方成大格局을 하는 法이니 壬子龍에 出 艮入首면 水局의 正長生이 되는 것이다. 참으로 쉬운 듯하나 一般俗人이 棄之하며 或은 作 地를 못하는 수도 있다. 또 亥亦是 本屬水를 하며 亥는 水局의 臨官之位라 大開帳 中에서 蓮 花出水形으로 亥龍이 出하고 八九의 支龍이 左還右抱를 하고 子에 轉至하여 束氣를 하고 轉

戌轉乾을 하며 四五次 曲轉을 하고 다시 本然의 亥龍으로 轉하여서 木星體로 現身을 하였다 면 乾亥는 木局의 長生位라。 또 五星形論에 木星은 葬節이라 그러니 다못 葬節을 하고 보니 丙向을 할 수 밖에 道理가 없어 丙旺向을 하면 木局 右邊의 病死絕水가 上堂을 하니 이것은 先人 들이 葬節이라는 말에 置重專念하고 上堂水의 吉凶을 不分하는 所致이니 이때에는 丙向을 하 지 말고 巳向을 扦하면 즉 水局自生向이 되니 丙向을 하면 坤申庚酉辛戌方水가 病死墓로 되어 서 乙辰巽巳의 冠帶臨官方으로 冲하고 巳向을 하면 坤申이 臨官 庚酉가 帝旺 辛戌이 衰로 變하여 官旺의 祿水가 亘文水와 同到上堂하여서 借庫乙字上으로 消去를 하 는 結果라 眞實한 亥龍入首의 地穴이나 發福하는 大局이라 할 수 있다. 이 亥龍에서 點穴의 法이 不眞한 天穴인 丙向은 敗하며 或은 二三十年 發福하고 絕嗣하나 眞 實한 地穴인 巳向은 十餘代를 蕃榮하는 法이다. 亥龍을 말하다 보니 또 한가지 一入首龍의 穴을 開하는 것이 合法이 되는 즉 重關 開鑿一端이라고 하는 것을 말하고자 한다. 亥龍入首에 竅가 通辰이라면 申子辰水局을 立向 야만 通竅하는 法이니 이때에 水局長生向을 立穴하면 右邊의 官旺祿水가 上堂을 하니 或龍 과 向上이 死絕이래도 이때는 出煞하는 合局이 되는 것이니 左旋亥陽龍入首에 右旋의 辛金陰 水가 交合하여서 上堂하는 收水法이니 水는 旺하고 向은 生하였으니 交合上堂하니 즉 牝牡雌 雄交度라 하며 辛壬會而聚辰의 局이다. 點穴을 하는 境遇에 辛亥入首를 하는 것이 合法이며 다시 長生水가 聚堂하고 小長生인 養水가 朝拱을 하면 自然 富貴雙全하고 爰斯千古하는 法이 다. 이 亥龍이 辰竅가 塡塞하였고 未方이 通竅하였다면 左旋의 亥龍이라 하나 木局甲卯旺向을 立穴하고 木局長生乾亥水가 上堂을 하면 可하거니와 左旋龍이라 해서 庚酉向을 하면 庚酉向을 하는 金局旺位가 되니 甲卯木局旺向을 하고 乾亥가 長生方이 되나 庚酉旺向을 하면 病死水로 變하여서 上堂을 하게 되는 故로 暗殺을 五行하는 極凶한 消納이다. 이와같이 申子辰水局의 長生向의 立穴에 가장 좋은 左旋陽亥龍이 未方水口에 甲卯旺向을 하는 것은 可하나 이것은 自身 亥龍이 自己門을 自閉하고 他家門中 出入하는 것과 不得已한 立穴方法이다. 그러나 左旋亥龍이 右旋水가 來堂한데서 庚酉 旺向을 取하면 右邊水가 死絕病水로 變化하여서 上堂을 하니 至凶한 暗曜라 한다. 勿論 亥龍 이 右旋陰龍에 甲卯旺向을 取하는 것은 再言을 不要하는 定局의 龍이 된다.

十四、立穴得水論

山地와는 相當히 그 取用하는 法이 若干 다른 平洋之地는 特히 生旺의 得水 外에 龍砂까지 도 以水爲主하는 것은 數次 記述하였기 때문에 槪知하는 事實이요 누구나가 先賢의 造墳을 보면 可히 미루어 알 수 있는 것이다.

穴의 前後左右에 紫微星이 秀拔하며 그 局이나 그 向의 生旺方位의 三吉六秀水가 會合하여 朝拱한 것이 事的하다면 發福이 永昌大發하는 故로 貴人을 得하였다고 自古至今에 相通하는 것이다. 그러니 玉尺經에서 이르기를 五行의 相生相剋이나 生旺吉凶이 龍에 있는 것은 아니고 吉凶禍福이 오직 吉秀한 生旺水가 上堂하여서 撥去冲生 또는 生來破旺을 하게 되면 至凶한 制로 立向을 하면 臨官 또는 冠帶位를 冲破하든가 旺去冲生 또는 生來破旺을 하게 되면 無理해서 强制로 立向을 하면 그 禍는 免할 수 없는 것이다 라고 하는 말을 古人은 그 原文에 五行定須無係于龍家禍福須明于水路라고 簡單하게 表言하였다. 靑囊經에는 富貴貧賤在水神水主財祿山主人이라 하였으니 靑囊經을 보면 알 수 있는 것이나 再三 말하자면 退神水의 上堂하는 데 매어 있는 것이 아니라 山의 穴은 主人이요 그 吉秀水는 財祿이 되는 것이나 或間의 俗間의 術士 즉 風水라고 하며 五行을 다루는 사람이 富貴貧賤과 吉凶禍福이 龍보다도 水에 全部 關係되었음을 모르고 陰陽을 取用하기 때문에 朝對가 틀린 것을 至重한 水를 生旺인가 死絕인가를 未分하고 虛無孟狼한 立向을 하기 때문에 朝對가 틀린 것을 全然 모르고 水를 生旺인가 死絕인가를 未分하고 虛無孟狼한 立向을 하여서 穴面이나 立向이나 生旺死絕을 一顧도 하지 않고 吉六秀가 相照하든가 上堂하면 吉하다 不吉 하여서 穴面이나 立向이나 生旺死絕을 一顧도 하지 않고 立向하니 그 어찌 的穴하리요. 勿論 水口가 不合한 奇形怪穴이 있으나 正向을 버리고 怪穴을 取한다는 것은 우리가 다시 한번 잘 生覺할 必要가 있는 것이라 할 것이다. 至重한 水

에 依하여서 滿局生旺을 立穴한다는 것은 비록 穴이 不的하였다 하더라도 甚害가 없는 것은 屢次 말하였다 하여서 그 옆에 諸般이 完備한 穴을 버리고 그저 富貴貧賤在水神이라고 하는 것만에 都醉하여서 取穴한다는 것도 삼가야 한다고 믿어진다. 이와같이 立穴하는 法이 多端한 것이다. 三吉六秀를 나쁘다고 하는 것은 아니며 그 局內 즉 穴場에서 좋은 方位 즉 長生方 小長生方 冠帶方 臨官方 帝旺方 餘外 좋은 方位에 있는 三吉六秀야말로 참다운 能力을 發揮하는 吉秀가 되는 것이요 自然히 富貴하는 法이다. 또는 生旺水라 하여서 어느 向에든지 立向하면 되는것도 아니다. 生向墓向旺向養向이라든가 그어느 向에서나 立向을 하고 收水하는 法에 틀리지 않고 配合하며 朝對가 分明하게 立向을 하는 것이 참으로 眞實한 立向이라고 하는 것이다. 無條件 生旺貴水라 하여서 함부로 立向定穴을 하면 往往 冲生破旺하든가 庫墓煞을 犯하든가 黃泉大惡殺을 犯하여서 生旺水나 貴한 吉秀의 水가 도리어 敗亡을 招請하고 마는 結果가 된다. 즉 向에서 좋은 그 水가 그 去來하는 方位에 따라서 그 得失利損이 不一한 것이니 一言으로 斷定衆山할 수는 天下에 一人도 없다 하여도 妄言은 아닐 것이다. 이와 같은 것을 簡單하게 某得某破라고 또는 그저 旺向이다 生向이다 그外 某向이다는 등 만을 主張하는 것은 天文地理를 先賢以上으로 通徹하지 않고는 斷言할 수가 없는 것이다. 往往 보면 우습고도 一方은 氣막히며 痛嘆할 일이 하두 많은 것을 보고 들을 수가 있다.

이러하기 때문에 楊公救貧의 向上收水하는 宗旨가 그 局內에서 吉凶을 充分히 辨別하여서

立向하는 것이 要中要라고 하기 때문에 向上의 生方水가 來하며 右水가 倒左하거든 生向을 하고 眞否를 잘 살펴서 正庫나 借庫로 消水하는 立向을 確定하는 것이 可하며 더 나가서는 吉秀가 內堂은 勿論이요 外堂에 있다손 치더라도 發福은 大地는 大發할 것이요 小地는 小發하는 것이다. 이와같이 旺方得水라면 旺向에서 收之하고 墓方得水라면 墓向에서 得水하는 것이 楊公救貧의 奧深한 良法이 된다. 如上 俱全하여서 三吉六秀가 遠近間에 朝拱한다면 美中尤美하다. 그러니 局內의 去來하는 水를 爲主로 하지 않을 수 없는 것이며 內外水口가 眞合하면 그도 또한 全美한 것이다. 이와같이 生旺한 方位의 좋은 물이라고만을 單看하고 吉秀라 하여 生旺死絶을 無作定하고 立向하는 것 보다는 生旺方에 吉秀가 있는 것이 吉秀로서의 眞正하다는 것을 恒念不忘하고 取穴하여야 한다. 大槪 水라는 것은 그 立向 그 穴에 따라서 變化가 無窮한 것이니 生旺같으나 死絶이 되며 死絶이 正局이라 하나 化生하는 것이니 立向을 바로 하지 못하여서 特히 滿局生旺을 가리키면서 잘못하면 吉이 凶으로 變하는 것을 種種 볼 수 있는 것이다. 假令 艮寅方位는 天祿貴人의 位며 天市라 財帛之府가 되나 火局의 生方으로 木局의 臨官이라면 吉秀가 生旺에 있으니 切實히 그 能力을 發揮하나 艮이 天市 天祿이라 하여서 金局에서도 切實한 것은 아니다. 艮은 金局의 生은 巽方이 定位라 둘도 없는 吉秀 生旺의 方位가 되며 水局에서는 絶位가 되는 것이니 어느 局 어느 向에서나 艮巽이 吉秀라 하여서 艮巽이 休囚死絶이라 하여도 吉秀로서 全備한 穴이라 하는 것은 切不可하다。 또는 巽己가 金局의 長生方이라 金局의 長生向은 立向하고 六秀의 艮水가 上堂하게 되면 吉秀라 하나 艮은 金局의 絶水가 되니 絶水가 上堂하면 絶水가 巽巳生方을 冲生하는 것이며 巽巳가 水局의 絶이 化生하여서 水局自生向을 立向하면 艮은 亦是나 本是水局의 病位요 巽巳自生向이라 하여도 水의 病이 기껏 變한다 하여도 絶로 化할 뿐이라 이 病이나 絶水가 上堂하면 生方을 冲生하는 것이니 巽巳向을 하고 吉秀의 艮水가 上堂하는 것은 破局이 되는 것이다。 이것의 例는 吉秀艮巽의 凶하여지는 것이다。 이와 비슷하게 坤申向을 하고 坤水는 없고 申水가 來堂하고 丙午水가 反하여 上堂하든가 艮寅向을 하고 庚辛水가 反來上堂한다는 것이나 乾亥向을 하고 丁庚辛水가 上堂하는 것이 모두 吉秀가 冲生을 하는 것이며 또 丙午向을 하고 庚丁水가 反來上堂하든가 庚酉向을 하고 艮辛水가 反來上堂한다든가 壬子向을 하고 艮巽水가 反來上堂하든가 甲卯向을 하고 巽丙丁水가 反來上堂한다는 것等은 모두 六秀가 破旺을 하는 것이니 六秀가 吉하다 하여도 一分의 吉은 꿈도 못꾸고 十分의 凶만이 發하는 것이다。 六秀가 屈曲朝堂하면 吉하다 하여서 大發富貴한다 하여서 死絶方에서 朝拱을 한다든지 來朝한다는 것은 極凶하니 宜當 死絶方이라면 旁拱하며 不上堂하는 것이 가장 安全한 것이다。 六秀水가 朝堂하는 것은 吉하나 生旺方을 冲破하면 六秀가 煞曜로 化하는 것이다。 龍眞穴的하였다고 하더라도 그 吉은 初年에 能히 秀貴하나 三十年後면 六秀가 生旺方을 冲破하는 煞曜의 무서운 作用이 發凶하여서 敗絶하는 것이니 참으로 可畏可畏하다 아니하리요。

102

오직 秀拔한 것은 乾亥行龍에서 卯向을 取하고 乾亥長生水가 艮寅臨官水와 甲卯帝旺水가 倂入朝堂하여서 丁方으로 消去한다면 이것은 木局의 得水消水하는 法이 全美한 것이며 丁向을 하고 乾亥長生水가 艮寅臨官水와 甲卯帝旺水가 倂入朝堂하여서 坤方으로 消去한다면 이것도 墓丁向에 가장 좋은 法이라고 하는 것보다는 富貴永昌한 秀拔한 法이다. 以上은 木局의 乾亥 生旺龍으로서 卯旺向의 좋은 法과 같이 火局의 艮寅龍에서 丙旺向이나 辛墓向을 立穴하고 艮寅方長生水가 巽巳臨官水와 丙午帝旺水가 會合朝堂하여서 戌乾亥壬方으로 消去하는 것은 火局의 全美한 得水의 法이라 하는 것이다.
巽巳長生水가 坤申臨官水와 庚酉帝旺木가 會合朝堂에서 庚旺向과 癸墓向을 立穴하고 金局의 가장 종은 全美한 得水의 法이다. 水局坤申龍에서 壬旺向과 乙墓向을 立穴하고 官水와 壬子帝旺水가 會合朝堂하여서 巽巳方으로 流去한다면 亦是 水局에서 得水가 全美한 것이다. 이와같이 得水하는 法이 全美하다면 子孫의 福祿이 均齊하여지고 偏枯하지 아니하고 房房이 永全氣之地라 無一缺한 것이다. 이外에 三吉의 方位亥震庚方의 一山水나마 特 朝하면 六秀와 같이 有吉無凶하다. 또 乾坤艮巽甲庚丙壬乙辛丁癸等의 諸水가 보이면 自然發 貴하다고 하나 이것도 合局朝堂하는 得水라야 發福하는 것이요 그저 不合局하나마 그 水가 發 福하는 것은 아니다. 但 甲庚丙壬으로 撥在하면서 甲庚丙壬 七分에다 寅申巳亥 三分을 兼한다 면 帶祿을 하였으니 福力이 愈大하나 萬一 甲庚丙壬이 子午卯酉와 同宮이라 하여서 兼한다면

凶하다. 同宮의 天干地支가 兼하는 것은 凶하고 甲庚丙壬이 寅申巳亥와 兼하는 것이 美好하다고 하는 것을 反問할 수도 없다고 믿어진다. 十二宮의 二十四方位가 丙의 銅鐵爐를 基準하여서 丁巳丁亥와 辛巳辛亥가 火旺位와 金生位를 明分하여서 各其 二十四位가 分定하게 된것과 같이 甲이 寅을 兼하였으니 甲이 在寅하고 丙이 巳를 兼하였으니 丙祿이 在巳하고 庚이 申을 兼하였으니 庚祿이 在申하고 壬이 亥를 兼하였으니 壬祿이 在亥하여서 五行의 四生과 三合이 一定한 位置에서 相生 또는 相尅하는 것이니 甲庚丙壬이 寅申巳亥를 兼해야만 帶祿을 하는 것이라 不避하는 것이다. 이것을 世間俗人이 座山의 祿이라고 誤稱은 하나 其理는 一脈相通은 하나 發科甲하는 것이다. 그러하기에 그 水神이 비록 生旺은 아니고 死絶이라 하나 收水와 立穴에서는 大誤를 犯하여서 極甚하게 되면 前例를 丁巳辛亥와 丁亥辛巳라 하게 되니 龍眞穴的하였으나 어찌 發福이 俱全하리요.

經에 云하기를 甲庚丙壬의 水가 來朝하면 其家는 大富하고 官僚가 出한다 하였으니 富貴兼全하는 것이요 나아가서는 甲庚丙壬의 寅申巳亥가 朝堂하면 腰懸金印하고 丙壬이 到局하면 身掛朱衣라고 極讚하였으니 이 甲庚丙壬이 寅申巳亥가 아니고 다른 子午卯酉를 帶하든가 同朝하게 되면 甲庚丙壬이 赦文水라 하나 桃花煞을 帶하였으니 家聲이 淸白하지 못하며 男女가 淫亂하다. 그러나 分明하게 地理를 몰라서 그런지 實地로 立山하여 보면 甲庚丙壬의 赦文水가 寅申巳亥를 帶하고 또 不帶하고 子午卯酉의 桃花水를 帶하였으니 아마도 十全之地라고 할까 全備

之地가 罕有한 것은 天地間의 陰陽生成하는 理致가 아닌가 싶다. 自手之人도 一夫多妻하고 淫亂하나 大概는 그저 衣食이 足할 地境만 되면 淫亂하며 甚하면 그로 因하여서 敗亡하는 것을 볼 수가 있으니 家聲의 淸白이 稀罕하다 하여도 過言이 아니라는 것과 또는 辰戌丑未이 同宮子午卯酉를 帶하지 않을 수 없는 것도 自然之理가 아닌가 보이는 것마저 凶하다. 또를 四庫黃泉이거니와 四金煞水라고도 하니 穴中에서 寅申巳亥가 生方臨官方이 된다 하여도 特朝하는 것도 아주 凶하다. 經에 云하기를 寅申巳亥水가 特朝하면 瘟火하지 않으면 産難하고 虛勞한다고 一括하여서 말하였으나 其中 亥水가 外拱하게 되면 發貴하는 것이다. 또 云하기를 戌乾辰兌水가 來臨하면 瘋疾이나 目盲 或은 瘖啞가 出한다고 하였으나 이中에도 오직 酉水가 外拱하면 發貴하는 것이 實證한다. 子午寅戌水가 穴前을 橫過한다면 必是 離鄕하여 發富發貴한다고 하였으나 穴法이 不眞하여서 白虎나 靑龍이 竄走하였으면 離鄕하여도 不發하는 것이다. 또 寅甲水가 來堂하면 瘋疾을 不免하고 坤水가 上堂하면 寡宿이라하니 出寡婦한다. 그러나 生旺方이라 하나 살피고 살펴야 한다.
唐國師楊救貧筠松訣에 水明消息少知音 盡在玄空裡面尋이라고 하였으나 이 名句는 玄空五行의 相生相剋하는 法이라는 것을 짐작이 되나 그 眞意를 解意할 사람이 없을 程度로 深奧하다.
乾坤艮巽發長이라고 하는 句節은 事實이다. 寅申巳亥長伶仃이라고 一括하였으나 이것도 甲庚丙壬의 赦文水에서 論한 것과 같이 玄空法의 水神에 合當하면 長房이 吉한 것이다. 甲庚丙

壬中男發이라는 말은 事實이 되나 子午卯酉中男殺이라고 한 것은 이 말만을 追從하지 말고 子午卯酉라도 玄空法에 適合하면 吉하며 外明堂에 있다든가 來水하는 貌樣이 浪湧하는 듯이 來하든가 或은 天心에 聚水하면 中男煞이 아니라 吉한 中男發이 된다. 乙辛丁癸小男強이라는 것도 事實이다. 亦是 辰戌丑未小男殃이라고 하였으나 辰戌丑未가 橫過穴前하든가 立向을 할 수 있어서 立向을 하고 玄空法에 合當하면 吉하기도 한 것이다.

長伶丁 中男殃 小男殃等의 凶이라 하는 것도 轉禍爲福하는 수가 있으니 그實 陰陽의 轉變하는 것이 無窮無窮한 것이다. 一括한 歌詩의 句를 얼핏 生覺하고 其轉變을 모르고 取捨하는 것은 凶多吉小하다고 하겠다. 그렇다 하여서 吉凶을 未分하고서나 또는 凶이 吉로 變한다고 誤用하는 것도 本意이닌 受禍가 되는 것이다.

平洋穴의 前後左右에 短浜이 있어서 笏筆形같으며 峰浜이 起한 것이라고 하니 天干位上에 撲在하면 休囚라 하나 主應科甲하는 法이다. 經에 云하기를 面前에 三筆峰이 揷天하듯이 端正하게 있다면 尙書와 閣老가 出하는 것이다. 또 左右笏을 分言하기를 左執笏은 御史가 出하고 右執笏을 이루었다면 中丞이 出하는 것이다. 이 執笏에는 笏의 能力도 重至하다. 浜이 短厚하지 않고 長細해야만 箭射를 避하고 得見이면 可知하리라 하는 바이다. 萬若에 大水가 直來하는 것이 當面에 있으나 그것이 있으니 眞正한 執笏形이 되는 것이다. 때문에 그穴을 버릴 수가 없는 境遇라면 蓋砂가 있으면 直來大水를 不拘하고 立穴하는 것이다. 一案이 能藏百煞이라고 經에 云한 것은 이런때 蓋砂가 없으면 凶하다는 말이다. 穴의 前後左右에 大漾이 있는 것은 聚氣한 證據이니 必然 그 富貴가 大昌久遠하는 것이니 오직 龍眞穴的과 左旋右旋의 得法과 來脈이 束氣를 하였으면 그 大漾의 聚氣의 實한 것이니 然後에 吉砂와 貴人과 吉秀한 諸水를 取하면 틀림없는 合局인 것이다. 如上을 一顧도 없이 妄作立向한다면 九族受殃이 어찌 虛無할 것이리요 切囑切囑한다.

十五、九星認水立向論

九星을 여러가지로 論하여 人人이 有疑한다는 것은 事實이다. 그러나 陰宅의 立向收水만큼은 楊公救貧이 主唱하는 向上九星 즉 九宮水法歌에 指明한 것을 宜當 信行하는 것이며 餘外의 九星을 써서 立向收水를 한다는 것은 未可하는 것이 可하다고 믿어진다. 特히 黃石公의 翻卦에서는 艮丙巽辛兌丁의 六秀와 亥震庚의 三吉을 極히 不當하다고 하며 龍向山水의 四者를 全部 같은 卦의 作用에 依하며 貪巨輔武를 참다운 三吉六秀라 하며 貪巨輔武最難得이라 하며 이 翻卦의 九星 한가지를 가지고 全部 使用하는 것이라고 하니 그가 述한 二十四山向表가 證言을 하는 듯 하니 特히 初學者나 深講하지 않은 사람은 疑心치 않을 수가 없다. 龍向山水를 同一視한다는 것은 坐山이나 龍上에서 收水한다는 것과 何等의 異論이 없으며 陰陽

交媾는 全然 生覺도 못할 일이라 하여도 過言은 아니다. 龍上의 收水가 或은 的中하는 穴도 없는 것은 아니다. 그 龍의 收水에 合하는 收水만의 穴이라면 觀測이 未及하다고 믿어진다. 이와 같이 九星이라 하나 그 論解에 있어 見者用者의 小誤가 큰 凶禍가 된다는 것을 生覺하니 此 小册을 編集하는 사람 亦是 苦楚非常하였던 것이다. 九宮歌는 天上星座에 合當하며 八十八向의 救貧에 틀림이 없으며 그他의 九星은 立向收水에 不合하며 先天의 四象 즉 納甲을 하여서 不變하는 雙山 四生三合等의 同宮을 떠나서 強制로 配合시키는 例가 有多하다. 楊公의 向上九星法은 陰陽 二者를 버리지 않고 不偏하여서 先天의 靜과 後天의 動을 根本的으로 明辨하여서 陰陽五行을 相配케 한것이며 羅經을 造한 向에서 天上星座를 區別하는 것이라 누가 異論을 하리요. 自古로 地理學을 研究하며 自己 臆見으로 云謂한 것과는 달리 楊公救貧의 實이라고 믿어진다. 疑心이 있다면 隣近의 名墳을 踏査하면 解疑한다.
生死遁環을 잘 아는 듯이 말하며 五行을 自負하는 人士가 其數로 私用傳來하며 犯錯하고 있으니 學者는 其意를 十分 納得하고 通用을 해야 하며 盲從한다면 禍及其身할 것이니 戒之戒之할 것이다. 四長生五行은 四季遁環之理라 할 수 있으니 四季之序와 晝夜旋轉은 天地가 있는 限 不易不亂할 것이며 萬物의 生成之理라 하는 것을 누가 異論이 있다 하리요. 萬若 反之라면 어찌 萬物이 相生相育을 至後에 立春 夏至後에 立秋의 序次가 바로 이것이다. 多하리요. 古來로 知者는 自己一身에 終止되었으나 救貧楊公은 救世濟民하는 大慈에서 實用하여서 教世하였으니 大慈하다. 楊公이여 先賢께서 天機를 함부로 洩漏하지 말라고 하였으니 洩漏한다면 利는 적고 그 被害가 크기때문에 洩漏하지 못하게 하였으나 楊公의 大慈는 億萬蒼生을 救하였다고 믿어진다. 同一한 文章에 그 解釋과 觀別思考가 各異各樣하니 孔孟後 朱子가 現世하셔서 補經解意하였으니 後世의 大指針이 되지 않았던가. 人心은 日日惡變하여 父母兄弟가 相爭相紋하니 無人倫 狀態라 이것을 樂觀하는 者는 東西古今에 없으리라. 父母兄弟를 모르고 그 富貴榮華가 幾年幾月을 保持하리요. 無根之木은 枯하고 無源之水는 湯한다는 것은 누구나 常日 볼 수 있는 事實이다. 自己代에 不成富貴하면 子孫의 代에 되기를 願한다는 것은 世人 一心이라 富貴를 바란다면 棄生朝旺의 局을 圖謀하거든 棄旺迎生의 局을 期取하는 것이니 不知生旺하고 그어찌 定地立向 水法이 不合生旺하면 病死絶水가 冲生破旺을 할것이니 富貴나 그子孫이 몇날을 가리요. 登地를 하면 먼저 生來會旺인가 旺迎生인가 大小文庫綠存消水法인가. 相合하면 化命이 生旺 貴人綠馬에 配合한가 如上 配合하면 그福이 그대의 몸에 自然 이르는 法이다. 或者는 山地平地를 莫論하고 外觀의 水口만이 八向에 可合하면 立向을 하나 너무 危險하니 山地는 座滿空朝하고 平洋之地는 座空朝滿하니 的實하게 大竅가 相通하니 錯差가 없을 것이며 어찌 金龍이 不動하리요. 官祿水가 到堂을 하면 內水口를 爲主로 作地하면 玄竅가 相通하면 恰如湖裡雁交鵝을 常念不妄하여라. 如此한 水法을 모르고 龍上坐上에서 收金을 하고 出煞하면 謂之 龍水合局의 得訣이라 한다.

이라 혓 稱하며 穿山透地를 妄用하니 錯誤가 없으리요. 或은 水口가 不合하는 怪穴도 있고 龍身坐山에서 收金을 하고 龍眞穴의을 하였으나 그 發福이 一代를 保全하리요. 이 말이 不的하다면 舊墓를 踏山하면 다 알 수 있는 것이다.

如上의 理致를 모르고 道詵玉龍子라든가 某道士의 生旺互用之法이라고 僞造欺世하는 人士가 있으니 참으로 可憐하도다. 楊公의 水法이 무엇이며 正變之理도 모르며 變數法이다는 등 自意로 誣民하니 그런사람은 地理에 對한 一考의 價値도 없다고 하여도 無妨하다. 病死絕水가 撥去하지 못하고 上堂한다면 그 其禍를 不測할 것이며 分金을 妄用하면 尺寸의 毫釐之差가 必生大禍를 하니 及其也 敗絕하고 作穴葬之하면 主氣가 冲腦하는 直龍直向이 一發이 如雷하고 一敗가 如灰하다는 것도 모르고 行事犯曜하는 것이 아닌가. 生旺死絕의 變化가 無窮함을 모르고 誤用하면 生旺이 死絕, 死絕이 生旺으로 變하는 것을 모르는 所行이니 求地奉塋하고자 하는 子孫은 그 眞傳을 全得하기 爲하여 九星理氣八八八向法을 重解한 이 小冊子를 叮寧反覆하면 無疑하다고 自負하고싶다.

正四局의 生向養向은 貪狼天星을 應하였으니 立向이 的中하면 顯文章을 可期하고 水神을 得하며 或은 當面朝來하고 或은 橫來하고 或은 逆結歸庫 或은 穴前에 聚蓄을 하였다면 大吉之格이다. 長生小長生等의 水가 墓絕方으로 歸去하며 地支를 不犯하는 것이 正局이며 楊公의 得位라는 것이다. 沐浴은 文曲天星을 應하였으며 冠帶는 文昌天星을 應하였으며 臨官은 武曲

天星을 應하였으니 文曲文昌武曲等의 水를 貴人水라고 하며 天干貴人水가 朝局을 하면 官祿
星을 應하였으니 帝旺向을 하고 或은 當面水朝하든가 或은 左右에서 旁拱을 하면 青囊經에
甲庚丙壬水來朝 其家大富出官僚라고 하는 句節에서 指定한 말이며 催官星照水神의 合法하
는 大富大貴가 되는 全美之地요 必然 大庫或은 衰方消水라 衰方은 巨門天星을 應하였으니 或
衰方消水라 하며 衰向을 立向하면 切不可라 期必 旺向을 하고 巨門學堂水가 神童之才를 出하는
것이다. 이 巨文水는 旺向뿐만이 아니라 生向養向에서도 迎喜하나 衰向은 못하는 것이다. 九
星歌에 衰方來去라고 하였다 해서 旺向을 하고 衰方去水를 무슨 立向에나 한다면 交如不及顏回三十便亡이
는 되는 것을 잊지말아야 한다. 旺向을 하고 衰方去水가 得位라 하니 그 例로서 巳酉丑金局의
壬子向은 八穴借庫歌에 云하는 穴成由女立壬向이라고 하는 것이 壬子自旺向에 衰癸借庫消水가
得位라 한다. 亥卯未 寅午戌 申子辰三局에서 甲卯 庚酉 丙午의 自旺向이 되는 原來 病死는
이 된다. 또 假令 十二理氣歌의 龍巽峰坤庚立이 逢旺을 하여서 自旺向이 되는때 原來 病死는
을 墓를 不及하고 乾亥壬子의 病死方에서 消水하면 즉 이것이 自旺不及이라 三十未滿에 才子
가 早歸하는 것이라 한다. 그러니 그 局의 死絕이 逢旺을 하여서 自旺向이 되는때 原來 病死는
廉貞天星을 應하고도 化煞生權을 하는 것이요 自旺向에 廉貞이 武曲으로 化旺을 하여서 四正
局의 例와 같이 乾坤長巽方의 貪狼水가 甲庚丙壬方의 旺水와 같이 聚堂을 하는 것이 一句의

水라고 할지라도 그어찌 千金만 못하며 人丁兩旺하는 것이 틀리리요. 水口가 借庫라 하나 墓方의 破軍天星을 應하게 되는 結果라 한다. 正自旺向을 하고 官旺互水의 上堂이 大吉水요 官旺祿方으로 去水하는 것이 나 愼察就地해야 하며 旺方에 諸水가 聚蓄하였다가 不得已하여서 乾坤艮巽의 祿位로 消去하며 穴에서 그 祿位消水하는 것이 全然 보이지 않게 去하면 좋은 法이다.

自正旺向을 하고 正借庫로 去하며 途中에서 轉欄하는 것이 更吉하며 小地는 旺財丁하고 地는 公卿과 孝義賢良이 出하는 것이다. 乙辛丁癸向을 하고 天干乙辛丁癸水가 當面朝來하든가 或은 暗拱來하는 것이 催官하는데 極速한 것이다. 그러나 同宮이라고 해서 辰戌丑未地支方水가 來하든가 去하든가 或은 黃泉水가 橫過하는 것도 亦是 黃泉水法이라 한다. 乙辛丁癸辰戌丑未向을 하고 左水가 上堂하여서 向上乙辛丁癸나 絶方天干乾坤艮巽 平洋之地에 敗하니 極凶하다. 이와같이 穴前에 靜聚하면 主로 먼저 小房이 敗絶하며 따라서 二房一房이 連여서는 沐浴方天干으로 去水하는 것이 墓向의 收山出煞이라고 하나 絶方水가 到堂하면 大黃泉이며 生方水가 墓庫를 冲하는 것이 大黃泉에 못지 않게 禍가 生하는 것이다. 死水라 하나

이 向에서 甲庚丙壬方은 向上의 借祿位라 其水의 境遇를 말하나 養向이 되어서 右水가 倒中에 또 尤美하다. 以上은 乙辛丁癸辰戌丑未墓向의 境遇가 最佳하다. 그뿐인가 學堂巨門水도 美左下하여서 絶方乾坤艮巽으로 歸去하는때 墓向으로서 乾坤艮巽이 絶方이라 大黃泉이 되나 養向

112

이라면 局이 判異하니 墓向이 養向이 되는 關係로 墓向의 絶이 養向의 長生方 病方이 絶方으로 되는 것이며 墓向에서와 같이 甲庚丙壬의 祿位는 不變하며 不可缺인 것이다. 養向에서 貪狼水가 連發하는 法이다. 養向에서도 甲庚丙壬의 祿位는 主唱하며 忌하나 墓向出煞이야말로 發福求昌하는 法이니 來去黃泉大惡을 未解하고 墓不立向을 力說하는 것은 아주 不當한 것이다. 丁未는 木局亥卯未의 墓가 되는데 甲卯水가 倒右하여서 由未歸坤을 하면 丁坤終是萬斯箱이라 한 다. 이때 或 戌乾亥方 즉 木局의 長生木局의 長生方을 冲하면 極凶하다. 平洋之地는 坐空朝滿 하여서 沐浴壬字上去가 子子孫孫이 會讀書하는 水法이다. 또 丁未가 水局養向이 되는 때는 右 水가 倒左하여서 辰巽方으로 去하니 合局이 되나 或 祿位丙方으로 消去하면 小黃泉이니 墓向 養向은 다르나 甲庚丙壬方去는 모두가 最忌한다. 丁未向을 하고 戊丑方이 水口라면 玄竅不通 한다. 辛戌이 木局의 養向과 火局의 墓向 癸丑이 金局의 養向 乙辰이 金局의 養向과 水局의 墓向이 되는 境遇가 丁未向과 同一하다. 墓養向外에 丁未辛戌癸丑乙辰等이 變 局으로서 立向을 하고 衰向을 平洋之地에서 立向하게 되는 境遇는 墓養向의 收水와는 天壤의 差가 있으니 臨官水가 胎方天干으로 消去하는 靑囊經의 祿存流盡佩金魚의 格이다. 雙山十二宮의 絶胎兩宮은 九宮의 同宮이며 萬一 開門立面을 하면 참으로 水法合局이 되기 때문에 養 穴을 하면 化煞生權을 하는 것이요 祿存天星을 應하였으니 絶處逢生向을 權度로 立 生旺貴人等의 水가 朝堂하는 祿存消水를 하니 人丁官祿이 大旺하는 安靜한 位라. 그러나 特히

113

自生向의 左水가 沐浴方으로 消水하는때 絶胎水를 未確하여서 到堂하게 되면 墮胎하는 故로 絶胎水를 避하는 것을 不忘하고 作穴해야 한다. 이 向에서는 本局의 墓가 養으로 化하기 때문에 本局의 絶이 生胎가 浴으로 各各 變하며 本局의 病死가 絶胎로 化하는 것이니 絶胎到堂이라 極凶하다. 이 向에서도 右水가 上堂하지 않으나 宜大해야 眞穴을 結하는 것이니 右水가 없으면 棄之하는 法이다. 右水라고 하는 것이 本局의 沐浴이 帝旺으로 變化하는 것이니 生旺死絶이 完全하게 變하였으나 그 局의 龍만큼은 一切 不變하는 것이 特色이라 細心留意하고 觀別作地하면 長生向과 發福이 如同하다.

平洋之地에서 穴前橫過水도 病死絶水가 아니고 生旺水라면 玄空五行의 生入剋入하는 得水라는 法이라 甲庚丙壬方 即 本局의 胎上去라 佩金魚가 되는 故로 이것이 곧 楊公救貧의 文庫俱得位의 法이다. 右의 旺水가 或은 乾坤艮巽絶字上으로 去하는 것을 乾坤艮巽이 化生하였다고 해서 生破라고는 하지 않고 借庫消水라고 하며 이때도 旺去迎生을 하여서 當面出水하는 法이니 宜當右旺水가 先到하는 것이 眞實한 收水요 萬若 左水가 先到하게 되면 心然 死絶이 先到하는 故로 凶中凶하다. 或 左水가 先到하면 經에 云하는 射破生方向少差而就絶이라고 하는 말에 있는 것이니 꼭 右水가 先到해야 한다.

이 變局의 理致가 辰戌丑未墓向을 하고 또는 養向을 하고 絶位乾坤艮巽字上으로 消水하는 것과 同一한 理致라 하는 것이다. 假令 辰向을 하고 辰巽字으로 去水하는 것을 辰巽을 同宮視

114

하는 것이니 또한 未墓向에 未坤去 戌墓向에 戌乾去 丑墓向에 丑艮去가 辰向의 墓向과 같은 收水出煞하는 法이다. 經에 云하기를 戌乾辰兌來臨非目盲則唔啞라고 하는 말은 單只 戌乾辰 收水만을 意味하여서 하는 말이 아니라 墓向을 하면 宜當 左邊의 旺水가 먼저 到堂하여서 墓 絶方으로 歸去하는 것이 收山出煞하는 法이거니와 或 反對로 生水가 먼저 到堂하게 되면 틀림 없이 絶水가 上堂을 하게 되는 것을 不可避하기 때문에 經에 云하는 絶胎水到不生兒라고 하 는 말과 같이 墓向에서 右水가 上堂을 하면 目盲唔啞之子가 出하는 法이니 凶하다는 것을 意 味한다. 그러니 丁未辛戌癸丑乙辰等向을 하며는 墓向과 養向은 根本的으로 그 收水가 相反되 어야 黃泉을 不犯한다는 것이다. 그런 關係로 三折祿馬上街去라고 하는 養向과 丁坤終是萬斯 箱의 丁未墓向 辛入乾宮百萬庄의 辛戌墓向 癸歸艮位發文章의 癸丑墓向 乙向巽流淸富貴의 乙 辰墓向을 同一視한다는 것은 切不可하다. 俗間에는 起胞法을 모르고 乙辛丁癸는 逆數라 子午 卯酉에서 逆行한다고 하는 일이 間有하니 이것은 有地無天을 말하는 것과 같다 하겠다. 乙辛 丁癸四龍論及龍去不立向을 詳見하면 順逆之理를 스스로 가려질 것이다. 五行總論이나 그外의 여러곳에서 四生三合雙山五行等의 變化가 참으로 妙하여 秘訣이라고 하는 것은 누구나가 잊 지말며 常用해야 한다. 그런故로 登地를 하고 무엇보다도 먼저 寅申己亥水朝非瘟火則産虛癆하고 戌乾辰兌來 明白하게 判別하고 立向을 한다면 먼저 말한 寅申己亥水朝非瘟火則産虛癆하고 戌乾辰兌來 臨非目盲則唔啞라고 하는 바와같이 水神이 不合하면 有凶하고 合局이면 寅申己亥는 長生之

位라 配合立向하면 大富大貴하는 것이며 戌乾辰兌水가 不吉한 向에서는 瘋疾盲喑啞가 出하 거니와 合局立向이라면 大發하는 것이니 그 어찌 五行의 變化가 妙訣이라 하지 않으리요. 亥壬을 紫微天星이라 拱穴하면 是爲全美하다. 庚兌龍에 丙午火向을 하면 向上의 火가 金龍 身을 來剋한다고 畏忌하나 原來 庚兌가 西方의 金이라는 것은 否認못할 事實의 相剋이다. 그 러나 金局의 旺 庚兌龍이라는 것도 否認할 수 없다. 丙午가 正五行의 火라 하나 丙午는 金局의 沐浴方位라 그 어찌 靑囊經의 祿存消水를 못할 것이며 또한 火가 아니고 어찌 金을 成器하리 요. 庚兌龍은 乙辛丁癸四局龍의 丁龍의 生旺龍이니 必然 衰方丁巨文水가 上堂을 하니 文章壽 高하며 水口가 向上沐浴方이며 丁庚局의 甲位라 竅가 亥에 通하니 極佳之局이라 或은 回龍顧 祖를 하고 丙午向 즉 火局正旺向이라면 戌乾方으로 去水하는 것이 爲妙한 局이다. 또는 金局浴處逢旺向을 하는 境遇에 그 實은 巽龍에서 丙午向을 하는 것이 妙한 것이다. 庚兌가 水局의 龍이라면 水局의 胎向을 平洋之地에서는 立穴할 수 있는 것이다. 丙午向이라고 하나 如此 그 收水가 判 異한 것이다. 庚兌龍이 西方에서 作峽을 하고 束氣를 하였으면 金局의 向을 하는 것이 大發 하는 것이다. 여기에서도 惟有前山回剋處 龍眞穴的하고 重重受剋始成龍이라계 楊公救貧의 論을 想起 하는 것이 晋陳하다. 거듭 말하는 것 같으나 龍眞穴的하고 乾坤艮巽寅申巳亥 臨官祿位로 去水 興味가 一切 보이지 않게 歸去하는 것 같으나 數百年 人丁大發하는 것이 즉 虛中有實하며 참으로 爲 妙爲妙하다고 아니할 수 없다. 勿論 臨官祿位로 無情하게 直去하는 것은 大殺曜가 되는 것은

彼此가 相認하는 事實이다.

寅甲水가 到堂하면 瘋疾이 纒身을 한다고 하며 無條件 忌하는 人士가 있으나 勿論 休囚方이라면 必應 瘋疾하기 때문에 大凶하나 丙午向이라고 하면 生方이며 生入尅入家業興이며 甲卯向을 하고 寅甲水의 上堂은 甲祿이 在寅하고 甲庚朝堂腰懸金印이라고 하니 寅甲水가 아니고 어찌 少年蜚聲할 것이며 官榮侍郞之尊이 어디 있다 하리요. 寅은 天上의 箕星이라 箕星은 好風하는 故로 그저 寅甲水를 忌한다는 것은 九宮의 生旺休囚를 모르고 戌乾辰兌를 그저 忌하는 것과 같으니 一偏見으로 善惡을 云謂하지 말고 生旺遁環의 九宮正變之理를 把握하는 것이 가장 切要한 秘訣이라 하는 것이다. 少年及第하는데 寅甲의 造化가 他에 못지 않으리라.
또 子午가 必招軍賊이라고 하니 內盤의 丁向은 外盤의 午向을 牽在하는 것이라 午旺向을 하고 午水가 直沖하여서 또 艮寅生方으로 冲去한다면 勿論 必出軍賊하며 敗絶하는 것이니 이와 같이 그 吉凶을 九宮이 眞傳하고 있는 것을 아는 사람은 稀有하고 그저 吉凶을 一言으로 輕斷을 하니 害人이 非淺하다. 그러니 무릇 登地者는 正生旺墓養向 或變自生自旺向 或文庫消水向 或自生向 當面出水 或水口怪穴의 變斜飛等을 細心 察知하고 堂局의 總管하는 水神이 生來會旺을 하는가 旺去迎生을 하는가 正借庫의 水神이 龍身에 不合하다면 水神이 龍身에 合當하게 脫龍就局을 하여서 作穴하는 것이 틀림이 없는 것이다. 玉尺經에 云하기를 五行寔無係于龍家하고 禍福須明于水路라고 하였으며 自古로 認水立朝해야 彼吉此凶之應이며 向上收山出煞

117

有朝貧暮富之殊라고 하였으니 向上의 水神을 專重하는 證言이며 또 平洋之地는 以水爲龍하며 以水爲穴하고 以水爲向이라고까지 하였으니 그 水神에 配合하고 그 惡殺休囚를 避하고 立向하는 것이 扶龍補向하는 것이며 그 化命이 또 配合하면 生氣가 大旺하여지는 것이 事實이다.

또 奇妙한 것은 左旋陽龍에 右旋陰水 左旋陽水라는 것은 宜當 陰陽配合之理요 不易之理라 할 수 있으나 左旋陽龍이 左旋陰龍의 水口를 變하고 右旋陰龍이 右旋龍의 水口를 變하여서 立穴하는 局이 있으니 또한 믿지 못할 事實이다. 平洋之地에서는 龍水가 千變萬化하는 局이 있으며 生旺水神을 迎하고 永安之地가 있으나 或은 水向을 冲하니 龍身을 冲하는 結果가 되는 關係로 그 化命이 不安하고 子孫이 受禍하게 되는 일도 있다. 特히 平洋之地는 水口와 向龍이 向水를 得하게 되고 龍身을 制剋하며 或은 暗拱을 하며 或은 近山에 重重受剋을 하는 峰巒이 있다면 催官이 極速하고 全美한 大局을 이루는 龍이 된다.

이 相合하는 것이 通竅하는 것이며 水口가 不通하는 故로 黃泉惡曜로 變하는 것이다. 다시 하나 吉水가 凶水로 變하는 즉 向과 水口가 不通하니 凶水라 하나 凶水가 吉水로 化하며 吉水라 하나 吉水가 凶水로 變하는 것이니 그 사람의 眼目과 手巧의 配不配에 依하여서 吉凶이 相互 變化하는 것이며 그 觀別의 差가 各異하니 妙訣은 그 사람에 있는 것이라 하더라. 小冊子는 楊公의 救貧收水하는 法이라는 것을 用之하면 造福이 無窮하다는 것을 忘却하고 또는 未知하고 偏書를 專用하고 種種錯認하여 作地하는 수

말하자면 向과 水口의 配不配에 依하여서 吉凶이 相互 變化하는 것이니 眼目과 手掌은 人人이 相同하나 그 사람의 眼目과 手巧

가 有多하다. 甚한 者는 龍上에서 收水를 하고 發福하였다고 하는 것을 登穴하여서 살펴보면 偶然하게도 外盤收水에 相合하였기 때문에 發福을 하였음을 알 수 있다. 救貧은 九星에 있으며 陰陽動靜의 造化가 오직 玄竅相通하는 것이 妙訣이 된다.

그러니 龍水配合은 天과 地와 같이 不易하는 것이며 一絲不亂 趣生趣旺하는 것을 떠나서는 안된다는 것을 不忘하면 必然 全美之地를 求得할 수 있는 것이다. 或者는 明堂이 弘潤하고 砂水秀麓한 것을 龍氣가 未淸하다고 棄地하는 것은 經에 云하는 三節四節不須拘하라고 하는 말을 모르고 向上消納을 모르는 所行이다. 龍에 그 善惡이 있으리요 龍이 美를 不得하였다고 하더라도 水神의 生旺之氣를 得하였다면 能히 龍을 救하고 發福하는 法이다. 아무리 眞龍眞穴 이라고 하나 水神이 散泄하면 凶禍가 先發하는 것이니 龍穴의 吉凶이 在水하고 水之吉凶이 在向하다 立向이 틀리면 生旺이 死絶로 化하니 官祿이 鬼煞로 化한다는 것이다. 假令 坤申行 龍이라면 寅卯方이 病死方이고 巳午方이 絶胎方이라 寅卯巳午方에 高峰大水가 있다면 이때에 巽巳向을 하면 其禍立至하는 것이며 丙午向을 하면 寅卯는 火의 生方이요 巳 午는 臨官方位帝旺方位라 巳午方의 山 巳午方의 水는 丙午向의 滿局生旺이 되는 것이니 能히 그 坤申龍의 本性을 生旺하게 하는 것이다. 끝으로 添付하고저하는 것은 淨陰淨陽이다. 特히 龍에서 取陰棄陽을 하며 陰龍陰向 陽龍陽向이라고 하면서 專用하는 것은 안타까운 일이다.

劉靑田公이 陽龍陽向水流陽하고 陰龍陰向水流陰이라 하였으니 或者는 淨陰淨陽과 合符시키는

119

것은 不當千萬한 것이다. 大概 陰龍陰向 陽龍陽向이 向上水에 따라서 있을 수 있으며 左旋龍에 左旋水 右旋龍에 右旋水를 하고 全美之地가 있는 것이다. 徒用하면 그어찌 沖生破旺의 害를 免한다 하리요. 그런故로 반드시 後天의 雙山으로 立向 收水를 하며 以迎生旺하며 以消墓庫하는 것이 得訣이라 이 陰陽을 모르고 先天論으로 執定하 며 龍과 立向을 同一視하는 關係로 陽龍을 不用하고 陰龍을 用之한다는 것은 어찌 陰陽이 相 配하고 萬物이 生育하는 同一의 太極이며 太極이 無極이라 하리요. 이런 例로 寅陽龍에 申陽 向을 하고 大發旺相한 것은 陽龍이래서 放棄하는 것이 옳다하리요. 寅甲旺龍이 作乙木入首를 하고 戌方水口에 丙午向을 하였으니 左邊에서 束氣를 하고 癸小長生水가 浹하여 上堂하고 巽 巳祿水가 到堂을 하니 巽己癸가 다 屬水하여서 丙火向에 尅入하고 坤申方死水가 斜來轉庚하 니 庚이 在申이라 經에 云하는 祿水上堂하는 故로 尙書가 出하였다. 이때에 申水가 入丙하 면 極凶하니 오직 入庚하는 것이 宜當하다. 또는 坤申龍에 丑方水口가 流乾을 하면 金局自生 向을 하는 法이고 巽龍入首에 丑方水口라면 癸墓向을 하는 法이니 癸는 屬陽하며 或巽丁龍入 首라면 丑水口에 癸墓陽向을 하는 法이니 陰龍陽向이며 甚히 數多한 局이다. 如此之理는 一 考도 없이 先天八卦 淨陰淨陽으로 龍의 貴賤을 云謂하며 强制로 納甲收水하니 그러지말고 家 家人人은 楊公收水를 寸暇不忘하고 取用한다면 榮光이 있는 것이다.

十六, 奇形怪穴論

天心이 旣辨穴何難이라고 救貧楊公이 結論을 一言한 收水立向之法이라 하나 그實 登穴하여 서 左右前後의 數三尺되는 地形이 其穴을 難定하며 左往右往하고 不適하고 마는 事例가 或有 하다. 奇形怪穴은 龍이 眞龍이라 古人이 云하는 바와 같이 完全不美하고 다못 眞龍이면 必有眞穴과 諸砂가 그 方位를 穴場에 이르러 보면 醜拙하고 全美는 커녕 完全不美하고 다못 眞龍이면 必有眞穴과 諸砂가 그 方位를 堅守하였으며 或은 半山坡에 一席之地가 無餘氣하고 毡唇이 傾卸하고 割印한 듯하며 俗士가 보기에 或은 그 眞龍을 恨嘆하고 말 程度에 穴이 巢居하고 或은 右方의 白虎砂가 없으고 左邊에 結穴하고 또는 白虎砂가 있기는 하나 無情하여서 無情하고 或은 靑龍砂의 右 邊에 結穴하여 靑龍이 있기는 하나 反抱하여서 無情하며 或은 山盡水會를 하여 大江大湖를 臨하여서 다시는 回避못할 곳에 賓主가 相對하고 結穴을 하는 것이다. 山地의 怪穴에서는 蓋粘依撞이라 고 하는 그 蓋穴의 怪局이 四下가 보이지 않으며 或은 穴이 高處에 巢居하여서 漏風하고 或 은 惡石이 臨穴을 하여서 周圍가 岩石뿐이며 結穴한 곳만이 겨우 흙이 있으며 紅黃 滋潤이 全備하지 않은 듯하나 開金井하면 五色이 全備하고 旺盛한 氣運이 떠오르니 그 어찌 怪狀이라고 버리리요. 勿論 土色이 不備하고 瘠薄하여서 不肥하든가 또는 凶惡한 黃泥石子라 면 眞龍이라하나 假穴이니 眞龍이라도 假穴이면 不用하는 것이다.

眞正한 怪穴은 반드시 梨園子弟가 出하는 것이라 必有眞龍이면 眞案 眞砂의 奢主가 朝對하고 逆砂가 朝對하고 逆砂가 逆水를 逆去하는 것이 眞龍眞案眞砂가 怪穴을 證明하는 證佐요 眞龍眞案眞砂가 怪穴을 證明한다고 한 말이 事的하다. 一席之地의 조그만한 것이 眞穴이냐고 할것이다. 그러니 地理를 硏講하는 學者가 眞穴을 알기가 그리 容易하지않고 穴星의 有無를 아는 것이 眞假를 探見하는 것이다. 그 入首가 砂가 明堂을 證明하至於穴場하면 央圓方正한 곳이 참으로 眞正한 穴星인 것이다. 덮어놓고 陰穴陽穴을 論하지말고 總要가 眞氣의 有無에 있다. 여기의 陰陽穴을 未詳하면 一粒粟의 眞正秘傳을 보면 分明하다. 그러면 또 眞氣는 무엇인가 眞氣라고 하는 것은 龜蓋形과 같이 肥潤하고 豊滿하며 보기에 光彩가 恍如한 것이다. 挨棺木之處가 이와같으면 眞氣가 結聚한 것이다. 이와같은 眞氣가 結聚한 怪穴이 十中八九는 되는 것이 事實이며 山地의 怪穴은 穴後의 大小官員의 巒峰의有無를 不論하고 眞氣結聚한 龜蓋形이라면 發富貴하고 或은 橫財를 하는 것이다. 穴前에 毬唇餘氣가 있다든가 或은 大江河를 臨한 怪穴에서는 水中에 石關이 있고 下砂가 逆水를 하고 明堂과 穴의 氣運을 收管하였기 때문에 流去不散하니 貴穴은 이도 또한 貴穴의 證佐라 하지 않으리오. 窮穴은富穴이라면 그 貴砂가 거의 低하고 肥滿하며 貴穴은 그 貴砂가 높고 秀麗한 것이다.漏風水直하고 賤穴은 反弓無情하다. 平垣한 平洋之地에도 眞氣가 있다면 좋으나 有無를 不拘하고 定穴하는 法이다. 平垣地는 龍勢가 거의 起伏하지 않고 다못 土厚土肥하고 穴前水가 灣

122

抱하여서 아주 有情하게 廻護가 重重하고 結穴大地한다. 正穴怪穴이 모두 龍虎砂가 環抱有情하며 案山이 眼弓案이면 極佳한 怪穴이라 한다. 山上의 奇形怪穴이 平山頂에 扦葬하며 支脈의 頭方에 顚石關欄을 하고 聚氣가 方住하며 鉗砂가 護穴을 하는 것이다. 그러하자니 四下를 보면 風吹脈露하고 藏風과 納氣가 不能한 듯하나 及其也 正怪穴에 이르러서 살펴보면 龍의 砂가 下砂를 緊閉하고 關欄하지 않고 來龍이 逆落을 하고 入首를 하고 作地를 하니 龍의 上砂가 下砂가 되어서 去水를 閉塞하게 되니 來龍의 下砂가 도리어 上砂가 되어서 天門을 開하는 故로 奇局이며 穴이 正落하지 못하고 或은 橫過龍穴이 되고 或은 穴後에 金星이 鬼托하고 左右의 鉗砂가 護穴을 하고 穴前에 大唇이 或有하며 唇中에 有石關欄을 하여 穴氣가 住하는 故로 穴不洩氣하고 穴後의 樂山이 相應하니 方爲眞穴이라. 經에 云하기를 有地無地는 但看下閉水口하는 것이요 不閉면 無其地라 하고 廖公이 云하기를 또 翻身逆結漲潮水면 下砂의 美不閉水口하는 것이요 不閉면 無其地라 하고 廖公이 云하기를 또 翻身逆結漲潮水면 下砂의 美를 不論하느니라. 又에 云하기를 次地는 多是無下砂하니 蒙昧世人이 不識得이라 또 말하기를 山盡之處에 奇形怪穴이 있고 其去水下砂가 重重豁開하고 無有關欄하며 百步外에가 서 그 水口를 塞하였으며 或은 外水口가 큰 大樣이며 聚蓄하였으니 大貴가 出하도다. 以上 怪穴이 如此 簡明하나 實地 怪穴을 定하자면 尋山三年에 裁穴十年이라고 하는 말이 金言이 아닌가 믿어진다. 愼察取地를 여기서도 强調하는 바이다.

十七、巒頭五星九星裁用訣

巒頭를 論하기에 앞서서 古人의 詩 一句를 想念하여 보면 莫道靑山默無語하겠마는 觀形察色 若有言이라고 하였으니 그 얼마나 至精한 말인가. 山도 山이려니와 이 世上에서 가장 正直한 農夫는 수많은 草穀의 生育을 보고 結實의 多寡를 辨別할 수 있는 것과 같은 말이다. 그 말 못하는 山을 보고 또는 그 말못하는 草穀을 보고 判斷하는 것은 其理 一般인 것이다. 勿論 全山水를 보고 云謂하는 것이니 全部를 云謂하는 것이 하나도 無錯하고 的中한다는 것은 또한 過言이 아니다고 그 누가 말하리요. 地上의 山 즉 다시 말하던 形態가 一樣이 하나도 없는 것이다. 또 古人이 中國의 山川은 우리나라의 山川과 相異하다 하며 말하기를 우리나라는 山形이 險峻하고 水가 急流하니 槪以論之커던 相爭之習이 有多하다고 하였으며 中國은 山肥水深하며 土色이 滋潤한故로 사람이 恩厚하고 頓學하다고 하였으니 이 말은 中國人이 한 말이라 하나 그 中不中은 우리가 可히 짐작할 수 있는 것이다.

그러면 그 山의 巒頭가 金木水火土라고 하는 五星의 形體가 있으니 이 五星은 또한 五行인 關係로 天上에서는 成象을 하고 地上에서는 成形을 하였으니 地上의 形應을 巒頭라 하며 五星의 形을 圓直尖曲方이라는 五字로 나누는 것이다. 그러니 金의 堅剛한 것이 圓하니 이것을 金星體라고 하며 木의 條達한 것이 直하니 木星體라고 하며 水의 屈曲한 것이 曲하니 水

星體라고 하며 火의 上이 尖하였으니 火星體라고 하며 土의 厚重한 것이 方하니 土星體라고 하며 五星의 形態를 分而言之한 것이다. 그러니 圓하면 金星 直하면 木星 曲하면 水星 尖하면 火星 方하면 土星이라고 한다. 이러하며 大概의 山은 五星體가 分明하여서 觀別하기가 어렵지 않으나 或은 五星이 서로 兼하여서 生克을 이루는 수가 許多하다고 믿어진다. 巒頭의 相生相克의 眞假가 分明해야만 取捨하는 것이나 그 眞假가 千變萬化하는 水와 不可離한 것이라 九星이라고 하는 九宮水는 그 巒頭의 生克變化를 立證하는 것이다. 的實하나 或은 不的하는 수도 없는 것은 아니다. 있기 때문에 穴論의 奇形怪穴이 있는 것이다. 또는 幹龍으로서 그 局을 結한다면 五星體로 成局을 하였으며 枝龍이라면 九星을 兼하는 것이 事實인 것이다. 五星과 九星이 同宮이라는 것은 不易을 法이요 生克과 順逆은 吉凶禍福을 定하는 것이다. 大小의 巒頭는 正變이 模糊하여서 分明치 못한 것이 있으니 그 巒頭의 理氣를 가지고 吉凶을 未判하게 된다면 그 去來의 九星을 取하면 眞假가 確定되는 것이다. 이와같으니 아무리 巒頭의 眞假가 未分하면 古人이 云하는 바와같이 水主財祿山主人이 또한 簡明한 말이다. 俗間에는 形家를 主張하는 사람中에는 五星만을 爲主로 하는 關係로 自身이 모르며 아는 소리를 하며 世人을 속이는 일이 아주 없다고는 斷定할 사람이 없는 듯하다.

五星의 相生格이라면 南方의 火星의 祖山에서 發祖하였을 때 火生土 土生金 金生水 水生木 克과 順逆의 理를 槪述코자한다.

이와같은 順序로 火에 이르러 結穴을 하였으니 五星順生聯珠格이라고 하며 祖孫一家가 連하여 順生을 하였으니 公侯將相 富貴가 無極하며 速發永昌하는 것이다. 順生하는 것을 좋다고 그저 來龍의 形態가 死梗한 것을 不顧하고 또는 散慢한 것을 順生이라고 한다면 巒頭가 全美하다고 못하는 것이니 어디까지나 屈曲活動束氣를 하여서 生氣가 分明한 것이야 全美한 것이다. 또 木星結穴이라고 하나 水星에서 發祖하고 水金土火木 이와같은 順次로 逆生을 한 것은 逆生聯珠格이라고 하며 祖보다 父가 父보다 子가 子보다 孫이 더 富貴하며 忠臣孝子가 滿門하고 和氣亦是 滿庭하나 順生과 正反의 逆生을 하였으니 富貴는 綿遠하나 速發하지 못한다. 이 順과 逆을 吉凶으로 誤認하면 切不可하니 順生은 火星에서 發祖하여서 土金水木의 序로 木에서 結穴을 하는 것이요 逆生은 木星結穴이라 하여도 水星에서 發祖하여 金土火木 이와같은 次序로 木星에 이르러 結穴을 하는 것이다. 以上은 木星結穴하는 順生聯珠 又는 順生連屬이라는 格과 逆生連接이라는 格을 記述하였다.

다음은 前의 兩者와는 正相反하는 例를 말하자면 亦是 木星結穴인 境遇에 木克土 土克水 水克火 火克金 이와같이 相克을 하는 것이니 이때 金星祖山에서 發하여서 連逆하여서 木穴을 結한다면 子孫이 忤逆을 하니 手下의 子孫이 手上의 祖와 父에 不從하니 墓裁한다. 或 이같은 來龍에서 龍穴이 秀麗하면 비록 一代나 二代를 富貴가 發福하다가 如灰敗亡하는 것이다. 또 한 例로서 火克金 金克木 木克土 土克水 이와같은 序次로 火星에서 發祖하여서 水星結穴을 하였다면 克來連接을 하였으니 孫祖一家가 不和하니 骨肉相殘하게 되며 或戰地에 臨하여서도 傷하는 것이다. 以上의 二者는 克의 凶을 말할 것이다.

前의 兩者와 後의 二者는 單只 生克의 吉凶의 例요 다음의 하고자하는 말은 衆山이 順生逆克 逆克의 單純한 것이 아니며 特히 五星이 無限定하고 生만하면 第一이다 할것이다. 勿論 克을 避하고 生을 期取해야 하나 그것도 限度가 있는 것이다. 水生木의 例는 木을 水가 生하는 것이나 水가 많으면 木은 漂하는 것과 같이 水氣가 過多하면 木의 氣運이 漂하는 것이 다. 이 水生木의 例와같이 木生火하는 때도 木이 盛하면 火의 氣를 消滅하게 되며 火生土고하나 火가 最盛하면 土가 燒燥하게 되며 土生金이라 하나 土가 過多하면 金氣를 埋하게 되며 金生水라 하나 金이 過多하면 水氣가 沉涸하게 되는 것이다. 이것을 相生相囚格이라 할 수 있는 것이다. 그러기에 假令 水多하면 木漂하는때 水氣가 過多하면 土를 得하여 堤防을 하면 木이 漂하는 것을 防止하는 것과 같이 위의 例와같이 木生火인때 木氣가 最盛하면 金克木이라하니 金을 得하여서 그 最盛한 木氣를 金이 削하면 光明하여지는 것이다. 火生土인때 火克土라하니 木을 得하면 木克土하니 水를 得하면 土氣가 滋潤하여진다. 土生金인때 土가 最盛하면 木克土라하니 木을 得하여서 金을 疎通하니 爲用하게 된다. 金生水인때 金이 最盛하면 火克金이라하니 火를 得하여서 金을 煆煉하여서 成器가 된다. 이것을 五行相克相濟格이라고 하는 것이니 立山者가 널리 通用하면 그야 秀麗한 吉地를 自可立辨할 수 있는 것

127

은 明若觀火한 것이다.

以上은 順生 逆生 逆克과 相生相囚 相克相濟를 論하였거니와 다음은 五星制殺格을 記述하고자한다. 이 制殺하는 法을 모르고 그 山의 殺氣를 避하기는 至極히 困難한 것이다. 水局에 無木之土면 水氣를 損하게 되는 것이니 水氣를 保全하자면 植木制之하고 木局이면 木氣를 損하게 되는 故로 木氣를 保全코자 하면 반드시 炭火埋交하고 火局에 無火之金이면 火氣를 損하니 火氣를 保全하자면 撐石鎭之한다. 石에 有五行하니 撐石은 土요 放石은 塊金이요 立石은 刀金이요 搭石은 水요 石骨은 火라고한다. 金局에 無水之火면 金氣를 損하니 金氣를 保全하자면 盛水埋之한다. 土局에 無金之木이면 土氣를 損하니 土氣를 保全하자면 放石制之한다. 이것은 五星의 順生이나 逆生만이라고 生覺할 必要조차 없으나 順逆間에 克을 便乘하게 되는 것을 說明한 것이다. 俗云하는 一克兩生이야말로 制殺의 本道인 것이다.

五星裁用格이라면 金土星은 用角하고 水星은 用節目하고 火星은 鉗突이 不盛하면 小穴이라도 不可用한다. 五星의 頭角吉凶格 頭에 生角이면 角葬이 吉하고 頭葬이면 凶하다. 角에 生頭면 角葬頭葬이 俱吉하다. 頭角이 比和하였으니 頭가 克角하였다면 角이 克頭하였다면 頭角葬이 俱凶하다.

土星下의 金頭에 火角이 있다면 火角도 爲用하고 金頭은 無后하고 頭葬은 貧하니 凶하다.

星之下의 木星에 金星이 있다면 이 金星도 爲用하고 木星에 葬하면 吉하고 速發富貴한다. 그러나 金

星之下의 水星에 土角이 있다면 이 土角도 爲用하고 水星에 葬하면 吉하고 富貴速發한다.

星之下의 火星에 水星이 있다면 이 水星도 爲用하고 火星에 葬하면 吉하고 富貴速發한다.

星之下의 土角에 木星이 있다면 이 木星도 爲用하고 土星에 葬하면 吉하고 富貴速發한다. 끝으로 老陽 老陰 少陽 少陰의 四象形穴의 制用格은 金窩中이라면 金突 土突 水突은 相生比和하니 俱吉하고 木突 火突은 相克을 하니 俱凶하다. 土窩中이라면 水突 金突은 相生하나 火突 木突은 相克하니 水生比和하니 火生土라 하나 火突은 凶하니 勿取하고 木突 火突은 相免이라 木窩中이라면 水窩金突 水突은 相生하나 火突 土突은 相免中이라면 土突 火突은 相生相和하니 俱吉하고 火突 水突은 凶하니 水窩中이라면 水突 金突은 비록 比和하나 凶하며 木突 火突은 相克이라 火窩中이라면 土突 木突은 비록 相生하나 俱凶하다.

突 木突은 相生比和하니 俱吉하고 火突 水突은 相克하니 俱凶하다.

窩突 金突 木突은 相生比和하니 俱吉하고 木突 火突은 相克하니 俱凶하다.

니 俱凶하다.

며 火突 金突은 相克하니 俱凶하다. 窩中의 突과 같이 乳 亦是 相生相克을 選擇해야 하며 鉗中의 乳도 如上推理하는 것이며 五星이 相生하여서 得位하였으면 吉한 것이다. 太極穴 兩儀穴 五突穴 十字穴 三停穴 亦是 其來龍을 詳察하고 左右의 砂角과 案對의 相克制化하는 것을 用之하는 것이니 龍이나 穴이 克을 犯하면 不可用之라 造化精微가 다못 在此하니 不可不愼也라.

十八、穴訣陰陽圖

先賢께서 穴을 老陽 老陰 少陽 少陰 太陽 太陰 中陽 中陰을 이름하여서 定한 것이다. 左右의 進神水가 上堂하고 極히 煞曜水를 避해야 한다. 煞水가 完全히 그 水口로 流去하면 즉 出煞이 되니 眞穴이라고 한다. 그래야 大地는 大發하고 小地는 小發하는 것이 的中하고 迅速하다. 老陽의 穴은 乾坐巽向이며 水局自生向이며 이 老陽의 穴은 肥圓하고 伏掌해야 하는 것이 圖와 같이 巽方의 案山에 蛾眉砂가 있으면 富貴하고 王妃를 産한다. 穴이 庚兌와 같다. 穴形이 覆鍾한 것 같아야 하며 絃稜의 半月이나 人形같은 때에는 그 乳가 없을 것이니 그 때도 頂龍에다 點穴을 하면서 右邊의 進神 또는 左邊의 進神을 꼭 過堂시켜야 한다. 이 圖式에 進神이 右方에 있다고 하여서 收水를 할 때에 煞水가 冲穴하는 것을 잘 보고 定穴해야 한다. 이 圖에 煞水가 左右 어느 一定한 곳에 그 坐向이 局限된 것은 아니다. 이 圖式은 陰陽만을 論하는 것 만에 局限한 것도 아니다. 八十八向을 잘 읽고 參照하면 充分히 理解가 되는 것이다.

130

太陰穴得位出煞圖	太陽穴得位出煞圖	老陰穴得位出煞圖	老陽穴得位出煞圖
巽　辛	卯　癸	(圖)	乾　巽

老陽乾向巽巳右水倒左出乙辰方對面有蛾眉案山。老陽之穴似覆鐘將軍大座郡也同正坐乾宮為得位子孫富貴列三公。老陽堅剛之氣其結穴如覆鐘如半月或大如人形穴中並無乳突者正坐乾方即頂龍正葬為老陽得位其進神在右煞神在左務要右邊水過堂出乙辰而去必位極人臣官居鼎鼐。

坐坤向艮左出癸丑艮上有紗帽案老陰穴是劍脊形外來龍虎湊合若有坤申為綿長富貴旺人丁。老陰堅厚之氣其穴形如劍脊本身無龍虎砂多以外山湊合取用若正坐坤申方頂龍而葬即為得位進神在右煞氣在左務要收進神水上堂出左邊癸字則富貴綿長人丁大旺。

坐正東向正西右水倒左出辛戌方當面見蝠形案太陽結穴似仰盂開口中虛坐於甲卯為得地子孫永遠佩金魚。太陽結穴形似仰盂故本身龍虎砂開手復開口中間卻無乳突居震宮為得位進神在左煞氣在右頂龍而葬收左邊水過堂出辛戌方富貴雙全。

坐巽巳向乾亥右水倒左出辛戌方當面天馬山作案。太陰穴星本屬木只因下斷中不足若坐巽巳是本宮子孫富貴多財祿巽為長女屬木其卦下斷故其結穴乳頭獨短若坐巽巳為得位進神在右煞氣在左頂龍而葬收右水過堂出辛戌方必富貴雙全。

少陽穴得位出煞圖	少陰穴得位出煞圖	中陰穴得位出煞圖	中陽穴得位出煞圖
(艮/丁)	 柴山庚	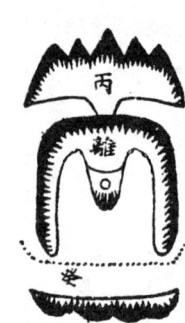 丙 離 癸	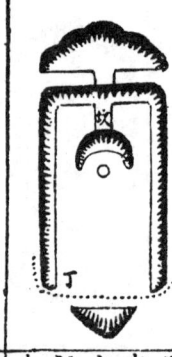 坎 丁

坐坎向離左水倒右水從丁未方出富面有尖峰名既濟穴中陽之穴中畫長恰與壬字一般樣正坐坎宮名得位頂龍而辭收左邊進中陽結穴開手獨長形如壬字正坐坎宮名為得位頂龍而辭收左邊進神水上堂從丁字放出再配對面文峰挺秀名水火既濟定出大貴大賢綿綿不休

坐離向坎左水倒右水出發當面有雲水大紫挨金剪穴離為中女即中陰結穴多成火字形離龍大拜故主貴必要雲水鎣六星離為火外明而內暗故為中陰但穴星結成火形居南離為得位必須收面入首是丙字對頂要有雲水大葉相制方為離龍大拜頂龍正葬收左邊進神水上堂從癸字上出則火之烈燄煞氣盡消必出文臣宰輔若缺一樣則一發如雷一敗如灰矣慎之慎之

坐正西向正東左水倒右出乙辰方當面得玉尺案少陰兌卦本屬金開了金窩現乳形又內上缺四騰得生庚酉福滿門兌為少陰屬金故其結穴自土星窩出乳形其卦上跌故主四騰然後必有鬼禄樂山若坐庚酉二字為是為得地進神在左煞氣在右頂脉而辭先取左邊水上堂自乙辰方流出則丁財兩旺科甲滿門

坐艮寅向坤申右水倒左出丁未方對面三台案土星用出小窩形老陰開口少陽生坐在艮寅為得位發當驚青發人丁艮為少男屬土故其結穴自土星窩出畏開小窩所謂陰極陽生是也若正坐艮寅名為得地其煞氣在左頂龍而辭取右邊進神水過堂出丁未方對面再得三台作案定然人丁大旺富貴雙全。

十九、 지 리

지리의 요가 龍穴砂水의 四端에 있고 吉凶禍福의 機가 來去하는 水를 主斷하여 立向하는

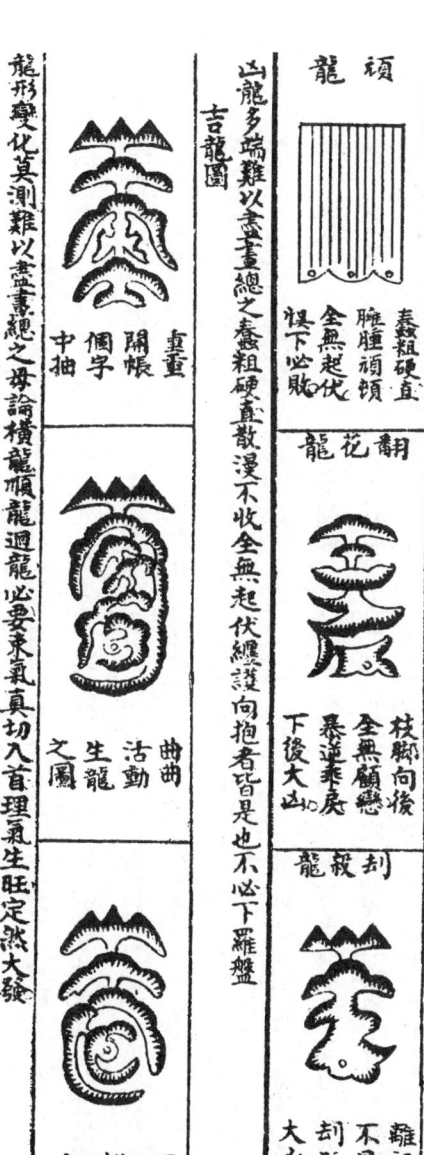

것이 第一 迅速하니 世人이 그 原理와 遭遇하는 理致는 不論하고 主로 某得 某破만을 論之하는 것도 此를 緣由한 所致라고 하겠다.

賢人께서 砂水를 論하셨으니 龍穴砂水는 一者라도 缺하여서는 안된다.

周公께서 指南車를 造하셨으니 從來가 遠하며 漢唐以後에 天干地支가 有하며 內盤正針과 外盤縫針을 有定하여서 羅經의 用途가 容易하게 되었으나 그 眞實한 傳統을 人人이 往往 誤用한 例가 有多하다. 陰宅의 立向과 收水는 後天의 外盤縫針을 爲準하는 것은 世世有志士가 舊塋을 詳細하게 歷驗하니 富貴發福이 永久히 昌盛한 것은 外盤縫針으로 立向하였으며 萬若 內盤正針으로 立向한 墳墓는 立向收水가 不合하니 문득 致敗하였더라.

乾坤一氣가 陰陽을 生하고 陰陽을 分하여 五行이 起하였다. 世上에서 五行이라는 것이 異說紛殊하나 五行의 要旨는 正五行 雙山五行 玄空五行 이 三者를 取用한다.

龍穴砂水는 不可分의 것이니 不可偏癈하느니라 一定한 眞龍이 있는 곳에는 一定한 眞穴이 있으며 一定한 眞穴이 있으면 一定한 眞砂가 有하고 一定한 眞水가 있으며 一定한 眞水가 있으면 昔賢께서 龍穴砂水의 書를 만드시었다. 平洋之地는 오로지 水神이 岡隴之間에 있으니 乾流라도 一寸만 低하면 水라고 하니 가장 많은 것이 水論인 것이다.

立向하는 法이 以水爲憑하고 收水하는 方位가 以向爲據하는 것이니 向과 水는 相輔한다.

向과 收水하는 方位의 差가 적드라도 吉凶禍福의 差는 至大하다. 一地에 有一局하고 一局에

一局의 生旺墓의 方位가 有하니 即 申子辰水局 巳酉丑金局 寅午戌火局 亥卯未木局 等의 四局이 있으니 各其局內에서 來水 去水가 何方位가 되는가를 觀定하고서 立向을 한다.

其局의 生旺墓方位는 一定不變하는 것이니 眞龍이 來住하고 眞氣가 結한 것이면 其形勢에 따라서 右水가 倒左하면 正生向에서 收水하고 眞龍이 來住하고 眞氣가 結한 當局의 形勢가 正生向이 不可하면 絶處에 逢生向 즉 自生向에서 收水하고 左水가 倒右하면 正旺向에서 收水하고 自旺向에서 收水한다.

水口와 向이 不合하면 犯陰錯陽錯하니 戒之愼之하여라.

眞龍正穴은 一定한 砂水가 있으며 一定한 生旺墓向이 있으니 其形勢에 따라서 決定하는 것이나 消水하는 곳과 龍이 能히 相合치 않으면 脫龍就局하여서 立向하고 또 明堂의 朝對한 것이 不同하면 權宜立向하니라.

自生向과 自旺向은 死絶이 化하여서 生旺向이 되니 世人이 難信하나 遍遊舊塋하면 自生向 自旺向에 富貴綿遠한 것이 擧皆斗量이더라.

向과 水가 配合하고 發福하지 않는 것은 龍의 眞假라 하니 龍穴砂水가 眞合하면 大地는 大發하고 小地는 小發한다.

淨陰淨陽의 說을 世人이 傾信하나 此는 強制로 配合시키는 例가 非一非再하니 結果가 冲生破旺하니 貽害가 非淺하다. 胡說亦不可信하여라.

二十、救貧 楊公 說

楊公의 諱는 益이요 字는 茂長이요 號는 筠松이었으나 楊公이 立向하는 法을 正解하고 行用하여서 適中하니 즉 貧寒하고 困窮한 者가 富하고 貴하니 救貧이라고 하였다. 楊公의 立向하는 法이 向上五行을 用之하여서 吉凶禍福이 오로지 向上이라는 두 글字에 있으니 其 測度가 不明하다고 其說을 訛傳하는 것이니 不得不辨明한다.

水口가 辰이 되는 境遇는 申子辰水局 즉 辛壬會而聚辰의 局이 된다. 그러니 申子辰水局에서는 壬子가 生龍이며 辛戌이 冠帶龍이며 庚酉가 臨官龍이며 坤申이 旺龍이 되고 壬子가 旺水며 乾亥가 臨官水며 辛戌이 冠帶水며 坤申이 生水가 되니 龍과 水가 相交하여서 生旺이 互用하는 것이나 錯立하여 丙午火局의 旺向을 立向하면 丙午가 旺이니 水局의 申庚辛乾方이 死絕로 化하여서 病死墓絕水가 到堂하여 辰巽方 즉 臨官 冠帶의 方位를 冲하니 冲祿이 라고 하며 極凶하다. 그러니 丙午를 水局의 胎向으로 하고 胎破는 되나 水局에서 丙午旺向을 할 수는 없다. 丙午旺向을 한다면 決定으로 寅午戌火局이나 亥卯未木局에서 正旺向 自旺向이 되며 或은 巳酉丑金局의 自旺向은 되나 水局에서 丙午가 胎向뿐이지 旺向은 되지 않는다. 무릇 楊公의 救貧이라 는 것이 丙午向을 研究하면 된다.

巽巳向하며는 巽巳는 水局의 絕位며 金局의 生位라고 한다. 巽巳自生向을 하면 火局의 病

二一、左旋右旋陰陽龍水論

地理는 結局은 陰陽을 말하는 것이다. 世人이 陰陽陰陽하나 陰中에도 陽이 있으며 陽中에도 陰陽이 있으며 또 靜은 陰이라고 하며 動은 陽이라고 하며 또 靜과 動에도 陰陽이 있으니 其實 陰陽의 理는 一言으로 말할 수 없이 無窮한 것이다.

陽은 左邊으로 轉하며 陰은 右邊으로 轉하며 天道의 左旋은 從左倒右하니 順行하고 地道의 右旋은 從右倒左하니 逆行하고 左旋陽龍은 右旋陰水가 配合하고 右旋陰龍은 左旋陽水가 配合한다. 더 仔細하게 말하자면 西方의 庚酉來龍이 東方을 向하여 달려가면 羅經을 놓고 보면 乾亥 壬子 艮寅 甲卯字邊으로 弓形이라고 할까 牛月形이라고 할까 如此行龍은 左旋龍이라고 하

死水가 官祿水로 化하며 金局의 官祿水와 같으니 참으로 妙하다. 玉尺經에서 云하기를 迎神避煞化煞生權이라 하였으니 死絶이 化生旺하는 楊公의 實學이라고 한다. 富貴를 人人이 救하려고 하는 것은 彼此間에 貴賤을 莫論하고 一般이다. 時師가 心無把握하고 內水口를 不顧하고 外水口를 專重하니 그 害가 不淺하나 楊公은 經云의 須要近穴所見處爲內水口라 즉 穴에서 가장 가까운 內水口를 主斷하였는데 朝貧暮富하는는 失敗가 없었던 것이다. 勿論 內外의 兩水口가 符合하면 좋으나 內外水口가 不符하였다 하여도 用之하였다.

며 坤申 丙午 巽巳 甲卯字邊으로 轉하여서 弓形이라고 할까 半月形이라고 할까 如此行龍은 右旋龍이라고 하며 水亦是 龍과 같은 形體를 이루고 流去하면 左旋水 右旋水라고 한다. 如此하게 그 龍과 그 水의 行度의 形狀이 左旋右旋을 分之하는 것은 一般이다. 그렇다고 東西行龍에만 左旋右旋이 있는 것은 아니며 어느 龍水에서든지 그 理致는 一般이다. 그러면 그 어느 龍이 左旋右旋을 똑같이 이루고 行하였다면 左旋右旋을 區別하기가 困難하며 或은 一切不明하면 그때 그 水口를 보면 그 左旋右旋을 分別하게 된다. 즉 其水口가 一字上이라고 하나 分明하게 左右旋 兩者中에서 바르고 多情한 것이다.

二三、穴訣 幷 言

地理書에 이르기를 尋龍은 容易하고 點穴은 難하다 하고 또는 尋龍은 三年을 하고 點穴은 十年이 걸린다고 하였다. 其實은 如上愼重하여야 하는 것이나 龍이 가까우면 數里에 不過하고 멀고 먼 龍은 數十里 數百里 數千里가 된다. 그 멀고 먼 龍은 누구나 分別하기가 至極히 困難하고 普通은 數里 數十里의 龍을 分別할 수 있는 것이다. 龍이 祖山에서 穴까지 이르는 中間에는 太祖山을 爲始하여 小祖山과 父母山이 있으며 或은 祖山과 父山이 一樣山도 있으며 祖山을 떠나면서 穿帳하고 過峽을 놓고 束氣를 하고 그 形狀과 理氣가 모두 生旺하고 風吹脈露하지 않은 龍이 穴場에 이르는 入者가 或은 數三丈 數十丈이니 如此한 곳에 作穴한다. 來龍이 百里 千里라고 하면 어찌 一局에 眞穴이 있다고 하며 千里 百里의 來龍中에서 一席之地를 求한다 면 俗士가 어느 眼目으로 眞假를 分別하겠는가. 勿論 百里 千里의 來龍의 氣運이 結地한 것은 大地라고 한다. 普通은 來龍이 멀며는 그 氣가 散漫하고 分別하자면 먼저 말과 같이 三年 十年이나 걸리면 俗士는 分別못할 것이다. 舊瑩을 보며는 龍身이 活動하고 砂水가 秀麗하고도 發福을 하지 못하였으니 發不發의 緣故를 仔細하게 觀察하는 것이다. 眞龍 眞向 眞水 眞砂가 俱備하였으며 發福하지 않는 法이 없으며 四者中에 一者라도 假며는 아무리 龍身이 活動하고 砂水가 秀麗하다 할지라도 發福은 枯捨하고 招禍하는 法이다. 穴이라고 하는 것은 砂水龍三 者의 大關會하는 곳에 있는 法이며 穴上의 差가 毫釐만 하더라도 天壤의 千里差가 나는 것이 니 容易하지 않은 것을 쉽다하니 古人이 愚之하시고 成書하신 것이 蓋粘依撞呑吐浮 沉饒減이 열字를 가지고 論하였으나 後人이 心無把握하고 臨穴乳點을 하니 一定한 法을 於此成法하였으니 木星은 葬節하고 火星은 葬熖하고 水星은 葬泡하고 金星은 葬窩하고 土星 은 葬角하라고 하셨다. 古人이 金木水火土의 五行을 完全 把握하고 其生意處에 正穴을 定하 者의 大關會하는 곳에 現世의 狂瞽가 泡泡可葬하고 節節堪求하고 窩窩有地하고 熖熖是穴하고 角角可扦하 穴星과 穴星까지의 사이의 俱備할 것은 不顧한 緣由이다. 如上外에 또 今年은 南北向이다. 陽 年은 東西가 利하다. 陰年은 南北이 利하다는 等을 論之하고 龍穴砂水는 全혀 不論하니 地理

139

에 無識한 사람이 그저 從其言하니 富貴雙全의 穴場이라고 할지라도 結局은 弄成敗絕하며 悞人害人하니 恨嘆할 노릇이다. 楊公의 意를 ——이 定法하였으니 將軍大坐 仙人讀書다라고 하는 形家理氣는 不論하고 市井의 應酬葬地之人이 모두 八十八向을 作法하면 大地는 大發하고 小地는 小發한다. 屢試屢試하니 斷無不准이더라. 龍이 다간 頭方에 結穴하는 것은 大地가 되었다.

그러나 普通은 中間의 腰裡에서 結穴하였더라. 무릇 尋龍을 하는것이 逐節行來하고 束氣가 淸眞하고 穴星이 特起하여서 開口나 開手를 하여서 비로소 結穴하는 것이니 靑龍砂와 白虎砂內의 小明堂사이에다 羅經을 놓고 穴에서 가까운 곳의 兩水가 交合하는 곳이 外盤縫針의 어느 字上에 있는가를 먼저 定하고 火水木金局의 何局이 되는 것을 안 然後에 後龍入首가 內盤正針의 어느 字上인지를 알아야 龍의 生旺死絕을 定한다. 그래서 龍과 水가 配合하며는 小明堂中의 一塊內의 上下左右를 不拘하고 水口가 墓絕胎의 어느 方位가 其穴의 向에 配合하는가를 알아서 立向하는 것이 가장 좋은 方法이다. 後龍入首가 豊肥하고 鱉蓋같고 收氣를 하였으며는 方爲眞氣라고 한다. 또 是龍의 生旺方位를 알아보고 左右前後의 山巒이 高聳하며 三吉六秀方이나 官祿方이 그 定한 方位에 있으면 合法이니 棺의 當胸處를 酌量하며 正穴金井이라고 한다.

正穴者는 不必太大하고 恐洩眞氣하며 其淺深을 不拘泥하고 高山은 宜深하고 平洋은 宜淺하

重要한 것은 浮土가 已盡하며는 土色이 已變하니 或紅黃滋潤하고 或五色이 全備하였으면 即爲得氣하였느니라. 眞龍이 있는 곳에 眞穴이 있으니 貪其朝對하고 後龍의 生旺死絶과 砂水가 冲射하는 것을 不顧하고 自作聰明이라고 하여서 倒杖之法을 妄用하면 弄巧成拙하고 以致害人하니 切囑切囑한다.

穴訣이 砂水龍身을 齊取到하고 面前水口를 先看하는 것이며 吉砂 吉水가 참으로 有情하고 後面의 束氣가 短細하고 豊肥圓滿해야만 眞氣가 聚하고 前是旺水後旺龍하고 後龍生今前水生하니 其中間에 開金井하면 不偏不倚하니 方眞穴이라하니 穴이 生氣를 乘하였더라.

諸般形象이 任君名하니 蓋粘依撞呑吐浮沉饒減이라 하는 文도 있으며 또 靈光을 自古로 輕傳하니라 하였으니 靈光만을 가지고도 穴訣을 다 表하였다고 하겠다.

不見頭而露光이라 露光如可揭而示리요 只有凡夫無上倉이라 穴訣의 表現이 各樣하니 不足한 글을 가지고 十分 記載하지 못하는 것을 謝過하며 그친다.

二三、九宮水法歌

九宮水法歌를 向上九星歌라고 한다.

養生 即貪狼

第一養生水到堂　貪狼星照顯文章　長位兒孫多當貴　人丁昌識性忠良　水曲大朝官職重　水小灣環福

壽長　養生流破終須絕　少年寡婦守空房

沐浴　即文曲

沐浴水來犯桃花　女子淫亂不由他　投河自縊隨人走　血病目災破敗家　子午方來田業盡　卯酉流來好

賭奢　若還流破生神位　墮胎淫聲帶鎖枷

冠帶　即文昌

冠帶水來人聰慧　也主風流好賭奢　七歲兒童能作賦　文章博士萬人誇　水神流去最為凶　髫齡兒童死

不休　更損深閨嬌態女　此方偉蓄乃為佳

臨官　即武曲

臨官位上水聚積　祿馬朝元喜氣新　少年早入青雲路　賢相籌謀佐聖君　最忌此方水出去　成材之子早

歸陰　家中寡婦常啼哭　財穀空虛徹骨貧

帝旺　即武曲

帝旺水來聚面前　一堂旺氣發庄田　官高爵重威名顯　金穀豐盈有剩錢　最怕囚休來激散　石崇富貴不

多年　旺方流去根墓薄　乏食貧寒怨上天

衰　即巨門

衰方觀局巨門星　學堂水到發聰明　少年及第文章富　長壽星高金谷盈　出人起居乘駟馬　宴遊歌舞玉

壹春 旺極總宜來去吉 也須灣曲更留情

病死　即廉貞

病死二方水莫來 天門巽戶不爲乘 更有斜名官爵重 水若斜飛起大災 換妻毒藥刀兵禍 軟脚瘋癱女

墮胎 必主其家遭此禍 痨瘵蒸損癱形骸

墓　即破軍

墓庫之方水怕臨 破軍流去反爲禎 陣上揚名文武貴 池湖停蓄富春甲 蕩然直去家貧薄 欠債終年不了人 水來充軍千里外 三男二女總凋零

絕胎　即祿存

絕胎水到不生兒 孕死體囚絕後嗣 縱使有兒難休養 父子生情夫婦離 水大女人淫亂走 水小私情暗會期 此方只宜爲水口 祿存流盡佩全魚

二四、九宮水法補遺

養生水

養生本吉水 朝來怕地支 少丁防損折 長房定絕嗣 卽養生水는 吉水라 去忌한다. 天干에서 來하여야 하며 地支에서 來하면 少兒가 夭死하며 長房이 絕한다. 養生方으로 去水가 冲生을 하면

極히 凶하다.

沐浴水

沐浴須安靜 祿存可放流 地支不宜犯 淫亂實堪嗟 即 本來에 凶한 桃花煞水라 來하면 女子가 淫亂하다. 오직 靜聚하는 것이 可하다 變局을 하였을때 즉 自生向 自旺向을 하였을 때에는 胎가 沐浴位로 變하니 이런 境遇에는 祿存消水하는 法이니 天干去水가 吉하며 地支去水는 亦是 桃花라 凶하다.

冠帶水

冠帶本吉水 最怕病死衝 酒色多淫蕩 腸斷白頭翁 即 冠帶水는 吉水라 來하면 吉하고 去하면 凶하다. 萬若 病死水가 冠帶位를 冲하면 好酒色하며 淫蕩하니 極凶하다. 冠帶方天干에서 來하면 七歲少年이 能히 글을 지으며 去하면 嬰兒를 不育한다.

臨官水

病死衝臨官 失血又吐痰 高才天並敗 二房受禍先 即 臨官祿水라 聚積하든가 來하면 少年及弟하며 賢相이 聖君을 輔佐한다. 去하면 大黃泉이라 極히 凶하다. 來水라도 地支來는 成年子가 死亡한다. 或 病死水가 臨官位를 冲하면 冲祿이라 하며 失血하며 吐痰하고 才士가 敗하며 二房이 먼저 受禍한다.

帝旺水

甲庚丙壬朝 房房俱得力 若犯地支來 小房美不足 即來하여서 面前에 聚積하면 房房이 爵重威 名하고 金과 穀食이 倉庫에서 다 두지 못할 程度로 富貴한다. 그러니 來水가 地支라면 三房이 美不足하다. 旺方去水면 破旺이라 아주 貧寒하니 凶한다.

衰水

衰方有斜流 奢淫事不休 任地官宦子 也應犯盜倫 即 來水 去水가 吉하다. 一名 學堂水 또는 巨文水라고 하며 聰明하니 少年及弟하고 長壽하고 富貴하다. 바르게 오지 못하고 斜流하면 深奢하다.

病死水

病死本凶水 墓向却無妨 風疾臨門日 富貴集禎祥 即 病死水를 凶水라 한다. 그러나 墓向에서는 墓向外에는 凶하다 墓向에서 死水는 來吉 去凶하니 死水만 來하지 않고 帝旺水와 學堂水가 있으니 即 病死之後學堂帝旺水齊到也라 하였으니 能히 이 句節을 明辯하면 可히 墓向을 不誤한다.

墓水

墓水招橫財 富貴人興隆 地支如冲射 三房有一凶 即 破軍이니 去하면 吉하다. 地支에서 冲射 즉 直去하면 三房이 凶하다. 天干에서 去水도 直去하면 즉 蕩然直去資薄이라 하였으니 凶하다. 墓向을 하고 墓水來하면 橫財한다. 有情하게 去하는 것이 眞去라 한다.

以上 九宮歌를 要約하여서 來去의 忌不忌를 論하였으나 未及한 것이 있다면 서로 研究하는 것이 可하나 大槪 그 來去가 如上하니 立向하여서 誤用하면 不可하다.

二五、天機大要黃泉

楊公의 救貧法 八十八을 集編하면서 天機大要黃泉을 論評하는 것은 不當하다. 그러나 一般 俗家에 此册을 保有하고 있으면서 或은 解意하며 그저 盲從이라고 할까 무어라고 할까 즉 理致와 語句가 不分明하니 一例를 記述하고자 한다.

天機大要泉訣에 忌去不忌來 如丁庚向忌坤水 坤向忌丁庚水 乙丙向忌巽水 巽向忌乙丙水 所云 四路八路反覆黃泉也也而犯宅墓妨水同八殺黃泉雖云惡曜若在生難同斷이라 하였으니 誤解하고 있는 사람도 있고 分間하지 못하는 사람도 있다. 或者는 즉 乙丙向에는 巽水가 黃泉이다. 辛壬向에는 乾水가 黃泉이다 甲癸向에는 艮水가 黃泉이다 丁庚向에는 坤水가 黃泉이다 巽向에는 乙丙水 坤向에는 丁庚水 乾向은 辛壬水 艮向에는 癸甲水가 黃泉이다고 하며 使用하는 例가 있으니 不得不說明한다. 勿論 原文을 보면 그럴법한 말이다. 忌去不忌來 즉 其位의 去水는 忌하고 來水는 不忌한다고 하며 生方이면 同斷하기가 難하다고 하였음을 一考하지 않은 所致로 全部가 黃泉 談의 祿은 辨別하지 못한 證據라고 하고 싶다.

二六, 黃 泉 解

黃泉이라면 立穴하면서 大忌하며 黃泉에는 大小黃泉이 있다. 여기의 黃泉은 大黃泉을 말하여 大黃泉은 殺人黃泉과 救貧黃泉이 有하다. 殺人黃泉을 犯하면 生兒를 不育하며 孕胎하지 못하니 不生兒하며 財祿이 空虛하며 敗絶한다. 救貧黃泉은 朝貧暮富한다는 富貴雙全하는 것이다고 하니 學者는 後의 黃泉解를 深究하면 可히 分辨할줄로 믿으나 참으로 痛嘆할 場面이 더러 있는 것을 볼 수 있다.

丁庚向忌坤水 坤向忌丁庚水 若在生方難同斷은 참으로 簡單하나 좀 語塞한 感이 있다. 좀 더 몇자를 써서 傳하든가 或은 그 理致를 記載하였으면 俗士가 悉知하였으리라는 感이 있다. 坤生向에 正祿이 在庚하며 庚旺向에 借祿을 坤에서하니 忌去不忌來는 單明하다. 丁向에서는 墓向이면 坤水來는 坤이 絶位라 黃泉이며 坤去는 즉 書云―丁坤終是萬斯箱이면서 出煞하는 法이니 가장 좋으며 養位가 되었으니 坤은 生位가 되어서 坤去는 黃泉大惡 殺이며 坤來는 가장 좋은 물이 된다. 坤水來가 水局에서는 가장 나쁜 것이다. 坤水去는 木局에서는 좋으나 水局에서는 나쁜 것이다. 古人의 文書를 誤解하는 例가 非一非再하며 俗間에 極甚한 文書가 或有하니 愼察愼察하라.

丁庚坤上是黃泉

다. 方位는 同一하나 立向하고 收水하는 法에 依하여서 辨別한다.

庚은 金局의 旺位라 하니 庚旺向이면 坤은 臨官位가 되니 庚旺向을 하는 境遇에는 臨官水가 되는 坤水來는 書云의 庚向水朝入坤하니 官教此地出英賢이라고 하는 가장 좋은 格이 되고 庚旺向을 하여서 臨官位坤으로 去水하면 祿을 冲하니 大惡殺人黃泉이라고 한다.

丁向은 木局의 墓向과 水局의 養向이 있으니 墓向이라면 左水가 倒右하여서 坤上去하니 書云 丁坤終是萬斯箱이라고 하며 收山殺하는 法이니 墓向에서 坤水來는 坤이 絕位라고 하니 絕水來하니 大惡殺人黃泉이며 養向이라면 坤은 生方이니 丁養向에 坤水來는 書云 螽斯千古富貴雙全이라고 하는 좋은 格이며 救貧의 首라 하나 養向을 하고서 坤破라면 또한 大惡殺人黃泉이 된다. 즉 丁向이 養向이 되었을 때와 墓向이 되었을 때에 坤水來去가 相反하는 法이다.

乙丙須防巽水先

丙은 火局의 旺方이니 丙旺向은 巽은 臨官位가 되니 丙旺向을 하는 境遇에는 臨官水가 되는 巽水來는 書云 丙向水朝流入巽하니 兒孫世代爲官定이라고 하는 가장 좋은 格이 되고 丙旺向을 하여서 臨官位巽으로 去水는 冲破祿位하니 少年夭亡한다. 所謂 大惡殺人黃泉이라고 한다.

乙向은 水局의 墓向과 金局의 養向이 있으니 墓向이라고 하면 左水가 倒右하여서 巽上去하니

書云 乙向巽流淸富貴라고 하며 收山出煞하는 法이니 第一 좋으나 墓向에서 巽水來는 巽絶水

가 來到하여 沖破墓位하니 大惡殺人黃泉이며 養向이라며는 巽은 生方이니 乙養向에 巽水來는

書云 螽斯千古富貴雙全이라고 하는 格이며 三折祿馬의 法이니 救貧의 首라 此養向에서 巽破

라면 이것이 大惡殺人黃泉이 된다. 乙向의 墓向과 養向은 巽水來去가 如上相反한다.

甲癸向中憂見艮

甲은 木局의 旺位라 하니 甲旺向을 하며는 艮은 臨官位가 된다. 甲旺向을 하며는 臨官水가

되는 艮水가 來到하니 書云 甲向水朝流入艮하니 官敎此地出公侯라고 하는 가장 좋은 格이며

甲旺向을 하고서 臨官位艮으로 出水하면 沖破祿位하니 少年이 夭亡하는 法이니 大惡殺人黃泉

이라고 한다. 癸向은 金局의 墓向과 火局의 養向이 있으니 墓向을 하면 左水가 倒右하여서 艮

上去하니 書云 癸歸艮位發文章이라고 하는 즉 또 收山出煞하는 法이며 癸墓向을 하고 絶位의

艮水가 來到하여서 沖破墓位하면 大惡殺人黃泉이라고 한다. 癸養向이면 艮水가 到堂

하니 書云 螽斯千古富貴雙全이라고 하는 좋은 格이며 救貧之首라고 하나 癸養向을 하고 生方

艮破가 되면 沖生을 하니 大惡殺人黃泉이다. 癸向에 養向과 墓向이었을 때에 艮水는 生水와

絶水로 相反된다.

辛壬水路怕當乾

壬은 水局의 旺方이니 壬旺向을 하며는 乾은 臨官位가 되
는 乾水가 到來하니 書云 壬向水朝流入乾하니 兒孫金榜姓名傳이라고 하는 가장 좋은 格이며
壬旺向을 하고서 臨官位乾으로 出水하면 冲破祿位하니 少年이 夭亡하니 大惡殺人黃泉이다.
辛向은 火向의 墓向과 木局의 養向이 있으니 墓向을 하며는 左水가 倒右하여서 乾上去하니
書云 辛入乾宮百萬莊이라고 하는 즉 또 收山出殺하는 法이 되나 辛養向을 하고서 絶方乾水가
來到하여서 冲墓位하면 大惡殺人黃泉이다. 辛向에는 養向과 墓向이 있으며 乾水는 生水와 絶水로 相
反한다.
斯千古富貴雙全이라고 하는 좋은 格이며 救貧의 首라고 하나 辛養向을 하고서 生方乾破를 하
면 冲生을 하니 大惡殺人黃泉이다. 辛向을 하고서 生方의 乾水가 到堂하면 書云 盏
如上 丁庚 乙丙 甲癸 辛壬等의 黃泉을 論述하였으니 甲庚丙壬乙辛丁癸의 向에서의 黃泉이
라고 하는 部分은 알 수 있으나 乾坤艮巽向 즉 正生向과 自生向의 黃泉은 어떠하느냐!
乾坤艮巽의 正祿이 甲庚丙壬에 있으니 生向에서 右邊의 祿을 取한다는 것이니 進神水法에
는 自生向을 하고 右邊祿位가 水口가 되는 法도 있으니 一言할 수는 없다.

二七、小 黃 泉

去壬子流忌向癸丑

癸陰水가 生在卯 官在子 旺在亥 하였으니 癸의 祿이 在子하니 癸丑向을 하며는 臨官祿水가 到來해야 하며 萬若에 臨官祿位로 歸去하면 沖破祿位하니 黃泉이라고 하며 凶하다.

去甲卯流忌向乙辰

乙陰木이 生在午 官在卯 旺在寅 하였으니 乙의 祿은 卯에 있으니 乙辰向하며는 甲卯位의 臨官祿水가 來到하여야 迎官取祿이 되고 萬若에 甲卯位의 臨官祿位로 歸去하면 沖破祿位하니 黃泉이니 凶하다.

去丙午流忌向丁未

丁陰火가 生在酉 官在午 旺在巳 하였으니 丁의 祿이 午에 있으니 丁未向을 하며는 丙午方의 臨官祿水가 來到하여야 迎官取祿이 되고 萬若에 丙午方의 臨官祿位로 歸去하면 沖破祿位 하니 黃泉이며 凶하다.

去庚酉流忌向辛戌

辛陰金이 生在子 官在酉 旺在申 하였으니 辛의 祿이 酉에 있으니까 辛의 臨官祿水가 來到하여 迎官取祿이 되고 萬若에 庚酉方의 臨官祿位로 歸去하면 沖破祿을 破하는 것이니 黃泉이며 凶하다.

如上의 向은 墓養向이 共히 臨官祿水가 上堂하니 速發한다. 祿位를 沖破하면 一括하여서 小黃泉이라고 하며 極히 凶하다. 即 丁祿在午 乙祿在卯 癸祿在子 辛祿在酉하고 또 壬子水來

向癸丑 丙午水來向丁未 庚酉水來向辛戌 甲卯水來向乙辰은 祿水가 上堂하는 故로 速發한다.

二八、龍上八煞解

坎龍坤免震山猴 艮虎離猪爲煞曜 巽鷄乾馬兌蛇頭 墓宅逢之一旦休

坎은 子며 龍은 辰兎는 卯震은 卯 猴는 申 鷄는 酉 馬는 午 兌는 酉 蛇는 巳 虎는 寅 離는 午 猪는 亥 如上하다.

그러니 右文句의 乾坤艮巽坎離震兌는 龍을 나누어서 말하고 龍免猴鷄馬蛇虎猪는 向을 나누어서 말하였다. 詩文의 첫머리 坎龍의 坎은 子龍이며 龍은 辰向이다.

坎龍에서는 辰向을 하지 말아라. 坎은 陽水며 辰은 土니 土尅水하며 辰의 墓煞이 陽水龍身을 來尅하는 故로 子龍에서는 辰向을 하지말라는 것이다.

坤龍에서는 卯向을 하지 말아라. 坤은 陽土며 卯는 陰木하니 木尅土하며 陰木이 陽土龍身을 來尅하는 故로 坤龍에 不立卯向이라고 한다.

震龍에서는 申向을 하지 말아라. 申陽金이 陰震木龍身을 來尅하는 故로 震龍에 不立申向이라고 한다.

巽龍에서는 酉向을 하지 말아라. 金剋木이니 巽木龍身을 來剋하는 故로 巽龍에 不立

酉向이라고 한다.

乾龍에서는 午向을 하지 말아라. 火剋金이니 午陽火가 乾陽金龍身을 來剋하는 故로 乾龍에

不立午向이라고 한다.

兌龍에서는 巳向을 하지 말아라. 火剋金이니 巳火가 酉金龍神을 來剋하는 故로 兌龍에 不立

巳向이라고 한다.

艮龍에서는 寅向을 하지 말아라. 木剋土이니 寅木이 艮陰土龍身을 來剋하는 故로 艮龍에 不

立寅向이라고 한다.

離龍에서는 亥向을 하지 말아라. 水剋火하니 亥陰水가 離陽火龍身을 來剋하는 故로 離龍에

不立亥向이라고 한다.

二九、桃花煞

亥卯未鼠子當頭忌 木生在亥敗在子故忌鼠

亥向 卯向을 하며는 沐浴方地支水 즉 子水가 보이면서 오는 것을 桃花煞水라고 하며 忌한다.

未向을 하면 子水가 보이지 않으면서 오는 것은 不忌한다. 亥卯未는 淨陰局이며 子水는 陽水

였으니 子陽水가 來하여 陰局을 破하니 婦女가 主로 淫亂하니라. 子水가 보이며 오거든 차라리 陽向을 하여서 收之하리라.

巳酉丑曜馬南方走 金生在巳敗在午故忌馬

巳向 酉向을 하며는 沐浴方地支水 즉 午水가 보이면서 오는 것을 桃花煞水라고 하며 忌한다. 丑向을 하여서는 午水가 보이지 않으며 오는 것은 不忌한다. 巳酉丑은 淨陰局이며 午水는 陽水였으니 午陽水가 來하여서 破陰局하니 婦女가 淫亂하니라. 午水가 보이면서 오거든 차라리 陽向을 하여서 收之하니라.

申子辰鷄叫亂人倫 水生在申敗在酉故忌鷄

申向 子向을 하여서는 沐浴方地支水 즉 酉水가 보이면서 來하는 것을 桃花煞水라고 하며 忌한다.

辰向을 하여서는 酉水가 보이지 않으며 오는것은 不忌한다.

申子辰은 淨陽局이며 酉水는 즉 陰水니 酉陰水가 申子辰陽局을 破하니 桃花라 하며 大忌한다.

寅午戌免從芋裡出 火生在寅敗在卯故忌免

寅午戌向은 沐浴方地支水 즉 卯水가 보이지 않으며 오는 것은 不忌한다.

戌向은 卯水가 보이지 않으며 來하는 것은 不忌한다.

寅午戌은 淨陽局이며 卯水는 陰水였으니 卯陰水가 寅午戌陽局을 破하니 桃花라하며 忌한다.

一粒粟은 子午卯酉를 謂之文曲이라 하며 忌하였으나 此桃花論은 淨陽 淨陰으로 指定하였으니 淨陰局의 亥卯未 巳酉丑向은 子午陽水가 爲桃花요 淨陽局의 申子辰 寅午戌向은 卯酉陰水가 爲桃花라.

三十、三吉六秀

三吉六秀는 催官貴人之首라고 한다. 亥震庚 三方을 三吉方이라고 하며 그곳이 極히 豊滿하고 秀麗하면 主로 富貴하고 長壽하는 法이니 極品之地니라 艮丙巽辛兌丁을 六秀라 하며 艮峰이 丙峰을 薦하며 巽峰이 辛峰을 薦하며 兌峰이 丁峰을 薦하야 兩峰이 應照하며는 貴人星이라고 하며 官多得權하고 發鼎甲하고 出巨富하니 富貴兼全한다. 이 外에 또 馬山이 相應하며 速發하는 것이니 가장 좋은 것이다. 辛丙丁庚의 四山이 秋麗하면 陽催官하는 貴人이라고 하며 巽兌艮震의 四山이 秀麗하면 陰催官하는 貴人이라고 한다. 또 龍이 이 三位에서 出身하였다고 하면 三吉六秀催官龍이라고 한다. 龍이 三吉六秀方에서 와서 一局을 이루었을때 天柱 즉 乾坤艮巽의 四位가 四方에 있으니 功名이 世上을 震動하더라.

의 四柱 즉 乾坤艮巽의 四位가 四方에 있으니 功名이 世上을 震動하더라.
丙을 太微 丁을 南極 庚을 金階 辛을 玉殿이라고 하니 艮龍이 太微起峰한 것을 보면 太微臨御라고 하고 兌龍이 丁峰高聳한 것을 보면 南極呈輝라고 하며 震龍이 庚峰齊雲한 듯 하는 것을 보면 金階步武라고 하며 巽龍이 辛峰揷天한 듯 하는 것을 보면 玉殿傳書라고 하며 三吉六秀는 龍이나 立向에서 모두 愛用한다.

其三

一、砂法全圖（砂說）

砂法全圖**五星歸垣四維獻瑞三**
吉六秀天星已兆其禎祥玉堂臨
官祿命更徵其貴重龜蛇具仙聖
之姿天馬有神速之效他如金箱
玉印席帽官星父案文筆侍衛縱
橫旗鼓倉庫日月分明牙刀象笏
曜氣嶙峋之旋曲屈水聚天心開
口開手八字合分雌雄交度龍穴
生成得位得地祿馬貴人滿局全
美觸眼精靈出大聖大賢之品鍾
卦侯王之忠臣孝子狀元詞林
陶朱之富不數裏度之貴可稱之
如武侯之勳業武似汾陽之功名
此滅鬼神之所呵護天地之秘
而珍之者也然果照此作用但逢一
砂出色一秀呈奇消之有法撥之
得宜隨地大小必發無疑斷無不
准君其試之

古人의 論砂가 異說紛殊하다 或者는 이 砂라는 것을 퍽으나 重視하는 사람도 있고 아주 輕視하는 사람도 있으며 龍穴水만이면 砂는 自然 歸合한다고 믿는 사람도 있는 듯하고도 그 砂가 凶惡하면 그 어찌 眞穴에 眞砂라고 安心하리요. 吉한 사람이면 즉 사람이 出世코자 할 때에 그 사람의 相對되는 사람에 眞砂라면 그 사람의 實力을 알고 그 사람을 適所에서 出世하도록 支援을 하는 것과 같다고 할 수 있다. 그 사람의 出世를 支援하는 것은 그만두고 無故하게 中傷謀略을 하고 또는 知面도 없으며 그 사람을 頌德하는 것이 그 砂의 吉凶이 緣由한다고 比하는 것이 無妨하다.

이와같은 砂를 人人이 各其 그 사람이 各異하게 말한 것을 보면 山의 形體를 보고 尖圓方正한 砂를 즉 珍貴한 器物의 形狀을 吉하다고 하며 歪斜하고 破碎하여서 凶惡한 器物의 것은 凶하다고 한다. 或者는 二十四方位 아무데나 間에 貴砂가 있으면 吉하다고 하며 或者는 某龍에는 某方이나 某形의 砂가 있어야 하며 某向에는 某砂가 吉하고 震庚巽辛丁艮丙兌方에 있으면 吉하고 寅甲坤申辰戌丑未方에 貴砂가 있으면 凶하다고 한다. 또 云云하기도 한다.

라고 하며 貴人例에 그 方位를 決定한 일도 있다.

이와같이 吉凶의 關係가 또한 多端한 것을 알 수 있다. 金星 火星 土星 水星 木星이 各其 相生하고 制化하는 것과 그 局의 그 向 그 龍의 正局이나 變局에서 生旺方에 貴砂가 正居하면 吉하고 貴砂라고 하여도 休囚方에 있으면 理氣를 修道하는 法家에서는 硏究의 餘地가 있는

158

것이다. 定位외나 凶位에 있다다면는 減力하며 그 禍가 아주 凶한 것이 目前에서 避할 수 없다고 말하고 싶다. 龍이나 坐向에서나 貴砂가 吉方에 森列하면 그 興旺이 旺盛하다. 그렇다 하여서 凶砂를 吉砂로 誤認하는 것도 있어 이는 絶大로 不可한 것이기에 그 撥砂의 法이 그 形態나 그 方位를 精密하게 辨定하는 것이 옳은 것이다. 砂의 形態가 金星 火星 土星 水星 木星으로서 그 本然의 形態를 全備해야 한다. 吉位에 貴砂가 肥圓方正하면 富貴하고 尖麗 拔秀하였다면 尤貴한 것이다. 火는 焰이라 一名 廉貞이라 하는 故로 尖利하고도 尖動하고 正히 火의 正體라 한다. 或은 그 焰이 不動하는 듯하고 雙存砂라고도 欲動해야고 文筆과 恰似하기에 文筆砂라고 하는 것이라. 古人이 云하기를 星體가 岭立雲宵하고 正居하면 宰輔三公한다 한다.

木星體는 圓而直하고도 聳拔하여야 正히 木星이라 하며 一名 貪狼星이라 하며 또는 紫氣砂라고 하는 故로 冲天하는 듯 入雲하는듯 하면 즉 宰輔壯元한다. 金星體는 高而圓한 것을 正體라 하며 一名 太陽金星 또는 左輔砂 大武金 雲中金 獻天金 또는 三臺가 尖起하면 華砂 圓起하면 寶蓋砂라고 한다. 또 兩翅이 垂下하고 나르는 듯하면 飛鳳이라고 한다. 이 外에 蓋席帽砂 文秀砂 覆鍾이라고 한다. 一二峰이 遠起하면 列笋이라고 하며 翰苑才子台賓官貴를 産한다. 土星은 員而方해야 하는 것이니 즉 소복하면서도 모가 지어야한다. 兩肩이 起角하면 展誥라고 長几같으면 玉几라고 財砂 御屛이라 하며 低하면 御書台라고 한다.

159

한다. 開窩하고 有包하였으면 藏金이라고 한다. 一頭가 높고 一頭가 若干 低하면 天馬라고 한다. 水星體는 原來의 水性이 欲動하기에 生蛇나 波浪의 물결같은 것이 正體라고 한다. 이 水星을 文曲星 一名淸奇 一名掘曲砂라고 한다. 水星의 머리(頭)가 廉貞의 火體같으며 그 本身은 巨文의 土星體 같고 下部의 脚은 破軍같으며 威武操列之人과 기에서 分支하고 出脈을 하여서 結穴을 하고 그 水口에 火星의 變體가 있으면 祖山이 되어서 지 文武全才之士를 産한다. 特히 이와같은 砂體가 하늘높이 入雲霄한 貴砂로서 그 高가 數百 丈이라면 最有力한 一等의 砂라고 하며 出將入相을 한다. 그 砂가 方正하게 端員하여 高가 數十丈이라면은 科甲富貴하는 中等의 砂라고 한다. 그 砂가 數百數十丈이 아니고 亂峰으로 低 少하여서 數丈程度라면 富秀人丁하는 下等의 砂라고 한다. 이것은 山地의 龍에서 結穴을 하 는 때의 法이요 平洋 平崗龍에서 結地하면서라면 그 高의 數丈이 山地의 數百丈 數十丈에 같 은 福力을 가지는 法이며 平崗龍이 平洋之地에서 結地하면서 山地와 같은 高砂가 있다면 그 福力이 培增한다. 大部分은 山地에 平崗의 砂가 흔히 있으나 平洋之地에는 山地와 같은 砂가 없으면 程度인 것이 다. 모든 貴砂의 開面이 龍이나 坐向에서 보면서 反背하지 않고 有情하지 않으면 있으나 마나 한것이다. 龍에서 辦砂를 하며 吉砂가 있다면 自然 大地가 結地한다는 것은 天生地成 의 理致인 것이라 仙師가 坐度를 바르게 해야 하는것도 重要하며 가장 切要한 것은 內向으로 消砂를 하고 外向으로 納水를 하여 富貴가 明確하고 永昌하다는 것을 手段이라고 한다. 子平

先生이 旺砂 洩砂 奴砂 七煞砂 食神을 比較하여서 得一無力之食神이 不如得一豊厚旺砂라고 하며 이것이야 砂訣의 至極한 眞訣이라고 말씀하시었다. 이 食神旺砂가 九星이라고 하여서 九宮의 生旺과 混用하여서 招禍할까 하는 나머지 그 例를 말하고자 한다. 假令 木局에서 水星의 生蛇와 같이 欲動하는 砂 卽 淸奇한 文曲星이 木局을 照局하는 砂를 食神이라고 한다. 즉 水가 木을 生케 하는 것이다. 木局에 圓起直來한 木星이나 또는 聳起한 貪狼의 紫氣砂가 昭局을 하는 것을 즉 木이 木을 보앗으니 旺砂라고 한다. 實地의 例로 養向의 乙坐辛向이 木局인 때에 坎位에 端正한 水星體의 貪狼星(砂)이 乙地를 照穴하는 것을 旺砂라고 한다라고 하여서 微弱한 水星體의 貪狼보다는 疊疊의 萬山中에서 鼎立한 旺砂가 速發하고 永昌 한다는 것이다. 洩砂라고 하면 그 火는 能히 焚木을 하여서 塵灰하는 關係다. 木局으로 定穴하고 는 南方火位에 있는 것이다. 그 火는 能히 焚木을 하여서 塵灰하는 關係다. 木局으로 定穴하고 火星이 丙午丁方位에 廉貞의 分明한 砂는 洩砂가 아니고 참다운 砂라고 한다. 木尅土의 土星 이 木局이 있다면 奴砂 또는 奴宿이라고 한다. 이것이 五種의 子平先師의 砂論인 것이다. 破軍이라고 한다. 이것이 五種의 子平先師의 砂論인 것이다. 撥砂의 要가 그 山頂을 보고 區別하는 것은 어느 論에서나 公認을 한다. 山의 上上峰을 砂 頭 中間의 低平한 곳을 砂身 아주 低平한 山麓을 砂脚이라고 한다. 朝案砂라고 하면 朝山과 案山을 말하는 것이다. 穴에서 가까웁고도 적은 山을 案山砂 案山의 後에 案山보다 높은 山

을 朝山砂라고 한다. 즉 案山은 近小하고 朝山은 高遠하다. 朝案砂는 客이요 穴은 主人이라 賓主가 相對抗禮하는 義라 貴穴은 案砂가 가까웁고 穴前의 收拾이 周密하여서 元辰水의 直長을 不使하는 것이기에 或은 明堂이 曠濶하여서 結穴의 氣가 融聚하지 않을까 걱정인 것이다. 朝山은 拜山之俯伏하며 順從의 情이 厚하게 되면 案拜의 護夾이 左右에 있고 그에 따라서 隨水하는 關係로 꼭 兩水가 相會를 한다. 그러기에 案山의 水가 順抱하여서 過宮하는 것도 吉하지마는 特히 逆朝를 생생하게 來하며 橫欄穴前을 上吉한 것이다. 案山이 너무 가까우면 逼穴하기가 쉽고 太過하게 遠하면 空曠하기에 氣가 散하다. 靑龍白虎는 穴內의 水를 關收하고 靑龍砂와 白虎砂山과 朝山이 逆水를 하면 吉한 것이다. 그런 곳의 水를 關收한다고 하는 것을 一言으로 關穴關龍이라고 한다. 案山이 逼穴하게 높지 않고 宜當 齊眉 齊心할 程度가 最佳하며 覆鍾 筆架 橫几倉庫砂 旂鼓砂 같은 것은 더욱 吉하다. 或 朝案砂가 없으면 모든 물이 多情하게 聚會하면 亦是 吉하다. 朝案의 左右에도 倉庫砂나 旂鼓砂가 있으며 吉하며 形家에서 旂鼓나 月形 冊等의 物形이 있으면 將軍大座 仙人讀書 仙人望月이라고 하며 그 類가 數多한 것이다. 印砂라는 것이 있으니 形象이 方正하였으므로 其性이 土에 屬한다. 東方은 木이라 印이 震方에 있으면 木이 剋土를 하는 것이니 無非雜職이며 巳는 蛇라 巳位에 印이 있는 것을 赤蛇遶印이라고 하며 必有文章하며 必然 懸腰佩印을 하였으니 淸貴한 香名이 天下를 震動시킨다. 巽丙艮

162

丁位에 分明한 奎印이 있으면 公卿才子를 産하고 寅甲方에 있으면 巫師가 난다.

庚兌辛方에 있으면 主貴하고 이 西方의 印은 如書같기도 하다. 南方에 有印하면 眼疾이 많다. 그러나 眞龍에 眞穴은 無妨하다. 穴前을 陽明이라고 하며 穴前의 明堂을 內陽案山을 中陽朝山

一名 本身의 主山이라고 한다. 穴前朝案에는 朱雀砂가 있으며.

을 外陽이라고 하며 이 陽明이 近案하면 速發한다. 朱雀은 本身外의 山이 向上에서 朝拜하는

듯해야 하며 靑龍이나 白虎外에서 轉向하여서 되기 때문에 本身에서 또는 外山에서 되면서

端正하고 秀麗하고 團團해야 하며 品字體로 一峰이 높고 左右兩峰이 低하든가 三峰이고 五峰

이 모두 多情하게 正히 賓主가 相對한 듯이 拱峙해야 한다. 朱雀이 穴場을 沖射하든가 옆는

듯과 같이 側面하든가 또는 破碎한듯이 破頭하였든가 穴場에 對하여 申脚하든가 淫

亂한 것은 不吉하다. 玄武 一名 元武는 本是 龍身上의 正脈이라 吉凶禍福이 迅速하다. 三台

華蓋로 高起하면 靑雲及第하고 肥元端正하면 忠臣孝子가 나며 光彩가 輝煌하면 文武全才를

産한다. 人人이 云云하는 後庫가 重重있으면 爛錢堆穀을 可期한다. 그 元武가 歪斜 破頭하였

다면 그 어찌 父子의 團樂을 期하리요. 往往 作地하는 곳에 父子兄弟가 四方으로 散走한다.

면 年年 家財가 退敗한다. 靑龍 白虎는 他山이 來抱하여도 共鬪하는 듯한 것을 吉砂라고 하면

서 開井하는 俗士도 있더라. 靑龍이 本身 白虎는 他山이 來抱하여도 共鬪하지 않고 서로가 讓

步해야 한다. 笏印이 그 龍上에 있다면 또는 白虎上에 있으면 萬人을 對敵하는 英雄을 낸다.

靑龍이나 白虎가 必是 水口를 만들었으니 下砂가 有心하게 살펴야한다. 名山大地는 宜當 그 下砂가 높아서 깃드는 수가 有多하다. 下砂가 微弱하면 人丁이 不旺하다. 靑龍砂가 生旺하면 長房이 白虎砂가 揚揚하면 三房이 朱雀이 生旺하면 二子가 各其 興旺한다. 官星이 그 穴에서 見不見은 無關하다 穴의 前面左右에 있으면 朝應之秀峯이며 左邊에 있으면 長房 右邊에 있으면 三房 中央에 있으면 三子가 發應한다. 官星이 坎方에 있으면 子年 卯方에 있으면 卯年에 이와같이 十二宮에 居位하는대로 其年에 發應한다. 官星의 一重은 是 一代요 重重은 代代發應한다. 靑龍이나 白虎에 비스듬이 나와서 있는 官星을 現世官이고 그 餘外의 官星을 現面官이라고 하며 現世官은 一代에서 受用을 하고 面前의 龍虎間에는 官星이 있고 後 그 左右에 特出한 鬼砂가 官星과 不可分의 關係가 있다. 穴의 後面 또는 나 左右에 鬼砂가 있는 것이라 橫龍結穴을 하고 鬼砂가 있으며는 逢官迎官을 한다. 靑囊經에 鬼砂의 生死去來가 眞妙라고 한 것을 보면 可히 推知할 수 있다. 樂與曜의 樂山砂가 在左하면 依左托하고 在右하면 依右托하고 在中하면 俱枕樂托 을 하면 雙穴이 的實하다. 禽獸砂에 禽은 飛鳥나 龜魚고 獸砂는 走獸를 말하며 禽獸砂가 水口 를 把守하면 吉하다. 이 禽獸砂에는 華表 日月 獅象 旗鼓 捍門 龜形 魚形 蛇形·北辰 飛雅 天 財等이 있다. 大畧 그것도 如上하며 그 外에도 數多하기에 一般으로 朝山 案山 印砂 朱雀 玄 武 靑龍 白虎 貴人例等及 樂山 官星 禽獸砂가 正配하면 吉하다.

164

土星의 龍에서 金星으로 開窩한 穴은 必히 護福을 하나 白虎가 木星體라면 金尅이라 三房이 受災하고 靑龍砂가 火星體라면 長房이 受害한다. 이와같이 看地의 條件이 아주 複雜하기에 明師도 어렵다는 것이다. 一砂一水가 變化하는 것이 無限하기에 以上으로 그치며 二十四砂를 略記하고자 한다.

二房이 受害한다.

乾砂……乾峯이 冲天하듯이 秀出하여서 雲中에 들어선듯이 獨拔해야 하나 低員方正하고 秀麗하면 科甲한다. 穴前의 乾峯이 亂低하면 小富하며 豪翁이 登世하며 馬車의 소리가 그치지 않는다. 乾峯이 有獨이 낭떨어지 같이 陡然하면 經畧之士가 參軍을 掌握한다.

亥砂……巳亥山이 揷旗하듯이 높으니 官位極尊하나 寅甲峯이 夾照하여서 天然스러우면 科甲이 綿綿하다. 特히 震艮兌龍에 結穴을 하며는 그 富는 百萬 百萬을 더한다.

亥砂나 亥水가 있다면 八煞에 離猪라는 大惡煞이기에 傾家敗産한다.

壬砂……壬砂가 疊疊하게 보이면 子孫이 代代永興한다.

이 端正하면 富를 可期하나 眞龍에 眞穴이 全備하였다면 三公이 台閣에 登位한다.

서 陽龍에 陽向을 하고 陽去하며는 兒孫이 가장 기뻐하니 陽向을 하는 것이 淨陰淨陽에 離龍에 結穴이 하고 卯向에 壬砂午砂가 雲中에 秀入하듯이며는 及第爲官이 明기에 壬午가 特朝하며는 壬水午水와 壬砂午砂는 같은 離明하나 卯向에 有砂하고 無水하면 登科하고 卯向에서 午方에 長伏한

砂가 顧하고 壬砂가 不起하는때 壬水가 있으면 相當하다. 亥卯未三合과 震庚亥未가 다 같이

陰이라고 하여도 亥峯이 너무 높이 照穴을 하면 亦是나 受禍한다.

坎砂……子峯이 沖天하듯이 秀出하고 乾峯이 獨步黃金門하고 艮峯이 如筆하고 丙午丁三方에 三台가 正列하게 對照를 하고 來하였으니 眞穴이 有多하다.

癸砂……子午卯酉가 甲庚丙午과 相逢하였으니 尊貴하며 寅申巳亥는 癸의 奴요 坤乾巽艮은 莫相逢이며 辰戌丑未는 休相見을 하는 것이니 乙辛丁癸도 一般同이다. 掀裙舞袖의 淫砂가 沐浴方에 있는가 살피면서 子癸方丑方이 撥砝을 하며는 墮胎한다.

丑砂……乙辛兩峯이 높고 丑未峯이 員正하였으니 富興하고 牛羊이 蕃盛하며 艮震兩峯이 正齊하게 拱峙하면 武鎭邊關하며 朝綱을 保金한다. 寅兌二龍이 砂水와 같이 秀拔하였으니 科甲이 綿綿하고 丁財가 大旺하다. 四金水가 朝流하면 痼疾橫逆하고 遊蕩之人이 出한다. 或 云하기를 丑未方에 有谷하면 家財가 不盛하고 巳丑峯이 相對하면 君王의 建基가 있다.

艮砂……艮峯이 三台로 筆列하듯 하며는 催官뿐만이 아니라 諸侯가 나고 艮方이 虛하면 夭折하고 圓峯이 出於艮方하면 子孫에서 坤艮峯이 相逢하면 天祿을 食한 다.

寅砂……寅甲峯이 높고 雄力하며 尖秀肥圖하면 三公이 出하며 低長方員하면 巫博의 높은 이름이 奕傳한다. 艮寅方에 立石하든가 有谷하면 盲目이 난다.

甲砂……甲峯甲龍은 富貴가 된다. 特히 乾峯이 秀拔하면 尤美尤佳하다. 坤峯이 如筆하면 壯

元이 나고 巽山이 雙朝하면 宰相이 되고 寅甲方에 居印하면 巫師가 난다.

震……震庚二峯이 入雲表하며는 英雄將相이 參軍을 掌握한다. 乾巽二砂가 正齊하게 拱峙하면 文官을 生한다. 劍戟같은 高峯末砂가 聳立하면 持操勇猛之人이 産한다.

乙砂……四維峯이 疊疊하게 高起하고 八將이 來朝하면 吉하다. 震巽二山이 높아서 龍神을 壓住하며는 不免恥하다. 乙辛方에 長谷이 있으면 口舌을 듣고 乙辰가 對照하면 棺內에 虫廉이 들고 一代孫이 絶滅한다.

辰砂……丁峯이 高卓하고 癸山이 尖秀하면 科甲이 綿綿하고 坤乙水가 當冲하면 水廉이 든다. 乙甲方에 長谷이 있으면 變喪나고 坤艮二峯이 列雲漢 하는 듯하면 富貴가 旺하며 壯元이 난다. 木體의 星을 가장 기뻐하며 爲官이 極品이다.

巽砂……一峯이 秀出하면 二人이 登科하고 雙峰이 秀出하면 兄弟가 같이 登科하고 萬若 雲漢이 旗列한 듯하면 兄弟가 御翰에 聯名한다. 낭떨어지 같이 陡然하면 經略之士가 三軍을 論議한다. 小峯巒이 低員方正하면 富한다. 遠峯이 天涯에 列笋한 듯하면 博學才子가 그 이름을 天下에 傳한다. 巽水가 山外에서 朝穴을 하면 먼저 外甥이 貴하여진다. 巽方의 蛾眉砂는 女人이 如花하고 그 勳功이 繁榮하며 男子는 駙馬가 되고 王妃가 되고 中男季子는 그 집의 門楣를 誇示한다. 巽辛峯이 決秀하면 文章이 나고 巽己水가 芙冲하면 棺內에 水廉이요 巽辛峯이 腰切하면 凶死한다.

己砂……己峯이 廉貞처럼 如筆하면 文武兼全하는 英賢을 난다。辰峰이 高聳하였으면 爲官
이 極品이어서 朝廷을 振動한다。赤蛇가 遶印하면 天下를 縱橫한다。
甲庚丙壬砂가 低員方正하면 富한다。

丙砂……巽辛峯이 高卓하고 丙水가 朝局하면 爲官하며 壽高한다。巽丙丁의 三砂가 拱卓하
면 朝廷에 食祿이 있고 艮方 卓高하면 秀才가 及第하고 壯元한다。有砂無水하면 顯官이 나고
有水無砂하면 發富한다。砂水가 꼭 있어야하며 無水無砂면 不眞하다。丙午峯이 高秀하면 登
科하고 立石하면 少年이 落齒한다。

離砂……午峯이 獨出하여도 馬라고 한다。丙丁二峯이 雙起하면 그 價가 如金하다。壬子癸三
砂가 磊落하고서 午方의 砂水가 朝穴을 하면 必然 龍虎가 그 穴을 抱衛하였으니 公卿이 나고
丙午가 獨聳하면 災殃이 不絶한다。丙午二砂가 獨聳하면 꼭 乾壬二山이 卓拔하여서 制之하는
것이니 尤吉하다。그 乾壬位의 塔이나 山이 무너질까 걱정이다。龍에서도 丙午雙行이 入脈을
하면 乾壬二方의 寶塔이 있어야 八煞을 制之한다。亂取折穴하는 것은 如熖之患을 難免하는
때가 있으니 審審하게 踏山을 하고 迷疑하거든 尋穴을 中止하는 것이 可하다。

丁砂……丙丁二水의 勢가 洋洋하고 四維八將의 砂가 蒼蒼이 射策하면 棟樑之人이 난다。이
丙丁二水를 赦文水라고 한다。丙丁은 原來가 正配요 거기다 亥艮이 더 있으면 富貴가 尤奇하
다。丁은 南極老人星이라 秀高端正하면 長壽한다。丁酉砂가 圓正하면 큰 大貴가 난다。

未砂……辰戌丑未 四峯이 高秀하면 翰元進士의 壯元이 난다.

坤砂……坤峯이 端正하게 如圭三甲之中이면 定出魁元한다. 如旂斜欹하면 卓拔한 것이 旂旄같으면 男爲將軍하고 如帥府며 亂峯이 低小하면 郡衛가 난다. 揽裙抱花砂가 拱位하면 婦女가 不潔하며 淫蕩한 禍가 있다.

申砂……申峯이 高卓하여서 雲霄에 드는 듯하면 壯元의 魁首의 姓名이 香氣로운 것이다.

庚砂……兜鍪劍戟이 庚兌位에 있으면 將軍의 威武로 邊夷를 鎭壓한다. 判筆이 庚兌辛方에 있으면 그 勢가 電動天溝를 하는 듯하기에 奇特하다. 將軍의 穴이 正居하면 必히 丁艮이 그 前程을 問安한다.

兌砂……巽峯이 相照齊雲霄하면 巽辛은 같은 友僚며 酉峯이 拱峙하면 그 功이 至重하기에 王께서 功을 論하신다. 巽은 巨文이요 酉는 武曲이라 巨文은 貴하고 武曲은 富하고 武曲이 貴하여진다. 魚袋砂가 西方에 있으면 貴官된다. 魚袋가 子癸나 辰戌丑未에 있으면 이때는 橫尸砂라고 客死하는 것이다. 低小하고 길(長)며 魚泡의 貌樣의 山을 魚袋砂라고 하며 子癸辰戌丑未 陣中에서 死亡하니 局限하여 橫尸라고 한다. 卯山이 壓塚을 하면 初年滯요 西方의 山이 陷하면 卯方은 宜當 低해야 한다.

辛砂……巽辛二峯이 文筆砂같고 氣勢가 騰高하면 壯元한다. 山形이 아무리 俱美하여도 凶方이면 忌한다. 或 巽辛이 低伏하고 辛砂가 高聳하면 그 聰明이 特出하다. 坤坎二龍에서 入首

하고 結穴하는 때에 巽辛峯이 火星같이 尖秀한 것을 文筆이라고 한다. 坤上爻가 變하여서 艮貪狼이요 巽이 巨文으로 變한다. 또 坎의 上爻가 變하여서 巽貪狼이며 艮이 巨文으로 變하는 故로 坤申二龍入首에 巽辛二砂가 生旺方이 되는때는 富貴를 巽辛二水를 좋아한다. 申은 坎癸申辰의 納申이다. 또 巽辛二龍이 坤申坎砂水가 生旺方이 되는때는 富貴한다. 萬若에 煞洩의 方이면 文筆이라고 하지 않고 畵筆이라고 한다. 즉 衙刀가 殺刀로 化한다. 辛水가 朝堂하면 金寶水라고 한다. 特히 巽龍에서 辛峯이 第一이다. 巽辛二砂를 文筆砂라고 그저 休囚를 모르고 取하는 일이 있어서는 안된다. 乾艮二砂가 冲霄하면 富貴한다. 巽辛二砂가 高照하면 世에 魁元之貴가 난다. 或 酉水나 辛酉水가 朝來하면 忌하나 但 酉水는 收水한다. 艮亥辛水가 朝來하면 丁龍이 가장 기뻐한다. 庚震二龍에서 巽辛水를 보면은 庚震은 巽辛과 夫婦正配이기에 文武全才之人을 나눈다.

戌砂……乾坤二砂가 入雲霄하면서라면 元筆姓名이 높고 巽辛二砂가 齊拱峙하면 忠臣孝子가 나며 乙辛이 對照하면 翰元이 나고 子午乙龍에서 寅이 無驕하고 辰戌砂가 높이 雙朝하면 富貴兩全하니 全誇市朝한다.

二、 五星貴人得位圖

五星이 各其 그 形體가 다르며 같은 坐向이라고 하여도 其貴人의 砂가 다른것이다. 여기서

土星貴人의 得位한 庚坐甲向을 보면 水口가 乙辰方이며 그 水口에 日月이 幷明하고 土星을 生하여 주는 丙火의 陽峯이 秀高하고 向上의 臨官位 艮方에 紗帽砂가 있고 甲位는 全헌木의 木星이 아니고 土生金하는 土星이 있는것 즉 艮丙은 六秀의 貴人이요 艮은 少男이라 少年艮位에 官帽가 있고 이 帽砂는 期必 少年이 及第를 連發하는 臨官位가 된다. 案山 甲位의 土星은 艮丙이 相助하고 甲位의 土는 庚의 陽金을 生하여 주는 結果가 된다. 或 初學者가 이 圖式을 보고서 꼭 같은 穴만을 點穴하려는 弊端이 있을까 싶다. 庚坐甲向이라 하여도 또는 形家의 將軍大坐라고 하여도 土가 金을 生하여 주는 곳도 있고 또는 火헌金의 廉貞發祖한 庚坐甲向도 있고 金生水의 逆生의 局도 있으며 不一하나 그 結地는 거의가 窩中에 乳라는 것은 公知하는 것이다. 庚坐甲向에 乙辰水口의 境遇에 樂山 또는 鬼樾이 있고 南火位 丁峯이 秀麗한 것이 殿上의 貴人같고 巳方에 大將馬가 있고 卯方에 木星의 雙貴人이 있고 丙方에 遠秀한 峯이 正하지 않고 粗賢하여서 毒氣가 깃든 듯하고 乾方에 大師의 御使馬가 그 몸을 裝身하고 甲方에 긴旗 즉 大將旗가 있는 것은 이 圖式과 다르다고 하여서 버릴것인가. 이와같이 같은 坐向이라고 하여도 아주 判異한 穴을 볼 수가 있다. 그러나 穴과 水口는 이 圖式과 같다. 그 砂가 같지않다하여 庚坐甲向은 八十八의 水局自旺向이요 滿局生旺의 局이라고 하며 少陰의 穴이라는 것은 누구나가 否認못하는 것이다. 또 丙丁龍이 如絲如帶하고 坤申下에 庚으로 生生하게 連하여서 結穴을 坐三合으로 分明할때 八十八向이나 少陰의 穴이 아니다고 棄地하는 것도 不可

한 것을 흔히 볼 수가 있다. 또 이 巽庚癸三合에서도 다른 것이다. 그러기에 金星 土星 火星 木星 水星의 穴을 參考로 地理五訣의 것을 揷入하여서 小驗을 述하는 것이 도움이 된다면 多辛일까한다. 이 圖式의 金星貴人圖는 丁龍入首의 巽山乾向의며 火局의 自生向이다. 水星貴人圖는 丙山壬向이니 金局의 自旺向이며 이것은 庚兌龍入首가 許多하다. 木星貴人圖는 木局의 正養向이라 大部分 乙龍入首의 正穴이다. 火星貴人圖는 壬山丙向이며 木局自旺向이라 흔히 壬龍에서 結穴한다. 土星貴人圖는 水局의 自旺向이다.

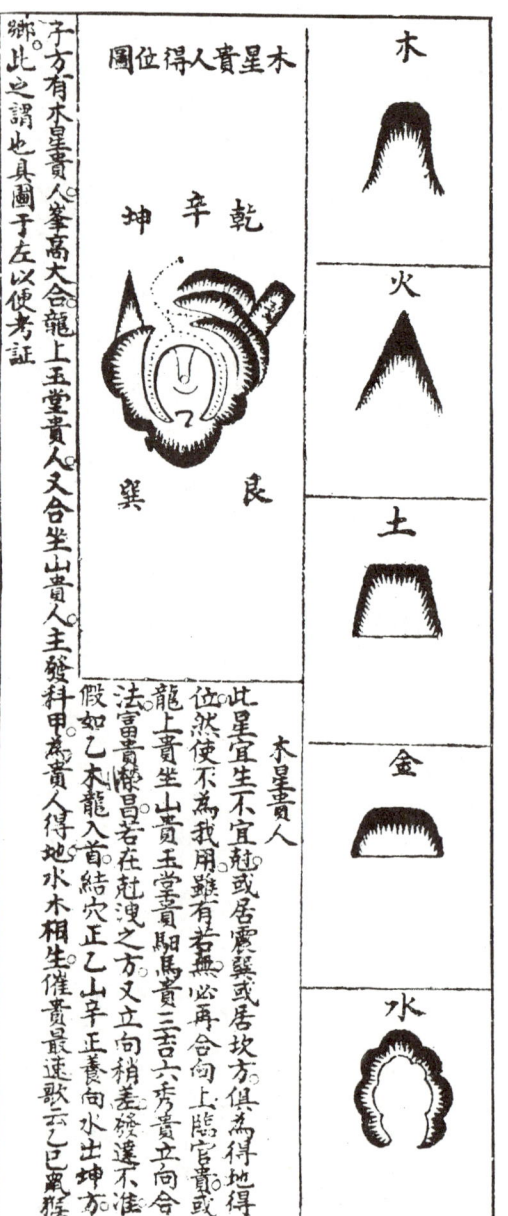

172

火星貴人得位圖

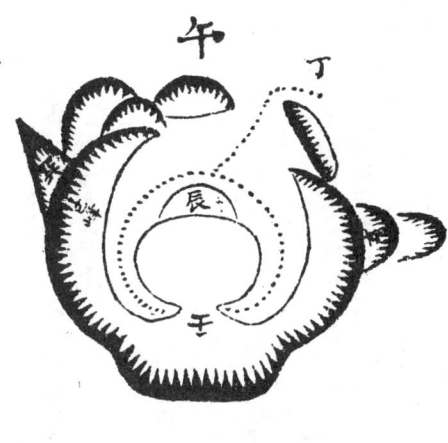

火星貴人

此星宜生不宜尅或居震巽俱為得地得位然使不為我用雖有如無若合向上臨官貴或居尅洩方立向再發福不准火星居巽巳為得位立壬山丙向水出丁方合貴三吉六秀貴若龍立向合法大發富貴駟馬貴立向合法大發富貴若居尅洩方立向再發福不准火星居巽巳為得位立壬山丙向水出丁方合向上臨官貴為貴人東峯巽為文筆為太乙向上祿馬貴人坐祿巽有文筆為太乙貴人之所六秀薦元之方巽辛得天乙辛峯交映主發魁元鼎甲貴居極品砂之最美者也具圖於左

土星貴人得位圖

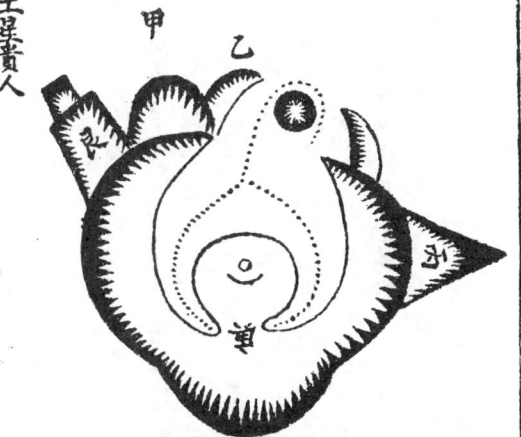

土星貴人

此星宜居坤艮或離宮俱為得地得位然不為我用雖有如無若再合向上貴坐山貴龍上貴三吉六秀貴玉堂貴駟馬貴立向合法大發富貴如庚龍入首結穴立庚山甲向稍差發福不准土星坐艮為得位倣如庚龍入首結穴立庚山甲向水出乙辰艮為向上祿峯駟馬貴向上臨官貴龍玉堂貴坐山貴又艮為天市垣掌權衡六秀催官之吉曜艮薦兩再得丙峯交映大發富貴具圖於左

艮為少男又是向上臨官為貴人遇紗帽發科甲最速利

金星貴人得位圖

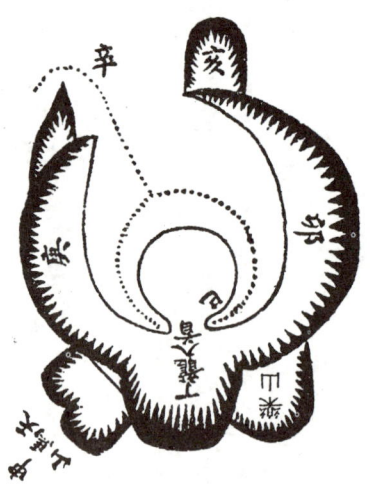

乾上有
貴人坤
上有天
馬為天
馬相合
貴人祿
馬為金
坤為土
土相生
催官地
主速發
富貴

金星貴人

此星宜生不宜尅或居乾兌或居坤艮皆為得地得位然我用雖有如無必再合向上貴或龍上貴或三吉六秀貴玉堂貴立向合法大發即不准金星在乾亥為得位假如丁龍入首結穴水出辛方立巽山乾向合龍玉堂貴又合三吉貴坤上有馬山寅午戌馬居申為本局真馬出現發富發貴最速餘局類推具圖於左

水星貴人得位圖

水星貴人

此星宜生不宜尅或居坎方或居乾兌皆為得位得地然使不為我用雖有如無必再合向上臨官貴或龍上貴坐山貴駟馬貴三吉六秀貴玉堂貴立向合法大發如居乾亥方為得位立向錯悞發福不准假若三台水星在乾亥方立丁龍入首結穴丙山壬向三吉催官貴合向上臨官貴祿出貴人貴坐山貴水出癸巳酉丑馬在亥為駟馬貴龍上貴卯上有木屋木屋壬癸兌蛇嚴為向貴人峯現丁龍入首合乾甲丁貪狼一路行貴人格大發富貴具圖於左

飛天貴人騎馬格
貴人騎馬格
馬屋得位圖

此名催馴馬又
貴人催官
名催官
局催官
穴主速
發富貴

天馬催官貴人
赤蛇繞印臨官
貴人祿許
馴馬貴人圖

此圖龍與坐山
貴人俱在巳
上午字
上有馬
山書雲
天馬出
自南方公
侯立至赤蛇繞
印宜居極品

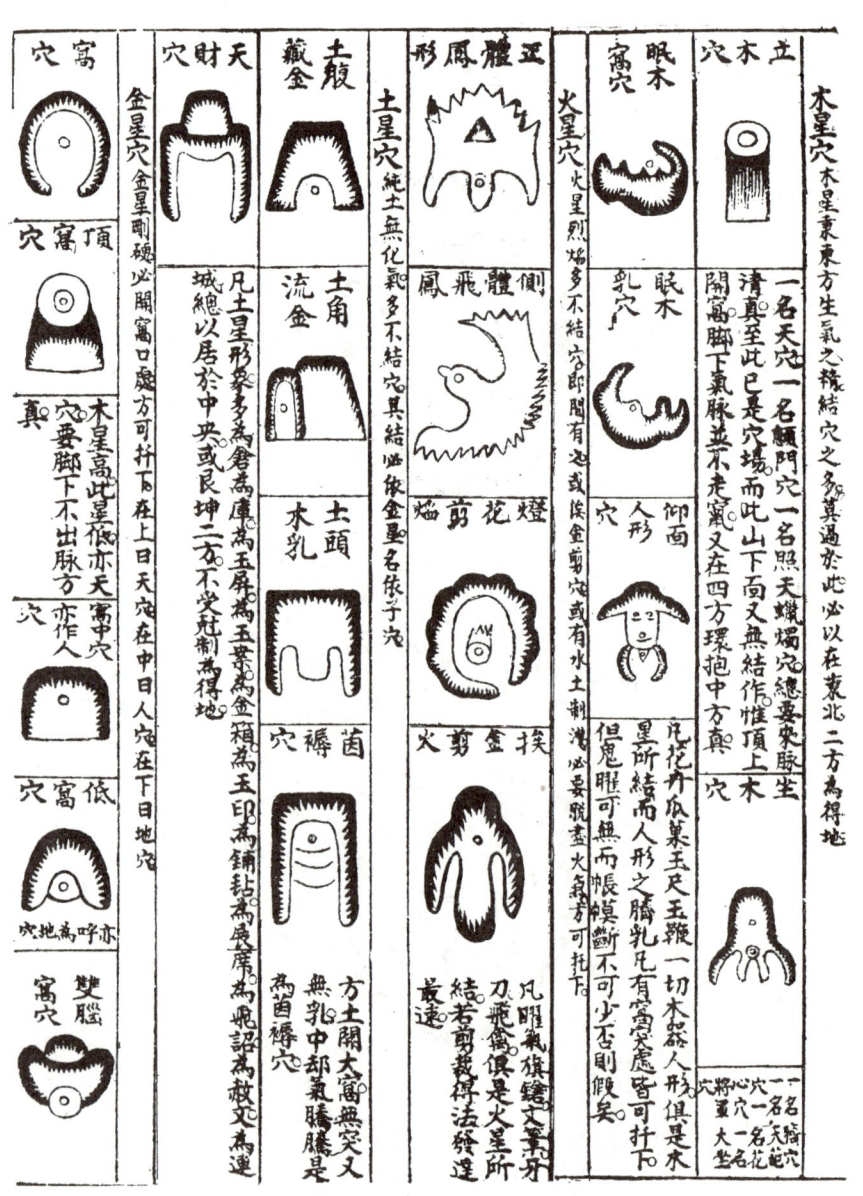

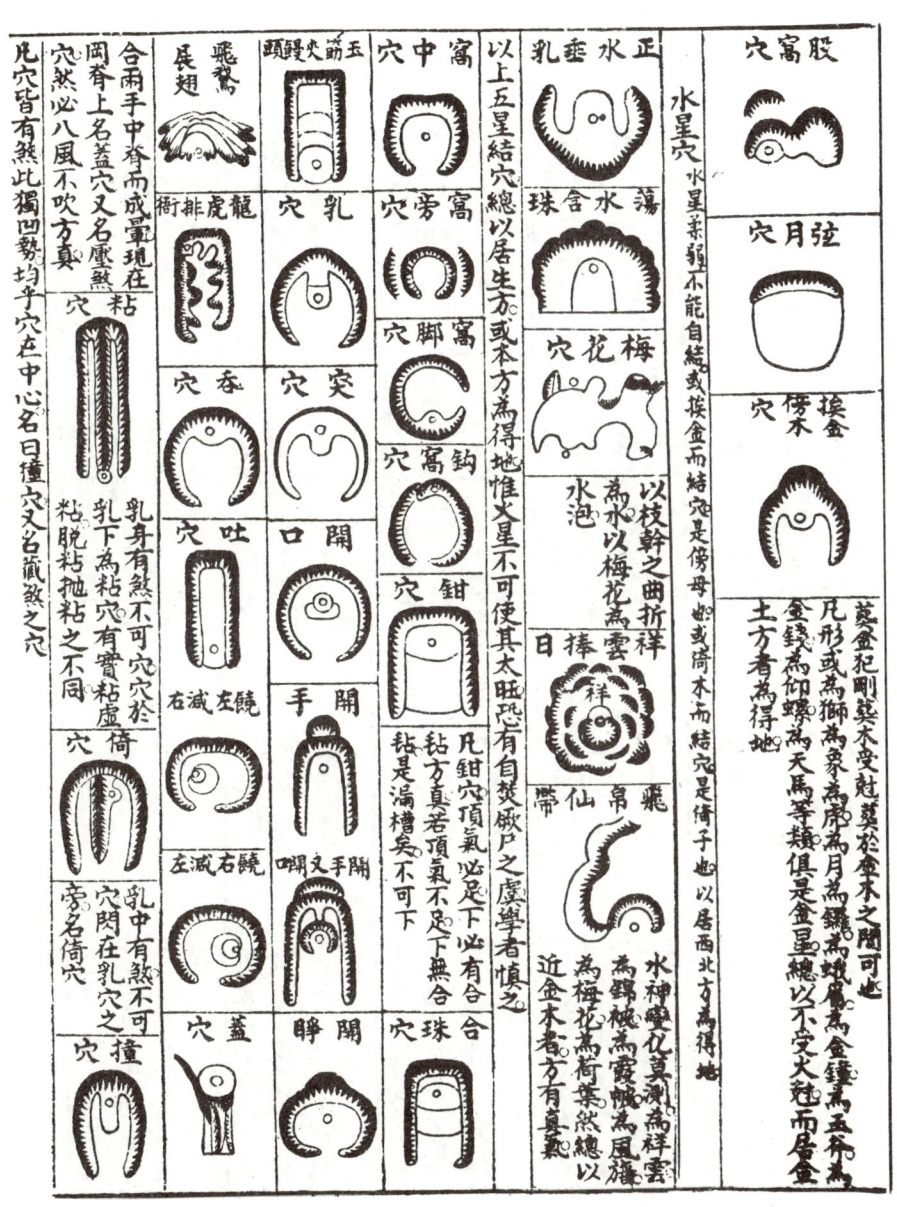

無輔	反肘	龍鑽懷	露胎	死塊 凶穴
神已若此何堪龍神與水無佐甚涸零切近用神兩畔微茫主獨尊無輔回	遭橫禍屬氣為妖莫挽顧戀必傾危好爭奪龍虎扯搜勢斜飛全無蛉	來入內定招異姓作螟憤氣不和平若是外砂朝青龍蹲懷長子山經背稀	真形象辭後財散子孫獨受八風吹此是露胎四面皆低中獨堆高昂	皆全見下後決定不平安粗頑一片鉗單寒孤弱無龍無虎無界水雕朧吐
顧纏頭斷頸	主欺	主背	胸插虎白	穴亡
和和定蘊死急須修補保安斷頸纏頭是若何或為行路並坑坷不是犯刑零	多嫉妬奴強主弱勢渦環抱卻無情各去成家穴星微小龍虎大雖然蒙	無倫理負義忘恩似逢出人定大山忤逆反叛左右兩邊皆向外此穴張	淫亂穢閨房終有氛憤山亡疾莫因龍貴亂誇白虎插胸甚不祥婦人亡	風水熱不是家敗定人吐吞氣不藏氣不藏兮左右皆短中獨長名為

無寶	擎拳	覆體	假抱	活邊死邊
田 外望星體甚完全內多 軒輊不堪言毋氣外美 亂扦下敗人家產並庄	窟 龍虎從來要有情如何 關煞兩相爭兄弟蕭牆 成大敵舉拳舞袖不安	貧 不向內兮不向外如人 休地一般形既無生氣 可憐穴切勿扦下受孤	貧 大勢看來似環抱兩旁 壁立却無情愚人認作 真龍虎下後難免受孤	寒 一邊圓活一邊山切莫 認作單提看龍脈已住 他處去愚人扞下受飢
戈操	相鬪	岡成	飛斜	龍嘟虎
映 左右聳起似相爭誰知 下後出強梁兩尖相鬪 不顧穴終日操戈起禍	多 白虎舉奉龍操戈你爭 我奪又諸和否不遭凶 定惹禍盲師下後悞人	亡 龍虎兩邊成大岡老山 那有好穴場粗煞未除 陰氣重下後人敗又家	他 一邊似抱一邊斜順水 流去不顧家先受貧窮 後主絕這般壞穴莫下	同 青龍忽起欲嘟虎此穴 從來是大凶輕損血財 重滅族不與交牙吉利

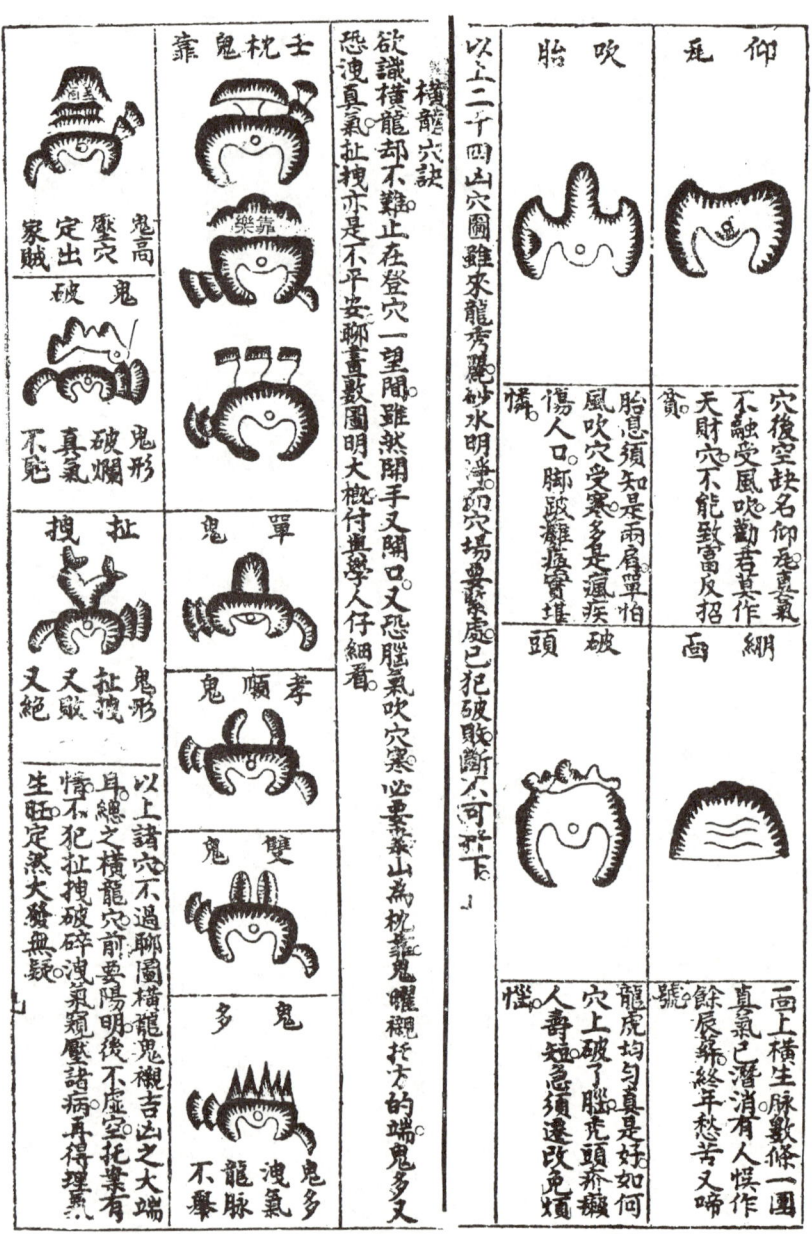

六、 八方天馬方位

東方震宮에 있는 것을 靑驄馬라고 한다. 西方兌宮에 있는 것을 金馬又는 白馬라고 한다. 南方離宮에 있는 것을 赤兔胭脂馬又는 天馬라고 한다. 乾宮에 있는 것을 御史馬又는 天馬라고 한다. 艮宮에 있는 것을 狀元馬라고 한다. 坤宮에 있는 것을 宰相馬라고 한다. 巽宮에 있는 것을 撫按馬라고 한다.

七、 借馬法與借祿同

丙借巽爲祿馬場　甲借艮爲祿穴位　壬借乾爲祿馬鄕　庚借坤爲祿馬當

迎官取祿論에서 官과 祿은 一位라고 하며 正借祿을 알 것이다. 여기서는 또 借馬와 借祿이 一位다 하였다. 丙借巽爲祿馬場을 말하자면 丙이 自旺向이면 巽方에서 借祿을 빌려오고 또 巽方에서 借馬를 하면 富貴가 迅速하며 巽이 自生向이면 丙祿을 빌려오고 丙方에서 借馬하면 富貴가 迅速하다. 八方의 天馬가 다 좋으며 그 中에서 乾과 離의 天馬가 그 局의 定한 方位와 馬가 없으면 借馬하는 것이 速히 定한 方位가 있으나 自生向과 自旺向에서 그 局의 定한 方位가 있으나 自生向과 自旺向에서 그 局의 定한 方位가 있으나 丙借巽하며 壬借乾하며 甲借艮하며 庚借坤한다.

八, 四局 馬 例

申子辰馬居寅 寅午戌馬居申 亥卯未馬居巳 巳酉丑馬居亥 즉 水局은 艮寅方에 있고 火局은 坤申方 金局은 乾亥方 木局은 巽巳方에 一定한 馬가 있다.

그러니 生向 旺向 養向 墓向 自生向 自旺向을 立穴하면 먼저 그 局의 馬가 있는지 없는지를 살피라. 本局의 定位에 馬山이 있다면 催貴馬라고 하며 速發富貴한다. 萬若 本局의 馬山이 없으면 借馬한다. 四局馬 八方馬 借馬 中에서 乾方과 午方에 있는 天馬가 가장 催貴하는 馬의 第一者라 하고 富貴가 速發한다.

九, 貴 人 例

甲戊兼牛羊 乙己鼠猴鄕 丙丁猪鷄位 壬癸兎蛇藏 庚辛逢馬虎 此是貴人方이라.

다시 仔細히 말하자면 甲山은 丑未 乙山은 子申 丙丁山은 酉亥 壬癸山은 卯巳 庚辛山은 寅午 乾山은 丑未卯巳 坤山은 子申卯巳 艮山은 酉亥 巽山은 寅午 子山은 卯巳 丑山은 寅午卯巳 寅山은 丑未酉亥 卯山은 子申 辰山은 子申卯巳 巳山은 寅午酉亥 午山은 酉亥 未山은 子申卯巳 申山은 子申卯巳 酉山은 寅午 戌山은 寅午酉亥 亥山은 丑未卯巳가 貴人方位라 한다.

催官貴人祿馬山이 起峰하면 如雷發福하는 法이다. 譬如하면 立壬山丙向을 하면 丙祿이 在巳하며 臨官이 亦是 在巳하며 丙旺向이라 寅午戌火局이니 火局의 馬가 申에 있으며 丙丁은 猪鷄位라니 猪鷄는 酉亥이니 丙丁向에는 酉亥가 貴人方이 된다. 그러니 立壬山丙向을 하여서 巳申酉亥의 四山이 起峰하는 것을 貴人祿馬山이 나타났다고 하고 催官貴人의 局이라고 하며 그 龍이 壬癸龍入首라고 하면 壬癸는 兎蛇藏이라고 하니 兎蛇는 卯巳라 壬癸龍에 卯巳가 貴人이니 卯巳峰이 有照하면 이르기를 眞福星貴人이라고 한다. 그러니 卯巳까지 再合하면 速發科甲하며 또 艮丙峰이 交應하면 天祿貴人이라 하며 또 生旺官祿文筆峰이라고 하며 六秀薦元之峰이라 하니 發福이 無疑하다. 餘二十三向을 壬山丙向의 理致와 같이 同推하면 된다.

十、文 筆 峰

文筆峰 或은 文筆砂라고 한다. 文筆은 貴人의 所用之物이니 貴人이 文筆을 拾得하지 못하면 無所用之라 한다. 貴人은 오직 臨官의 方位가 眞貴人이라. 그러니 或은 龍의 臨官이 있고 或은 坐의 臨官이 있고 或은 驛馬方位의 貴人이 있고 或은 三吉六秀의 貴人이 있으나 그가 장 發效하는 貴人은 오직 巽의 文筆貴人은 六秀薦元之方의 貴人이 되며 木火相生之地의 貴人이 되니 巽의 文筆이 文筆의 首라 한다.

譬如하면는 立壬山丙向의 水口가 丁方이라면 丙旺向의 臨官貴가 在巽이며 丙向의 臨官貴가 巽이며 峰上에 有廟하고 亦蛇가 繞卽하였고 또 太乙貴人之地였으니 俱得하면 貴人이 秉筆을 하였다고 하는 故로 天下의 文昌閣이 모두 巽에 있으니 二十四山에서 巽을 文筆峰이라 하였 한다. 此外에 또 巽이 辛을 薦하여서 辛峰이 巽峰과 相照하면 書云ㅡ 天乙太乙侵雲霄라 하였 으니 官位가 諫臺에 居하는 것이니 貴가 無敵이며 또 다음에 艮峰이니 艮은 天市라 天市는 福祿의 權衡을 掌握하였다. 立庚山甲向을 하면 艮은 龍上의 玉堂貴人을 合하였으며 甲祿이 在寅하니 向上의 臨官貴며 艮은 六秀薦元之所가 되니 發科甲이 迅速하니라. 또 艮이 薦丙을 하니 丙峰이 秀麗하면는 期必하고 發鼎元하고 其餘巽辛兌丁은 主로 出文人하니 砂峰이 美麗 하여야 한다. 六秀에서 艮巽의 神妙한 것은 丙辛兌丁도 不及한다.

十一、 庫 櫃 砂

庫櫃砂는 大槪 水口에 居하니 水口는 곧 辰戌丑未를 말한다. 辰戌丑未는 四局의 墓庫이며 또 五行의 土에 屬하니라. 그러니 土는 結局에는 艮土에 不過하다. 艮은 土에 屬하며 天市라 고 하니 艮의 庫櫃는 그 立庚山甲向 또는 立酉山卯向을 하면 甲卯旺向에는 艮寅이 向上臨官位며 艮은 天市요 또 上應天星하였으니 艮의 庫櫃는 富貴에 또

富를 加한다。萬若 艮이 丙峰을 得하고 艮丙이 交映하며는 富堪敵國이라 하였으며 艮坤이 正

五行에서 屬土하니 艮의 다음은 坤이라고 한다。

그러니 立甲山庚向 卯山酉向을 하고 坤上에 庫櫃砂가 있으면 此亦是 得地라고 하며 또 火

生土하니 丙午旺向을 하고 坤方에 庫櫃砂가 있으면 巽祿貴砂의 다음 가는 貴砂라고 한다。坤

亦是 向上臨官祿位에 있는 것이 切要하며 主로 橫財의 象徵이 된다。

十二、天 馬 砂

馬는 古世에 戰爭 驛馬 等에서 가장 빠른 것이니 立穴에 有馬山이면 速發한다고 하여서 名

하기를 天馬라고 하였다。 그 方位의 山形이 馬形이니 名하기를 그 局의 馬가 四

局馬며 八方에도 馬가 있는 것을 眞馬라고 하니 四局馬例 八方馬 編記를 보면 잘 알 수 있다。

그러면 丙午丁方에 天馬가 있는 것을 得位하였다고 하니 立壬山丙向을 하며는 丙午가 帝旺位

라 催官科甲이 最速하다。乾亥方에 天馬가 있으면 乾은 天厩方位라고 하니 立丙山壬向을 하

고 癸方에 水口가 있으면 金局自旺向이며 金局의 馬가 亥方에 있는 것이니 壬向의 臨官方位이며 玉堂에 尊重한 天馬가 있으니 科甲에

亥方의 天馬가 最適하다。그뿐아니라 壬向의 臨官方位이며 玉堂에 尊重한 天馬가 있으니 科甲에

大利하다。

그리고 四局과 八方에 定한 馬中에서 乾方과 離方의 馬가 一般이 말하는 天馬라고하며 發效가 第一이며 其餘의 馬는 發效하는 것이 乾午二馬 다음이 된다. 馬의 方位와 効驗이 如上 하나 穴의 前方에 馬山이 있고 穴의 後方에 貴人이 있고 貴人이 有하여 그 穴을 得한 者가 他人을 使用할 수 있는 것이다. 萬若 穴前에 貴人이 있고 穴後에 天馬가 있으며는 他人에 雇用되니 賤하여 馬夫에 不過하다.

十三、印 盒 砂

印은 貴人의 符信이니 貴人이 아니며는 敢히 쓰지 못하였으므로 臨官貴人의 方位에 有印하며는 이르기를 貴人이 帶印하였다고 하며 科甲에 가장 利로운 貴格이다. 赤蛇繞印이 巳方에 있고 猿猴捧印이 申方에 있고 元猪拱印이 亥方에 있고 白虎掛印이 寅方에 있다. 또 印이 得色을 해야만 方顯하며 四面이 모두 물(水)이 書云─印浮水面하니 煥乎其有文章이라 하셨다. 或은 左邊에 있고 或은 後帶印이라고 하며 그 印이 있는 方位에서 오는 물을 眞水라고 한다. 印色이라고 그 印에 砂石이 있는 것을 印色이라고 한다. 砂石은 屬金하며 五行相 青龍砂나 白虎砂 外에 있으니 生에 金生水하니 金이 能히 水를 生한다 하여서 印에 有砂石을 印色이라고 한다. 印은 또 秘

處에 두고 쓰는 故로 흔히 內堂에서 만히 쓴다고 한다.

十四、紗帽砂 僕頭砂 席帽砂

紗帽 僕頭 席帽等 三者는 모두가 其形性이 土星이며 大小官員이 用之하여 如此하게 貴物로 定하고 命名하였다. 土星中에서 艮土가 가장 아름다웁고 보기에 좋으니 艮位에 砂가 있으면 其家에는 반드시 出仕之人이 있으며 三砂中에서도 紗帽砂가 艮土位에 있으며 或 惡曜가 있어도 可히 比和한다. 艮은 天市며 少男이며 六秀며 甲卯의 臨官位가 되니 官員이 紗帽를 머리에 쓰며는 少年이 出仕하고 發福이 또한 長達하다. 其餘의 臨官位 冠帶位에 있으면 吉하고 休囚之方에 있으면 減力한다. 乾亥方에 載帽는 艮의 다음 貴格이요 坤申方에 載帽는 比和하고 巽巳方에 載帽는 文人이 紗帽를 썼으니 大發科甲한다. 乙冠帶位에 載帽며는 乙은 天官星이며 南方을 生하니 火生土 相生이라 貴居極品이며 乙이 休囚位면 亦最減力한다. 丁方에 載帽는 縣의 尉員 出仕하는 格이며 이르기를 離鄕해야 出世한다. 大概 不洋之地는 稀有하고 山地에 居多하며 立庚山甲向 西山卯向을 하고 艮方에 載帽하면 紅顏出仕하는 武局中에서 가장 좋은 것이다.

十五、蛾 眉 砂

蛾眉는 無雜하고 美麗하니 그 形이 나비의 눈썹 같으니 名하였다. 蛾眉砂가 前面에 있으니 반드시 美女宮姬와 梨園의 子弟같은 人士가 出하기 쉬우니라. 巽龍入首에 兒方이나 辛龍入首에 巽方에 蛾眉砂가 있으면 이르기를 天乙太乙星이 結穴하였다고 하며 女가 淸貴하고 蛾眉一案이 女作宮妃라 하며 書云ㅡ天太兩峰不起하니 須知無貴扶持하고 天乙太乙侵雲霄하니 位居諫台하니라 하는 것이 即 이것을 뜻하였다. 萬若 天乙太乙兩者中에서 一者만이라도 缺하면 兩者가 俱備하는 것만 못하니라. 臨官位 六秀位에 蛾眉砂가 있으며는 宮姬美女가 出한다. 蛾眉砂가 大部分 美女宮姬가 出하나 上格의 龍은 宮姬가 出하고 中格의 龍은 美女가 出하며 或은 女家가 發福하고 下格의 龍은 秀媚한 女가 出한다.

十六、旗 鼓 砂

旗와 鼓는 軍中의 兵器라 左邊에 旗가 있고 右邊에 鼓가 있으니 武射兵權하니 旗는 軍의 表徵이며 鼓는 陣出의 信號라하니 旗鼓가 天地를 震動하니 大軍의 勢라 旗鼓砂가 龍上 過峽處 穴場 等에 있으니 發科甲에 最利하고도 妙하다. 旗砂가 庚方에 있고 鼓砂가 震方에 있을 때에 丙龍入首하면 文武兼全之才가 出하고 出將入相하는 것이니 貴居極品하더라.

十七、 案

案은 公案이다. 高하면 눈썹程度요 低하면 心胸程度가 되고 眞案이다. 挨左하면 靑龍砂가 먼저 구부러져 들어오고 挨右하면 白虎砂가 먼저 구부러져 들어오니 正案이 아니다. 眠弓一案은 不可하며 重重하고 端正하고 多情하여야 한다.

十八、先 弓 砂

龍砂나 虎砂 또는 內砂가 先到하는 것을 先弓砂라고 한다. 그 形이 활과 같이 구부러졌으니 如弓하다 하고 回還한 것이 有情하다. 左先弓 또는 左單提라고 하며 이것은 長房이 隆興하고 右先弓 또는 右單提라고 하면 小房이 豊興하니라. 그러나 어느 先弓이든지 不高不低하고 齊眉齊心이 가장 좋다. 砂가 太高하여서 壓穴하는 것도 不可하며 推胸 즉 가슴을 치는 듯하는 것도 凶하다. 眞正한 先弓砂는 忠良輔國하는 즉 履色不變하는 人才가 出한다.

十九、朝拜砂

案砂가 穴을 보고 절을 하는 듯한 것을 朝拜라 하니 正朝砂 斜朝砂 橫朝가 있으니 正朝砂는 一峰이 높아서 父같고 兩邊 左峰이 兩子格으로 父子三人이 바르고 溫拱하게 穴을 向하여 鼎立하는 것을 말하며 切要하다고 한다. 斜朝砂는 向을 비겨서 穴을 爲하지 않고 無情하며 或은 背穴하는 듯한 것을 말한다. 橫朝砂는 넘어진 倒地木星과 같으며 來去를 分別할 수 없는 것을 말한다. 正朝砂 斜朝砂 橫朝砂가 모두 情이 있게 섰으며 情을 두고 가는 듯하여야 大地大發하고 小地小地한다.

二十、羅星砂

星은 象을 말하며 羅는 秀麗하고 多情하게 서있는 것을 말한다. 禽星이 水口를 塞하며는 身이 翰林의 官職에 있고 獸星이 水口를 塞하며는 身의 聲貴를 待衛하는 格이며 禽星은 文이라 하고 獸星은 武를 말하며 또는 旗鼓砂는 武, 文筆砂는 文이와같이 區分한다. 그러면 또는 禽獸星外에 月日五星 天乙太乙 金箱玉印 旗鼓倉庫 遊魚飛鳳 華表捍門 等의 諸般物象이 水口에 羅列하여서 直去하지 못하고 九曲을 이루어서 環繞顧戀하며 情을 두고 가기가 안쓰러워서

190

二十一、風 水 說

龍은 地之氣를 龍이라고 한다. 그리고 地理之首는 龍이니라 水界則聚하니 用之하여서는 吉水凶水가 있고 乘風則散하니 水와 風은 그 吉凶이 陰宅에서 가장 甚하다.

비록 龍眞穴的하였드라도 風吹하며는 破財를 難免한다. 風에 八風이 있으니 ○前有凹風하면 明堂이 傾卸하고 案砂가 有無하고 堂氣를 不收하고 牽動土牛하니 貧窮하며 敗絶한다. ○後有凹風하면 必是에 鬼親이 없고 靠山이 없으니 穴星이 不起하였으니 貧寒하고 夭壽하니 子孫이 적다. ○左有凹風하면 必是에 靑龍砂가 軟弱하고 無情하였을 것이니 長房이 零丁하니 孤寡가 된다. ○右有凹風하면 必是에 白虎砂가 空絶하였으니 穴을 不護하니 小房이 夭亡敗絶한다. ○兩眉有凹風하면 兩眉는 胎息孕育之方位라 하니 受傷하면 切地라하여도 敗絶한다. ○兩足有凹風하며 子孫의 朝拜進貢하는 곳이 低陷하니 必是에 堂局을 冲射할 것이며 或은 堂局을 冲射하지 않더라도 即 水口가 斜飛할 것이니 蕩盡家産하고 敗絶한다. 兩足中에서도 艮

가는 것과 같이 去水하는 것이 가장 切要한 去水法이며 大地는 諸物象이 水口에 있다. 書云 蕩然直去家資薄이라고 하였다. 吉砂는 圓淨하며 迎向하였으니 穴을 위하고 凶砂는 醜惡하며 背馳하니 穴을 위하지 않으며 無情하다.

風을 惡方이라 하며 最忌한다. 元來에 寅은 箕星이니 箕는 好風하는 故로 비록 龍水가 生旺 하였더라도 風癱顚狂之疾을 難免한다. 萬若 元竅가 不通하면 其害가 尤甚하다. 元은 向이며 竅는 水口를 말한다.

二十二、八 山 總 論

○乾은 天柱라고 한다. 穴後에 乾山이 高大하고 肥滿하면 長壽하고 山形이 天馬며는 催官 이 最速하다. ○坎離二山은 陰陽始分之地라 坎山이 高大肥滿하면 誠實하고 富厚한 忠孝賢良 이 出한다. 坎山이 低陷하면 北方의 寒風이 吹動하니 貧弱하다. 穴後에 坎山이 있으면 主로 壽夭하니 窮하다. 靑龍砂에 있으며 長房이 有人無財하며 白虎砂에 있으면 小房이 勞苦不利하 다. ○離는 目이라고 한다. 山이 高大肥滿하면 眼目之病이 生한다. 또 離를 中女라고 하니 婦 人이 不利하다. ○艮을 天市 또는 少男이라고 한다. 山이 高大肥滿하면 人丁이 大旺 하고 不生疾하며 貿易人이 主發橫財한다. 萬苦 低凹하면 多生風疾한다. ○震은 山이 高大肥 滿하면 多男하고 女小하며 武士가 出하며 姓品이 強直하다. 低陷하면 人丁이 不旺하고 男小 女多하니라. 震方이 靑龍砂이어서 低凹하면 長房이 壽夭하니 人丁이 不旺하며 無後者가 많더 라. ○巽은 六秀催貴山이니 高大하고 秀麗하면 出人이 淸秀하며 發科甲하며 發女貴한다. 遠

山이 淸水하면 出賢婿하며 發外甥한다. 巽이 低凹하면 婦女가 壽夭한다. ○坤을 老母라고 한다. 山이 高大肥滿하면 婦人이 壽高하며 人丁大旺하며 多發富한다. ○兌는 少女라고 하며 三吉六秀之方이다. 山이 高大肥滿하면 文武兼全한 才士가 出하며 多出女秀하고 有才有貌하며 又富又貴한다. 低陷하면 男小女多하며 婦人이 壽夭한다. 凡坐正北하고 向正南을 하면 水氣를 稟하였으니 離山이 高大하여서 壓穴하면 瞽目之災가 出하니라. 坐正東하고 向正西를 하면 木氣를 稟하였으니 兌山이 高大하여서 壓穴하고 또 水가 來朝하면 跛脚之人이 出하며 腰腿痛疾이 多生하니라. 四維八干山이 같이 肥圓 淸秀 高聳하면 主로 魁元科甲之才가 出한다.

二十三、地理入門法

初學時에는 正五行 三合五行 向上五行 雙山五行 等을 强記하고 一이 記淸하며 四局의 生旺墓養을 辨明하며 四大水口를 全不相混하여서 某是 木局之生旺하고 某是 火局之生旺하고 某是 金局之生旺하고 某是 水局之生旺하며 務要一見了然이라야 全不相混하느니라 再將羅經層層熟記胸中하고 層層講究淸切하고 會使會用이면 知龍之形象生旺死絕하며 龍之理氣生旺死絕하며 穴之陰陽眞氣하며 砂之貴賤得位失位하며 水之吉凶進神退神하여 一一辨別淸楚하나니 每到一地하

여서는 看龍之生旺死絶하며 水口가 在某字上하여는 或是天干或是地支하며 或天干幾分或地支幾分하여 務要定準하나니 看向峰하여는 或得某峰某貴人하며 旺山旺水하며 生山生水하고 臨官有峰無峰하며 二十四字를 用牽線一一開看過하고 二十四字中에서 立一向하며 或生 或旺 或墓 或養 或自生 或自旺하여 則葬하면 萬塚이라도 斷無一家不發하니라.

二十四、覆驗舊塋法

凡倒一舊塋하여서는 先將左右前後를 皆看偏하고 再到穴前하여서는 先立一高竿하고 次到穴上墓頂正中하고 下一羅針用縫針하고 看穴前內水口가 去水口를 看淸하여서는 大水小水가 歸何方하는 가를 看하야 不可惜勞苦하니라. 兩水交於何處하며 或歸庫或不歸庫하고 用長線牽開하며 看天干字上幾分地支字上幾分하고 或全出天干或全出地支하며 犯流動去來黃泉否하고 次看或天干向或地支向하며 次看龍自某字入首하여 是生龍是死龍하며 龍水의 配不配하고 通竅不通竅하며 或單是水則知有人丁無人丁하고 旺方에 有山無山有水無水하면 則知有無財하며 看天柱山高低하며 則知有壽無壽하니라.

將十二宮二十四字四維八干에 用十二條 長線하고 週圍皆一一看偏하며 在天干幾分地支幾分하며 形象好不好하고 或是富穴或是貴穴하며 穴暖不暖하고 風吹不吹하고 案眼弓不眼弓하고 有下

二十五、看 大 地 法

大富貴之地는 總要 龍眞穴的이니라 何爲龍眞穴的이요 如廉貞發祖하여 辭樓下殿하고 開帳起伏하고 忽大忽小하고 穿帳過峽하고 曲曲活動하며는 中心出脈하고 到頭의 節이 央圓方正하고 穴星特起하고 龍砂虎砂가 重重深抱하고 水如玉帶金城하고 禽獸星이 水口를 塞하니 去處之元이 有情하고 並無一砂一水가 反背하니 千里來龍은 千里結作하고 百里來龍은 百里結作하고 十

砂無下砂然後에 照五訣書中圖形이 吉者는 斷吉하니 斷無不準이라 若只圖簡便하니 不細細留心이면 則斷舊塋이 必然不準하니 葬新地에 定是害人하나니 慎之慎之하라.

豫見過富貴大家古塋하여 穴之左右前後에 遍築圍墻하니 以圖壯觀이 殊不知龍以生動活潑爲貴니라 一築墻坦이면 則龍身이 受刑하고 氣脈이 阻塞하여 不通하니 斷未有龍旣被囚이 而發富貴仍然가 莫能爲力하니 大地小發하고 小地不發하니 勢所必然이니 即有興旺之氣故者라 且各墳立向이 總以眼見水口爲定하니 或放正庫하고 或消文庫하니 自有元竅相通이 一定不易之法이라 乃因墻垣遮蔽하고 每到穴內看去模糊하여 將水口變在別位하면 無論改之原向合局與否가 總之凶者니 未必變吉而吉者立可變凶하면 其害尤甚하니 而人毫不知覺하면 陰受其累하니 殊堪憫惜이라 豫特表之는 惟望後之學地理者는 名留意馬可也라.

里來龍은 十里結作하여 喝形取象名顔萬端하니 總不乎此也라。

二十六、看 小 地 法

吉凶이 在砂水하니 每到一地하여 不論龍生旺不生旺하고 亦不論穴之陰陽砂之貴賤이라 即平坦之地는 全無氣脈하니 八十八向中立一向하여 不犯死絕하고 不犯黃泉冲生破旺大殺하면 包管不發凶하며 不絕嗣하니 極而言하면 不過是不發富貴足矣이니 若稍有氣脈이면 猶不失爲溫飽之家니라。

196

其 四

一、平洋地富貴丁壽四法

○欲求丁旺하면 生向을 하는 것이다. 生方이 高大하며 生水가 來朝하고 前高後低하고 穴星이 特起하고 生水가 歸庫하면 必發千丁한다.

○欲求大富하면 旺向을 하는 것이다. 旺方의 朝水가 비록 一勺만 하더라도 可히 致富하는 것이니 明堂의 前方에 聚積하는 것이 더욱 重要하다. 云謂하기를 明堂如掌心하면 家富斗量金이라고 한 緣故니라 又云 穴前要富須得眠弓案이라 하니 穴前의 案이 多情해야한다. 又云 伸手摸着案이면 積錢千萬貫이라 하였으니 案이 가까우면 더욱 佳하다. 下砂가 逆水를 하니 逆水一尺이라도 可히 致富한다.

○欲求大貴하면 臨官의 方位가 秀麗하고 高聳하며 臨官水가 特朝하고 或은 水湖가 聚積하며 驛馬貴 坐山貴 等이 있고 向上의 薦元峰이 透出하고 穴星이 特高하다. 穴星이 低小하면 無

力하니 不發大貴한다。 貴人이 或 三吉六秀方에 있으면 必發翰苑하여 遷要坐空朝滿이라 하나 水가 不歸庫하면 不准하니라.

○欲求壽高하면 氣脈이 雄壯하며 前高後低하여 枕木水라 하였으니 山이라 天柱高 而壽等彭祖라 하니 穴後가 天柱가 된다。 水가 庫墓하든가 歸絕해야 하며 또 乾方에 池塘이 있든가 水溝가 있으면 長壽한다。 或 水가 庫墓와 絕을 못가서 病死方에서 消水하면 즉 交如 不及이라하며 短壽하다.

○平洋地는 瓦窰磚窰 같은 것을 貴人이라고 하며 驛馬가 있다고도 하며 催官貴人이라고 한다。 또 煙墩같으면 發貴가 가장 速하다。 向前에 秉燭 같은 形體가 있으면 按察御史나 兵部刑等官員이 出하며 小者는 司獄武職刑名의 類가 出하고 或 丙午丁三字上에 있으면 鰲頭를 獨占한다.

○平洋地는 逆水와 逆砂가 있는 것이 最宜하다。 平洋地는 大部分 水가 直去直流를 하니 逆水나 逆砂가 있으면 去水가 必是에 之旋을 하며 有情하게 去한다。 又에 鎗刀砂 進田筆 倒地笏이라고 盡世間田하나라 즉 逆砂逆水가 있으니 之旋하는 것이니라。 又云ー收盡源頭水하면 買名하는 砂가 있으면 必有眞穴大地며 거기다 水法合局이 되며는 文武齊出하며 富하고 또 富貴하는 것이니。 善美盡矣라.

○平洋地의 最吉한 것은 八干方에 有朝水라 하니 地勢가 必高하며는 朝滿之法에 合當한 즉

198

向後로 去水하는 것이니 必是에 低陷하니 또 坐空之法에 合當하다. 그러니 書云―若知爲官富

厚는 定是繹元武라고 하였으니 즉 朝水가 가장 吉하다.

○平洋地에서 最美한 것은 金城水와 眠弓案이다. 金城水는 主로 富하며 眠弓案은 主로 貴하

며 兼出女秀하고 또 穴前層層高向의 法에 合當하다.

○平洋地는 大玄空五行과 十四進神水法이 合當하니 斷然 不發하지 않는다. 但 生旺墓養向에

天干地支五行不同한 것이며 有合元空者는 即 有不合元空者니라 予驗過舊塋을 無數히 하였으나

元空法에 合當하면 다 發福하니 即 元空法에 不合하더라도 十四進神水法에 合當하면 不發하

지 않으니 楊公의 水法이 諸水法의 祖라 하는 것을 可히 알았다. 오직 平洋地에서 玄空法을

用之는 可하나 山地는 不可하다.

○平洋地는 無可捉摸하니 惟楊公九宮水法이 應驗最速하니 識得九宮水하며는 斷人禍福이 如

鬼靈하니라. 若單看水法하면 而毫不知坐空朝滿之法者하는 것이니 須並用可니라.

○平洋地는 乾坤艮巽方에서 水가 特朝하는 것이 좋은 것이다. 그 方位가 或은 生方 或은 臨

官方이 되며 其水가 歸庫而去하니 房房이 皆發하며 特히 長房이 尤盛한다. 그러나 天干來水

가 吉하며 寅申巳亥地支에서 特朝하면 主로 長房이 美中不足하며 長房長子가 壽夭한다. 書云

寅申巳亥長零丁이라 하였으니 即 此是也라.

○平洋地에서 甲庚丙壬의 四旺水가 特朝하여서 歸庫를 하면 大發富貴하며 二房이 尤盛하다.

萬若 子午卯酉地支上에서 來水하면 書云―子午卯酉中男殺이라 하는 故로 二房이 受害하니 天絶 凶死 絶嗣하는 것이니 凶하다.

○平洋地에서 衰方 養方 冠帶方 즉 乙辛丁癸水가 特朝하면 乙辛丁癸 發科甲하며 出神童하며 少房이 先發하니 所謂 乙辛丁癸少男强이라 하니 是也라 若從丑未辰戌하면서는 비록 吉水라 하여도 書云―辰戌丑未少男殃이라 하니 즉 小房이 美中不足하며 若係不吉之方하고서 斜水斜路 探頭山 等이 있으면 出官家하여 亦出盜賊하니 是는 皆此病이니라. 또 辰戌丑未는 四魁罡이라고 하니 其性이 아주 最暴하며 辰戌丑未는 太陽出入하는 곳이면 天羅地網方이니 凶하다.

○以上 甲庚丙壬乙辛丁癸乾坤艮巽 十二字는 陽이라고 하니 主로 動하며 吉方에 있어 水가 來朝하며 若在水口하여서는 宜從此十二字에 去水하니 天干放水라고 하며 有吉無凶이라고 하니 어떤 緣故인가 물으니 答하기를 天一生水라 書云 萬水盡從天上 去라고 하였으니 即此意니라.

子午卯酉辰戌丑未寅申巳亥 十二字는 屬陰이라고 하며 主로 靜하니 若在吉方來去가 다 流動을 하니 雖發富貴하나 主로 美中不足하며 若在病死方이면 反棺倒槨하고 短壽한다. 若在端正 雖歸庫合局이라도 來水는 流動黃泉이라 하고 或은 若停靜照穴하면 遭刑戮大禍하고 若不合局이며는 爲去水冲動黃泉 또는 辰戌丑未四字上에서 來水는 流動黃泉이라 하고 美中不足이라 하며 若十二宮步位하여 稍有恍惚하고 斷驗不准하니라 又云 平洋地에 敗絶하니 어찌 刑戮뿐이리요. 如十二宮步位하여 稍有恍惚하고 斷驗不准하니라 又云 平洋地에 반드시 서 戌乾兌震水가 臨穴하며는 非盲目이면 咽啞라 하니 即 風疾纏身이라 男子는 跛足하고 婦女

는 短命하다。

二、平洋貴人祿馬論

平洋과 山地는 不同하다。 山地는 山峰을 貴人이라 한다。 平洋地는 山이 없으니 面前에 凸이 있으면 貴人이라고 하며 또 凸이 없고 水가 있으니 貴人이라 하니 有山이면 論山하고 無山이면 論水하니 水池가 즉 山峯이 되며 小溝가 즉 文筆이 된다。 假令 丙午向을 하고 右邊 西方에서 來水가 穴前에 이르러서 灣抱하며 巽方을 지내서 甲天干으로 流去한다。 巽丙丁 三方에 小水溝가 有하며 或小河 或水洪 或乾流水가 있기도 한다。 案은 眠弓案이며 三峰이 揷立하고 또는 三臺 筆架 等이 되고 丙午丁이 秀拔論水하니 祿存流盡佩金魚의 合局이 된다。 穴前이 高하니 또 目講師의 坐空朝滿水法이라고 한다。 그러니 必主大發富貴한다。 貴人을 論하자면 巽巳가 臨官貴 坐山貴 六秀貴 祿山貴 즉 一小水溝가 四貴人이 되며 眞貴人이 된다。 또 臨官位上에 水가 聚積하면 祿馬朝元喜氣新이라 한다。 丙上小溝를 帝旺水라 하며 朝堂하면 즉 丙壬到局身掛朱衣라 하며 또 帝旺朝來聚面前하니 一堂旺氣發庄田이라 하였으니 官高爵重하고 金谷豊盈有剩錢이며 또 丁의 小水溝는 즉 巨文水가 管局을 하며 巨文星 學堂水가 到堂하니 聰明之才가 出하며 丁은 또 南極老人星 或云 文星이라 하니 春秋祭丁이라 하는 것이 文人蹌蹌하며

이것을 두고 말한 것이다. 또 午는 乾다음의 天馬方位라 午에 有馬山하면 催貴最速하다. 此局 이 金局自旺向이니 丙午는 金局沐浴方이니 向上으로 艮寅이 生方이니 甲卯가 沐浴方이 된다. 그러나 沐浴消水라 하며 大發富貴한다. 此向은 金局浴處逢旺向 이며 平洋之地는 巽龍入首하고 作丙向하고 山地는 庚兌龍入首가 擧皆하니 兩者는 金局生旺龍 이며 平洋과 山地의 入首龍位가 判異하니 愼察愼察이라 立向하여 龍穴이 有小差하면 禍가 及 하니 不可輕用한다. 餘局을 推此한다.

三、八穴借庫歌

結穴老陽向巽方　兌宮穴落水歸乙　艮穴立成坤位向　面朝丙午中陽穴
水歸之庫世其昌　甲向逢之福祿興　水歸丁庫發兒郎　丁水瀠洞大發祥
巽卦穴量向乾理　長男美穴朝庚立　向艮穴成屬老陰　穴成由女立壬向
辛宮水法狀元來　左水歸辛器朝廊　癸方水去福財新　癸水流長發橫財

四、十二龍理氣歌

乾坤艮巽旺行龍　乙辛丁癸冠帶位　水配眞龍爲理氣
甲庚丙壬龍四生　十二龍來要認眞　得生得旺是奇逢　來龍去水能成局　富貴綿長奕禩新

金局龍水生旺四格

庚龍癸庫巽朝宗
坤位高峰宰相公

龍巽峰坤庚向立
癸方放水福無窮

丁龍艮庫從庚頭
癸向立壁位六卿

庚龍乙向坤山水
歸艮由來福壽增

火局龍水生旺四格

丙龍艮向水流辛
巽起文峯得路雲

龍艮巽山辛水去
向朝丙午福淨榮

墓逢辛向乙龍結
水出乾方福壽增

癸向丙龍多富貴
皆緣巽水出乾門

水局龍水生旺四格

水歸乙地子龍來
坤向乾山位棘槐

峰聳乾宮乙水去
坤龍壬向福多財

辛龍壬水歸巽位
乙向逢之官祿催

丁向壬龍貴極品
乾山乾水巽位歸

木局龍水生旺四格

龍甲艮峰向乾朝
水放丁方出壯元

峰艮甲向有龍乾
左水出丁福綿綿

癸龍甲水向坤流
丁向爲尊位王候

辛向甲龍生鼎甲
艮山艮水面坤流

五、臨官貴人歌（大小貴人이 臨官位에 있음을 말하였다）

乾生甲旺貴居寅
艮丙之局巽爲眞

坤壬貴在乾亥上
巽巳庚酉覓坤申

此名臨官貴人地
有峰特起愛光勻

再能立向逢生旺
其家世代出公卿

六、福星貴人歌 大槪 福星貴人을 取하는 法이다。 여러가지 貴人이 一峰
之家를 보면 先瑩山에 如上한 福星이 있고 發福하지 않는 일이 없다。
에 聚集하는 것을 眞實로 貴重한 福星이라고 한다。 翰苑

陰貴陽貴爲福星　　向上臨官龍上鬼　　三吉六秀並驛馬
福星眞個令人欽　　龍上貴人向上尋　　催官催貴妙如神
其中但是分眞假
總要時師認得明
文筆金印及旗鼓　　光匀秀麗情親切
席帽三臺共御屛　　綿綿科第世簪纓

七、坐祿貴人歌 穴上에 龍上祿 向上祿 坐山祿等의 峰巒이 高聳하여서 樓
즉 다락같이 보이면 發貴하고 또 發富한다。

坐祿貴人最吉昌　　龍上之祿向上貴　　譬如壬龍立丙向　　丙貴也須輪猪位
時師不識亂稱揚　　此處峰高世輝煌　　壬山之祿在亥方　　貴人坐祿甚禎祥
向上之祿龍上貴
彼此一般荷恩光

八、沐浴冠帶臨官貴人歌 冠帶方에 貴人이 있으면 神童과 才童과 壯元이
出하나 風流하며 賭奢하고 貴人이 臨官方에 있
으면 忠孝賢良하다。

204

貴人莫臨沐浴方　　冠帶位上峰巒起　　也好風流並賭奢
貪花愛柳多淫狂　　神童才子壯元郎　　玉樹臨風暗此方　貴人若臨臨官位
忠孝端嚴名敎立　　此是取貴眞妙訣　　　　　　　　　　　獨鰲頭占姓字香
出仕出聖出賢良　　莫把貴人亂指張

九、騎龍訣

古人이 十個騎龍穴에 九個는 假穴이며 單只 一個가 眞穴이라 하나 이것은 神仙의 說을 未解한 所言이다. 穴前에 官星이 있고 穴後를 環抱하고 風吹하지 않으면 오직 水口에 吉凶禍福과 眞假가 달렸으니 特히 一寸의 凶水라도 殺人을 한다. 左右 兩水口가 全合하면 全合之地요 左右가 全不合하면 花假라 하니 形象이 비록 美好하나 棄之하여라. 乾亥坤申巽巳艮寅의 四生向은 右邊이 文庫消水며 左邊은 自生向의 借庫消水요 壬子庚酉丙午甲卯의 四旺向은 右邊이 衰方可來去法이며 左邊은 祿存流盡佩金魚法이요 乙辰丁未辛戌癸丑의 四墓養向은 墓庫出煞法이요 左邊은 三折祿馬上御街法이 된다.

靑囊經에 云―富貴貧賤在水神이라 하고 又云―水是山家血脈精이라고 하였으니 果然 理氣煞法이요 斷無不發之理라 救貧老仙이 豈欺人哉아!

一이 合當하니

騎壬子龍立丙午向
　　右
　　水
　　出
　　丁
　　合衰方
　　是祿存

二이 合當하니

騎甲卯龍立庚酉向
　　右
　　水
　　出
　　辛
　　合衰方
　　是祿存

十、水法房分

水法을 가지고 房分하는 것이 穴前에서 定한다. 長子가 右手쪽 二子가 左手쪽 三子가 中央 이 된 向前 四子가 案右쪽 五子가 案左쪽 六子가 案의 中央이 된다. 즉 一四가 同宮 二五가 同宮 三六이 同宮인 것이다. 子山午向을 가령으로 午水가 朝來하면서 左邊의 丙水 右邊의 丁水가 즉 丙午丁三水가 混流하게 되면 吐血 또 火燒의 禍가 尤甚하다. 그러니 丙丁이 不混하는 乾淨한 午水가 來朝하는 것이 吉한 것이다. 丙午丁三水가 混入하면 이때에 午向보다 丙向

騎丙午龍立壬子向
右水出庚
左水出癸
合衰方
是祿存方

騎癸丑龍立丁未向
右水出巽
左水出坤
爲墓向
眞養向

騎丁未龍立癸丑向
右水出乾
左水出艮
是絶位
爲絶方

騎艮寅龍立坤申向
右水出丁
左水出庚
爲沐浴
爲借庫

騎坤申龍立艮寅向
右水出癸
左水出甲
爲沐浴
爲借庫

騎庚酉龍立甲卯向
右水出乙
左水出壬
合衰方
是祿存方

騎乙辰龍立辛戌向
右水出乾
左水出坤
是絶位
爲絶方

騎辛戌龍立乙辰向
右水出艮
左水出巽
是絶位
爲絶方

騎巽巳龍立乾亥向
右水出辛
左水出壬
爲沐浴
爲借庫

騎乾亥龍立巽巳向
右水出丙
左水出乙
爲沐浴
爲借庫

이와같이 三房이 大發은 하나 終末에는 吐血과 淫亂을 不免하며 나아가서는 絶하고 마는 것이와같이 混淸의 水가 무서운 作用을 하는 것이라 立向을 하며 兼右兼左하는 것이 二房三房 즉 各房에 利害得失과 一房이 來하면 三房이 利로운 것보다도 三房이 絶亡하고 二房이 絶하고 二房이 없으면 長房이 絶한다. 이와같이 丙午 또는 子向에서 丙午丁水가 아주 凶惡한 것이다. 그러면 眞龍에 眞穴이 的實한 때에 丙午丁이 朝來하면 當面에 높은 高堤를 築造하여서 그 惡煞을 避하면 富貴가 綿綿하는 것이니 이것은 즉 以天地無全功人力爲之也라고 古人이 自己의 手段을 誇示한 眞言인 것이다. 右邊의 水가 左邊으로 去하면 長房이 先發하고 左邊의 水가 右邊으로 去하면 二房이 先發하고 當面에서 朝來하면 三房이 先發한다. 當面에 朝來水는 速發한다. 그러기에 當面의 左右에 朝案水는 또한 各房에 關係된다. 四子五子六子는 一四同宮 二五同宮 三六同宮이기는하나 朝案上에서 來하는 朝水 즉 內外의 水와 그에 있는 砂에 따라서 一四同宮이나 長房四子가 不均하고 二五가 不均하고 三六이 不均하기도 한다. 그러한 關係로 各房의 子孫이 不均하고 或은 兄弟叔侄間에 不美하고 不平이 있든가 或은 富하고도 無子하고 或은 子孫은 많으나 貧寒하고 또는 一支의 子孫은 興하며 貴하게 되고 一支의 子孫은 蠢獨하여서 人財가 不盛하기도 한다. 左水가 倒右하는 것을 陰陽으로 左水는 陽이요 右水는 陰이라고 하며 陽得陰破

는 二房은 發興하나 長房은 貧困하기도 한다. 特異한 例로 朝來水外에 穴前에 한 못(池)이 있다면 즉 坤坐艮向을 하고 一池淸水가 當面에 있으면 그 못(池)이 그 向에 있어서 正中인가 側인가 右側인가를 正別해야 한다. 坤의 祿을 申에서 艮의 祿을 寅에 各各三分을 取하는 것이 그 福力을 全部 收之하는 것이라 申三分을 兼하고 寅三分을 兼하고 그 못(池)이 바르게 있다면 즉 四方의 물이 그 穴을 爲하여서 歸聚한 것이니 그를 的實하게 立向에서 取하면 人財가 俱興하고 富貴가 綿綿하며 子女侄이 讀書를 하고 發榜하는 것이다. 丑艮方이나 寅甲方에 있다면 그 池水는 煞水라 이것을 不思하고 庸師가 즉 納水의 法을 모르고 丑艮寅甲의 池를 가지든가 또는 하여서 入首의 脈을 失脈하고 左右에다 亂扞하면 全家가 死絶하는 것은 八曜煞水를 取한 것에 緣由가 있다.
左水가 陽이요 右水가 陰이니 丙向은 陰이요 午向은 陽이라 丙午가 同宮이라도 左水가 倒右하는 때에 陽向을 하면 子坐午向이 되게 하면 二房은 發福하여도 長房은 貧寒하다. 反對로 右水가 倒左하는때 陰向을 하면 壬坐丙向이 되게 하면 長房은 發福하고 二房은 貧困하다. 陽向에 左旋水는 二房이 興하고 陰向에 右旋水는 一房이 發興하는 것이나 或中하고 或不中은 砂나 龍의 關係인 것이다.

十一、一 尋 山 水

地理의 道가 條理分明하거늘 不習其道하고 無條理한 幾部의 亂書를 點讀하고 自作聰明 東走西定하며 無不通知한 듯이 天藏地秘의 大小眞穴을 一見之下 觀別하는 듯이 富貴 貧賤 壽夭 吉凶 禍福 善惡 生死等을 妙言으로 世人을 속이고 尸骸를 三折四折하며 散骨碎尸하는 故로 敗家를 더 나아가서는 絕嗣케 하는 積惡을 無忌하고 如反掌하는 것은 참으로 目不忍見이요 痛哭할 노릇이다. 무릇 龍身이 聳拔하고 活動하는 듯하며 內外의 眞砂가 秀麗하고 諸水가 有情해야만 眞穴이다 라고 對答을 流水같이 하고 相生相剋의 造化를 實地에서 辨別하는 眼力이 不足하면 그는 欺言인 것이다. 이 말이 反覆하는 듯하나 再三記述코자 한다. 龍의 行止 즉 龍이 가고 그치는 것을 辨別하기가 益熟해야 하나 그 終은 止하는것 住止하는 것을 可히 分定할 수 있다는 것이 大宗旨인 것이다. 이 止와 行을 陰陽 또는 五行으로 表言하기도 알기 보다 못지 않게 至極히 어려운 일인 것이다. 吉龍이나 凶龍이나 그 모든 龍이 그 모든 水에 따라서 旋轉하는 것을 古人이 記傳하신 것을 後人이 그저 文章取扱에서 그치고 그 理를 不究하여서는 到底히 辨別할 수가 없다. 分牙하고 佈瓜한 것은 龍이 行하고자 하는 形狀이요 藏牙하고 縮瓜하면 龍이 止하고자 하는 形狀이다. 그러나 分牙하는 듯 佈瓜하는 듯을 誤別하고 縮瓜 藏牙로 보고 立地하기가 普通人이 있을 수 있는 일이기에 또 보고 또 보아서 아주 審審하게 區別해야만 한다. 勿論 道를 能通한 道眼이 아니고서는 特히 初步의 學者는 말할나위도 없고 一般的으로 可히 踏山에 自信있는 者도 心目이 昏迷하여지는 일이 있는 것이다. 그러니 百番이고 千番이고 的實하거든 作穴을 하고 不然이면 그 理를 探究하는 것이 그에 對한 積惡을 시키지 않는 것이라고 할 수 있는 것이다. 龍이 祖山에서 出身하며 吉凶間에 그 來勢가 自然스러우며 龍에 따라서 吉凶의 水가 同行하고 同住하며 吉水가 界定하는 것이니 즉 吉龍에 凶水가 界之하면 凶化하여지고 凶龍에 吉水가 界之하면 吉化하는 例가 有多하다고 하여서 古人이 龍을 分別하고 作穴하신 것이 虛事요 그 後人이 水로써 吉凶을 辨定한 것이 옳다고 하여 水만을 主張하였다 하여서는 안된다. 龍에서 分明하게 陽과 陰이 配合하여서야 한 事實의 根源인 水는 사람의 血脈과 같은 故로 그 龍 水가 즉 窩鉗乳突을 가지고 點穴 穴의 生氣가 있는 法이다. 龍에서 穴을 찾을 수 있는 證據는 砂와 水가 되기에 窩鉗乳突과 같 이 龍穴砂水는 不可分의 關係라 古人이 但 龍의 書만을 記傳하고 砂水는 그 子孫에만 傳한 秘訣에 有分有合이라는 것은 말을 想起하여 보자. 眞穴을 眞龍에서 尋求하자며 上有三分하고 下有三合이라야 한다는 것은 事實이 立證하는 것이요 有合無分이든 有分無合을 不眞하다는 것을 立證하는 것이다. 그러나 或은 奇形怪局에서 分과 合이 不明하고 大地眞穴이 隱身하고 있는 것을 黃公은 懇切히 力說하였으나 眞穴이 꼭 怪局에만 限在하는 것은 아니고 正變의 局에서도 있는 것을 누구나가 否認하지는 못한다. 그 龍이 上有三分의 開帳中에서 出身하지 않고 孤獨하

210

재 出身을 하였으면 必是에 强直하여서 死鱗死鰍와 같은 것이고 開帳中에서 出身을 하였다면 氣勢가 堂堂하며 奔馬之狀으로 活氣가 充溢할 것이니 그것을 生旺한 龍이라고 한다. 비록 그 龍의 形狀이 生旺하였다 하더라도 五行陰陽의 理氣가 死絕하였다면 不取하는 것이다. 그러기에 總言하자면 눈으로 그 龍勢가 生旺하고 理氣로 生旺을 해야만 眞龍이며 眞穴이라고 斷定할 수 있는 것이다. 乾龍이 辛戌이나 壬子의 開帳을 하고 庚兌로 起頭하자면 眞龍이며 外貌도 活氣가 있고 理氣도 生旺하였다고 할 수 있으나 强直하고 開帳을 못하고 出身을 해야만 理氣가 生旺하였더라도 形狀이 死鱗같은 것은 勿取하는 것이 緊要하다. 그러기에 古人이 龍不開帳이면 穴不巢라고 하신 것이 事實이며 束咽이 不細하면 穴이 없다고 말씀하신 것도 不可離의 緣由가 되는 것이다. 眞龍이 入首를 하면서 束咽을 分明하고 가늘은 束咽과 地軸이 寬密하여서 左旋의 龍에 左旋의 穴 또는 右旋의 穴이 되는 것이고 右旋의 龍의 穴 또는 左旋의 穴이 不易其理하고 생기는 法이다. 흔히 左旋龍에 右旋龍 右旋龍에 左旋의 穴 背落하는 例가 許多하다. 左旋龍에 左旋作穴 右旋龍에 右旋의 作穴을 하면 穴入首의 天關은 넓고 地軸은 緊密하다. 이 穴의 地軸과 天關을 龍에서 云謂하는 일이 있어서는 切大로 不可한 것이다. 그 龍이 行하고 止한 곳에 龍의 腰間에서 一脈이 如絲如帶하게 紬出하였다면 眞穴이든 假穴이든 間에 穴을 만들려는 것이니 여기서도 束咽이 分明할 것이니 그 束氣한데서 數丈 또는 數十丈 사이에 伏한 듯한 毬가 있을 것이며 束氣한데서 그 毬까지

入首의 氣가 串珠하고서도 微抱하였다면 그곳이 바로 穴이 깃든 것이요 不然이면 즉 束氣下에 伏起한 毬簷이 없고 따라서 微泡나 串珠의 狀이 없으면 그 밑에 再三 束氣한 것이 보일 것이니 즉 一二節에 脫胎하고 換息하여서 微泡한 微茫의 蝦鬚合衿之水가 小明堂으로 流入하고 左右의 青龍砂와 白虎砂가 匀匀이 그 穴을 抱護하는 것이 穴居의 通例인 것이다. 이 外에도 盡形의 奇形怪穴이 즉 陰龍이 如覆鍾之狀으로 起頭를 하고 그 밑에 乳頭같으면서 乳가 아닌 難定의 穴이 있는 것이니 함부로 보기가 善美하다 하여서 作穴을 하고 害가 敗家絶嗣케 하는 花假가 非一非再한 것을 볼때에 點地한 그 사람도 안타까우나 山川의 精氣의 聚會하는 것도 一方으로는 恨嘆不已하는 것이다. 이와같이 龍과 穴의 關係가 아주 微妙하고 複雜한 것을 窮한 그 理에 一考도 없이 如反掌으로 亂定하고 積惡한다는 것은 報以點穴한 그 地師에게 더 큰 害가 되는 것이니 學者는 嗔戒嗔戒해야 한다. 性急한 者는 龍도 山이요 穴도 山이거늘 어찌 龍 入首 穴居 大中小의 明堂等으로 異說이 紛紛한가 할지 모르나 先師의 審察의 度가 明白함을 可히 追知할 수 있는 일이다.

青龍과 白虎도 砂라고 古人이 有定하시며 外砂千仞이 不及內砂一寸이라고 하신 말씀도 龍虎砂外의 生旺의 祿山이 아무리 많아도 青龍砂와 穴場의 牛角砂 蟬翼砂만 못하다는 것이다. 青龍砂와 白虎砂도 重要하다고 하여서 但 取青虎하고 眞砂를 勿取하는 일이 있어서는 切大로 不可하다. 穴場의 眞砂 牛角 蟬翼이 分明해야 하며 青龍砂 白虎砂가 없을 境遇에 水青龍이나

212

水白虎도 可히 穴을 抱護하는 것이다. 假令 壬子龍에 壬子坐丙午向이 되는 수도 있거니와 이 것은 어려운 일이다. 壬子龍에 丑艮으로 入首하고 癸坐丁向의 穴이 安全하다. 이 外에 穴은 橫落腰結이 有多하며 直來直作의 穴은 稀罕하며 宜例로 煞曜가 많은 法이다. 또 壬子하는 그 字의 龍의 過峽을 가진 龍을 雙淸의 龍이라고 하며 壬이나 子一字의 龍을 單淸의 龍이라고 한다. 이와같이 壬子의 二字의 雙淸의 龍과 壬이 든 子一字의 單淸의 龍은 理氣가 옳다는 것 이고 亥壬龍 즉 亥字半壬字半의 龍은 雙淸이라기 보다는 凶龍이라고 말한다. 이 亥壬의 龍에 도 穴이 없는 것은 아니나 大槪의 境遇에는 尋穴하지 않는 것이 通例인 것이다. 또 龍의 過 峽은 宜當 가까웁고 狹窄해야 한다. 長遠하고 寬活하여서는 안된다. 近하면 龍의 힘(力)이 緊密하며 遠하면 龍의 힘(力)이 緩하다. 狹窄하면 龍의 힘(力)이 飽溢하며 寬活하면 龍의 힘 (力)이 散하여진다. 이와같이 行度에도 그 法度가 있으며 峽中의 奧妙가 깊거늘 그 理를 不 講하고 千卷書를 보느니보다 一回의 登山이 더 잘알 수 있다고 先師의 敎를 誤解하고 踏山登 穴한다는 것은 眞穴을 假穴로 보기 쉬운 일이다. 古人이 또 云하기를 그 龍에서 穴을 찾고 자 하면 五行의 理를 能通하고 그 過峽中에서 그 穴中의 情形을 善審해야만 스스로 預料하여 서 眞否를 알 수 있다는 말씀이 一言千金의 말씀인가 한다. 一過峽에 그 峽이 正面으로 바르 다면 穴場이 바를 것이요 그 峽이 側過하였다면 穴場이 斜側하였기에 보기가 惡하지 않고 妙 하다면 眞穴大地가 그 몸을 隱隱히 나타내고 그 사람을 부르는 듯 微態가 보이는 것이니 審察

이야 眞穴을 點하는 要訣인가 한다. 그 龍이 行하면서 脫卸博換이 分明해야한다. 過峽處는 어디까지나 그 龍의 脫煞의 證人이니 그 過峽이 없다면 그는 龍이 아니고 一砂에 지나지 않는다. 그 過峽의 左右兩邊에는 砂가 그 峽을 龍身을 安寧히 이름하기를 迎砂와 送砂로 區分하는 것이라 開帳中의 出行하는 龍身을 安寧히 가십시오 하는 것이고 迎砂는 오는 龍을 어서 오십시오 하고 반가이 또 가까이 迎接을 하니 그外 重疊의 貴砂는 또 그를 護衛하였으니 長班의 貼身이라고 하였는가. 참으로 山을 보고 이같이 的知分辨하는 그대는 近乎名師인가 星의 相尅을 辨하고 相生中相生을 하였다면 極貴速發를 可期한다. 相尅의 砂는 大部分 不美 有凶하다 或은 凶中有吉로 變化하니 그 凶砂의 偉力이 凶하기만 한것도 아니다. 如此之砂는 그 間或 踏山者의 眼力으로 辨別하면 그대는 소리치고 노래하며 춤을 출 것이나 未知者는 그대를 狂人으로 蔑視하고 惡辱할 것이다. 한곳에 이르러 望見하니 下穴은 丙丁下가 分明하니 그 氣는 坤申下에 庚兌로 連撓하였고 挨金接木이 亦是나 土生金이 的實하며 巽巳位의 筆砂 甲方의 牛月山은 그 穴의 正案이요 坎方의 停溜水는 또한 賢母良妻의 厚德을 微現하였으며 總言하여서 向上의 乙水가 巽水와 流合하여서 보이듯 마는듯 丑艮方으로 流去하니 誰何 貴人이 扞地하고 當代에 그 福祿을 完全하게 받을 것인가 한다. 如此한 例로 忠山錦山의 浮槎渡江의 形이 하도나 有名한 大地라 또 名穴이기에 世世에 士庶人으로부터 一流名師가 그 이름을 감추고 往來하니 그 발자욱이 메워지지 않는다 하기 唐突하게 筆者 그 名山을 踏拜하니 一字文星

이 모든 惡한 煞曜를 制하였으니 踏山者 幾何人이 可히 穴의 眞否의 有無를 可度하였는지가 궁금하다. 傳言에 橫作三穴을 云謂하나 三穴의 理를 一切 모를 일이고 一穴이 的實하더라.

또 그 墳內에 必是 尸骸가 웃고 있는가 저으기 걱정이며 二百餘年後의 發福도 發福이거니와 本身이 巽下에 甲卯十餘節이니 그間의 子孫의 惱苦함이 또한 걱정이더라. 그 正穴의 穴深과 立向分度의 行이 또한 걱정이더라.

岩下에서 不知其墳의 千扦萬扦은 그 누구의 罪인가 그 地師가 안다는 罪인가 싶더라. 그 七仙岩 左右內外를 今人이 開墾을 하며 그 龍을 傷하였으니 莫傷其龍의 古言이니 그곳에서 그 七仙岩 左右內外를 말았으니 白骨인들 어찌 眞穴이라 하여서 平安하리요.

는 이미 傷하고 말았으니 白骨인들 어찌 眞穴이라 하여서 平安하리요. 그 一字文星이 그 煞을 消할 수 있을까가 筆者는 納得이 가지 않는다. 酉坐卯向에 卯破라고 傳하였으나 筆者가 力說

하는 內砂內得內破를 不傳하나 內破가 乙임이 分明하더라. 이 穴이 數千年을 지내는 中에 얼핏

보기에 그 內水口가 變함을 踏山者는 알아야 한다. 이와같아서 踏山客이요 名師는 못된다고 하고싶

斷치 않고 外水口로 主斷하는 것은 點穴의 要가 不備한 踏山客이요 名師는 못된다고 하고싶

다. 어느 穴에서나 玄竅가 不通하고는 어찌 龍穴이 相通一脈을 하였다 하리요. 아주 叮嚀하신

先師는 그 龍도 得竅해야하며 그렇지 못하면 사슴(鹿)을 보고 새(禽)라고 할것이니 무슨利가

있겠느냐 하시었으니 亦是나 尋龍의 要가 또한 無窮無窮함을 느꼈다. 過峽에서 結地를 할 수

있는가 不結을 하는가를 大槪 判斷하고 結地의 條件이 全備하였다면 나가서 尋穴을 하고 不結

215

하는 듯하면 勞心치 말라고 하시는 것과는 좀 다른 方向을 救貧楊仙께서 主張하셨으니 즉 先
看水口하고 可合하거든 尋穴尋龍을 하고 立向收水하라고 하였으니 易理인 楊仙의 道가 四季
로 四節을 分定함을 筆者는 習之하는 것이 可할까 한다.
穴場은 北辰이요 辰은 北斗七星의 星座는 北斗七星의 正變의 座가 四季서 轉回하는 것이니
實七星에 左輔右弼을 더하니 그 轉移周旋을 世人이 九星으로 取捨한다. 이 九星이 天上에서는
成象하고 地上에서는 成形하기에 人人이 仙人望月形이다. 또 仙人讀書形 이외에 그 形象을 主
張하나 天上의 星辰이 定穴을 하고 그 穴을 定하였다 하여서 不究其理하고 臆知로 論形을 하
는 것은 自稱의 名師요 참다운 名師는 아닌 것이다. 五星九星의 正變은 尋穴의 方法이거늘
그 穴은 즉 北辰의 居所를 떠나서는 없는 것이다. 五星의 生剋은 九星에서도 떠나서는 안되
며 相扶相持해야 한다.
淨陰淨陽을 九星과 强制로 配合시키다가 或中或不中하는 例가 許多하다. 또 或者는 一卦三
山을 가지고 九星을 混用하는 일도 있더라. 흔히 어떤 곳에 가보면 黃石公의 翻卦를 九星으로
誤用하는 수도 있으나 實地 踏山에서 怪穴에 對한 黃公의 論이 有效함을 볼 수가 있다. 黃公은
天干三合이 地支三合에 混同되는 것은 純全 混談이기에 勞心치 말라고 하시며 輔星의 座向이
地支字向에서 聯珠를 나타내고 그 發福이 的確하다고까지 論하였다. 그와같이 黃公도 乾座向이
黃公도 向을 主張하신 것을 或者 座에서 收水한다는 것은 切大로 不可하다. 黃公 乾座라면

作卦를 그 向上巽字에서 하는 것은 즉 禹王의 治水法이라고 輔命한 것을 모르고 黃公의 翻卦로 論하면서 그 座에서 論하는 것을 하여서는 큰 잘못이다. 이와같기에 救貧楊仙은 後學의 習得에 留意하시고 一切의 卦例를 不用하는 것을 力說하셨으나 이와같기에 救貧楊仙은 後學의 習發見할 수 있다. 그 例로서는 乾龍入首를 하니 乾上에서 甲砂의 分明함을 보던가 甲水가 流入하는 것이 보이는 것도 吉하다. 또 立向收水를 하고서는 巽座乾向을 하고 乾上에서 起星을 하면 乾甲은 巽本然의 巨文이 되니 乾自生向 長生向을 하고 甲은 九宮의 帝旺水가 되니 完全한 旺去迎生의 格과 秋掌도 틀리지 안한다. 巽自生向에서 靑囊經의 文庫消水하는 祿存流盡佩 巨文이니 坤乙納音이라 乙水가 上堂을 하면 巽自生向에서 靑囊經의 文庫消水하는 祿存流盡佩 金魚의 좋은 例요 萬若 辛水가 上堂을 하고 巽辛의 筆砂가 相等하면 아주 吉한 것이니 좋은 滿局生旺의 借庫消水인 것이다. 이와같은 例는 卦例라고 背하는 것은 不可하다. 黃公은 貪狼 巨文 武曲을 最難得이라 하며 龍向水를 一語로 말하였다 混用하는 것을 있어서는 안된다. 또 곁들여서 巽向을 말하자면 祿存法으로 乙水가 上堂하는 外에 坤水가 巽의 臨官 水가 되니 宜當 長大해야한다. 또 巽向의 水口가 乙 또는 丑辰方이라면 宜富 坤水辛水가 上堂 하는 것이 吉한 것이다. 以上과 같이 黃公의 翻卦가 的中하는 反面에 一切 不合하든가 曖昧한 것을 들어서 評하여보고자 한다. 庚兌龍이 乾으로 起頭를 하고 壬入首龍에 辛座乙向이 되고 貴여운 祿의 赦文水(甲)가 上堂을 한다는 것은 大小를 莫論하고 求地하기가 어렵다는 程度로

吉한 것을 黃公의 翻卦로 坤上에서 起星을 하면 乾甲은 坤乙의 祿存이요 震庚亥未는 坤乙의 廉貞이 된다. 이 乙向에서 甲水는 비록 死水라고 하나 乙의 祿水가 되는 故로 速發永昌한 赦文의 水가 되고 天星氣로 乾甲의 純陽과 坤乙의 純陰은 天地陰陽의 配合이라 大稱하고 河圖四局中에서는 會成木局으로 아주 富貴雙全을 말하는 吉水라고 期取한다. 이와같은 關係로 黃公의 翻卦로는 이 吉한 甲水를 大端히 忌하기가 쉬운 것이다. 또 或者는 그 灣抱水의 多情한 甲水를 冲하는 惡煞의 水라고 하는 수가 있다. 向上의 九宮水法과 黃公의 翻卦를 比較하면 學者의 判斷이 그 吉凶을 알 수 있으면 多幸한 일이다. 如此하기에 救貧楊仙도 唐國師一行禪師도 玉龍子 無學 等이 大部分이 法을 專用한 것이다. 이와같이 地理의 道가 其理는 하나인데 異說이 紛殊하여서 後世의 學者로서 修業하기가 어려운 結果인 것이다. 或者는 黃公이 貪巨輔武最難得이라고 하였다 하여서 그저 四吉龍만을 찾고 破祿文廉은 버려야 한다고 主張하는 것은 이 地上에 그 四吉의 龍水가 얼마나 있을지 저으기 不安하다. 中原의 靜道和尙以下 先師가 踏山하고 말하듯이 破祿文廉의 四凶龍에 結地하고 發福이 更大恣久한 美穴이 있는 것을 傳文하지 않는가 하니 四吉四凶의 貪巨祿文廉武破輔는 龍의 吉凶만을 論하는 것이 아니고 向上收水를 一句로 表言하자 니 黃公自身도 本意와 經驗을 中世서나 自身이 十分 傳하지 못한 큰 슬픈 일인가 하며 다른 論과는 달리 硏究의 餘地가 窺見된다. 法家나 日家 形家外의 모든 法이 眞龍 眞穴 眞水 眞砂가 歸一하야만 한다는 것이 그 本旨가 未傳하여서 中世에 誤傳이 있지 않는가 疑心스럽다.

以上 四者中에서 龍이 根本이기에 또 그 穴頂의 如絲如帶의 一絲之脉이 分明도하며 微微하 듯하며 强直하지 않고 活動하는 듯이 行하며 左右의 龍虎砂 迎送砂 護砂가 그 龍을 保護하고 穴場까지 이르는 것이 眞龍이다. 眞穴이라고 하면 한편 莫然한 말같으나 穴星의 形狀이 두 룩하게 그릇(器)을 엎으듯하며 그 밑(下)이 仰하는 듯하며 그 中에 生氣가 融結한 것이 眞穴이 다. 더말하자면 穴의 上部는 둥글한 毬와 같고 穴의 下部는 처마(簷)같으니 즉 穴의 上部는 如 覆하고 穴의 下部는 如仰하다고 하며 그 毬의 左右에 分明한 八字形의 脉이나 蟬翼이 그 穴을 露面치 못하게 덥고 또는 가리고 守護하니 至極한 그 妙를 形言하면서 苦도 이만저만한 것이 아니다. 다음은 眞砂라면 帽砂 馬砂와 같이 穴場外의 砂도 重要하나 가장 重要한 毬簷에 있 는 牛角砂 蟬翼砂를 眞砂라고 한다. 이 牛角과 蟬翼砂가 그 穴에는 꼭 있는 것이다. 蟬翼砂가 없으면 그 氣運이 寒冷하고 牛角砂가 없으면 그 氣運이 閉散하였으니 그 어찌 眞穴이라고 點 穴하리요. 蟬翼은 硬翼 外面의 것과 軟翼 즉 아주 柔軟한 內面의 翼이니 眞正秘傳의 貼身 軟翼은 蟬翼歌에 靑龍白虎가 宛然한 硬翼이기에 可히 그 硬翼은 알 수 있으나 그 穴을 가려준 軟翼은 그대가 알기에는 能熟하지 못할 것이다 라고 노래한 것을 보면 硬翼으로도 찾어야한다. 는 안된다는 말이다. 이와같으니 그 軟翼을 모르거든 硬翼으로도 찾어야한다. 金魚水를 謂하기를 眞水라고 하는 것을 相關도 하지 않고 靑龍과 白虎外에 있는 물을 가지고 主斷한다는 것을 地師가 專用한다는 것은 아주 危險한 일이다. 이 蝦鬚金魚蟹眼等을 모를찌

219

라도 穴場에서 가까운 內得內破로 主斷하는 것이 가장 重要한 것이다. 內得內破가 的中되고 外得外破가 眞合하였다면 그 以上 바랄 것은 없다. 이와같이 穴에는 그 內得內破의 中樞가 되는 蝦鬚須蟹眼金魚가 있는 것은 즉 사람에 比較하고 말하자면 自身의 修身이 없이는 治國을 할 수 없다는 것이다. 蝦는 普通의 魚類와는 特異하게도 수염(鬚)이 두개인데 一介는 아주 길고 一介는 짧다. 그러므로 食物을 입앞에 갔다 놓으면 短鬚로는 放送入口를 하는 魚物이다. 또 그 수염이 입술(唇)에 있지를 않고 목(頸) 즉 頭莖에 있어 二介의 수염이 向前 抱顧를 하여서 그 長短의 두개의 수염은 手足같은 일을 한다. 이 蝦鬚는 乳突에 있는 것이다. 蟹眼水는 窩鉗의 穴에 있다. 一般의 生物의 눈(眼)이 多少나마 나온 듯하나 이 蟹眼은 넓고 깊숙하였으며 그 臍는 둥굴게 圓形으로 되었다. 이 蟹는 앞으로 直行을 하지 않고 橫行을 하는 것이라 左行을 하면서는 左眼으로 右行을 하면서는 右眼으로 보며 左右가 相交하면서 行進을 하는 故로 左右가 밝게 보이는 곳에서 點穴을 하는 것이다. 金魚水라는 것은 普通으로 生物이 입(口)으로 물을 먹고 左右兩邊의 아가미(腮)로 물이 나오는 것이다. 그러나 金魚는 그와 反對로 兩쪽의 아가미로 먹고 입으로 내뱉는 것이다. 이와같기에 穴의 左右邊의 물이 明堂內에 가서 相合하는 穴을 이 金魚의 食水하는 것으로 表言하고 模倣하여서 尋穴의 旨가 된다. 이와같이 蝦鬚蟹眼金魚等의 水가 그 穴을 만들고 있는 것이므로 蝦鬚水蟹眼水金魚水가 없어서 穴場의 물이 合하지 않고 左水는 左로 右水는 右로 제멋

대로 割脚하듯이 흐르는 것은 眞水가 아니고 文字 그대로 割脚水라고 하며 古人이 毯가 없는 坡水를 淋頭라고 하고 穴下에 相合하지 못하는 물을 割脚水라고 하며 비록 上有三分이었다 하여도 下有無合이며 假穴이니 求地하지 말라고 하시었다.

以上의 眞龍에 眞穴이 있으니 眞水가 多情하게 回抱하였으며 眞砂가 그 穴을 지키고 있는 것이다. 이와같이 四者가 俱備하여서도 古人이 이르는 高不鬥煞이라고 低不犯冷하고 閃不離脉 하면 眞穴인가한다. 高不鬥煞이라고 하면 穴의 上에는 毯가 있는 것을 그 毯를 穴이라고 開地하며 破毯하는 것을 말하였다. 穴入首의 脉이 너무 强하여서 饒減하여질 줄을 모르고 또는 너무나 緩하여서 緩則急이라고 하였다고 하여서 지나치게 上으로 가서 點穴開井을 하는 關係로 그 毯를 부수는 結果가 된다. 古墳을 踏驗하면 破毯하고 捐害를 보는일 反對로 毯 原狀으로 培土하고 永昌하는 일도 있다. 이 毯는 遠近間에 穴에서 가장 重要한 것이요 高不鬥 煞의 高字는 宜當 그 穴의 毯가 좀 높은 것을 잊어서 안되는 重要함을 表示한 것이다. 穴入首에 脉이 너무 强하여서 그 처마가 너무 柔弱하여서 그 脉이 呑縮 冷이라고 하는 말은 高不鬥煞과는 反對로 穴上에 毯가 있으니 穴下에는 지붕의 처마(簷)비 슷하게 된것을 말한다. 穴入首의 脉이 너무 强하여서 急하든가 너무 柔弱하여서 그 脉이 呑縮 을 失하고 쑥 下로 가서 點穴을 하면서 그 穴의 生氣를 머물러서 犯冷이라 한다. 高不鬥煞은 過於 을 하며는 穴의 氣를 흐트러(散)서 住氣를 못시키는 關係로 犯冷이라 한다.

呑之故요 低不犯冷은 過于吐之弊라고 古人이 簡單하게 傳하였다. 무릇 그 穴은 傷하더라도 그

221

龍은 傷하지 말아야한다. 그 穴을 傷하게 하면 冷退할 뿐이요 그 龍을 傷하게 되면 아주 致凶하다. 이와같이 呑과 吐를 不失其度하고 點穴하는 것을 잊어서는 안된다. 끝으로 閃不離脉이라는 말은 즉 挨閃不離脉이라는 말하는 것 高不鬪煞 低不犯冷을 統率한다고 하여도 누가 過責을 않을 것이다. 閃은 즉 挨閃不離脉이라는 말하는 것 이니 大部分의 穴이 그 龍이 一字로 單來直作하는 일은 極히 드물고 그 龍이 雙淸 나아가서는 連生이 相交하고 穴入首가 한例로 말하자면 庚兌龍이 壬入首坐午向이나 亥入首壬坐丙向이 되는 境遇에 穴入首가 八煞을 犯하든가 하면 正히 그 煞을 辟하고 그 어느 脉이 先到하였는가 後到하였는가를 確實하게 알고 正脉을 찾아서 定穴을 해야 한다. 그 正脉을 未分하고 左 右로 點穴을 한다는 것은 즉 閃不離脉에 反하는 結果인 것이다. 앞의 煞曜에서 말해야할 辟煞 의 例를 들어 參考가 되게 述하자면 壬坎龍 子癸龍은 雙淸이라고 하나 亥壬龍은 八煞 龍이라고 버리는 理由는 離豬는 八煞이므로 아주 忌한다. 즉 納音에서 離가 納于壬寅戌이게 坐午向의 午는 離요 離가 豬를 하니 곧 亥라 亥入首의 脉에 離(午)向은 大煞인 故로 凶하다. 亥入에 壬坐丙向은 吉하다. 萬若 八煞을 犯하고 作穴을 하면 犯軍流絞斬하며 絶滅하 는 것이다. 이와같이 龍의 關係外에도 向上의 八煞을 穴入首에서 正確하게 알아야한다. 亥龍 또는 亥壬龍에서 亥入首에서는 子坐午向은 아주 凶한 것이다. 尋穴과 點穴이 쉬운 듯하나 그 實은 至難하다. 當日 또는 數三年에 알기도하고 一生 보고도 分辨하지 못하는 穴이 있는것 이 다. 또 그 穴入首의 束咽의 有無가 그 龍의 眞氣가 그 穴을 만들 수 있는가 또는 그 氣運이 上

中下 이 三者中에 어디에 屬하는가 하는 것도 重要하다. 그 穴이 上停한 것을 모르고 中停이나 下停으로 誤認하고 失穴하는 수도 있다. 이 上中下停은 點穴하기보다 그 尋脉을 正確하게 해야 한다는 結論이다. 그 龍의 緩急은 三停을 分斷하는 것이다. 그 龍이 雄急하여서 上停을 하는 것이요 上停中停은 못한다. 그 龍이 微弱하며는 그 氣가 저 下部까지 못가고 上停을 한다. 그 龍이 不急不緩하여서 溫和하며 强弱이 相半하였으니 中停이 亦是하다. 이 中停은 必是에 窩穴인 것이니 버리지 말고 乳가 보기에 좋으니 그 乳를 追尋하는 것은 不可하다. 金星의 穴이 開窩를 하고 乳突에 結穴하는 것이 事實이다. 그러나 或은 開窩에 乳突이 없고 窩이듯이 弦稜을 이루었다면 그 穴은 必然 그 弦稜에서 벗어나지 않는다. 그 弦稜에 點穴을 하면 穴의 鬼襯이 있다. 特히 穴前의 案上에 官星이 있고 穴後에 鬼가 有多하기에 不可盡言이요 어찌 眞穴이라 하리요. 樂山이 그 穴의 煞曜를 橫遮하였다. 眞中에 眞地요 如無樂山이면 孤寒이니 不可形言인 것이다. 그러면 或 穴前案山에 官星이 없고 穴後에 鬼襯이나 樂山이 없다면 大地 眞穴도 假花라고 하느냐 할것이다. 그것은 그것만이 아니고 面前의 萬山이 모두 그 穴을 받들었으며 獅象이 그 水口를 지키었는가를 審察하고 있다면 大地眞穴이 的實하다. 이러기에 生死去來의 理가 참으로 妙하기에 世人이 不信하는 것은 當然한 일이다. 이 말은 이에 그치고 大槪의 境遇에 그 龍이 到頭一節 밑에서 束咽을 하고 結穴하는 것으로 定穴하는 것이 普通이다. 그러나 或은 龍만을 重視하고 또 甚한 者는 千里來龍一席之地라든가 陽龍陽向陽水 陰龍陰다.

向陰水 만을 主張하는 것은 地上의 穴이 그 몇개나 되겠는가. 또 그는 古人의 各山을 踏驗하고 하는 말인가 分間할 수가 없다. 陰龍陰向 陽龍陽向의 淨陰淨陽이나 卦例의 說보다 到頭一節에서 束咽이 分明하면 眞結佳局이 그대로 기다릴 것이니 易理의 甲庚丙壬 乙辛丁癸의 八字가 陰陽으로 相互配合하고 結地하는 것이 有足한 일이요 到頭一節은 看地의 眞訣인가 한다. 龍이 一地를 結定지었으면 그 局도 定하였으며 그 局의 主星이 端正하게 高拱하였으며 案山이 對照하고 案山外의 朝山이 拱峙하였으며 靑龍白虎外의 生旺砂와 貴砂가 面面이 有情하며 兩股의 蝦鬚水가 唇前의 小明堂으로 情을 못잊으며 流入하든가 或은 小明堂內에 窩坦이 있었으니 小明堂의 물은 그 窩坦의 사이로 흘러서 歸去水口를 하니 來長去短의 外水가 靑龍白虎外의 四圍의 水가 多情하게 歸合을 하며 對面한 案山下의 水가 層層이 朝拜하듯이 相聚하여서 外明堂으로 隱流하니 重重關鎖이 어찌 아니리요. 五百年에 地氣가 更生한다고 花言巧語로 사람을 속여 他人의 名塚을 掘開하고 그 名塚의 白骨을 파내고 父墓를 開塚하고 그의 母를 合葬 云云함은 天伐天誅를 苦待하는 것이다. 立穴取向을 하면서 癸坐丁向을 하면 養向과 墓向을 混用하기 하는 일도 不可한 것이다. 그 땅이 眞穴이라고 自己의 白骨을 葬入하고 得地가 아주 쉬우나 그 差는 天地의 差라 즉 모든 煞曜를 辟하면서 左水가 倒右를 하면 出煞이며 丁水가 坤의 大水에 流入하고 그치는 것이 아니고 그 坤水는 그 源이 乾亥方에서 上堂을 하고 그 乾坤은 宜當 辰巽으로 流出하는 수가 있다면 謂之 眞穴이거니와 辰巽을 가는 途中 或 丙字 或 巳丙

224

字에 消去하는 것이 眞局이라고 하는 것을 丁坤 終是萬笥箱이라고 말한다는 것은 三折祿馬의 法과 또는 衰向에서 큰 差가 있는 것이며 丁向이라고 그 法이 一者에 限하고 만나는 것은 아니다. 같은 辛戌向 丁未向 癸丑向 乙辰向等의 出煞을 辛入乾宮百萬庄 丁坤終是萬笥箱 癸歸艮位發文章 乙向巽流淸富貴로 各其 分明하게 書에 云하신 것을 터무니없고 其理가 아주 不當하게 生覺을 하고 反問하는 例가 있으니 辛入乾宮百萬庄의 句를 들어서 말하자면 엉뚱하게 巽座乾向을 하고 長生向 自生向 또 祿存消水로 錯覺을 하고 그저 乾位로 流入하면 百萬庄이다 라고 誤解하는 사람이 있다. 勿論 祿存의 法으로 더 錯覺이 가기가 쉽다. 이 辛入乾宮百萬庄 은 辛戌向이 庫墓向인 境遇에만 該當이 되는 것이고 巽座乾向의 生向이나 辛戌養向衰向에는 該當치 안한다는 것은 此際에 分明히 懇切하게 말한다.

庫墓向에서만 由戌歸乾하는 것을 얼핏 生覺하고 乾向으로 生覺한다는 것은 不可하다. 特히 入地眼을 求見한 初學者는 乾向에서 辛入乾宮百萬庄을 作用시키려고 하기도 쉬우며 비웃을 수 도 있기 程度로 入地眼에 記錄된 것을 筆者가 느끼었기에 再三 述한다. 乾向에 辛水巽 向에 乙水 坤向에 丁水 艮向에 癸水가 不可分의 切好의 水라고 하여서 的用하는 것은 生覺조 차 말아야야한다. 黃泉解에 丁水 艮向에 癸水가 不可分의 切好의 水라고 하여서 的用하는 것은 生覺조 차 말아야야한다. 黃泉解에도 眞穴이라 그리기에 그 黃泉論을 썼으니 잘 보는 것이 必要하다. 或者는 眞穴에 救貧 黃泉이라면 取用하고 또 眞穴이라도 殺人黃泉이면 버리는 것이 可하다. 筆者의 見解는 이 桃花水가 있다 손치더라도 그 局의 穴 해야 한다고 하면 錯認을 하기 쉬우나

225

이 大小間에 佳局이라면 그다지 避할 必要가 없다고 하고 싶다. 桃花中에는 地支三合의 桃花外에 그 向 그 向에 桃花가 있다. 勿論 大地眞穴이라면 그 三合의 桃花도 없을 것이다. 子午卯酉水 戌辰丑未水가 甲庚丙壬向 乙辛丁癸向에서 羊刃水로 되는 것이다. 즉 壬의 祿이 亥에 있거늘 子午가 있으면 羊刃이요 乙의 祿이 卯에 있거늘 辰水가 있으면 羊刃이 된다. 그 羊刃水가 上堂하면 財産을 却奪되고 男子가 淫亂하다. 當面에서 潮水하면 刀葯亡身의 禍가 크다. 그러나 乙向에 辰水來 丁向에 未水來 庚向에 酉水來 壬向에 子木來가 羊刃이기는 하나 이 때에는 禍라고 하는 것은 好色之情이 尤勝하여지는 것이 缺點이고 丁財가 俱興하며 別다른 禍害는 不染한다. 穴을 定하고도 그 淺深을 不失해야 한다. 聚穴의 生氣가 棺下나 棺上으로 떠나가면 아무리 眞穴의 外形이 俱全하였더라도 所用이 없다. 穴에 따라서는 一尺이 깊다고 할 곳도 있고 一丈이 얕다고 할 곳도 있으며 또는 穴內가 或은 土으로 或은 石으로 穴證이 있음을 모르고 氣斗의 形狀을 부수고 石塊이나 石盤을 파내고 破穴하는 例가 있다. 또는 그 穴中에 馬蹄石을 파내고 벌(蜂)의 집을 파내고 安葬云云하는 것은 安葬이 아니다. 그 穴의 氣運이 沉低하면 宜深하고 浮高하면 宜淺하나 高低浮沉이 不明하며는 過峽處에 가서 土色을 보고 그 土色이 穴中에 보이면 安葬하는 것이다. 그 穴土가 各異한 것은 各各 其氣가 不同하기에 同一의 坐에서도 不同한 것은 事實이다. 그 地氣가 各各 淸濁 大小 精細 微弱하며 五色을 全備한 堅潤한 土色이 좋으며 臭惡하고 頑强한 砂礦가 鬆散하면 賤하다. 그러니 似土非土하든 似石非

石하든 如何든 絞理가 細蜜하고 顏色이 鮮明한 程度이면 貴土라고 한다. 또는 穴土가 芝蘭이나 參苕 같으면 貴穴이라고 하며 牛泓이나 猪涔 같으면서 臭穢스러우면 賤地라고 한다.

以上이 全册에서 거듭 記述함은 不可避하기 參考로 補明한 것이다.

十二、原眞滴派口訣

此章文理貫通便於順口義理之眞苦切菩心註出天機後人造福與天同休才子高人不可刪改若稍潤色便失眞派

指歸老僧　二仙口授　舟中傳道　聖賢立心
生鳳凰眼　能救濟人　指點陰陽　內盤格龍
合先天卦　靜而不動　生死禍福　全在水神
玄竅相通　向與水合　理氣方眞　水若不合
便成奇禍　苦切菩心　著成原眞　畫圖立向
十四進神　十個退神　原眞書中　共畫八圖
向有十六　又著三圖　俱覆舊墳　還騐靑囊
另有祿存　消水立向　在於九星　共畫八圖
應絕胎位　變通已盡　神仙妙訣　一字無差
如不依局　另立一向　必主敗絕　時師錯誤
內乘生氣　外迎堂局　皆是不知　向上禍福
天機妙法　水法生旺　須合玄竅　若無眞傳
不明立向　玄竅不通　害人非淺　老僧考正
三十餘年　吉凶禍福　全在向上　迎神避煞
覆攽舊塋　內乘生氣　不合水神　俱爲敗絕
內立錯向　將墓門向　改轉迎神　就得生旺

水神到堂　出煞要清　無不發福　君須切記　又云坐山　龍身收水　皆以錯誤　如亥壬子

癸龍入局　堂局丙午　宜左水來　方合生旺　方不大利　無不大利　錯立丙午　坐山生旺

水神到堂　向上變成　死絕水神　劫犯玄竅　臨官沖去　又從冠帶　傷成才子　立主敗絕

眞可慘傷　以訛傳訛　愼之戒之　如龍到堂　流神合法　穴中看去　只向生旺　水神合法

龍體方眞　天機云向　生旺過堂　消歸墓庫　可笑時師　不知水法　專用穿山　透地爲龍

此是卦例　寫在羅經　害人非輕　至於龍身　二十有四　不論貴賤　只要起伏　開帳入首

收山出煞　裁剪得宜　皆可大發　乙龍入首　立作辛向　出兩壯元　徐氏乾龍　離龍入首

向四巽峯　父子翰林　後出二貴　東陽蔡氏　清溪蔡氏　九代富貴　又一祖塋　賢良四人

一十七代　科甲連綿　未龍過峽　辰龍戌向　翻身逆結　顧祖午向　進士六位　吉凶禍福

九魁一元　榮顯無比　寅甲生旺　生旺同歸　少年魁第　尙書科甲　發族極繁　外盤金來

皆賴收水　收水種種　餘可類推　分金之說　內盤丙字　爲銅鐵爐　須要分出　外盤金來

將線牽出　外盤縫中　左金長生　右丙旺位　如用辛巳　辛亥分金　合在外盤　丙火生寅

長生亦寅　左水上堂　生來會旺　聰明之子　方生合局　分出金來　子孫受福　其妙無窮

倘右水到　分金度數　就轉丁巳　丁亥分金　乃合生向　將線牽出　外盤已位　最金長生

水宜左去　方爲合局　左水上堂　射破生方　向差主絕　便成銅鐵　是爲大凶　神仙妙訣

須用考正　方不誤人　不知來歷　妄用分金　吉凶禍福　盡皆錯誤　其中度數　紅白與黑

孤虛旺相　以加減定　差錯空亡　最爲要緊　內差毫釐　外隔千里　天上方位　一定不易

諸星旋轉　度數周流　古人有云　百里江山　全憑一向　禍福轉移　惟向爲主　不可不拘

諸書溷雜　傳授不淸　原眞直指　楊公靑田　著成龍穴　砂水之妙　盡皆包含　熟讀三卷

眞傳妙義　融會於心　原得眞傳　始不錯誤　行道之人　口說原眞　胸中不熟　出門看地

仍出己見　末如之何　我身到處　指點分明　玄空五行　生入尅入　是扶龍向　百口咸吉

生出尅出　龍落空亡　退入丁凶　見此前向　穴前有水　橫來上堂　須用查淸　原眞書中

方不誤人　後人粗心　忽視玄空　平洋龍水　扶龍補向　緊關理氣　茫然不明　以此相地

胎害孔多　龍上八煞　黃泉忌玄　急須避之　庚丁乙丙　黃泉來去　位在臨官　亦有吉凶

四庫黃泉　怕三叉口　靜聚池塘　先絕三房　橫過水城　立穴不妨　流破祿位　亦是黃泉

立穴須避　生旺死絕　全在九星　格龍入首　立向生旺　死絕歸庫　出煞方淸　爲人在世

生死遁還　俱在九星　錯用七星　貪巨祿文　廉武破星　時人錯用　禍福非輕　十二宮位

積至三宮　皆應天星　故爲九星　生旺死絕　盡皆不明　出門登地　拿出羅經　先看金龍

動在何庫　又看水神　到左到右　出何墓庫　盡皆不明　或出大庫　或出小庫　或出文庫　或出祿存

向水得法　再看堂局　水法合局　不合法者　只要龍眞　到頭一節　屬何星體　生旺爲主　與向水合

正配之局　如龍與水　不合法者　只要龍眞　穴的依水　立向之法　玉尺經云　是古認水

立朝之法　立向收龍　收水合局　俱是九星　諸書不明　十二安命　九宮九星　解不盡言

人子須知　天玉經書　文獻通考　三大部書　載爲靑囊　文理雖妙　不通玄竅　楊公眞經
錯認爲序　內經立向　坐山消水　陰龍陰向　陽龍陽向　害人非細　凡地理書　文理彰著
前此三者　却失經旨　龍水眞經　有頭無尾　唐時靑囊　經名龍水　今已註成　講盡其意
天機秘奧　盡日發洩　直指原眞　海內流通　豫章競售　粤東山左　江楚甚行　偏傳四方
郭楊眞秘　神天眼目　闡明天機　敎人造福　不犯冲生　破旺死絶　識得生旺　就潤乾坤
通天徹地

康熙三十三年花朝老僧七十四覆驗舊塋三十餘年心血考定

附解　첫句에 老僧이라고 하였으나 老僧이라기보다 老仙이라고 하는 것이 可하다고 믿어진다. 指歸奄이라는 한 小奄子의 老仙이 舟中에서 行道하는 地理의 陰陽을 交意하며 우리의 俗人이 天地의 陰陽의 交媾를 모르고 妄用하는 事實과 陰陽으로서 切不可離한 點을 述하였으니 老仙도 述懷하였으니 直指原眞을 著作한 것은 私利私慾을 떠나서 聖賢之心으로 敎示하였으니 많은 사람을 救濟하는 寶文이라 하겠다. 天下의 萬物이 陰陽의 理致라 各其陰陽의 度數가 不合하다면 不成하는 것이니 陰과 陽이 配合되로 同居하게 되면 즉 一家에 女와 女 男과 男이 夫婦로 同居하는 것과 같으니 陰과 陽이 配合하지 않으니 어찌 子女를 生繼할 것인가. 이것은 天地陰陽의 相配에 反하는 것이니 敗經하는 故로 羅經의 靜而不動하는 先天八卦의 內盤正針으로는 格龍을 하는 것이며 向과

230

水가 相合해야만 玄과 竅가 相通하는 作穴은 外盤 즉 後天의 八卦로 된 縫針으로 立向과 收水를 해야만 陰陽配合이라 하는 것이요 先天의 正針으로만 立向收水까지 한다면 陰과 陰이며 後天의 縫針으로만 格龍을 兼用한다면 後天은 動而不靜하는 陽이라 陽과 陽이니 夫婦가 아니라 夫와 夫 또는 婦와 婦가 同居를 하는 理致와 같은 것이다. 그러니 夫와 夫가 一家라면 무슨 生育繁榮의 造化가 있으리요. 龍穴砂水이 四者中에 吉凶禍福이 오로지 來去하는 水神에 매었으니 이 理致를 未解하고 他三者에 專重한다는 것은 不可하다. 아무리 眞龍 眞穴 眞砂라 하여도 立向을 하고 水神이 不合하다면 문득 奇禍라 凶한 것이니 十四進神과 十個退神의 靑囊經水法을 平常 不忘하고 十四進神家業興이라는 것을 取用해야 하는 것을 切切히 말하였으니 八十八向의 水法이다. 즉 火局 金局 木局 水局에서 各其 二十二向을 適選하여 期取하면 發福하는 것이 的實하다 또 이 二十二向中에 靑囊經의 祿存流盡佩金魚라고 하는 祿存方消水하는 立向이 發效가 他의 以上임을 往往 世人이 未知하고 難信을 하나 이 法이 天上의 星坐가 되는 것이다. 그 局의 絶方 乾亥는 火局 艮寅은 金局 巽巳는 水局 坤申은 木局의 絶方이라 하여서 立向을 하는 것이 아니며 自生向으로서 化煞生權하는 法이며 丙午 庚酉 壬子 甲卯가 死絶方立向못하는 것이 아니라 自旺向으로서 立穴하는 것이 天上星坐에 알맞는 것이다. 이와같이 八十八星坐에 八十八向法을 그 局에서 立向하지 않으면 敗는 神仙의 妙訣이 된다. 或은 이 法에 不合하는 穴 즉 奇形怪穴도 있는 것이다. 時師가 內乘生氣絶하고 마는 것이다.

하고 立穴을 하면 龍眞穴的의 하였다 하더라도 初有發福하나 至三十年하며는 不知中 自然敗絶하고 마는 것이니 그 까닭은 外堂의 退神水의 緣故인 것이다. 向上의 立向收水하는 法이 天機의 妙法이니 玄竅가 相通하나 玄竅가 不通하면 其禍를 莫測하는 것이다. 如此向上의 法을 참으로 傳하지 않고 訛傳하여 立向하는 法이 不明하면 즉 玄竅가 不通을 하니 害人하는 것이 非淺하다. 그런 故로 老僧이라는 神仙같은 識者도 三十有餘年을 廢寢忘飡하고 硏究하고 踏山을 하고야 向上의 水神의 迎神避煞하고 化煞生權하는 八十八向法을 發見하셨다. 內乘生氣하고 水神이 不合하면 敗絶을 하니 生旺官祿等水가 上堂하는 十四進神을 해야하며 十個退神이면 冲生破旺을 하니 멀다면 三十年 不然이면 不旋踵하고 敗絶을 하니 生旺官祿等水가 上堂해야 迎神하고 正借庫로 消歸를 하니 出煞을 하고 收山 즉 收龍을 하는 淸眞한 永遠한 發福을 하는 것이다. 반드시 學者는 坐山에 收水를 하지말고 向上收水를 해야 한다. 坐山龍身에서 收水를 한다면 譬컨대 壬子癸의 龍入局이라면 丙午向을 立穴하면 向上法으로 丙午가 火局正旺向 金局木局自旺向 水局胎向하는 壬子坐가 되나 水口가 辛戌方 火局의 正旺向을 作하며 宜當 左水가 上堂하여야 合局이다. 坐山에서 壬子坐가 되면 龍도 勿論 病死墓方龍이 되는 金局自旺向을 하니 水局壬子坐의 龍으로서 坐를 定하면 申子辰坤壬乙의 水局이라 右水가 上堂을 하고 乙辰墓方이나 巽巳絶方으로 去하니 丙午方은 水局의 胎方位라 胎向을 하니 玄竅가 不通하니 그저 길다야 眞龍穴的의 하였다 하나 不過 三十年未滿에

敗絶을 하는 것이다. 水局의旺 壬子坐라 하나 그 禍는 他에 있는 것이 아니고 丙은 火의 旺方位라 火旺向을 하니 坤申이 水局의 生方이나 火局의 病方이니 病死水가 射破丙旺位를 하니 凶하며 乙辰이 水局의 墓方이나 火局의 冠帶方位라 右水가 倒左를 하고 乙辰方으로 去하면 乙丙交而巽水先이라고 하는 黃泉이니 이것이 大惡殺大黃泉이라 小長之生이 不育하는 것이다. 이와같이 그 水에 따라 變하는 것이니 다시말하여서 壬子癸龍에서 丙午向을 하고 右水가 倒左하면 壬子癸方의 龍生水라 하나 敗絶하고 左水가 倒右를 하면 向上의 生帶官旺祿水가 上堂을 하니 壬子癸方의 龍이 火局의 絶胎方이라고 하나 向上收水를 하며는 滿局生旺이라 能히 그 壬子癸의 死絶한 龍을 求하게 된다. 左旋水를 取用하고 向上의 生帶官旺祿水가 上堂을 하니 壬子癸方의 龍이 火局의 絶胎方이라고 하나 向上收水를 하며는 滿局生旺이라 能히 그 壬子癸의 死絶한 龍을 求하게 된다. 左旋水를 取用하고 버리는 것이 가장 重要한 것이라 이 吉凶을 말하였으며 누구나가 알아야할 것이 左右水가 生旺 또는 死絶水로 變하는 것이다. 즉 龍水가 陰陽配合을 못하는 境遇에 그 水를 따라서 立向을 하고 그 龍의 死絶을 求하는 것이 立向하는 眞意머 眞髓라 한다.

如上하니 그 實은 龍眞穴的하고 生旺水神이 倒堂하고 正借庫로 歸去하는 것이 참이 되는 것이다. 그럼에도 不拘하고 時師가 不知水法하고 穿山透地法을 專用하고 强制로 陰陽을 配合시키는 卦例의 納甲 三山을 옳다고 하며 또는 內外盤조차도 應用을 하지 못하니 可笑롭다고 하기보다 참으로 痛嘆할 노릇이다. 그러고서 그 어찌 害人이 非輕하리요. 이뿐인가 貴龍이다, 賤

233

龍이다、陰龍이다、陽龍이다는 等의 그 貴賤과 陰陽 亦是 都大體 五行의 陰陽理氣에 不合한 것을 옳다고 主張을 하니 참으로 可嘆할 地境이요 어찌 陰陽을 안다 하리요. 勿論 그 實 陰陽貴賤의 龍이 있는 것은 世上萬事가 다 等分이 있는 것과 같은 것이며 配合生成하는 것이니 즉 富貴貧賤이 있는 것은 世上萬事에 有等한 것과 같은 貴賤富貴의 等分은 있는 것이며 貴龍이라야 하며 賤龍은 穴不居한다는 것은 아니다. 또 空論으로서 貴賤龍을 口頭禪처럼 떠들고 觀別運學할지 모르는 時師가 間有하더라 二十四龍이 다못 起狀을 하고 活動을 하고 不犯死氣하고 開帳中에서 出하며 收山出煞하고 理氣에 合하면 大地는 大發하고 小地는 小發하는 法이다. 如上의 龍으로서 假令 乙龍入首 兩壯元이 出하고 乾龍入首를 하고 向上에 四個의 巽峰이 鼎立하고 父子가 翰林을 지내고 辛向을 立穴하고 午向 있으며 普通은 世人이 꺼리고 不取하는 辰龍入首에서 戌向을 하고 富貴가 九代를 連綿하였으며 離龍入首에서 作穴立向하고 二十七代를 連出科甲하였고 未龍이 翻身逆結을 하고 回龍顧祖라 午向을 立向하고 進士六人 賢良四人이 九魁一元이 出하여서 榮顯이 無此하였으니 向上水法이 的實하였다. 未龍에 午向을 立穴하니 寅甲方의 長生水가 上堂을 하니 必然 火局旺向이었으며 正庫로 去하니 少年이 魁策하고 尙書科甲이 極繁을 하였드라. 이와같이 그 立向에서 收水하는데 따라서 發福도 하고 不發하는 것이다. 그러니 如上의 龍의 收水하는 것과 같이 모든 龍에서도 富貴다、貴賤의 龍이다라고만 主論하지 말고 收水하는 것이다. 얼핏하면 世人이 分金分金하나 分金

의 度理는 聖賢도 能히 다 알지 못하였다는 程度로 難知者는 分金이다. 原來에 內盤正針의 丙字를 銅鐵爐라고 하며 여기서 分出하는 것이다. 外盤縫針의 丙의 左가 金의 旺位라 辛己 辛亥分金이 外盤의 丙火旺이니 長生寅方의 水가 倒右上堂하는 즉 生來會旺을 하니 聽明之子가 出하는 分金이다. 이와같이 그 妙理가 無窮하며 必然 子孫이 受福하는 것이다. 右水가 倒左를 하며는 辛己 辛亥分金이 아니라 꼭 右水가 倒左해야 하며 外盤의 己가 金의 長生 이라 丁巳 丁亥分金은 金長生向의 分金이니 丁巳 丁亥分金이 되니 萬苦 左水가 倒右를 하 면 絶胎水가 向의 生方을 冲射하니 凶하다. 丙向을 하고 左水가 倒右를 하는때 丁巳 丁亥分金 을 하면 大凶하고 丙向에 左水가 例右라면 宜當辛己 辛亥分金이 吉하고 己向에 丁巳 丁亥分金 을 하고 右水가 倒左하면 吉하다. 그러니 辛巳 辛亥와 丁巳 丁亥分金은 丙向巳向에서 左水 右 水의 收水하는 方位가 相反해야 하며 收水가 同一한 方位라면 이르되 冲生하고 破旺을 하는 結果가 되는 것이다. 그러니 丙午向을 하면 兼己三分 兼丙三分을 取用하니 丙午 丙子分金 庚 午庚子分金이며 巽巳向을 하면 兼巳三分 兼巽三分을 取用하니 丁巳丁亥分金 辛巳辛亥分金이며 丁未向을 하면 兼午三分 兼丁三分을 取用하니 丁未丁丑分金 辛未辛丑分金이 大概 取用하는 法 이다. 이와같이 分金의 取用은 考正해야만 誤人을 하지 않는 것이니 그 分金의 來歷을 全然 모 르고 分金을 妄用하면 犯錯하니 分金의 度數가 비록 穴上에서는 아주 적다하나 百里千里를 두고 살피면 黑白의 差가 分明하며 아주 禍福이 相關되는 것이며 百里江山이 一向之間이라고

古人이 말하였으니 禍福이 向上이 爲主가 된다.

危險千萬한 怪雜書보다 直指原眞의 楊公救貧 劉靑田의書가 龍穴妙水의 眞妙訣이 載盡하였으니 直指原眞 地理五訣等의 書를 熟讀하면 楊劉公等의 眞傳妙義가 胸中에 融會를 하니 橫行天下하여도 버릴 땅이 없는 것이다. 그렇다 하여서 그저 原眞만을 口說하고 不熟한다면 登穴場하고 立向하기에 犯錯을 하여 害人이 尤甚한 것이다. 玄空五行論의 生入尅入은 扶龍補向하는 것이요 生出尅出을 하면 龍이 落空亡을 하니 人丁이 退敗하는 故로 極凶한 것이다. 平洋之地는 거의 玄空五行法을 取用한다. 穴前에 橫過水가 來堂한다고 버리지말고 八十向原眞中에 一向을 擇하여 收水하면 失龍하지 않는 것이다. 平洋之地에서 扶龍補向하는 玄空의 理氣를 無視하고서 相地定穴하기가 茫然하며 不明하니 期必 取用玄空하는 것이다. 꼭 避해야 할것은 龍上八煞과 黃泉大惡殺水며 黃泉은 그 局의 臨官位를 來去하는 乙丙 丁庚 辛壬 甲癸等의 四大黃泉과 小黃泉壬子 甲卯 丙午 庚酉方去水가 있고 辰戌丑未方에 來去하는 四庫黃泉이라 하니 四庫黃泉의 來去가 三叉口에서 靜聚池塘한다며 먼저 三房부터 차례로 敗絕한다. 一言而言之하면 祿位로 流去하면 小黃泉이다. 그 立向의 生旺死絕의 吉凶이 모두 水神에 있으니 그 龍入首를 格別히 生旺水가 上堂하고 死絕水가 上堂치말고 歸庫하는 것이 참다운 出煞이며 淸白한 것이다.

사람이 죽으면 還生하는 遁還의 九星을 七星貪巨祿文廉武破로 誤認하고 錯用하면 其禍가

莫大하다. 十二宮中에서 三宮을 積至하였으니 十二宮이 九星으로서 生旺死絕이 遁還한다. 生旺死絕에 不明한 사람은 穴場에 가서 羅經을 놓고 第一 먼저 辰戌丑未의 金龍이 動하는가 不動하는가를 알아서 動하면 取用하고 나아가서 左右水神이 正借庫中 그 어느 庫로 消歸하는가 水神은 生旺하고 死絕를 不犯하였는가를 詳察하고 또는 金龍이 動한다고 無作定하고 立向하는 것은 아니다. 第二에는 그 來龍이 結穴하자면 到頭를 하니 그 到頭의 一節이 水星金星火星木星土星 그 어느 星體에 屬하는가를 살펴야 하며 그 龍의 形狀이 生旺하였다면 謂之眞龍이니 그 龍이 向과 水가 相配相合하면 即 正配의 局이요 猛浪한 때 龍은 眞龍인데 그 어찌 水가 不合한가. 이런때는 그 水神에 따라서 向과 水가 配合하는 穴을 決定하는 것이니 이런것을 玉尺經에 認水立朝하라고 明示되었다. 모든 書에 九星이 不明白하기 때문에 九星을 坐山 三山 納音等으로 誤用을 하니 九星에 背反되는 法이다. 九星은 九宮九星歌에서 말한바와 같이 向上의 九星 즉 十二宮位이 積至三宮을 하니 九星이라는 것이다. 九星의 變化가 無窮하여서 測定하여다 알기가 通天徹地의 才가 아니면 不可하다. 先賢의 書에 모든 것을 後人들이 錯認을 하고 內地盤이나 坐山에서 陰龍陰向 陽龍陽向等에서 收水를 하니 白骨積惡을 하고 害人이 非輕하니 學者는 靑囊經玉尺經直指原眞等의 三大書를 熟爛胸中해야 한다. 古代에 靑囊經을 龍水經이라고 하고 其意가 深奧하여서 能히 알기가 至難하였으나 後人이 其意를 詳解하였던 것이다. 郭楊公의 眞妙訣이 天機를 闡明하여서 사람들의 造福하는 것을 알아서 四方에 傳하였으니 冲生 破旺 死絶等을 不犯하고 生旺死絶을 分別하고 取用하여라.

以上 되지 못한 文句로 老仙의 眞文을 槪解하였으니 不足한 點은 讀者間에 相互 硏究키로 하고 切大로 天地陰陽을 逆用하지말고 應用하는 것이 先賢에 對한 後生愚人의 本行인가 하며 解文보다 原文을 學者는 工夫하여 先人들께서 不及한 것을 先人以上으로 바르게 發表함을 바란다.

十三、靑 囊 經

『坤壬乙文曲從頭出』坤壬乙爲生旺墓皆可立向文曲爲水局 盖雙山合申子辰同宮也 文曲의 位가 北方이라 水局을 指稱한다. 坤申이 水局의 長生位 壬子가 水局의 帝旺位 乙辰이 水局의 墓位가 되니 天干坤壬乙의 三合 地支申子辰의 三合이 水局의 三合이다.

『艮丙辛位位是廉貞』艮丙辛爲生旺墓可可立向廉貞爲火局 盖雙山合寅午戌同宮也 廉貞의 位가 南方이라 火局의 位가 南方이니 一言하여 廉貞이라고 한다. 艮寅이 火의 長生位 丙午가 火의 帝旺位 辛戌이 火局의 三合이다.

『巽庚癸盡是武曲位』巽庚癸爲生旺墓皆可立向武曲爲金局 盖雙山合巳酉丑同宮也 武曲의 位가 西方이라 金局의 位가 西方이라 그러니 金局을 一言하여서 武曲이라고 한다.

238

巽己가 長生位 庚酉가 帝旺位 癸丑이 墓가 되니 天干의 巽庚癸 地支의 己酉丑이 雙山으로 二字同宮이니 金局의 三合이다.

『乾甲丁貪狼一路行』乾甲丁爲生旺墓可立向貪狼爲木局 盖雙山合亥卯未同宮也 時師每謂墓向不可立不知左右有生旺水到堂

貪狼의 位가 東方이라 乾亥가 木局의 長生位 甲卯가 木局의 帝旺位 丁未가 木局의 墓位가 되니 天干의 乾甲丁 地支의 亥卯未가 雙山二字同宮이니 木局의 三合이다. 時師의 生向旺向은 立向을 하나 墓向은 不可하다고 하는 時師가 있으니 生旺墓의 未解한 所致라 한다. 如上四局의 生向旺墓向을 하면 左에 旺水 右에 生水가 到堂하여서 歸庫하는 것이다.

『山與水須要明此理水與山禍福盡相關』山與水言龍向水法 皆要明生旺墓之理而禍福相關不可錯差

山與水는 龍과 向과 水法을 山與水라고 하였고 皆要明은 生旺墓의 理가 龍과 水法과 向과 相關이 있으니 相互가 不可離하다. 三者龍向水가 조금만 錯差이 있더라도 그것은 不可하다 어디까지나 龍의 生旺墓 向의 生旺墓水의 生旺墓들 中에서 一者라도 不可缺의 것이다.

『順行子丑向未場申酉戌亥左爲陽』順行左旋龍也

이것이 左旋陽龍이다고 斷定하였다.

『逆行午巳辰卯寅向鼠猴羊右爲陰』逆行右旋龍也

이것은 右旋陰龍이라고 斷定하였다.

『知此法不必尋納甲』 若知得左旋右旋龍要訣何用卦例九星及種種錯誤之法故曰不必尋納甲也

上의 左旋陽龍과 上의 右旋陰龍의 順行하는 것과 逆行하는 것인가 그 左右旋을 가려서 用之하여라. 그 어찌 卦例나 九星等의 納甲을 用之하여서 錯誤가 되게 하는 것인가 하는 卦例나 九星의 納甲은 強制로 配合시키는 故로 間或 龍과 水가 不合하여서 害人을 하니 勿取九星이라는 것은 納甲하는 것을 九星을 말하고 어찌 勿取하여 라고 하는 九星을 말한다. 좋은 例로 黃石公掌訣이나 三山八卦論은 勿取하라는 것이다.

『顚顚倒二十四山有珠寶』 如右旋陰龍配左旋陽龍配右旋陰水向左旋陽龍配右旋陰水向故謂之顚顚倒配合成局 此法須官祿水倒堂則二十四龍氣皆淸和故謂珠寶也

右旋하는 陰龍에는 左旋하는 陽水向이 配合하고 左旋하는 陽龍에는 右旋하는 陰水向이 配合하니 卽 陰과陽 陽과陰이 交媾한다. 如此 陰陽이 配合하여서 局을 이루는 것이니 生水旺水 祿水가 到堂하니 二十四龍의 氣가 모두 淸和하는 故로 二十四山이 有珠寶라고 한다. 萬若에 左旋龍에 左旋陽水向 右旋龍에 右旋陰水向이라면 男男 女女가 어찌 合成하여서 萬物이 生成하겠는가. 男女 卽 陰陽이 配合하여서 生育萬物하는 것이다.

『逆順行二十四山有大坑』 如左旋陽壬水龍順行入首應竅通辰巽出水而去又變丁未水去則巳變局爲陰龍局 若仍立陽水龍之向不管陰龍逆局其法玄竅不通主敗絶大凶故謂大坑

240

上文에서 論한바와 같이 陰陽이 相交하여서 그 局을 合成하는 것이니 假令 左旋하는 壬水龍은 水口가 辰巽方이어야만 玄竅가 相通하나 水口가 丁未方이면 즉 左旋龍에 左旋水가 到堂하는 것이니 비록 富貴라 하여도 必然 敗絶하고 마는 것이니 大坑이라고 한다. 丁未가 水口라 면 龍도 陽 水도 陽이 되었으니 男男이 어찌 그 後見이 있겠는가.

『雌與雄陰陽交度合玄空』雌雄穴前陰陽兩水夾出相交橫過又要合玄空生入克入之法爲妙用 하고 甲旺은 玄空의 木 卯旺은 玄空의 金 亥는 玄空의 木 乾은 玄空의 金이라고 하며 丁은 火 에 屬하니 乾甲得水면 金木이며 亥卯得이면 木金이니 木生火 火克金이라 丁火向에 生克水가 上堂하는 것이며 丙向에 寅甲水가 上堂하는 것 亦是 生入克入하는 玄空法이라 한다.

『認金龍經緯義窮動不動直待高明施妙用』金龍辰戌丑未出水口其義轉變無窮也須經緯在人 若一邊 出水爲金龍動必結地 如兩水出爲金龍不動決難立穴 要識動不動處必得水法理氣合玄空生旺之妙用 方吉故謂之高人施用妙也

辰戌丑未의 水口를 金龍이라고 하며 그 轉變하는 義가 無窮하니 보는 사람에 그 經緯가 달려 있다. 그려나 一邊으로 出水하면 金龍이 動하는 것이니 必히 結地하고 兩邊으로 出水하면 金 龍이 不動하니 決難立穴하니라. 金龍이 動하는 곳에 立穴을 하여야만 得水하는 法이 玄空의 生 旺의 妙用이 合하여서 吉하다. 그런故로 高明한 人才가 틀림없이 分別하여서 用之하는 것이다.

241

『第一義要識龍身行與止』 凡到山須要看龍身來歷認其落脉行龍處乃入首止在可方何立穴也

立穴하는데 가장 重要하고 가장 至難한 것이 바로 龍身의 行與止라 하겠다. 그 行龍의 落脉이 何方이며 그 氣運이 何脉에 가서 集中하여서 止하였는지 數多한 山脉 즉 龍身이 何方에서 氣運이 集中하였으며 그 義 즉 理氣가 配合하는지 그 與否를 詳察해야 한다.

『第二玄來脉明堂不可偏』 如有眞龍落脉必有內明堂管氣須方幅平潤不可偏更有內外中三個明堂者爲大龍格局也

眞龍이 落脉하여서 結地하면 內明堂이 管氣를 하니 그 氣運이 集止하고 平潤하고 不可偏하며 方正處에 結穴한다. 內明堂外에 中明堂 外明堂도 있고 平潤하면 참으로 大龍格局이라고 한다.

『第三法傳送功曹不高壓』 傳送功曹謂靑龍白虎太高爲壓穴不吉必須平和安頓爲吉 淸德祭氏祖塋係兌龍入首而丙午丁高峯壓天謂之火克金龍反爲大地此爲克龍別是一局又不必論龍虎砂 若龍窠沛山

飛水走二氣不交感頂斜脚竄行失體俱不可立穴也

靑龍砂와 白虎砂를 傳送功曹라고 하며 傳送功曹가 太高하여서 壓穴하면 不吉하니 平和하며 安頓해야 한다. 五行生克으로 論하자면 一例로 兌龍入首하여서 丙午丁의 三峯이 太高하여서 壓天하는듯 하면 火克金龍이라고 하나 도리어 結大地하는 것이다. 이런것은 龍虎砂라고는 안 하는 局이다.

龍과 水가 散飛하고 斜卸하면 그 本體를 失하였으니 必是 不結穴하니 立穴하는 것이 不可하다.

『第四 奇明堂十字有玄微』 有明堂必有十字朝對于此立向收水合法合局故曰有玄微或有奇形恠穴坐

山偏側者以好地多從腰裡落至明堂必有十字局訣無偏側

立向을 하여서 十字로 朝對하면 收水가 合局이라 十字라 하면 龍向砂祿馬 等이다.

或 奇形恠穴에 있어서 大概가 行龍의 腰裡에서 落脉結穴하면 必然 十字朝對하며 偏側되지 않

고, 方正하니라.

『第五 砂前後龍身兩相照』 九龍到頭結穴兩邊龍虎相對及坐山案俱極端正分明不偏爲兩相照

來龍이 到頭하고 結穴하며 靑龍砂와 白虎砂가 相對하고 穴의 案對가 不偏하여서 穴과 案

이 相照하면 自然 坐穴과 案山이 俱極端正한 것이다.

『第六 秘八國城門鎖眞氣』 平洋之地來龍兩水夾出者必須天干而去爲八國城門每局有十二位可變一

千出水鎖住八干不流 如乙辛丁癸正庫可以出水其乾坤艮巽甲庚丙壬爲八國也不可出水 如甲庚丙壬

胎位可以出水其乙辛丁癸乾坤艮巽爲八國也不可出水 如乾坤艮巽絕位可以出水其甲庚丙壬乙辛丁

癸爲八國也不可出水也四局最關係也 時師但知辰戌丑未墓位可去不知辰戌丑未四庫之來去皆凶須

從放流正是萬水從盡天上去也

平洋之地에서 來龍을 兩水가 夾出하여서 須天干으로 去水를 하면 八國城門이 된다. 十二宮

243

의 十二天干中 一天干으로 出水하고 餘八宮의 八天干이 不流하는 것이니 四局이 同하다. 乾坤辰巽四絶位中 그 一絶位天干으로 出水를 하면 四旺四墓의 天干甲庚丙壬丁癸가 八國方位가 되고 四胎甲庚丙壬方中 그 胎一天干으로 出水하면 四絶四墓乾坤艮巽乙辛丁癸가 八國方이 되며 四墓乙辛丁癸方中 그 墓一天干으로 出水하면 四絶四胎乾坤艮巽甲庚丙壬方이 八國方이 되며 제나 八國方은 眞氣를 鎖住하고 出水치 말아야 한다. 四絶四胎辰戌丑未墓位로 出水하는 것만을 誤知하고 辰戌丑未四庫의 來去가 四庫黃泉이라 凶한 것은 時師가 不知하나 萬水盡從天上去라고 하니 四絶四胎四墓의 天干字上으로 出水하여야 合法合局이 된다. 地支出水는 切不可하다.

『第七奧要向天心尋十道』 有眞龍結穴必有龍成案山朝對于四維城中間立一向爲天心中尋龍穴砂水及朝案等爲十道

眞龍이 來하여서 結穴을 하면 그 枝龍이 案山을 撓圍하며 四維가 朝對하는 中間에 立一向을 하는 것이다. 立向이 天心이니 거기에서 龍穴砂水朝案等의 十道가 并起하는 法이다.

『第八裁屈曲流神認去來』 凡眞龍入首或欠齊整或欠收拾不足者培之有餘者裁之故曰屈曲流神言水神也 或來或去須屈曲合法合局

眞龍이 入首하면서 或은 裁整하지 않으며 或은 收拾하지 못하면 培之하고 或은 有餘하면 裁之하는 것이다. 培之하고 裁之하는 것은 屈曲流神 즉 水神이 하는 것이다. 或은 來하며 或은 去하는 것이 屈曲하여야 한다.

244

『第九神任地平地與侵雲』神者水神 在平洋與高山俱要用水神 侵雲言山之高 神은 水神을 말하니 平洋之地나 山地에서 水神의 來去의 合局이 가장 切要하며 侵雲은 山의 高大高秀함을 이룬 것이니 生旺官雙水가 上堂하여서 正借庫로 去水하며 諸般貴砂가 高秀하면 極佳하다.

『第十眞若有一缺非眞情』龍須要眞 穴須要的 如龍眞穴의 近穴處有凹風吹入穴即爲一缺 書云風吹氣散龍虛度 則眞龍遂成假龍矣 如龍眞穴의 可將凹處培之眞龍無風掃穴可也 眞龍에 眞穴이 的 해야야한다. 眞龍에 穴의 하였더라도 近穴處에 凹風이 吹入穴하면 一缺이라고 한다. 그러니 龍眞穴의 하려면 凹處를 培之하여야만 眞龍이며 風이 掃穴하지 않는 것이 龍眞穴의 이라고 한다. 書云風氣散龍虛度라고 하였으니 眞龍이 假龍이 되어서 假穴이 되었다는 말이다.

『明倒杖卦坐陰陽何必想』明倒杖立穴以楊公老年用杖不常羅經以神仙看地故將杖放倒立穴來龍不鬪不脫堂氣無倚兩邊皆合法天心十道亦歸生旺墓便合巒頭理氣 何用卦例九星及透地穿山七十二龍平分六十龍卦例 今時師但用穿山透地所以劉靑田公格言卦例不可用甚而聽信僞詭之徒詐造妖書妄書妄言卦例自取奇禍是也此言九星非十二宮九星也

神仙인 楊公이 老年에 이르러 不常羅經하고 用杖하여 放棺立穴하니 來龍이 不鬪하고 不脫하며 堂氣가 無偏無倚하고 巒頭理氣가 生旺이 合하며 天心十道를 이루었으니 어찌 卦例九星

나 透地穿山七十二龍平分六十龍을 用之할 것인가 時師가 透地穿山法을 用之하고 過誤가 甚大하니 劉公靑田도 卦例는 不可用이며 그 妖書가 自取奇禍를 하니 不信한다는 말이다. 九星은 卦例의 九星을 不用하고 十二宮九星을 用之하라는 것이다.

『識掌模太極分明必有圖』 掌模言立穴開金井處必有太極圖在內中心必微高所謂眼乾就濕之法爲太極之中也 書云星如迎掌是陽來者也星如覆掌是陰來者也

掌模는 太極의 中心을 말하니 立穴을 하고 開井金이라 하는 곳에 반드시 微高한 곳이 太極이다. 그곳이 正穴金井이라 書云 星이 迎掌하는 形狀이면 陽이고 眼乾就濕이 즉 太極의 中心이니 覆掌한 듯하면 陰이라 하였으니 一粒粟의 總索의 解 眞正秘傳을 詳見하라.

『知化氣生克制化須熟記』 化氣五行顚例或生或克或制或化多合玄空法能于其間卜折精明方可謂之知化氣之妙也

化氣五行의 顚倒하는 것이 或은生 或은克 或은制 或은化 즉 生克制化하는 것이 玄空法에 多合하니 精明하여서 用之하면 可히 化氣의 妙를 알았다고 한다.

『曉高低星峰須識玄微』 高山必有高峰 低山必有低峰 須辨金木水火土係何星峰 若大幹龍入首變木星體團聳 金星圓住克木龍者大地也 乃爲次地矣 亦要坐金星或朝金星不然龍虎金星來克幹龍皆爲眞龍入首 書云重重受克始成龍 言龍必受克方成大地矣

高山은 必有高峯하고 低山은 必有低峰하는 것이니 다못 五星金木水火土의 何星峰인가를 辨

別하여라。 萬若 大幹龍入首라고 하면 木星體로 變하여서 團聳하며 圓한 金星이 木龍을 克하여서 住氣가 안되면 次地가 되는 것이다。 金星에 坐穴하면 金龍이 朝案을 이루고 그렇지 못하면 靑龍白虎가 金星體가 되어서 幹龍을 克하였으면 眞龍入首라 한다。書云 重重受克하고서 비로소 龍을 이루었다하니 龍이 受克하여서 來하면 大地를 結하는 것이다。

『鬼與曜生死去來眞要妙』 此言橫過龍及翻身逆結龍 穴前案山外有形如創逆出者爲官星 穴後有形如拖創者名白虎尾鬼渾圓者名筯箕鬼 更有或名獅尾鬼蛇鬼披髮鬼 或左右出二股妙抱穴名孝順鬼種不能盡言 又鬼之外要有樂山橫遮穴後如無樂山名孤寒不是眞龍 更有穴後二三重山山外有水水外有山重重疊疊名爲樂山此乃大地 倘穴前無官星穴後又無鬼樂即面前萬山皆拱或獅象把門反來欺我不爲我用故曰生死去來眞要妙

此는 橫過龍과 翻身逆結龍을 말한다。穴前案山外에 創逆拖出한 듯한 形狀이 있으면 官星이라 하며 穴後에 拖創한 듯한 形狀은 虎尾鬼라 하고 渾圓한 形狀은 筯箕鬼라 하며 또 獅尾鬼 蛇鬼 披髮鬼라고 한다。穴의 左右에 二股砂가 出하여서 抱穴하면 孝順鬼라고 하며 全部를 盡言하지 못할 程度로 많다。

鬼外에 또 樂山이 穴後를 橫遮하는 것이 있어야 하며 樂山이 없으면 孤寒이라고 하며 眞龍이 아니다。樂山이라고 하면 穴後에 二三 重山이 있고 山外에 水가 있고 水外에 山이 있어서 重重疊疊한 것을 樂山이라고 한다。樂山이 있으면 참으로 眞穴大地라 한다。그러나 穴前에 或

官星이 없고 鬼山 樂山이 없는 境遇에는 面前의 萬山이 拱朝하고 或은 獅象이 把門하면 佳하다. 이것저것이 없다면 나를 속였으니 내가 어찌 쓸것인가. 그런故로 生死의 去來가 眞要妙라 한다.

十四、 一粒粟源派立穴歌訣

『文若來時男女淫』 文者文曲星也爲沐浴水也 地支來去皆主淫亂又子午卯酉水各爲文曲水也 來去皆俱凶 如金局午爲文曲沐浴水也

文은 文曲星이며 沐浴水라고 한다. 子午卯酉水가 各各 四局의 文曲水라고 하며 地支來去가 主로 男女가 다 淫亂하니라. 金局의 午水 水局의 酉水 木局의 子水 火局의 卯水를 沐浴水라고 한다.

『庫方來去定非祥』 天干可以去水又要停蓄而去地支不可去水所以墓庫方地支來去水神俱不吉 九星歌云―蕩然直去家資簿 水來充軍千里外

乙辰 丁未 辛戌 癸丑은 四局의 正庫라고 하며 그 外는 借庫라고 한다. 庫는 그 立向의 正庫借庫 즉 出水口를 말한다. 그 庫의 天干으로 出水를 하면 可하거니와 地支出水는 不可하며 凶하다. 天干出水를 하여도 停蓄하였다가 去水해야 하니 즉 書에 云하기를 蕩然하게 直去하면

家財가 적다는 것이다. 즉 有情하여서 出去하는 것이 좋다. 立向을 하고 庫方의 地支字上으로는 來水 去水가 다 不可하니 凶하다.

『溝蜜明堂定方隅』 言近穴溝蜜看到左到右然後定生旺墓方位也

穴에서 가장 가까운 溝蜜 즉 界穴하는 水가 到左하는지 到右하는가를 살펴 보고 生方 旺方 과 水口가 될 墓庫方이 羅經의 外盤 何字가 되는가를 안 然後에 立向을 定한다.

『便從曲折審縈紆』 言明堂之水要屈曲透婉不見而去所以言審縈紆也

明堂의 水 즉 生旺官祿等方의 水가 屈曲透婉하여서 拱穴을 하고 水口에서 보이지 않을 程度로 隱隱하게 出水해야 한다.

『四尺五寸爲一步 折取須敎向所宜』 以四尺五寸步量準假如立丁向做墓門應濶八尺爲白土以丁屬火用八白土爲火生而爲向所宜也 餘二十四向皆可以類推也

四尺五寸을 一步라 하여서 尺數를 알던것이다. 假令 立丁向을 하면 墓門 즉 水口의 門面이 八尺程度가 適當하다. 八尺을 土라 하며 丁은 火니까 八白土가 되게 하면 火生土하니 가장 適當하다.

『小神須入中神位 中神須入大神位 三折祿馬上街去 一擧登科名冠世』假如巽方出水而立丁向은 右水倒左 或有丙水來拱穴丁爲小神丙爲中神出巽而去謂大神御街位所以小神要入中神中神要入大神亦爲三折祿馬上街去一擧登科名冠世也

假令 水口가 巽이었을 때 立丁向을 하면 右水가 倒左하여서 巽으로 去한다. 丁을 小神 丙을 中神 巽을 大神이라고 한다. 그러니 丁向을 하고 丙水가 來하며 拱穴을 하니 右의 丁水 즉 小神이 丙中神으로 流入하고 巽으로 出하니 丁向을 하고 小神이 流入中神 中神이 流入大神 이런것을 三折祿馬法이라고 하며 一擧에 登科하여 그 榮冠이 世上에 알렸다.

『奇貴貪狼并祿馬 三合聯珠貴無價 小神流短大神長 富貴聲名滿天下』 奇貴貪狼爲長生水 祿馬艮巽爲祿位 艮丙爲天祿貴人之鄕 又向上臨官祿位也 三合聯珠爲生旺墓俱能合局 盖丁爲小神 其水到堂 雖短小不妨 巽爲大神 其水到堂聚蓄而去 更吉故曰 富貴聲名滿天下也

長生水를 奇貴貪狼이라고 한다. 艮과 巽은 祿位며 艮과 丙은 天祿貴人之鄕이라고 한다. 또 臨官位가 된다. 生旺墓의 三方이 吊合하면 三合聯珠라고 하니 즉 合局이다. 大神巽水가 到堂하여서 穴前에서 一旦 聚積하였다가 出去하는 것은 短小하여도 相關이 없다. 그런故로 如上의 大神巽丙이 俱有하면 富貴의 聲名이 滿天下한다.

『正奇例』 辛向應辛水入乾 丁向應丁水入坤 癸向應癸水入艮 乙向應乙水入巽 即墓庫出殺也

庫墓向의 出水하는 法이다. 辛向을 하고 辛水가 入乾하며 丁向을 하고 丁水가 入坤하며 癸向을 하고 癸水가 入艮하며 乙向을 하고 乙水가 入巽하면 즉 墓庫出殺이라고 하며 墓向에서 가장 좋은 出水라 한다.

『三奇貪狼例』 辛向辛水應入坤 丁向丁水應入巽 癸向癸水應入乾 乙向乙水應入艮 貪狼即養生 皆

爲祿馬上街主貴

養向의 出水하는 法이다. 辛向을 하고 辛水가 入坤 丁向을 하고 丁水가 入巽 癸向을 하고 癸水가 入乾 乙向을 하고 乙水가 入艮하는 것을 三折祿馬上街去라고 한다. 貪狼은 養生이다.

『正馬例』 乾甲 坤乙 艮丙 巽辛 須要四局內 合局者 方吉 不合局者大凶也

乾向에 甲 坤向에 乙 艮向에 丙 巽向에 辛 兩者가 相交하여서 馬山이 있으면 吉하다.

『祿例』 乾壬 坤庚 艮甲 巽丙 此四長生向 能祿水上堂 故吉也

乾祿이 在壬 坤祿이 在庚 艮祿이 在甲 巽祿이 在丙 하였으니 乾向에 壬水 坤向에 庚水 艮向에 甲水 巽向에 丙水가 到堂하는 故로 吉하다.

『催官例』 乾甲 坤乙 艮丙 巽辛 震庚 兌丁 乾爲御史馬 艮爲壯元馬 坤爲宰相馬 巽爲撫按馬 皆峯催官方向也

乾方의 馬를 御史馬 艮方의 馬를 壯元馬 坤方의 馬를 宰相馬 巽方의 馬를 撫按馬라고 하니 馬山이으면 催官을 한다.

『借馬祿例』 丙巽 壬乾 甲艮 庚坤 此帝旺向能收 祿水上堂故吉也

丙向에 巽水來 壬向에 乾水來 甲向에 艮水來 庚向에 坤來하였으니 四旺向이 吉하다.

『子午卯酉號衙廳 神壇寺觀亦能興 內有旗鎗紅門水 雷公館位使人驚』 子午卯酉方位 係四旺位所

251

以衙廳可對 神壇寺觀亦可對 人家住宅亦可對 但不可對子午卯酉中線或左偏右偏在一線吉也

子午卯酉方이 四旺位가 되었을때 可히 對하나 旺方아니면 不可對라 四旺方에 旗鎗의 形體가 있으면 吉하다. 或은 子午卯酉方의 四面에서 太陽金星이 相照하면 太陽升殿이라고 하며 極品의 貴와 敵國의 富가 된다고 한다.

『乾坤艮巽城門水 其間去來要知音』 乾坤艮巽爲長生水來到堂吉 如從乾坤艮巽流去爲四墓庫絕位 俱可去又可來所以言要知音也

乾坤艮巽方이 長生方이면 長生水가 到堂하는 것이 吉하며 乾坤艮巽方이 四墓庫絕位라면 去水하는 것이 吉하니 來하고 去하는 것이 다 吉하다. 그러니 要知音 즉 生方絕位 等의 分別을 잘하여서 來去하는 것을 定하는 것이다.

『大神流入小神方 定主人家災禍至』 坤爲大坤如立丁向是謂流入小神 盖犯黃泉水大凶也

坤을 大神이라고 하니 立丁向을 하고 坤水가 丁으로 流入하면 이때에는 養向이 아니고 墓庫向이니 黃凶이니라.

『中神流入小神宮 災禍瘟瘟不可聞』 立丙向爲中神右來水流于乙位而去謂之小神是反收向上病死水上冲乙位冠帶而去本非黃泉位亦作論大凶 四局皆可以類推

中神丙向을 하고 右邊水가 上堂하여서 乙位로 去水하는 것을 中神이 流入小神이라고 하며 또 向上의 病死水가 즉 坤申庚酉水가 上堂하여서 乙冠帶位로 去하는 것은 本來 黃泉은 아니더라도

『小神流入大神位 管取榮華家富貴』丁向으로 小神이 大神에 入坤位하여서 大神爲墓絶殺出所以吉也

病死水가 冲冠帶하니 少亡敗絶하는 것이라 大凶하다. 中神庚向을 하고 丁未破 中神甲向을 하고 癸丑破 中神壬向을 하고 辛戌破 等은 必然 病死水가 上堂하여서 冠帶位를 冲하니 모두 大凶하다. 丁은 小神이며 坤은 大神이라 立丁向을 하고 坤位로 流入하여서 去하니 小神이 大神位로 流入하는 것이며 丁墓向이라 墓庫出煞을 하니 富貴榮華가 滿堂하다. 즉 辛向에 乾破 癸向에 艮破 乙向에 巽破 等이 모두 如上하다.

『乙辛丁癸神名小 辰戌丑未小神表』此爲小神也 『甲庚丙壬號中神 子午卯酉中神照』此爲中神也 『惟有乾坤艮巽方 寅申巳亥大神當』此爲大神也

『八干四維流皆吉 若放支神起禍殃』穴邊出水之位 或乙辛丁癸正庫而去 或乾坤艮巽絶位而去 或甲庚丙壬胎位而去爲八干四維合局皆吉 若流入地支而去主大凶

立穴하고 水口가 或은 乙辛丁癸正庫가 되며 或은 絶方乾坤艮巽位가 되며 或은 胎方甲庚丙壬이 된다. 萬若地支位로 水口가 되면 大凶하니 天干出水를 해야 한다.

『四維八干赦文水 六秀并要上街去』乾坤艮巽爲大赦文水 甲庚丙壬爲中赦文水 乙辛丁癸爲小赦文水 故曰赦文水 如四維八干流出乾坤艮巽位爲御街 艮丙巽辛兌丁爲六秀合四維八干同出乾坤艮巽而去爲上街去也

赦文水에는 大中小의 赦文水가 있다. 乾坤艮巽을 大赦文水 甲庚丙壬을 中赦文水 乙辛丁癸

를 小赦文라고 한다. 四維八干水가 乾坤艮巽位로 流去하는 곳을 御街라고 하며 艮丙巽辛兌을

六秀라고 하며 四維八干水가 乾坤艮巽御街로 出去하며는 上街去라고 한다.

『生入克入百口成 生出克出退人丁』巳上多言水神所以此言玄空法 如合生入克入主旺人丁吉 如犯

生出克出主捐人丁凶也

이미 水神에서 多言하였으니 此는 玄空法을 말한다. 生入克入할 것이면 人丁이 旺盛하니

吉하며 生出克出을 하면 人丁이 捐絶하니 凶하다. 假令 丙丁乙酉는 火에 屬하니 丙火向을 하

고 寅은水 甲은木이니 寅甲水가 上堂하면 平洋地에서는 大吉하다. 또 金卯라고 하니 平洋에서

에 甲卯破면 甲木卯金이 되니 甲은 火를 生하며 卯는 火克金이니 不可하다. 이것도 平洋에서

쓰는 것이다. 즉 玄空法에 生入克入은 吉하나 生出克出은 凶하다.

『富貴貧賤在水神』如龍眞穴的立生向收旺水上堂立旺向收生水上堂其富貴不可言 更有奇形怪穴斜

飛閃側雖當面不正老僧驗過舊墳拜相之地甚多 如沖傷冠帶位而去亦有人丁必主少年夭亡因無生旺

水到堂往往富貴家爲奴僕下賤之人故曰貧賤在水神

眞龍에 穴이 的實하고서 立旺向을 하고 生水 立生向을 하고 旺水가 到堂하여서 正庫乙辛丁

癸天干上으로 去水하면 富貴하는 것은 말할 것도 없다. 또 奇形穴은 斜飛하고 閃側하여서 비

록 當面이 不正하고도 拜相之地가 許多하게 있는 舊墳도 있다. 冠帶位를 沖傷하고 去水하면

子孫이 主로 夭亡하는 것이 事實이니 生旺水가 到堂하였으나 沖帶位하면 富貴한 집이 賤한

奴僕이 되는 것은 모두가 水神의 來去에 달렸다.

『水是山家血脉精』 平洋之地以水爲龍 假如庚水上堂便爲庚水故以水爲穴脉也

高起한 山巒이 없는 平洋地에서는 水를 龍을 삼는 것이니 즉 庚水가 穴前에 到堂하면 곧 庚水를 따라서 龍을 庚龍이라고 한다. 그러니 十二理氣歌에 云하는 庚龍에 巽向을 立向하면 長生向이니 참으로 美好하다고 하겠다.

『山靜水動晝夜定 水主財祿山主人』 山體本靜水勢本動 言無晝夜 靜與動固長定也 如水法去來合局主發財祿 來龍旺相主發人丁 山者龍也

山은 즉 龍을 山이라고 하였다. 山體는 本靜하고 水勢는 本動하니 晝夜가 없으니 이것은 靜과 動의 固定된 것이다. 水法의 來去하는 것이 立穴에서 配合하면 主로 富하며 山 즉 來龍의 모양이 旺相이면 主로 人丁이 旺盛하니 龍과 水는 不可分의 關係가 있으니 一者라도 缺하면 不可하다.

『乾坤艮巽號御街 四大尊神在內排』 言在乾坤艮巽四大尊神中排出 如來者爲生旺 去者爲墓絶 水若從乾坤艮巽而去者名六秀上御街

龍이 乾坤艮巽 四大尊神中에서 排出하여 있는 것이니 龍과 水는 한모습이다. 水가 乾坤艮巽의 絶位 去水하면 名曰 六秀上御街라고 한다. 그러니 龍이나 水가 乾坤艮巽方에서 來하면 生旺하였다.

『是水流歸東大海 惟有巽宮可去來』只言申子辰水局所以與水來爲金 如右水倒左出巽水左邊而去 亦合申子辰絕處逢生之向故曰可來去也

單只 申子辰水局을 말한다. 來水가 右邊에서 來하여 巽位左邊으로 去하는것 亦是 申子辰絕處逢生向의 法에 合當하다. 水局自生向을 하면 金 즉 庚水가 上堂하여서 乙位나 巽位로 去한다. 自生巽向에서 巽水來 巽水去가 다 合法이다. 沐方丙位로는 金의 庚水가 出하지 않는것이다. 그러기에 巽方의 來去가 다 可하다.

『生克須憑五行布 要識天機玄妙處』生克則論玄空生入克入生出克出之妙用 便爲天機玄妙處 時師每謂小玄空不用此不知玄空用法合天機也

生克은 즉 玄空五行의 生入克入과 生出克出의 妙用이 문득 天機의 玄妙處를 論한 것이다. 그러나 時師가 小玄空을 쓰지 않는다고 말하는 것은 이 玄空의 用法이 天機와 合當하다는 것을 모르고 하는 말이다.

『乾坤艮巽水長流 吉神克入家豪富』乾坤艮巽若絕方出水合法所以看來水一節到堂合生入克入最吉 去水亦合更吉

乾坤艮巽이 墓絕位여서 出水하면 合法이다. 來水의 一節이 到堂하는 것을 봐서 生入克入하면 最吉하다. 去水하는 것 亦是 吉하다. 墓庫出煞法이니 墓向을 하고 乾坤艮巽方의 去來 즉 絕位면 去하고 生方水면 來하는 것이 吉하다.

『尋龍須敎認得眞 識龍方信術精通』言尋龍要看眞脉 倘認龍不精通誤將僞龍爲眞龍便爲術不精通也

면 僞龍을 보고 眞龍이라고 한다.

尋龍하는데 가장 緊要한 것은 眞脉을 看別할 수 있는 것이다. 或 認龍하는 術이 不精通하

『第一要識識龍穴 海裏尋珠爲上訣』旣知龍脉須看結聚或藏窩或開睜或轉翅或閃側種種穴法不同須要的當如陰龍占陽穴陽龍占陰穴 更如金星藏窩木星葬節水星葬泡火星葬焰土星葬角亦有葬腹者凡屬形成 須看堂局水神立穴便不錯誤故曰海裏尋珠言不易立穴也

이미 眞龍이라는 것을 알았으면 그 結聚한 것이 或藏窩 或開睜 或轉翅 或閃側하하였는지를 分看하여라. 穴法이 種種 不同하나 陰龍에는 陽穴을 占하고 陽龍에는 陰穴을 占하는 것이며 다시 또 金星은 窩에다 葬하며 木星은 節에다 葬하고 水星은 泡한데다 葬하며 火星은 焰에다 葬하며 土星은 그 形體에 따라서 角에다 葬하고 또 腹에다 葬하는 것이다. 如上 여러가지를 觀之하고 立穴하는 것이니 海裏에서 尋珠하는 것과 같이 쉽지 않다는 것이다.

『第二要識面前砂 斷人禍福正無差』言穴前砂案逆龍順案順龍逆案 又有一等逆龍有上砂無下砂以上砂作下砂下砂不轉直去百步外有情或順水砂一股或二股在穴前名曰退神 若案外起三台文筆峰則

退神又作進神又爲大富貴之地也

穴前의 砂와 案을 말하자면 來龍이 逆龍이라고하면 順案이 그 龍을 收住하고 順龍이라고하

면 逆案이 그 龍을 收住하는 것이다. 또 一等逆龍이라고 하면 上砂는 있고 下砂가 없으며 龍의 上砂와 順砂가 있으며 穴의 下砂가 되고 轉換하지 않고 直去하였으며 終末 즉 百餘步가 有情하며 或은 順水와 順砂가 있으며 砂가 一股 또는 二股이 空前에 있으면 이 砂을 退神이라고 한다. 萬若에 案外에 三台文筆이 起峰하였다면 退神이 進神이 되어서 大富大貴하는 穴이 된다.

『第三要識九宮水 斷人禍靈如鬼』九宮之水猶人之一生循環 人之初生爲長生沐浴成人始用冠帶 後或服官也自是而旺至老後成衰病死墓絶矣 魂復成胎胎則必養生又復生爲十二宮位積三位謂之 九星九星謂養生爲貪狼沐浴爲文曲冠帶爲文昌臨官與帝旺爲武曲病死爲廉貞墓爲破軍絶胎爲祿存 上應天星下合水神總是四生旺墓皆屬天星座位與水口同局向之氣故爲玄竅相通 若除此九星收水法俱錯誤 人能熟讀九星歌方知龍脈水法變換只要生旺互用從水口爲主立向方合玄竅 盖九星水神最關禍福 如文廉武破左輔右弼爲九星者用立向收水 又有以大玄空爲收水法者更爲錯誤用之不合生旺水神變爲死絶水神到堂傷丁退財艮由玄竅不通也

九宮水法이 凶福을 斷定하는데 鬼神같으니 九宮의 水法은 오직 사람 一生의 循環하는 理致라고 한다. 사람이 初生이 長生이며 沐浴成人하고 始用冠帶하고 或服官하고 旺盛하고는 衰하니 病들어서 死하니 墓가 되고 絶하니 魂이 復生하고자 胎하였으니 또 長生한다. 즉 養生浴帶官旺衰病死墓絶胎 十二字가 十二宮을 차지하고 三位 즉 養生 病死 絶胎가 서로 積位하니 九星이라고 名하기를 養生을 貪狼 沐浴을 文曲 冠帶를 文昌 臨官과 帝旺을 武

衰를 巨文 病死를 廉貞 墓를 破軍 絶胎를 祿存이라고 한다. 九星水法이 上應天星하고 下合水神하였으니 總是 四生 四旺 四墓가 亦是 天星座位와 水口가 相同한故로 玄竅가 相通하였다.

萬若 九星法을 除外하고 收水를 하면 錯誤라 사람이 九星歌를 熟讀하면 龍脈과 收水하는 깊은 뜻을 알아서 生旺을 互用할 것이며 水口를 따라서 立向할 수 있고 틀리지 않는다. 이와 같은 것을 或者는 大玄空으로 收水하고 큰 錯誤를 일으키는 것이다. 九星이 鬼神같이 禍福을 分定하나 쓰면서 生旺을 互用하는 것을 잊고 그 法에 不合하면 生旺水가 死絶水로 變하여서 玄竅가 不通하니 傷丁退財하는 것이다.

『請驗一家舊宅墳 十墳埋下九墳貧 惟有一墳能發福 去水來山盡合情』今時師與人造墳俱錯誤 收水偶然湊巧暗合 十二宮九星亦間有葬下發福甚多然以生旺反收爲死絶無所不至以致誤人也

請하기에 一家의 舊宅墳을 살펴보니 十中에 오직 一個墓墳이 巧妙하게 發福하며 來龍과 去水가 配合하였으니 참으로 恨嘆할 노릇이다. 十二宮九星으로 葬事를 하여서 發福한 일이 甚多하다. 或은 生旺死絶를 錯認하고 生旺이 死絶로 誤定하여서 失敗한 일도 數多하니 詳細하게 觀別하고 用之하는 것이다.

『略叙此扁傳後代 收拾家中藏匣內 莫將輕授閑人 非人得此生災害』略斜此扁 言秘義妙訣不易發泄也 莫輕授人告戒後人不使輕傳恐人不察巒頭理氣誤用害人也

略叙此扁은 秘義妙訣을 함부로 發泄하지 말라는 것이다. 後人들이 巒頭理氣를 不察하고 取

하면 危險하니 잘 保藏하고 非人이면 等閒하는 사람이 있으니까 非人이 取用하다가 害人을 하는것이니 輕授하지 말아라.

『留與有德吉人看 家家富貴光前代』言後代有德之人看明此經之義理與人造墳合生旺玄空之法家家自能發福也

後代에 有德한 사람이 此經의 義理를 보고 明確하게 알아서 造墳을 하면서 生旺玄空의 法을 的實하게 取用하면 집집마다 自然 發福하여서 光明한 家庭이 된다.

一粒粟總索歌

陽落有窩　陰落有脊　入首星辰　從頭而入　陽來陰受　陰來陽作　上有三分　下有三合
個字三义　要知端的　大小八字　貼身蟬翼　股明股暗　有緩有急　上聳明肩　下開暗算
毬簷虬髯　人中難識　純陰純陽　天乙太乙　界水蝦鬚　微茫交揮　左右金魚　羅紋縮土
葬頭要明　淺深有則　脉不離棺　棺不離脉　合脚淋頭　淋頭合脚　割脚淋頭　淋頭割脚
有合不淋　有淋不合　就濕眠乾　眠乾就濕　牝牡交承　雌雄相食　放送玄微　迎接莫失
後倚前親　正求架折　到杖放棺　在師口訣　眠乾就濕　須分順逆　枕對之功　難知接水
急則用饒　饒則用急　高要藏風　低不脫脈　棄死挨生　要知來歷　點穴安墳　如醫着艾

名師登山　一一能解　得師眞傳　瞭然在目　風水自成　不壞骨殖　木根不生　蛇蟻不入
以上眞文　口傳心受　不授他人　惟傳子息

一粒粟眞正秘傳

陽落有窩　形如仰掌略生窩　或時開口宜融結　曾有人能識得麼

陽來陰受　龍如仰掌是陽來　自是陽來陰受胎　凸起節包爲正穴　覆杯相似不須猜

上有三分　入首初看个字嶺　次看凸起節包邊　終看塊硬毬檐畔　龍水三分勢自然

大小八字　大小八字跡微茫　生在節包硬塊旁　但須短脚莫教長　若是分明爲大地

雌雄牝牡　龍從朕口認眞踪　土縮羅紋穴亦同　砂水暗明先後水　細分牝牡別雌雄

拂耳拂頂　自是正求梯頂來　須分順逆莫違乖　架折由來爲拂耳　須分順逆莫違乖

後倚放送　後枕毬檐放送如　毬檐後倚自安舒　不偏不倚惟端正　葬法其斯之謂歟

陰落有脊　陰落星辰劍脊形　肥圓覆掌更分明　或如忽尾宜齊短　世人何人識得眞

陰來陽作　星如覆掌是陰龍　陰極陽生理在中　到穴略開窩有口　其形馬跡正相同

下有三合　龍有三分在頭上　更須三合下頭流　合襟蟬翼兼龍虎　好去其中次第求

貼身蟬翼　貼局暗翼號金魚　蟬翼之名果有無　其中軟翼汝知乎　龍虎宛如雙硬翼

正求架折　正正求架折氣行流　蟬翼星辰是正求　側出星辰爲架折　但從入首看來由

前親迎接　前對合襟是迎接　合襟前對曰前親　必正必端無偏倚　此法由來是罕明

臨頭合脚　臨頭合脚地方眞　上下由來眞氣凝　上枕毬檐端且正　合襟下對自分明

十五、唐國師楊救貧筠松訣

四明釋玉徹塋註

淋頭割腳
　無毬坡水是淋頭
　無合名謂割腳流
　或有上來無下合
　這般假地不須求

毬　簷
　到穴星辰塊硬生
　毬簷相以是天然
　肥圓融結宜端正
　葬口生氣在面前
　此是天然真正穴
　就中側杖豈差訛

葬　口
　毬簷之下略生窩
　葬口原來正是他

倒杖放棺
　十道先于葬口安
　即將直杖到其間
　枕對無偏即放棺
　毬簷之下合襟上

饒則用急
　陽來但緩勢委蛇
　尤緩扦于急處宜
　湊出毬簷五七寸
　免教骨爛如黑泥

棄死挨生
　來龍強弱認分明
　入穴仍推厚薄情
　砂有暗明水寬急
　挨生棄死穴方真

眠乾就濕
　上枕毬簷正放棺
　水分左右曰眼乾
　放棺下合就襟水
　就濕之名理亦安

羅　紋
　結穴星辰以覆鍋
　覆鍋開口或生窩
　莫非紋爛如指面
　所以紋爛如指面羅

土　縮
　結穴星辰有口開
　口開唇下略生堆
　亦惟陽極陰生處
　土縮中生若覆杯

急則用饒
　勢如雄急是陰來
　雄急來龍緩處裁
　拋出毬簷五七寸
　免教骨爛黑如灰

藏風脈脫
　穴法高低總不齊
　但宜正佐是真機
　藏風之處高為砂
　界水之中低亦宜

『古本龍水經句解』即青囊經　楊公名益　字茂長　號筠松　因其立向　有朝貧暮富之異故謂之筠松救貧耳　曾文仙祖楊公意而為此書書中七言歌訣句句有韻發明水法曲盡其奧古本曾公原明龍水經世誤稱青囊經序者非也其義甚秘人不易曉後人著書不知理氣各執偏見遂成異說蓋自唐迄今幾及千年終無一人註明此書老僧探頤三十餘年遂一體認眞切敢窮搜秘蘊依句詳註以公志當世豈小如老僧究心者見此

句解方知命名之義 或不以爲河漢之未可及也

『楊公養老看雌雄』 此經爲楊公老年口授其徒曾文仙述而書也 四陰四陽各有配耦故曰雌雄 又高大爲雄低小爲雌 書云雌雄交度方成穴 穴者成龍也又曰雌雄也 若無交會何必區區不見後龍 所以首言雌雄也 竊謂雌者龍也雄者水也而其他雌雄陰陽之理盡包在於參看中

『天下諸書對不同』 此經爲地理之書祖狐能搜造化之精陰陽之妙用 創古今所未有開理氣之玄微故曰諸書對不同

地理라면 金木火水土 五行에 不過하다. 그러나 陰陽을 各自가 各各 妙用을 하니 그 造化가 一定하지 않고 異說하니 地理書가 여러가지가 있다는 말이다. 첫句의 龍水 즉 雌雄이 交度하여서 成穴하는 것 極히 簡單한 듯하나 其變化가 無窮하니 地理書가 不同하다. 이 句의 龍論이야 하며 龍이 陽이면 水는 陰 이것이 穴을 이룬다 한다.

즉 一言하자며는 龍과 水가 配合하는 곳에 穴이 있다는 말이다. 貴龍賤龍하지 말고 龍水하면 龍은 陰이며 水는 陽이어야 하니 보이지 않는 後龍을 陰陽龍 또는 이 後에 있으나 이것이 一粒粟論龍과 相同하나 그 表現하는 文句는 서로가 달리 表示하였다.

『先看金龍動不動』 辰爲亢金龍 戌婁金狗 丑爲斗牛金 未爲鬼金羊 此謂金龍 龍者辰戌丑未水口也 凡立穴避之 所以到局先看金龍水口 如有龍有局有生旺水到堂然後於十四進神又爲四墓庫黃泉水 若乙辛丁癸方出水爲玄竅相通乃爲合局 如玄竅不相通終歸內取立向之玄竅 盖玄者向也竅水口也

亂大凶矣

去及吉 又有變局係四長生向收養水到堂從沐浴方天干而去亦吉 如從地支子午卯酉流出破沐浴主淫

水 書云―交如不及顏回三十便亡身 此言地支故凶 若龍眞穴的從胎位天干出水者合萬水盡從天上

有或從乾坤艮巽絕位而出 或從甲庚丙壬胎位而去皆爲合法水口 亦爲玄竅相通 如水口來到墓庫先出

敗絕以辰戌丑未爲四墓庫其中皆爲莊金殺 書云―來到充軍千里外故天干停蓄而去不宜地支來去也 更

辰을 兀金龍 戌을 婁金狗 丑을 斗牛金 未를 鬼金羊이라 하니 이 辰戌丑未를 金龍이라고 한다. 金龍하는 龍은 즉 辰戌丑未水口며 四墓庫黃泉水를 龍이라고 한다. 그러니 立穴하면 먼저 金龍水口를 보고 龍을 避하여라. 金龍水를 避하고 오직 生旺水를 到堂시키는 十四進神內에서 立向을 하면 玄竅가 相通한다. 玄은 向이며 竅는 水口를 말한다. 乙辛丁癸 즉 水口의 天干字上으로 出水를 하면 玄竅가 相通하는 合局이며 辰戌丑未를 水口가 犯하면 玄竅가 相通하지 않기 때문에 終歸에 가서는 敗絕한다. 그 까닭은 辰戌丑未가 莊金殺하였기에 去水하여야 하며 地支出水는 極凶하다.

書云―來到充軍千里外라 하는 것도 天干에서 停蓄하였다가 胎方의 天干 乾坤艮巽字上이나 胎方의 天干 甲庚丙壬字上으로 出去하는 것이 合法이다. 이것이 모두 玄竅相通한다고 한다.

書云―交如不及顏回三十便亡身이라 하는 것은 즉 立旺向을 하면 宜當 旺向의 水口가 墓庫가 되는 때에 미처 이르지 못하고 衰病中間이나 미처 正庫에 이르기 前에 出去하니 즉 衰

可來去라 去水가 可合하나 그 衰方에서는 去水하지 않고 衰病 中間에서나 衰는 지내놓고 正庫까지 못가서 去水하고 交如不及하니 顔回같이 일찍 死去한다고 하니 雜病으로 壽가 短하여서 寡婦가 있게되며 一門에 寡婦가 數三人이나 되고 三房 二房 長房의 順으로 敗亡한다. 或 長生水가 長大하게 上堂하면 長房은 不絕하나 交如不及하면 出水가 三房 二房 長房의 順으로 一般的으로 極凶하다. 書云—萬水盡從天上去라 하였으니 眞龍眞穴이면 胎天干으로 또 四長生向의 借庫沐浴天干으로 出水가 吉하며 이때에도 萬一 地支子午卯酉를 犯하면 大凶하다. 子午卯酉는 文曲星이라 하니 男女가 淫亂하다. 如上 地支는 不犯하고 天干出水를 切切히 말하였다.

『次看血脉認來龍』凡看地 須先看局向水口合法 乃尋來龍 若不先看局及局向不合 則空費力矣 但龍行須分貴賤 書云—開帳中出爲貴龍 貴龍重重穿出帳 賤龍無帳空雄强 又云—帳幕多時貴亦多 一重只是富豪樣 如水口龍虎俱合全無龍脉者謂之假花葬之大凶矣

먼저 水口를 보고 合法하거든 來龍의 生旺死絕을 살펴라. 水口를 보지 않고서 龍을 찾으며는 헛힘을 드리고 마는 것이다. 그리고 龍의 行度를 보고 貴賤을 分別하여 즉 形狀의 生旺을 안다. 龍이 開帳을 한 中央에서 出脉하면 左右에서 護從하니 貴人의 行度와 같으며 賤龍은 龍이 開帳하지 않으면 左右에 護從이 없으니 帳幕이 많은 貴龍이 理氣가 生旺하면 참으로 貴龍이라 한다.

『龍分兩片陰陽取』左旋出脉者爲陽龍 右旋出脉者爲陰龍故曰龍分兩片陰陽取也

左旋龍을 陽龍 右旋龍을 陰龍이라고 한다. 언제나 左旋右旋을 이루고 行度한 龍을 右旋이다 左旋이다 하는 것은 去水口가 左旋에 合當하면 右旋龍에 合當하면 右旋龍이라고 하며 右旋에 合當하면 右旋龍이라고 한다.

『水對三叉細認宗』 凡眞龍到頭 左右必有界合 或活水或山上乾流合在穴前名爲三叉水又爲金魚水 如出左邊子癸祿位 是犯墓絶水到堂流破祿子癸位故大凶矣 曰細認宗者恐後造次輕忽也 竅謂宗當作踪謂水口緊穿與否語意以不必專論墓向一水法而已

大概 眞龍이 到頭하면 左右에서 兩水가 界合한다. 或은 活水 或은 乾流가 穴前에 이르러서 界合하는 것이니 三叉水 또는 金魚水라고 한다. 假令 立丑向을 하면 穴前小水口가 右傍의 艮絶位로 去水하면 즉 墓庫出煞이라 하나 左邊子癸祿位로 去水하면 子癸祿位를 流破하는 故로 언제나 出水하는 곳이 그 向의 祿位로 破去하면 凶한 것이니 仔細하게 살펴라. 水口의 緊穿與否 다시말하면 兩水가 完全하게 繼合하여서 極히 散漫하지 않고서 定庫로 去水하는 것이며 丑向絶流라 하니 金局墓向을 比하였다 하여서 四局墓向만에 限한 것은 아니다. 어느 立向에 서나 界合하여서 祿位를 冲破하지 말고 定庫로 去水하는 것을 말하였다.

『江南龍來江北去 江西龍去望江東』 龍之來去分爲東西南北也 竊謂江南江西兼言水也 龍이나 水가 東西南北에서 來하고 東西南北으로 去하니 四方이 나누어진다.

『二十四山順逆』 盖言龍身順逆 凡順龍立穴 必須逆砂逆水方能收住順龍 若逆龍立穴必須順砂順水方能收住逆龍

龍身의 順逆之理를 말한다. 大槪 順龍에서 立穴하면 逆砂와 逆水가 能히 順龍을 收住하여서 成穴을 하고 逆龍에서 立穴하면 順砂와 順水가 能히 逆龍을 收住하여서 成穴을 한다. 二十四龍에는 順龍逆龍이 있다.

『認取陰陽祖與宗』 發祖高山爲陽 到穴星辰爲小泡者爲陰 若平洋兩水夾出一股長一股短俱來供穴 亦謂之陰陽龍 發處謂祖與宗 竊謂得水處而水之宗也 認取陰陽云者 謂陰龍陽祖陽龍陰水豈專論山也 如玉恐誤解異代恨未討論

發祖高山을 陽이라 하며 到穴星辰의 小泡한 것을 陰이라 한다. 平洋之地는 隨水하여서 龍身이 出現하는 것이다. 그런故로 兩水가 夾出하면서 一股은 長 一股은 短하는 法이며 兩股이 俱來하여서 拱穴을 하는 것을 陰陽龍이라고 하니 이 陰陽龍은 山만을 指的하여서 龍이다는 것은 아니고 즉 陰龍陽水 陽龍陰水를 陰陽龍이라고 한다. 祖는 龍의 入首處요 宗은 水의 宗이니 즉 得水處를 말하는 것이다.

『陽從左邊轉 陰從右路通』 即左旋右旋爲陰陽龍也 左旋龍要收右旋水 右旋龍要收左旋水 方爲合局 竊謂此一句并以山水一體論也

左旋龍을 陽龍 右旋龍을 陰龍이라고 하니 左旋龍에는 右旋水를 收水하고 右旋龍에는 左旋

水를 收水하는 것이니 즉 山水는 陰陽이 一體라고 한다.

『有人識得者何須大地不相逢』識得以上龍水陰陽順逆之理氣則大地自可立辦矣

以上의 十有歌句의 龍水順逆하는 陰陽의 理氣를 아는 사람은 大地를 自己가 可히 辨別하여서 立向할 수 있다.

『是以聖人卜河洛 澗二水交華嵩 相其陰陽流水位 卜州卜邑辦雌雄』言首之聖人能相地理陰陽及流水位以立州邑也

그전 古世에 聖人이 能히 陰陽을 알아서 그 地方의 龍과 水를 明確하게 辨別하였으니 州나 邑 즉 都邑之地와 地名을 定하였다.

『晋世景純傳此術 演經立義出玄空』此言郭璞傳聖人之術演出葬經也

中國 晋나라 때에 郭景純이라는 사람이 聖人之術을 傳하였다. 郭景純葬經이라는 冊이 有名하다. 그 經이 玄空五行으로 演經하였다.

『朱雀發源生旺氣 一一講說開愚蒙』朱雀言向上來水方位 如生方發源須立旺向收之 旺方發源立生向收之 書云ㅡ旺去會生富貴之期驟至 生來會旺聰明之子方生 故凡立向俱收生旺水到堂不犯冲破旺方成理氣所以葬經云ㅡ朱雀源于生旺 孤于未盛 朝于大旺 澤于將衰 流于因謝故一一講說

朱雀은 向上의 來水方位를 朱雀이라 이르기를 前有朱雀이라고 한다. 朱雀이 生方發源하며는 立旺向을 하여서 收水하고 旺方發源하며는 立生向을 하여서 收水하는 것이니

書에 云하기를 旺方水가 生方에서 會合하니 富貴를 期約한 것이며 生方水가 旺方에서 會合하니 聰明한 아들을 出生한다고 하였으니 立生向에는 旺水來 立旺向에는 生水來가 到堂하여야 하며 가장 切好한 立向收水法이다. 그러니 立向을 하고 生水旺水가 다같이 到堂하여야 하며

萬一에 生方이나 旺方에 破가 되면 冲生하고 破旺을 하는 것이니 冲生破旺을 不犯하여라.

如上에 立旺向을 하고 旺方에서 비록 冲生하고 破旺을 하여도 一勺水라도 來하면 朱雀水라 하고 立生向을 하여서는 生方水가 來하니 朱雀水라 하며 水의 大小를 莫論하고 大發速發하는 法이다.

『先天經盤十二位』 內盤格龍乃合先天八卦靜而不動故爲地爲婦十二位地支也

羅經에 內盤外盤이 있으니 內盤을 先天經盤이라고 하며 當初에 內盤은 地支十二位가 十二宮에 分居하였다. 그리고 內盤은 靜而不動하는 故로 地婦 陰이라고 하니 內盤은 格龍을 하고 立向은 外盤이어야 한다.

『後天再用幹與維』 附四維八幹 維謂乾坤艮巽 幹爲甲庚丙壬乙辛丁癸 成後天八卦變出六十四卦爲動上應天星下合水神晝夜旋轉 又水忽南北忽東西亦爲動 是以後天之動配合先天之靜爲天爲陽爲夫

所以立向必用外盤後天八卦合地之動 格龍必用內盤以先天八卦合地之靜也 盖萬物皆有陰陽之道 動靜相生方成配合 書云ㅣ乙辛丁癸之婦宜配甲庚丙壬之夫 夫夫婦婦雌雄交度是也

乾坤艮巽을 四維라고 하며 甲庚丙壬乙辛丁癸를 八幹이라고 한다. 四維八幹이 上의 天星 下의 水神에 配合하여서 晝夜로 旋轉하며 東西南北으로 水가 流去하며 動한다. 그런故로 內盤

地支位에 後天八卦의 四維八幹을 附添하여서 內盤을 陽宅立向에 쓰며 晝夜旋轉하는 外盤을 縫針이라고 하며 陰宅을 立向收水하니 上應天星하고 下合水神하였다. 그리고 內盤正針을 地婦陰靜 外盤縫針을 天夫陽動이라고 하며 즉 婦 天地 靜動 陰陽 이와같이 配合하는 것이다. 大槪 萬物이 如上의 配合하는 理致로 서로 相生하는 것이니 書에 云하기를 乙辛丁癸의 婦는 甲庚丙壬의 夫와 서로 相配相生하는 것이니 즉 癸甲 辛壬 丁庚 乙丙 이와같이 相合하여서 火局 金局 木局 水局으로 地理를 辨別하였으니 모두가 夫婦雌雄의 交度라 한다.

『八幹四維輔支位』 輔支位八幹四維以成雙山也 雙山者詳後 甲庚丙壬乙辛丁癸의 八幹과 乾坤艮巽의 四維가 地支位를 輔하였다.

『子母公孫同一類』 生旺與墓爲子母公孫 俱可立向所以言同一類 今時師生旺方可立向墓庫方不可 立向 此 不知靑囊經者也

生旺墓를 子母公孫이라고 하며 三方을 다 立向하는 法을 時師들이 生旺方은 立向을 하고 墓庫方은 立向을 못한다는 사람은 靑囊經을 모르고 하는 말이다.

『二十四山雙雙起 小有時師通此義』 雙山者一天干一地支兩個字同宮 如金長生巽巳同宮 火旺向丙 午同宮之類 凡收水立向干支俱可用 盖生旺墓無礙也

天干과 地支가 合하여서 同宮이 된다. 巽巳는 金局의 長生位 丙午는 火局의 帝旺位며 乙辰

은 水局의 墓位 이와같이 二字合하여서 同宮이니 金局長生向이라면 天干地支 즉 巽向과 巳向을 하는 것이다.

『五行分布二十四』 東方寅甲卯乙巽屬木 西方申庚酉辛乾屬金 南方巳午丙丁屬火 北方亥壬子癸屬水 辰戌丑未艮坤屬土 中央左旋作戊土論長生附在申順行 右旋者作己土論長生附在卯逆行 此謂五行分布也

正五行論과 相同하다.

『時師此義何時記』 言時師不知死絶生旺水法也 時師가 生旺死絶의 水法을 모른다.

『小玄空五行法見上』 平洋龍訣當用此法

『山上龍身不下水 水裏龍身不上山』 山上龍身其結聚只在山上 盖當面有大唇吐出但見賓主朝對不見下水神卽此穴不用收水故曰山上龍身不下水也 水裏龍身在水中結穴只論水口消納合局引水立穴 或有抱離閃側穴不必論山故曰水裏龍身不上山也

山上의 龍身은 山上에서 結聚하니 大概 穴結하는 當面에 큰 唇같은 것이 吐出하여서 賓客과 主人이 相對하고 있는 듯하니 一切의 山下의 水가 不見하니 收水를 할 수가 없고 但論風吹하니 奇形穴이라. 故로 山上龍身이 不下水라고 하며 水裏龍身이 水와 水사이에 있으니 水口의 消納 즉 得破의 來去하는 것을 보고 立穴하는 것이라. 不論風하고 但論水하여서 立向하는 故로 水裏龍身이 不上山이라고 한다.

『更有收山出殺法』 收山即龍也 凡立向須要收山生來會旺 或旺去迎生謂之收山法 立向須撥病死絕 水歸墓庫而去謂之出殺法 若收生旺水到堂爲龍之生旺 即子孫之生旺 又反收病死絕水上堂爲龍之病 死絕即爲子孫之病死絕 所以收山出殺之法可不急講也

收山이라는 것은 龍을 말한다. 立向을 하면 生來會旺하며 旺去迎生하는 것을 收山이라고 한다. 病死絕水가 墓庫方으로 撥去하는 것을 出殺이라고 한다. 病死絕水가 到堂하면 龍이 死絕을하니 또 子孫이 生旺한다. 이와 같이 收山出殺하는 것을 簡明하나 全部를 ―― 이 不講한다.

『前後步尺不相離』 如後龍入首 四尺五寸步尺量到穴 後龍之轉處多小丈數 丈數若多主發久遠 向眞 更與水法相宜合局後龍轉就陽氣亦發 向或不合局後龍雖吉無用 至穴前祭垈拜兜金 將四尺五寸步向前等多小丈數 與正五行立向相合方無碍 凡做兜金 假如丙午二向水放丁位而去謂之小神專管 三房主子孫隆盛 如錯放甲庚丙壬與乾坤艮巽者是無乙辛丁癸之位三房必敗絕 更有翻身逆結及橫過 龍 穴前空地只容一人可拜亦結大地 又平洋立穴須做一箇面墻方見風吹水激壽長丁 如作騎龍穴要 坐空朝高若多作面墻爲避風避水眞絕地也

먼저 말하고자 하는 것은 尺이니 여기서는 四尺五寸을 一步라고 하는 것이 事實이다. 그 때 代에 따라서 或은 六尺이 一步라고 한 文書도 있으니 此論은 四尺五寸이 一步라고한다. 後龍 入首가 丈數가 穴에 따라서 各異하니 一言으로 後龍入首 몇丈몇步에 穴이 있다고 할사람은

하나도 없고 入首의 丈數가 길면 發福이 久遠한 것이 事實이거니와 或者는 丈數가 적어도 無
關한 特異한 怪穴도 있다. 一般이 陽龍은 不發 또는 穴이 不成한다고 하나 向이 眞이며 水法
이 向과 相合하면 비록 後龍이 陽이라 하나 發福하며 向과 水가 不合하면 비록 陰龍
또는 貴龍이며 理氣가 生旺하였으나 不發하고 其害가 非淺하다. 穴前에 祭坮 拜坮 兜金 等이
즉 正五行의 相生相合한 곳이 있고 定庫로 去水는 가장 好格이다. 그러나 兜金이라 할지라도
假令 丙午二向에서 丁位로 去水하는 것을 小神專管이라고 하며 三房이 隆興하나 錯放하여서
甲庚丙壬乾坤艮巽으로 去水하면 丁方의 兜金이 있다 하여도 이것은 丁으로 去水하지 않으니
만큼 三房이 敗絕한다. 다시 翻身逆結 橫過龍에 拜坮 祭坮 兜金은 生覺도 못할 程度로
單只 一人이 可拜할 곳도 大地가 있다. 또 平洋穴前에 一箇面墻이 있으며 風吹水激하나 壽하
고 丁旺한 穴도 있으며 倒騎龍穴이 坐空朝高하고 面墻이 많으면 避風避水하니 참으로 絕地라
하겠다.

『坎癸申辰坤乙星 離壬寅戌兼乾甲』 此十二位陽龍 此雖陽龍一定之本位 凡二十四龍皆可分左右旋
立生旺墓向何可拘於一定之陰陽乎 時師每謂六秀吉龍餘龍不吉 不知陽龍亦發福 卽淸德蔡氏舊墳
係貪狼乙木龍入首扞辛向有上砂無下砂上砂在龍之下砂今發大貴 又平湖沈氏舊墳係寅甲木生旺龍
入首扞巳向亦大發富貴 更如淸德徐氏舊墳乾龍入首扞巽向前有四巽峰今父子翰林要應四巽之貴
也 老僧歷驗陽龍入首舊墳往往見乙龍與寅甲及乾亥龍俱發福綿長 盖寅甲龍係生旺同歸故必大發與

273

二十四龍有凹風入穴主出風症人多未知也

此十二字龍을 陽龍의 一定한 本位라고 한다. 그러나 陰龍이다 또는 陽龍이다고 할것이 아니라 二十四龍이 可히 左旋 右旋으로 나누어서 生向 旺向 墓向을 立向하는 法이니 本來에 定한 陰陽에 拘碍할 것이 없지않은가 믿어진다. 時師가 흔히 三吉六秀字上의 龍은 吉龍이고 其外의 龍은 不吉하다고 하는 것은 陽龍의 發福하는 것을 모른 緣故라고 하고싶다. 乙木龍入首하고 立辛向을 하니 上砂는 있고 下砂가 없으며 上砂도 龍의 下砂가 되고 大發富貴하였으며 寅甲生旺龍에 立巳向을 하고 大發富貴하고 또 乾龍入首에 立巽向을 하고 向上巽方에 四筒峰이 있고 父子가 翰林을 하니 이것은 向上四巽峰의 貴인가 한다. 이것으로 미루어 陽龍도 發福하는 것이니 左旋右旋을 알아서 立向하며 陽龍에서도 乾龍 乙龍 寅甲龍은 大發하며 二十四龍에서도 凹風이 入穴하는 것은 避하고 立向하면 된다.

『此是陽山起頓來 收山出殺正宜裁』 此言十二陽龍 俱要收山出殺也 時師言辰戌丑未陰陽龍爲貴人 不臨位不發 老僧驗浙江金華趙氏墓明初目講師辰龍扞戌向至今富貴大族 又有蘭溪某氏舊墳係寅龍入首前有十筒山峰至今相傳爲九子十登科又一婿也

此는 頓來하는 十二陽龍이라도 收山出殺하면는 切要하다. 時師가 辰戌丑未龍은 不發한다고 하나 初目之師가 辰龍에 立戌向을 하고 大發富貴하는 일도 있고 寅龍入首에 向上方十筒山峰이 있으며 九子一婿가 登科한 곳도 있다.

274

『艮丙兼兌丁巳丑 巽辛震庚亥未受』 此十二陰龍也 不論陰陽 若開帳中抽出活動起伏而來 便爲貴龍主大發

此는 十二陰龍의 一定한 것이니 不論陰陽하고 開帳中에서 出脉하고 活動하며 起伏하여서 來하면 貴龍이 大發한다.

『此是陰山入穴來 立穴何須拘左右』 此言上十二陰龍 立穴不必拘左旋右旋分陰陽也

此는 즉 上의 十二陰龍이라 어찌 左旋 右旋의 陰陽에 拘碍할 것인가 從水口하여서 立向하여라.

『此是收山出殺書』 收山出殺已上前註

『三節四節不須拘』 三節四節言後龍轉處 俱不論陰陽貴賤也 老僧驗浙江金華廬氏舊墳來龍過峽處 發一泡又轉子龍入首立午向發大富貴 時師每謂過峽來龍犯天罡不結地 今看房氏發福地何謂犯天罡 劉靑田云千里來龍只開到頭一小節是古認水立朝之法也

龍이 轉來하면서 後節에 過峽하고 開帳하여서 到頭한 데까지 不犯天罡은 가장 切要하나 먼 데서 오자면 或은 天罡을 犯하였더라도 到頭한 一小節이 不犯天罡하였다면 劉靑田이가 云한 바와 같으니 水口를 보고 立向하면 無妨하다. 時師들이 來龍이 犯天罡하면 不結穴한다 하나 遠遠히 來하자면 間或 天罡 즉 辰戌丑未를 犯한다고 한다. 勿論 到頭한 一小節에 犯하면 그야 어찌하겠는가 詳察天罡하여라.

『只要龍身得生旺』 此言立向之法 如巳酉龍撥丑艮方出水立巳向旺在酉立酉向生在巳俱得龍身生旺

之法 餘可類推 至如龍身當審其出身結脉不必論陰陽 來則屈曲活動 住則砂回水聚迎其生旺避其死絶則龍氣淸和而結穴自然有吉無凶矣

立向하는 法을 말하였다. 假令 巽巳龍과 庚酉龍이 水口가 丑艮方이면 巽巳旺龍에서 立庚酉旺向을 하고 庚酉生龍에서 立巽巳生向을 하면 이것은 龍身이 生旺을 함께 得하는 法이다. 그러나 其龍身의 出脉을 찾으면 生旺을 알 수 있는 것이고 陰龍이니 陽龍이니 할 것은 없다. 龍이 來하자면 屈曲하며 活動하고 龍이 住하면 砂回하며 水聚하고 其生旺을 迎하며 其死絶을 避하며는 龍氣가 淸和하니 結穴을 하면 自然 有吉無凶하다.

『陰陽却與穴中殊』 此言龍來或左旋或右旋 到頭開門立面氣聚牙穴中殊 陽龍要立陰穴 陰龍要立陽穴故曰殊也

龍이 來하면서 左旋 右旋을 이루며 到頭하는 것이니 到頭하여 門面을 開하고 方正하게 立向을 하자면 陽龍에 陰穴 陰龍에 陽穴 즉 左旋龍에 右旋穴 右旋龍에 左旋穴이 되니 穴中殊라 한다.

『天上星辰是識羅』 言外天盤星辰上應天星密布於羅經也 今因天動水動外盤附在縫中亦爲動方合天水動處故曰名爲縫針也

外盤縫針에 天上의 星辰의 方位가 羅經에 密布하여서 되었으니 天水動處와 틀리지 아니하게 된 外盤을 縫針이라고 한다.

『水城三八要來過』 言團團水城中合天干地支共二十四位爲三八入皆從生旺到堂消庫而去故要來過也

『水步城門須要會』 須要會言水法 從生旺到局 消歸絕胎位而去也

『恰如湖裏鴈交鴛』 如穴前內堂左右界水夾出者名曰鴛 外堂龍虎左右水來交于靑龍或白虎頭者名曰鴈 爲內水口或交在穴前中必爲內水口 如交在外靑龍外白虎爲外水口 平洋穴須要穴中見水口方是 或交在左後肩右後肩上相合者亦可作外水口 若專用外堂水口內堂水口不合則主斬丁絕嗣 內外水口俱合吉也

穴의 左右의 內堂兩界水가 夾出하는 것 즉 穴을 抱하여서 左右水가 合하여지는 곳을 鴛라 고 하며 穴의 外靑龍方의 水와 外白虎方의 水가 來하여서 靑龍頭方이나 白虎頭方에서 兩水가 交合하는 곳을 鴈라고 한다.

그러니 즉 內堂의 兩左右의 界水가 鴛가 되니 大槪 이 鴛는 穴前에서 內水口가 되며 外堂의 靑龍白虎頭方에서 交合하는 鴈는 外水口가 된다. 或은 鴈이 外水 이와같이 鴈과 鴛가 서로 內外水口가 된다. 또 平洋穴은 水口가 穴에서 보이는 것이 옳은 것이며 或은 坐空朝高하니 左後肩이나 右後肩에서 外水口가 相合하기도 한다. 內水口는 꼭 合法하여야 하며 內外兩水口가 俱合하면 참으로 吉하다. 이러한 理致는 不顧하고 즉 內水口는 不合하여도 外水口만을 合當하게 하는 것은 斬丁敗絕하는 것이니 極凶하다.

『四木四金幷八水』 亥癸艮甲爲四木 乾坤卯午爲四金 子寅巽辛庚巳申壬爲八水 小玄空法

『四火四土俱入坐』 丙丁乙酉爲四火 辰戌丑未爲四土 俱入坐言從向上消納也 小玄空法

『十個退神如鬼靈』 以金局論丑方水口 若立丙午丁未坤申辛戌乾亥五向以雙山論十向皆無生旺官祿 長生養位爲玄竅不通是犯丑庫 丁未爲冠帶方如右水倒左向上不通丑庫而去亦爲玄竅不通是犯丑庫 丙午爲金局沐浴方水倒左冲傷旺位又流破向上 爲臨官祿位如右水倒左雖有長生官祿水上堂其向上不通丑庫而去亦兩個退神 辛戌係金局衰方如左水倒右雖有長生官祿水上堂丁不通亦犯兩個退神 共成十個退神只就一局論餘可類推 如鬼靈言禍凶立驗也 乾亥金局病位如左水倒右向上丑庫 不通亦犯兩個退神

退神은 立向을 하고 즉 正局向 變局向을 相合을 못하며 冲生破旺을 한다。 또 上堂은 하나 正庫나 借庫로 不歸하니 退神向과 退神水의 上堂을 忌한다。 그러니 沐浴 冠帶 臨官 衰 病等의 向이 退神하는 向이다。이 十個向을 十個 退神이라고 하나 其中에서 沐浴은 文庫消法으로 立向할 수 있다。 生旺官祿水가 上堂하지 못하며 生旺이 相生

『十四進神家業興』 就金局論丑方出水 如立巽巳長生向 庚酉旺向 癸丑庫向 乙辰養向 立變局壬子向 又立變局長生向 如水變出祿存甲位而去亦立甲卯向 共七個向以雙山論十四進神 俱有生旺官祿 水上堂又立變局歸丑庫去故謂進神 立巽巳向金局長生向 立庚酉帝旺向收 右邊水上堂只合兩個進神 立庚酉帝旺向收 右邊祿生水上堂只合兩個進神 立庚酉帝旺向收 左邊長生水上堂又合兩個進神 立癸丑向金局墓向收

左邊旺水亘文水上堂又合兩個進神 如開門面立壬子向收左邊長生水上堂借丑庫去亦合兩個進神 如
開門立面向艮寅變局從向上收右邊水巽巳丙午官祿水上堂皆化殺生權借丑庫而去亦合兩個進神 如
開門立面向乙辰養位收右邊水巽巳長生官祿水上堂出艮方絕位而去又合到個進神 如水不出正丑庫或
水神變出祿存甲位而必得開門立面向艮寅水上堂出生位是再變局收向上逆水左邊養位水上堂能化殺生
權出向上沐浴方雖右邊官旺水不上堂亦吉旁出甲位方是爲文庫亦爲兩個進神共十四進神 其胎位因
變祿存出水甲用其甲胎位龍穴朝對眞正卽立甲胎位亦卯同宮收右邊金局巽巳長生官祿水上堂仍歸甲
胎位而去名爲祿存消水向作進神更有艮立向收右邊旺祿水上堂從艮去水亦合絕處逢生法 如
門面向寅亦可立向 更有龍穴俱眞變爲金局之衰方辛水來朝須左邊旺祿水上堂從右後邊
甲位而去亦名爲祿存消水向如見戌水同朝不可立向或門面向戌立向亦不可以變衰向也此亦論金局論
餘皆類推

進神은 立向을 하고 즉 正局向 變局向을 하고 生旺官祿水가 上堂하여서 正庫나 借庫로 歸
去한다. 長生向 帝旺向 墓向 養向 胎向 絕處逢生向을 十四進神이라고 한다. 此外
에 衰向과 浴處逢旺向은 祿存消水法이라 立向하니 一局에 二十二向 四局八十八向이 된다.

『坐向須明生克入 進退水路要知踪 生入克入爲進神 生出克出是退神』生克已詳前註 坐向 在山不論
玄空 平洋水向高亦不論玄空 或向前當局高敵橫過小水只要在生旺水神到堂卽爲扶龍補向不論玄空
生克이 이미 退神進神에서 明辨하였으니 立向을 하면서 山地나 平洋에서 不論玄空하며 或

平洋地에서 堂局이 高敞하여서 橫過水가 적다 하여도 生旺官祿水가 到堂하면 卽 扶龍補向을 하였으니 不論玄空한다.

『退水宜流千百步 進水須敎近戶庭 進退得位出公卿 大旺人丁家業興』 退水進水生克進退水神也 得位言合法合局自然吉也 退水進水는 生入克入하고 生出克出하는 進退水神이니 退水는 病死絕 水며 進水는 生旺官祿水를 말한다. 退水가 穴에서 遠遠하여서 千百步면 進水는 가까운 戶庭 에 있어 上堂하면 進退가 得位를 하였으니 公卿의 貴人이 出生한다.

『甲庚丙壬水來朝 其家大富出官僚』 甲庚丙壬水來到堂腰懸金印 丙壬水來到局身卦朱衣 但得貴兼致富 矣

甲庚水가 到堂하면 허리에 金印을 달것이며 丙壬水가 到堂하면 몸에 朱衣를 건다하니 富貴 兼全한다. 但 祿水旺水가 眞貴水요 浴死胎等 死絕水면 不吉하다.

『進神若退家資退 亥子申宮皆一位』 進神如遇生出克出反變爲退神 皆以水從旺墓向到堂爲亥子申 宮皆一位

進神이 生出克出하면 退神으로 變한다. 즉 旺向과 墓向은 進神이 在左하는 것이나 右邊水가 倒左하면 進神이 退神이 된다. 그러니 生旺宮의 三位는 所在는 틀린다 하여도 一位라 한다.

『退神若進主官非 巽巳艮寅同一例』 退神如遇生入克入反變爲進神 皆以水從右來沖傷旺位過堂須 消向上沐浴文庫而去合局 不可從艮寅長生消水故爲巽巳艮寅同一例 四局推此

退神이 生入克入하면 進神으로 變한다. 즉 旺向을 하면 먼저 말한바 進神이 在左하여야 하는 것을 或右水가 倒左하면 旺位를 冲傷하나 水口가 오직 向上의 沐浴方文庫로 去水하면 合局이니 生方艮寅이나 巽已臨官位로 消水하면 참으로 不可하다. 이러하니 이것은 金局의 浴處逢旺向을 말하였으니 此向을 가지고 火水木局도 同推한다.

『癸坎騰騰入乾亥 丙向夾巳扞虎馬 兎山高聳置萬頃』此言乙丙交而趨戌去 以乙木生在丙午旺在艮寅墓在辛戌故水口當趨而去又配丙午火向生在艮寅旺在丙午墓在辛戌而去 如立艮寅火長生向是乙木龍之旺位 俱同趨戌而去 如立辛戌墓向是左邊旺水倒右龍水俱龍之生位 如立艮寅火長生向是乙木龍之旺位 收在辛戌乾位絶方為龍得通竅 外有變出十四個進神皆要玄竅相通盖趨戌而去 時師多誤解非言水口從戌去也水口定從乙辛丁癸而去如辰戌丑未出水如穴中若見此水者為翻棺倒槨黃泉大凶所以天干收在辛戌乾位絶方為龍得通竅 外有變出十四個進神皆要玄竅相通盖趨戌而去 時師多誤解非言水出水地支不宜出水 盖合萬水盡從天上去也 今人多不知是解或坐山收水或龍身收水或卦例收水更宜出水地支不宜出水 盖合萬水盡從天上去也
有穿山透地收水所以錯誤人能熱讀每局千四進神外又變出二十二向二十二個向中取立一向為玄竅相通最宜細玩在山峰巒高起平洋生旺與六秀水朝局皆富貴

此는 乙丙交而趨戌의 火局을 말한 것이니 乙木이 生在丙午 旺在艮寅 墓在辛戌하였으므로 水口가 戌方이며 丙火가 生在艮寅 旺在丙午 墓在辛戌이니 丙午旺向을 하면 丙午는 乙木龍의 生位이며 艮寅向을 하면 艮寅은 丙火의 生位이며 乙木龍의 旺位라 結局에 墓는 乙丙이 戌이다.

辛戌向을 하면 左邊의 旺水가 倒右하니 龍과 水를 다 收龍收水하여서 辛戌을 지내서 絶方乾

字上으로 歸去하는 것이다. 이 外에 十四個進神이 玄竅가 相通하였으니 立向을 할 수 있다. 이런 理致를 時師가 잘못 解하고 趨戌이라 하니 그저 戌字上으로 去水하였으니 戌方 하나뿐만이 아니라 辰戌丑未方으로 去水하는 것이 萬一 穴에서 보이면 翻棺倒槨하는 極凶한 黃泉이라 宜當 天干字上으로 去水하여야 한다. 이 外에 또 사람들이 向法을 모르고 坐山에서 收水하고 或은 龍身에서 收水하고 或은 卦例로 收水하고 심하면 穿山透道로 收水하고 이 外의 別法을 取用하여서 錯誤을 하고 있는 일이 있으니 元來에 羅經도 向으로 되었으니 向上法을 取用하여야 한다.

『着紫着緋兼着祿 寅甲水來逢』以寅爲水能克丙向以甲屬木能生丙火此玄空法也 若平洋用玄空法發富貴

玄空五行에 寅은 水요 甲은 木이라 丙은 火니 丙向에 寅克과 甲生이 上堂하면 生入克入한 다. 그런故로 丙火旺向에 甲寅水가 上堂하면 平洋地에서는 大發富貴한다.

『更有諸位高峰起 尖秀高圓俱得位』言生旺方及六吉方俱有吉星高起 高尖爲火星 高圓爲金星皆能 得位 餘皆類推 平洋有三吉六秀朝亦作得位論矣

生旺方이나 三吉六秀方에 吉星이 高起하며는 得位하였다. 高尖한 것은 火星 高圓한 것은 金星이라고 한다. 火星金星을 貴砂라고 한다. 平洋地의 穴에서 三吉六秀의 山이나 水가 朝하면 得位하였다고 한다.

『長生高聳旺人丁 旺位起峰財祿聚』 言長生位有峰人丁大發 旺位起高峰官祿大旺 如長生缺陷無高峯人丁官祿俱不發

旺位에 高峯이 起하였다면 官祿이 大旺하며 長生位에 峯이 있으면 人丁이 大發한다. 그러나 長生位가 缺陷하여서 高峯이 없으면 人丁과 官祿이 다 不發한다.

『水明消息少知音 盡在玄空裏內尋』 言玄空生克法無人知得

『乾坤艮巽須長發 寅申巳亥長伶仃』 乾坤艮巽生水朝局主發長房 如水神合玄空法即寅申巳亥長房亦吉也

生方의 乾坤艮巽水가 來朝하면 長房이 吉하다. 來去하는 水神이 玄空法에 配合하였다면 即寅申巳亥水도 生方이라면 來朝가 되니 그것도 長房이 吉하다.

『甲庚丙壬中男發 子午卯酉中男殺』 甲庚丙壬旺水朝局主發次房 水神玄空合法即子午卯酉亦次房吉如外明堂如浪湧而來或水聚天心即子午卯酉次房吉也

旺方의 甲庚丙壬水가 來朝하면 二房이 主로 發하며 來去하는 水神이 玄空法에 配合하면 地支子午卯酉水 亦是 主로 二房이 發福한다. 萬若 外明堂에서 浪湧하여서 來하여 가지고 天心子午卯酉에서 聚水하면 亦是 二房이 吉하다.

『乙辛丁癸小男強 辰戌丑未小男殃』 乙辛丁癸水主發三房 如橫過水亦可立向須要合生旺玄空水法即辰戌丑未三房亦吉也

乙辛丁癸水는 小房이 主發한다. 橫過水라할지라도 水神이 玄空水法의 生旺이 配合하면 吉하다. 辰戌丑未 亦是 三房이 吉하다.

『更有明堂水來去』 言生旺水到堂消庫墓而去

『文庫大小俱得位』 文庫言向上沐浴方消去爲文曲星盖天干水神可來去至地支水神在向上沐浴方來去皆主男女淫蕩 消水合局也 小庫者自生自旺在十四進神內細察其生旺玄竅也 所以言俱得位也

文庫라는 것은 向上의 沐浴에 水口를 말하며 文曲星이라고도 한다. 天干來去가 다 可하나 自生向의 十四進神水法中 借庫로 消水하는 水口를 말한다. 그 立向 正借가 出水口라면 得位하였다고 한다.

來水하면 男女가 淫蕩하여진다. 大庫라는 것은 生旺墓의 正庫를 말하고 小庫라는 것은 自旺

生水旺水가 上堂하면서 有情하게 來朝하고 穴前에서 停蓄하였다가 去하지 않으면 龍의 氣運을 能히 收住하지 못하였으므로 家財가 敗한다. 來去하는 水가 多情해야 한다.

『截定生旺莫教流 直射直流家業退』 言生旺水得如生旺水到堂不停蓄無情直過而去即龍氣亦不能收住家業敗也

『流破生方主少亡』 養生水不可破 書云―生方流破終須絶 少年鰥守空房

養生方으로 流破하면 主로 少年이 空房을 홀로 지킨다.

『衝破旺方則祿空』帝旺方不可衝有樂山橫遮穴後 如無樂山名曰孤寒 更有穴後二三重山 山外有水 水外有山重重疊疊名曰樂山 若穴前無官星穴後無樂鬼卽面前萬山相拱或獅象把門 反來欺我不爲我用矣 故曰生死來去須要砂

帝旺方을 衝去하면 不可하다. 穴後에 山이 橫遮하고 其後에 樂山이 있으니 自然 穴後가 數三의 重山이 있다. 즉 山外에 水 水外에 또 山이 重重疊疊있는 것을 樂山이라고 한다. 穴後에 樂山이 없고 穴前에 官星이 없으며는 即 面前에 萬山이 相拱하고 或은 獅象이 把門하여야 穴이라고 한다. 그렇지 못하면 어찌 穴을 定하겠는가. 이런 故로 生來하고 死去하는 것이 참으로 砂하더라.

『說五星方圓尖秀要分明』五星 方爲土圓爲金尖爲火 此乃三吉入相之旺龍 須辨得分明不可認圓爲方平頂者亦爲圓此孤曜大凶 三吉龍極要端正又不可斜側斜側則不是眞龍也

五星이 方하면 土星 圓하면 金星 尖하면 火星이라고 한다. 方圓尖이 俱備하였다면 三吉入相之旺龍이라고 하나 方圓하고 平頂하며 圓하지 않으면 이것은 孤曜라고 하며 아주 凶龍이니 三吉龍은 極히 端正하며 斜側하지 않고 正行하여야 하며 斜側하면 眞龍이 아니다.

『二十四山分五行 知得榮枯死與生』龍之本脉有金木水火土之局 就其脉之左旋右旋分陰陽認淸氣脉便無錯誤也

龍이 金木水火土의 五行으로 되었으니 그 脉의 左旋龍과 右旋龍으로 陰陽을 나누어서 龍脉

의 氣運이 淸眞하면 무릇 錯誤가 없다.

『向放水生旺有吉休囚否』萬水俱收在向上立向辨其生旺水到堂吉絕死水到堂凶矣

萬水를 向上으로 生旺水가 到堂하면 吉하다. 또는 休囚 즉 死絕이 到堂하면 凶하다는 것을 辨別하고 取捨한다.

『翻天倒地對不同秘密在玄空』生入克入扶龍補向也 生出克出泄龍泄向也 是玄空盖補龍落空亡也

立向을 하고 生入克入하며는 扶龍補向을 하니 吉하며 生出克出하며는 泄龍泄向을 하니 凶하다.

『順龍立向要分明 仔細辨天星』地穴應天星當細辨

地上의 穴이 天上의 星座와 틀리지 않고 相應하였으니 仔細하게 辨別하고 立向하여야 한다.

『天心旣辨穴何難 但把放水向上看』天星旣辨穴何難立向看局者合生旺死絕水法

天星이 이미 穴을 나누었으니 그 局의 向上生旺死絕法에 合當하며는 立向하기가 어찌 어려울것인다.

『從外生入名爲進 定知財寶積如山』言玄空法也

『從內生出名爲退 家內錢財化作灰』犯龍落空亡也

『生入克入名爲旺 子孫富貴出高官 脉息生旺要知囚 龍歇脉寒禍患臨』登局須看到頭 如生旺龍生正

水俱來朝堂自然發福 今就乙丙交而趨戌之局論亥龍之死絕若亥龍入首向上生旺官祿水到堂滿局生

旺向可以救龍之死絕 又到頭一節圓成者爲龍尖削者爲砂 若誤將爲龍葬下大凶雖合水法終歸孤寒也
旺向은 可히 救龍之死絕을 하고 到頭를 보는 것이다. 到頭한 來龍이 生向하고 生向水가 到堂하는 물이 生向水라면 自然 發福한다. 如此한 곳이 없고 死絕龍에서 立向하면서 向上의 生旺官祿水가 到堂하면 滿局 生旺을 하였으니 그 死絕龍을 可히 救한다. 到頭한 곳이 圓圓하면 龍이라고 하며 尖削하면 砂라고 한다. 그리고 或 龍에다가 定穴하여서 葬之하면 大凶하며 終局에 가서는 孤寒하다.
『縱有他山來救助 空勞祿馬護龍行』雖有四神八將無護龍終歸無用 來龍이 重重開帳하고 起伏하며 剝換이 愈多하고 屈曲活動하며 萬山이 護從하며 拱揖하고 祿馬貴人等이 俱備하면 眞龍이라 고 할 것이다.
勸君再把星辰辨 吉凶禍福如神見 識得此理妙玄微 又見郭璞再世出
老僧이라고 한 先生도 三十餘年이나 걸려서 註釋하며 先生의 未解釋한 것이 있지 않은가 하신 글을 또 註解하는 筆者의 解釋의 未及을 勿論이며 差錯이 있을가 하여 原文을 두고 **解釋**을 記入하였으니 너무 過責마시고 硏究하시기를 切望한다.

十六、白雲堂訣

自古로 世人이 言必稱 風水라고 하는 것은 風과 水의 惡煞을 避하여서 陰陽宅을 定地하기 때문에 陰陽의 理氣로 眞否를 定하는 사람이 風과 水의 善惡을 察知하고 取捨하기 때문에 그 사람까지 風水라고 하게 된것이다. 水來하면 風去하고 水去하면 風來하는 것은 그 穴에서 水來風去와 風來水去를 그사람의 眼力으로 辨定하여서 水來風去하는 眞穴을 大小間에 定地한다는 것이다. 前後左右의 衆山이 重重疊疊으로 廻環하였다면 諸水가 多情하게 回抱하였으니 즉 水來風去하는 것이요 그 山의 靈氣가 止聚하여서 風來水去하지 않는 것이다. 立地하여서 水가 來라면 去하는 것이요 水가 去라면 그穴을 背返하는 것이다. 그러니 山行하면 水行하고 山止 하면 水止한다. 山은 즉 龍이라 水行하는 故로 또 龍이 行하며 水止하니 龍止하는 것이다. 聚가 즉 龍의 氣와 水가 孕穴을 하는 것이니 穴은 龍과 水의 秀氣가 聚結하였으니 一言하여 서 生氣가 止聚하였다고 한다. 山體는 本靜하고 水體는 本動하니 陰陽의 男女가 交度하기 문에 太極이 在中하는 것이다. 萬若 山이 動하고 水가 動하든가 山이 靜하고 水가 靜한다면 二氣가 어찌 相配하는 動과 靜 즉 陰陽의 造化가 이루어진다 하리요. 男女가 同居하니 陰陽이 相配하여 子女를 生育하는 것이요 孤陰 즉 女女가 同居하든가 孤陽 즉 男男이 同居한다면 아 무 造化도 없으며 其終은 滅할뿐이다. 天의 陽이나 地의 陰이 互乘하여야 萬物이 生育할 수 있 는 것이요 어찌 日光만으로 萬物이 生育하리요. 要는 男女陰陽이 交度함으로 無窮한 造化가 생기는 것이다. 이와같이 龍과 水가 아니고 무슨 穴을 만드는 造化가 있다 하리요. 如此之理를 未解하고 間或 一部의 時師가 卦論을 取用하여서 錯亂하게 陽의 順과 陰의 逆의 配合之理를

臆知로 强配하기 때문에 遇地를 하고서도 破地를 하고 말뿐만이 아니라 及其也는 一家의 生命과 財產을 敗絶시킨 例가 許多한 것이다. 龍水는 一身이다. 그러니 如何한 卦論이라도 그 卦論은 믿지 말 것이며 勿用하는 것이 可한 것이다. 龍과 水의 孕穴이 一인 것이다. 龍과 水의 그 本心이 오로지 孕穴하고자 하기 때문이다. 아무러한 奇形의 怪穴이라 하나 龍과 水가 하나라도 結穴하고자 안한다면 孕穴할 수 없으니 즉 龍水는 二가 아니라 一인 것이다. 이와 같이 龍水는 一이였기 때문에 上古의 地理書가 單只 龍論뿐이어서 그 止聚의 眞假가 아주 分明하여 日家나 形家를 專重하는 神眼의 所持者가 아니고는 穴을 알길이 莫然하여서 中華의 晉나라 尙書郭景純先生이 葬經(一名錦囊經)을 記傳하여 世人이 可히 地中之氣를 分別할 수 있는 法家의 祖라 할 수 있는 것이다. 俗世에 水의 理氣를 硏究하지 않은 時人이 혼히 말하기를 水의 生死가 定穴에 아무 關係가 없으니 生氣가 止結한 穴만 찾으면 第一이라고 하며 知者의 웃음거리가 되는 수도 있다.

郭氏以後의 世人이 世世로 願하는 말이 郭氏의 再出世를 바라나 郭氏 亦是 不足한 點이 있었으니 靑囊 龍水 靑烏 一粒粟等의 諸經書가 그 不足을 補强하고 더 明白하고 仔細한 것이라고 할 수 있는 것이다. 葬經原文을 보면 字字句句가 一時도 放心할 수 없이 아주 深奧한 것을 느낄 수 있는 것이다. 其經은 重敬을 누구나가 否認하지 못한다. 或者는 某坐某向某水某破만을 第一義로 主張하는 수도 있으니 그 어찌 龍水가 結地한다는 大經大法을 一分이라도 生

覺하였다 하리요. 或은 怪局도 있으나 定地하는 法이 그렇다고 한다는 것은 저으기 걱정이 된다. 如此한 行爲는 所謂 法家에서는 있을 수 없는 虛無猛浪한 僞行이라고 期定하는 것이다.

水法에 있어서는 傳하는 사람과 授하는 사람이 極秘密裏에 口傳心授를 한 것이다. 또 傳하며 그 理由는 水法을 一般에 널리 不傳한다는 것이며 眞人이 眞人을 만나서 傳하였다. 또 傳하며 一分의 差없이 바르게 傳하였던 것이다. 先聖께서 말씀하시기를 天機를 함부로 傳하지 말라고 하고도 切切히 말씀하신 때문이다. 龍만을 가지고 定穴을 한다는 것은 百中에 한穴을 知하기가 極難하다.

水法을 龍에 配合시키면 尋龍 尋穴 等을 容易하게 知할 것이니 그 바탕을 갖추지 못한 非人間의 사람이 그 法度를 充分하게 안다면 그 사람도 定穴을 하게 되는 緣故로 眞人이 아니면 口傳心授를 하지 않았던 것이다. 이것으로도 其明이 如天하신 聖賢은 萬生의 父母이였기에 뭇사람속에서 眞人을 擇하신 것이다. 즉 農夫가 穀物을 播種하여서 그 穀物이 本俱實을 할 수 있는 참다운 穀物을 肥培管理하는 것과 같으로 聖賢君子는 萬民의 父母이시니 如天地로 同이라 永世 眞人을 繁榮케 하려는 것이다. 그런故로 積德하고 積善한 참다운 사람이 그 宗首를 이어 받을 것이며 眞穴에 藏身하게 되니 永世 保全한다는 것이다.

의 大經法이니 學者는 龍水生死之理를 深究하면 龍의 生死가 그 水의 順逆에 있으며 吉凶을 評察하여 避凶趨吉하면 眞龍眞穴이 瞭然在目하여지니 必然 穴前의 微茫水가 旣合하여서 左靑

290

龍이나 右白虎사이에서 合하여서 戀情을 이루고 急하지 않고 潴蓄하며 水口로 去할 것이다. 그 水口도 龍虎에서 멀지 않은 것이다. 微茫의 水를 그르매도 찾지 못할 것이니 이루는 것이니 孕焉하는 것이다. 或은 큰 大江河나 적은 溪澗이 꼭 眞穴을 이루는 것이니 水의 大小를 가지고 眞假를 云謂하는 것은 不當하다. 龍이 東南으로 行하였을 境遇에 水가 西北으로 逆行하였다면 그 氣가 浩浩洋洋하기 때문에 必是 外堂을 多情하게 環抱한 暗拱하는 生旺의 水가 있으니 이것을 참으로 南北이나 東西가 서로 相面하였다 고 하는 局이다. 이같이 山川의 淑氣가 融結한 眞局은 아주 稀罕하다. 大幹龍과 大江水가 그龍을 住氣하였다면 左右前後 衆山이 極히 淸秀하고 水 또한 明麗할 것이니 그 龍水의 力量에 따라서 大小間의 穴이 或은 順作을 하고 或은 逆作을 하니 그 龍의 下砂에서 受水를 하고 護穴하게 되면 堂口가 緊鎖하여서 참으로 眞龍이 眞穴을 만들었으니 點穴의 法에 따라서 定穴하는 것이다. 이것을 一等의 逆龍이 結地를 하였다고 人人이 찾아서 立穴하고자 하는 局이다. 一等 逆龍이기에 龍의 上砂가 穴의 下砂가 되니 東西나 南北이 相面하는 一等의 格局이다. 或穴이 高山이라면 谷峽이 狹小하여서 去來하는 水의 踵跡이 보이지 않는다손 치더라도 小發之地가 있는 것이다. 高山의 來龍이 急하더라도 穴場에 이르면서 完全히 脫煞을 하고 明堂內에 마르지 않는 淸泉이 있든가 土皮間에 隱隱한 暗拱之水가 있으며 그 龍의 上砂 즉 穴의

下砂가 그 穴을 多情하게 擁抱하여서 水口를 鎖하였기 때문에 堂口外에는 自然히 遠來하는 暗拱之水가 있으니 그어찌 發福하지 않으리요. 이같은 穴은 外觀上으로 보기에 醜拙하나 그것이 眞穴이니 蔑視하고 버려서는 안된다.

그 龍의 生死를 不分하고 遠近間 眼目에 보기좋은 것만을 取하려는 關係로 그와같은 眞穴이 大部分 버려지고 있는 것이다. 그 眞穴을 謂之하기를 龍長穴拙이라 한다. 或은 一等逆龍에 한 사람이 겨우 절을 할 程度로 狹小한 곳에 眞穴大地가 그 穴面을 不露하는 例가 있으니 入山者는 深察을 하지 않고는 그 어찌 得地하리요. 穴坂의 狹窄을 恨嘆하지 말고 그 理氣의 生死를 充分하게 觀辨한다는 것이 무엇보다도 重要한 것이다. 經에 云하기를 砂한 名言이라고 할 수 있다.

嫌醜拙하는 것은 便同碩果之不食이라 하였으니 참으로 至要爲砂한 名言이라고 할 수 있다.

高山이나 平崗을 勿論하고 그 龍이 結穴을 하고자 行하게 되면 左右에 護從하며 重疊하며 透迤를 하여서 眞局을 이루어진다는 것은 閨中의 美人과 帳中의 元帥가 不露其面하며 四方에서

侍衛하는 것과 같은 것이다. 侍衛中의 美女나 將軍은 隨時로 臥坐하며 偏正無常하니 즉 大穴은 大部分 藏身하였다. 이와같이 藏身爲貴하나 或은 露身하는 곳도 있으니 藏身을 하지 않고 露身한다는 것은 즉 美人이 開門을 하며 君子를 迎接하는 것과 같은 理致인 것이다. 硬直한 龍은 陰陽이 不配하여서 그 氣를 하고 賓客을 迎接하는 것과 같은 것이다.

死硬이 本性을 發露한 것이니 眞龍이라면 起伏屈曲하여서 보기에 活動하는 듯하니 陰陽이 全

292

備한 龍이라 定穴을 約束하는 證佐인 것이다.

屈曲活動한 龍은 龍의 陰陽이 갖춘 것이니 그 龍氣가 止會하는 데는 窩鉗乳突이 그 穴의 陽陰을 갖추는 것이다. 兩者가 陰陽을 갖추지 못하였으면 비록 外觀上 眞地같으나 假穴인 故로 黃泥青黑이 分明한 것이다. 經에 云하기를 陽來陰受하고 陰來陽作이라 하였으니 이 말은 龍과 穴이 陰陽配合을 해야 하나 龍은 陽으로서 穴은 穴로서 또한 陰陽이 配合된다는 것이다. 陽來陰受의 龍은 仰掌한 듯이 그 形을 이루어서 行하여서 結穴을 한다는 것이다. 즉 陰婦의 龍에는 陽夫의 穴이 된다. 또한 正配라 穴은 陰이 되는 故로 陰이기에 穴이 必然 陽으로 된다. 즉 陽夫의 龍이 仰掌覆掌하게 來하는 것이 覆掌한 듯이 行하는 故로 陰이기에 穴이 必然 陽으로 된다. 즉 陰婦의 龍에는 陽夫의 穴이 된다. 그러니 모두가 陰陽으로 되는 것이다. 이와같이 그 龍이 仰掌覆掌하게 來하는 것이 場에 가서는 窩鉗乳突을 不外하는 關係로 窩中에서는 突을 取하여 謂之穴이라고 한다. 그러기에 이 穴을 小陰穴이라고 한다. 이와 反對로 突中에서 窩를 取하여 그 窩에 穴이 巢居한다. 그러 이것을 小陽穴이라고 한다. 亦是 突은 陰이요 窩는 陽이요 陰中에서는 取陽하고 陽中에서는 取陰한다는 것이다. 그뿐인가 鉗中에서는 突이요 乳는 陽이라고 하며 그 生氣止處가 穴이 된다. 되면 꼭 孕穴을 하고 그러하지 못하면 孕穴하지 못한다. 그런故로 經에 云하기를 水가 山의 氣를 止聚하게 한다. 水가 山의 氣를 止聚하게 한다는 其理는 一般인 것이다. 또 山을 陰 水를 陽이라고 하며 生氣止處가 穴이 된다. 그런故로 經에 云하기를 穴前의 微 茫水가 隱然中에 生氣를 顯出시키며 蓄積시키니 外堂의 水가 또한 多情하게 環抱하였다면 참으로 生氣가 止聚한 眞穴이다. 內堂의 微茫水와 外堂의 朝抱水가 없다면 無穴함을 可히 斷定하는 것이다. 內堂의 微茫水 즉 蝦鬚가 없다 하여도 窩鉗乳突이 的實하다면 金魚水가 또한 그 生氣를 止聚시키는 것이다. 他魚와는 달리 金魚라는 고기는 아가미 즉 뺨에서 물을 먹어서 口로 吐하는 것과 같아서 金魚水가 穴의 兩股下에서 穴에 가까운 金魚水가 朝抱之水에 融合하는 것을 살펴서 定穴하는 것이다. 그러니 微茫之水나 土皮間의 隱顯之水를 잘살펴서 그 分合이 的實하게 되면 順逆間에 朝抱水가 어떠한가를 分辨하면 穴의 眞假를 分別하게 된다.

周流山川하면 長乳에 眞穴 長乳에 假穴이 有多하기에 或者는 長乳之穴은 假穴이라고 할 程度이니 그 實 長乳之穴은 眞假難辨이라고 할 수 있다. 龍의 到頭 其龍의 落脉이 如糸如帶하게 來하고 結腦를 하였으니 軟翼의 砂가 그 穴을 隱身시키기도 하며 微茫水가 分明하기도 하다. 突과 乳는 오직 軟翼이 그 穴을 分辨하는 것이니 或云 軟翼을 汝知乎아 참으로 突과 乳의 穴은 眞假難辨이라 한다. 葬은 藏이라 經에 云하기를 藏之理을 易言하는 것은 不可하다. 그러면 蟹眼이나 蝦鬚가 藏穴함을 볼것이다. 藏穴이 分明하면 靑龍白虎가 屛風같이 侍衛하고 그 穴場을 藏하였으니 明帥가 그 藏을 모르지 않는 것이다. 龍虎가 穴場을 藏하고 蝦鬚蟬翼이 그 藏하는 것이면 그 어찌 假를 眞이라고 誤認하리요. 小地는 小發하고 大地는 大發할 것이니 그 蔭福이 子孫에 미치는 것이다. 登穴하여서 望海

하는 곳이라 하여도 大海水가 無溢不蕩하면 吉하고 萬若 大海水가 明堂을 潮滿하여서 來風之勢가 如馳하고 穴坂出水가 甁의 瀉와 같으면 비록 穴前에 大海가 있다 하나 無用之物이라 朝滿多渴하기에 凶禍를 不免한다. 或 穴이 眞的하다면 蓋砂가 있어서 不見其蕩하면 無妨한 것이다. 穴은 仁孝之子의 用心後에 試之하는 것이다. 그 千態萬狀의 山川을 觀別하는 것은 至難한 것이다.

즉 葬은 仁孝之子가 그 父母의 白骨을 永世保全하는 것이다. 白骨이 平安하니 그 蔭福이 子孫에게 미치는 것이다. 死體白骨을 生氣所受之處에 葬하면 龍의 氣脉이 相通하기에 造化라도 하는 것이다. 四局乙辛丁癸龍의 生旺死絕에 龍水配合의 大宗이 明示하였다. 언제나 水가 遠抱하였다면 灣弓으로 回頭하여서 之玄으로 來하고 去水는 曲折을 하여서 戀情을 두고 돌아 보고 돌아보며 去하면 去來가 모두 眞水라 한다. 萬若 堂口에 이르지 않고 無隱抱之情하면 어찌 眞水라 하리요. 水의 來去가 之玄하고 曲折하여서 多情하면 諸砂의 護穴하는 것 亦是 그 形狀과 方位가 吉하고 秀하다. 山은 情의 父요 水는 氣의 母라고 하기에 山水의 孕穴은 그 父母가 孕子하는 것과 같은 故로 玄武가 垂頭하였으니 尊重하며 朱雀이 翔舞하니 그 穴을 迎揖하는 듯하며 靑龍白虎가 回抱하였으니 侍衛하는 듯하니 眞穴이 그中에 있는 것이다. 點山之法이 察情爲主라고 古人이 말하였으니 果非虛談이리요.

添加하여서 말하자면 金井을 穿開하여 보면 眞氣가 結聚하여서 形象等의 物이 있는 수가 있으니 그것은 眞穴의 證佐가 在中하는 것이다. 이것은 勿論 除去하지 말것이며 조금도 損壞하지 말아야한다. 그 旺盛한 氣運이 壓住하여서 保全하는 것이다. 窩鉗乳突이 定穴의 方法이며 穴의 有無를 區別하는 것이다. 四者를 더 分類하여 보면 그로 因하여 蓋粘依撞呑吐浮沉饒減等 十種의 穴이 있다. 一言之下에 蓋穴이라면 山頂의 奇形怪穴이 大部分 이것에 屬한다 글자 그대로 伐木한 나무둥우리와 같이 그 穴이 蓋로 되는 것이다. 到頭한 그밑에 穴이 微伏穴을 이룬다 覆掌之形의 陰龍이 高起하여서 그 到頭도 自然 높다. 粘穴이라면 陰龍이 粘하여서 그 龍氣가 大旺한데 穴이 微伏한 關係로 穴情이 없어 보인다. 그러나 仔細히 보면 靑龍이 右抱하고 白虎가 左環하여서 그 龍의 氣를 받앉기에 賓主가 分明하며 穴과 小明堂사이에 즉 脣 培土한 듯한 形跡이 있으니 비록 穴은 微伏하더라도 그 高大한 龍氣를 그 培土가 完全하게 住氣를 식힌 것이다. 이 粘穴은 陰來陽作을 한 것이며 陰龍에서 孕穴한다고 믿으면 無異한 것이다. 呑穴이라고 하면 陽龍이 仰掌之勢로 來하여서 그 龍의 氣와 形이 平坦한데에 가서 小泡한 곳에 穴이 있으니 즉 受胎하기 때문에 呑穴을 胎穴이라고도 한다. 呑穴은 山地立穴의 本이라고 하여도 無妨하다. 吐穴이라면 來龍의 形勢가 甚히 旺盛하기 때문에 穴이 龍身을 떠나서 脫龍就局을 하고서 그 龍의 氣를 受하기 때문에 靑龍白虎가 穴보다 低伏하고 結腦가 岩石이 아니라 培土하여서 龍氣가 全部 住하는 것이다. 浮穴이라고 하면 穴後가 穴에 比하여 低

296

하기 때문에 界穴의 微茫水가 不深하며 諸水도 不深하고 小山이 玄武가 되니 穴이 空中에 뜬 듯한 故로 浮穴이라 한다. 이 浮穴을 穿壙하며 深過하며 龍氣가 棺上으로 蕩去한다. 그 尺數를 淺壙하고 培土를 하여서 成墳하는 法이다. 이 浮穴을 穿壙하면 深過하며 龍氣가 棺上으로 蕩去한다. 그 尺數를 淺壙하고 培土를 하여서 成墳하는 關係로 古人이 云하기를 古人塚上에 今人이 葬之라고 노래한 節句가 있다.

沉穴이라면 落脉한 龍頭가 高湧하고 甚히 急하여서 龍氣가 大端雄急하고 結穴하는 곳이 沉下하여서 언듯 보기에 分水口라고도 誤認할 程度로 穴星이 低沉하다. 特히 沉穴의 靑龍白虎가 不高하며 或은 穴星과 같이 低伏하기도 하고 穴前의 脣이 穴星보다 큰 것이다. 이 沉穴은 浮穴의 좋은 對照가 또 되는 것이니 즉 穴이 깊이다. 八尺이나 一丈餘에 가서 즉 深穿하여 五色이 全備하든가 氣斗形象等의 氣運이 보이는 것이다. 이 深穿을 淺壙하면 그 氣가 棺下로 過하게 된다. 어느 穴에서나 淺深을 宜定하는 것이 가장 重要하다.

撞이라면 사람의 배꼽과 같다. 穿穴하여 土色이 不變하면 그 氣가 不聚한 것이요 焦黃이나 黑色으로 變하였다면 死氣가 結한 것이니 穴의 淺深을 疎忽히 하여서는 안된다. 尋穴하는 法이 金星은 이와같이 그 穴을 찾는 것이나 紅黃의 滋潤한 土色 이나 生氣를 띈 土色이 最貴하다.

이와 같이 그 穴을 찾는 것이나 紅黃의 滋潤한 土色 五色 하기도 하며 閃側하기도 한다. 水星은 葬窩하나 窩가 없으면 掛角에 葬焰하는 것이요 土星은 葬腹하고 또 土角流

金이라고 해서 角을 取하기도 한다. 이말은 五星의 本性情의 論이다. 무엇은 어렵지 않으리오

마는 五星中 火星의 焰은 難中에서도 至難하다.

定穴하는 法이 五星은 五星으로서 窩鉗乳突을 갖추는 것이 相的한 要點이라 한다. 盖粘依撞吞吐浮沉饒減 이라는 穴形도 重要하나 大體로 窩鉗乳突 等의 類도 重要하며 盖粘依撞吞吐浮沉饒減

理야 文書上으로 簡明하다고 할 수 있으나 모든 것이 그사람 그사람의 目力에 있는 것이다. 이와같이 그

自古로 여러가지 論이 粉殊하나 그中 龍水의 陰陽에 가장 簡明한 法이 救貧楊仙人의 八十八

向法이라는 것을 自他가 極贊하며 玉龍子도 八十八向法을 能히 解悟하면 橫行天下하여도 無

棄地라 하였으니 그 眞價를 알 수 있는 것이다.

水流辛이 말은 火局의 長生向이다. 이 丙龍이 火局의 乙의 生龍이다. 生龍이 單身으로 來

龍하는 수도 있거니와 거개가 單來作穴은 稀罕하며 龍으로서 相生相剋의 造化를 띄고 順來

는 逆來하는 것이다. 龍이나 水가 單來한다는 것도 살피어야 한다. 또 말하고자 함은 火局長

生向의 龍 그 向의 水가 到局하나 水口에 가서 歸乾이나 歸庚을 한다面서 그 龍과 그 穴을 버리

고 즉 火局長生向의 水口가 아니다 하여서 向을 取하는 것은 不可한 것이다.

內直外鉤한 그 眞穴의 水口가 乾方이라고 그 內直을 벗어나서 水口爲主로 定穴한다는 것은 아

주 不可한 것이다. 그 內直外鉤를 떠나서 作地한다면 陰陽의 理에 全然 未及한 것이다. 天地가

되면서 天地의 氣가 歸辛을 못하고 歸乾을 하게 되었으니 天地自然의 山勢에 順하는 것이 오

직 順天者인가 한다.

山地의 定穴은 一粒粟를 琓索하면 有助일까 한다. 狂者 一言을 더 쓰자면 金星坐에 無窩有角하여서 兩邊의 牛角이 環轉護穴하고 腦後가 結한 듯하여서 樂山이나 鬼撐이 있다면 水法을 가지고 吉凶을 論할 必要없이 立穴하는 法이라 한다. 이말은 水去上으로는 不可라고 할 것이나 그 穴이 眞穴이니 어찌 水法을 따르리요. 倒杖의 法으로 定穴하는 것이라 二三의 術에 精通하였다 하여서 地上의 萬穴을 다 안다는 것은 三尺童子라도 웃을 말인가 한다. 다 모를 것은 陰陽의 造化라 할 수 있다.

十七、八十八 向

火局長生向
坤坐艮向
申坐寅向

左旋龍에 右旋水가 可히 合法이며 丙午旺水가 辛字上으로 去水한다. 所謂 旺去迎生하니 富貴를 期聚하였다 한다. 또 三合聯珠하였으니 貴가 至極하다. 貪狼星 즉 長生峯이 照穴하면 顯文章한다. 星峰이 없고 長生水가 朝來하면 斯千古輔佐聖君하는 格이다. 或 左邊의 庚辛乾壬方의 水가 倒右하면 冲生을 한다고 하니 主로 少亡敗絶하니 極凶하

生向을 하고 旺得庫破하니 楊公 十四進神家業興이라 하는 格이다. 巽方의 臨官峰 즉 六秀며 文筆砂가 有하며 子申巳卯方에 貴人 즉 貴砂가 有하면 坤坐의 貴人이고 寅午卯巳方에 貴人이 有하면 申坐의 貴人이라 한다. 如此 坐山의 貴가 없으면 向의 貴人이 있으면 좋은 것이다. 砂法이 數多하니 不可彈述이라.

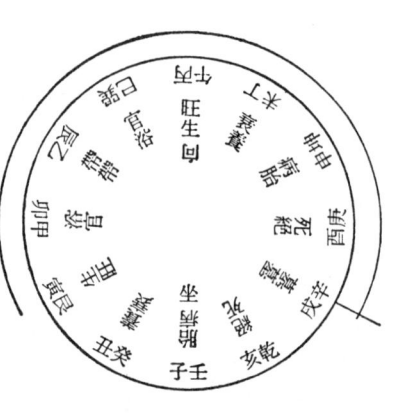

火局帝旺向

壬坐丙向
子坐午向

右旋龍에 左旋水가 可히 合法이며 生方艮寅水가 墓庫辛字上으로 歸去한다. 所謂 生來會旺하니 聰明之子가 生한다. 臨官方巽巳에 貴人 文筆이 있고 巽水가 入朝하면 丙向水朝流入巽하면 兒孫世代爲官定이라고 하나 或 巽巳方으로 去水하면 謂之 大殺人黃泉이 되니 極凶하다. 砂法이 數多하나 臨官 六秀等이 俱在하는 것이 極好하며 午方에 天馬가 富貴最速하다. 丙峰 或은 丙水가 入朝하면 癸水와 巽巳祿水가 同到上堂하여서 한다. 一例로 寅甲旺龍이 乙木龍入首에서 丙午旺向을 하면 丙峰 或은 丙水가 入朝하면 巽文筆이며 午方에 天馬가 身掛朱衣墓庫位 辛天干으로 去水하면 克入丙火向이니 合局이 된다. 立向을 하면 꼭 迎祿하여야 한다.

火局庫墓向   乙坐辛向 辰坐戌向

右旋龍에 左旋水라야 可히 合法이며 丙午旺方水가 庫方辛戌을 지나서 絶位乾天干으로 歸去하여야 한다. 墓向에서 流合하여 가지고 辛戌을 完全히 過치 말고 乾으로 所謂 辛入乾宮百萬壓이라 한다. 艮寅生水가 戌乾方에서 나가야 한다. 萬一에 艮方水가 過前을 하면 必生大禍하는 것이니 愼之愼之하다. 이것을 즉 生水가 過前하지 않고 歸乾하는 것이 出煞하는 法이니라 生水는 好水이나 生水過前하게 되면 必然 絶胎水가 來入하니 極凶하다. 辛戌方歸去를 하는 境地는 絶胎水가 來入하지 말아야 한다. 그러나 絶胎方水가 來하는 法이니 이것을 倒冲墓庫의 大煞이며 또는 書云하는 辛壬水路怕當乾이라 하니라.

火局養向   丁坐癸向 未坐丑向

左旋龍에 右旋水가 合法이니 丙午旺水가 歸乾하니 所謂 三折祿馬上街去라고 하며 又云 三合聯珠라 한다. 圖表를 보면 進神이 在右하니 臨官位巽祿水 乙冠帶水 艮生水 或은 癸養水 等이

火局胎向

丙坐壬向
午坐子向

齊來하니 救貧의 首라고 한다. 並發女秀하고 丁財大旺하고 功名顯達하고 發福綿遠하고 忠孝賢良하고 男女長壽하고 房房皆發하며 三門이 尤威하다.

左旋龍에 右旋水가 合法이다. 巽巳臨官水가 胎天干壬으로 歸去한다. 或 亥子를 犯하며는 殺人黃泉이니 去水가 亥子를 不犯하여야 한다. 要는 左水가 細小하며 百步轉欄하여서 去하여야 한다. 胎天干壬字上에 去水를 出煞이라고 하며 冲胎라고는 論하지 않는다. 人丁興旺하고 大富大貴라 하나 或間 短壽하며 寡居하니 男短命하는 일이 있다. 萬若 眞龍眞穴이 아니면 即時絶嗣한다. 此向은 不可輕用한다. 萬一에 左方의 墓絕水가 上堂하여서 壬字로 去하면 生來破旺이라고 하며 또는 牽動土牛라고 하며 有丁無財해야 家道가 貧窮하다. 또 艮寅癸丑水가 同到上堂하면 化殺生權이라고 하며 美好하다.

離龍入首하여서 午坐子向을 하고 胎天干으로 去水하면 一百年을 富貴하고 人丁大旺한 곳도 있더라.

火局衰向

癸坐丁向
丑坐未向

右旋龍에 左旋水가 合法이다. 巽巳臨官水가 向上巨文와 合하여서 胎天干으로 去水한다. 向上巨文水 즉 丁水가 屈曲하며 來前하니 丁은 學堂水라고 하니 丁水가 來前하니 少年及第文章이요 丁이 南極老人星이니 長壽하고 富貴하며 巽巳官祿水가 到堂하니 또 富貴한다. 萬若 子水가 보이면 極凶하다. 此水法이 祿存流盡佩金魚라 하니 發富發貴하며 福壽雙全한다. 但 平洋地에 用坐取向하고 山地立向은 切不可하다. 大槪 平洋地는 坐空朝滿하니 則 穴後가 必是에 低陷하였으니 平洋穴後一尺低라는 말에 合當하니 個個兒孫이 모여서 讀書를 한다. 丁水가 來朝하니 必是에 穴前이 高聳한 것이니 이르기를 平洋明堂高又高라고 하는 말에 合當하다. 山地는 平洋地의 反對로 坐滿空朝하니 穴後가 仰瓦하여서 前高後低 하였으나 子孫이 稀有하니 山地는 敗絕한다.

火局自生向

巽坐乾向
巳坐亥向

絕處逢生向

左旋龍에 右旋水가 合法이다. 甲卯旺水가 艮寅臨官水 癸丑 帶水 壬生氣水와 同到上堂 辛天干으로 歸去하니 辛을 養破 라고 안한다. 借庫消水하는 楊公의 救貧進神水法이다. 辛 戌이 本火局의 墓庫라 즉 本局의 庫를 借用하니 借庫라 한 다. 艮水가 特朝하면 艮은 火局의 長生水며 借向의 臨官水 라 아주 切好하니 螽斯千古輔佐君王한다. 此向은 必是 兩 水가 左右에서 夾來하니 夾來하지 않으면 凶하며 宜富 右 水가 長大하여서 來하는 것이 眞水라고 한다. 萬一 左水가 長大하면 冲生大煞이라고 하며 凶하다.

此向에서 但 水口가 乾天干이 되는 것도 있으니 亦是 百步輔欄하면 人丁大旺하고 大富大貴한다. 龍과 穴이 稍差가 있으면 即見敗絕하는 出水의 法 이니 不可輕用하라. 또 此向을 하고 右旋龍에 左旋水局이 有하니 즉 辛戌養水가 上堂하여서 壬天干으로 歸去하니 文庫消法이며 楊公의 救貧進神水法이라 書一云祿存流盡佩金라는 아주 奇格이다.

如上 自生向에서 辛破와 壬破는 安全하나 直破의 乾水口는 不可輕用하니 再次 말하며 壬破의 局도 兩左右水가 夾出하는 것이 眞法이다. 大槪 絶의 乾破는 丙龍入首며 墓辛破는 乙龍入首며 壬破도 丙龍入首라 하겠다. 以上이 自生向三法이며 그중 二者는 龍水는 相同하나 水口가 틀리며 一者는 奇格이니 辦用하여야 한다.

火局自旺向

甲坐庚向 絶處逢旺向
卯坐酉向

右旋龍에 左旋水가 合法이다. 火局의 死絶庚酉가 逢旺하였으니 絶處逢旺向이 된다. 巽巳生水 丙午生氣水 丁未冠帶水 坤申臨官水가 會合하여 上堂하여 가지고 衰方辛天干으로 歸去하니 楊公進神水法이며 生來會旺하니 聽明之子가 생한다. 다시 庚酉旺水와 坤申臨官水가 朝拱하면 食祿이 萬鍾하며 子孫이 繁榮한다. 書云―庚向水朝流入坤하면 管敎此地出英賢이라 하였으니 萬一에 坤方으로 去水하면 庚祿이 在坤이라 大殺人黃泉이니 不育子孫한다. 右方水가 界穴하면 眞穴이라 한다. 合局하면 壽高丁旺하고 發富發貴하며 男聽女秀한다.

火局自旺向

庚坐甲向
酉坐卯向 浴處逢旺向

金局長生向

乾坐巽向
亥坐巳向

左旋龍에 右旋水가 合法이니 庚酉旺水가 癸天干으로 去水 한다. 所謂 旺去迎生의 富貴兼全하니 又所謂 三合聯珠貴無 價라 한다. 長生峰 즉 貪狼星이 照穴하니 顯文章한다. 星峰 즉 貴人六秀가 없으면 長生水가 朝來하는 것을 總言하여 斯千古輔佐聖君이라고 한다. 或 左方의 壬癸艮甲方의 水가 倒右하면 冲生을 한다 主로 少亡敗絶한다. 立生向을 하고 旺得庫破를 하였으니 楊公의 十四進神家業興이라는 水 法이다. 妻賢子孝하니 五福이 滿門하고 房房이 皆發하는 富

左旋龍에 右旋水가 合法이다. 衰方乙天干水가 到堂하여 壬 天干으로 歸去하나 亥子를 犯하면 大凶하며 乾亥方水가 壬 으로 出해야 하며 壬水가 乾亥方으로 出하면 非穴이다. 艮 水가 拱穴하면 七歲神童이 能作賦라 하고 艮丙峰이 應照하 면 六秀催官貴人이라 한다. 靑囊經文庫消水法이다. 不可亂用하여라. 即 書云 祿存流盡佩金魚라고 하는 楊公水法이다.

806

金局帝旺向

甲坐庚向
卯坐酉向

貴兼全하는 것이다. 坤申臨官峰은 祿山貴人이며 土生金하니 極好하다. 冠帶位나 午方의 天馬는 催貴最速한 馬의 首列이니 大發할 것이다. 必是 玉帶水가 纏腰하는 金城水法을 찾아보자.

右旋龍에 左旋水가 合法이다. 生方巽巳水가 墓庫癸字上으로 歸去하니 所謂 生來會旺하며 聰明之子가 生하며 又에 云 ― 貪狼直步天罡百年頤壽之地라하며 管敎此地出英賢이라 하니라. 或生方巽에 文筆水朝流坤하면 坤祿水가 朝拱하면 庚向砂가 있고 學堂水나 文星 즉 辛峰이 相應하면 巨文之才가 代代連出한다. 坤은 祿位며 屬土하니 土는 金을 生하게 하니 坤位에 載帽하고 午丁에 馬山이 있으면 極佳한 것이다.

砂法이 또한 數多하니 辨別하고 立向하면 좋으나 此向은 巽의 文筆과 坤上의 貴人이 第一인가 믿어진다. 立向하고 不迎祿하면 大滅 福力하는 것이다.

金局墓庫向

丁坐癸向
未坐丑向

과 此水法이 楊公의 救貧進神水法이니 子子孫孫이 忠孝賢良하고 大富大貴하는 法이다.

右旋龍에 左旋水가 合法이다. 庚酉旺水가 絕位天干으로 歸去한다. 所云 —癸歸艮位發文章이라고 한다. 墓向을 하면 必是 巽巳方生水가 來하는 것이니 巽巳水가 過前하면 凶하니 즉 到沖墓位라고 하니 生水가 丑艮方에서 流合하여서 艮字로 去하여야 한다. 이것이 墓庫出殺하는 法이다. 不得已하여서 癸破가 된다면 右方生水가 百步轉欄하여서 癸字 上으로 歸去하면 大發하나 少差가 있다면 即見敗絕하니 當面出水하는 것은 實로 不可輕用하니 絕位去水法이 完全하다. 楊公 八八向 收水法을 아는 者도 未解其理하는 例가 或有하니 愼察愼察하라. 癸丑墓向을 하고는 平常에 黃泉解의 甲癸向中休見艮을 不忘하고 察之하라. 癸丑向이 年久하면 生風疾을 難免하니라.

金局墓向

辛坐乙向
戌坐辰向

左旋龍에 右旋水가 合法이다. 庚酉旺水가 艮字上으로 歸去하니 所謂 三合聯珠格이며 又云 三折祿馬上街去라고 하는

金局胎向

庚坐甲向
酉坐卯向

것이다. 進神이 在右하니 臨官의 官祿水가 丁冠帶水 又는 乙方의 養水가 齊到하여 서 艮去하니 楊公의 救貧進神水法이라 巽坤方은 勿論 此向의 祿山貴人이나 此外에 乾은 金局 馬居하는 方位이며 乾은 天馬方位이니 次審하고 各坐向의 貴人을 辦別하는 것이다. 大富大貴하 고 忠孝賢良하나 三門이 尤盛한다.

左旋龍에 右旋水가 合法이다. 坤申臨官水가 胎天干甲字로 歸去하며 或 卯字를 犯하면 殺人黃泉이다. 右水는 長大하 고 左水는 細小하며 百步轉欄하여서 去해야 한다. 胎天干 甲字上에 去水를 出殺이라고 하며 冲胎라고는 論하지 않는 다. 大富大貴하나 或間 短壽하며 寡居하는 일이 있으니 男 子가 短命하는 일이 있다. 萬若 眞龍眞穴이 아니면 即時敗 絶하는 法이니 不可輕用한다. 또 左邊의 墓水가 上堂하여 서 甲字로 去하면 生來破旺 또는 牽動土牛라고 하며 有丁 無財하고 家道가 貧寒하다. 萬若 乙辰巽巳水가 同到上堂하면 化殺生權하는 아주 極히 美好한 것이다.

金局衰向

乙坐辛向
辰坐戌向

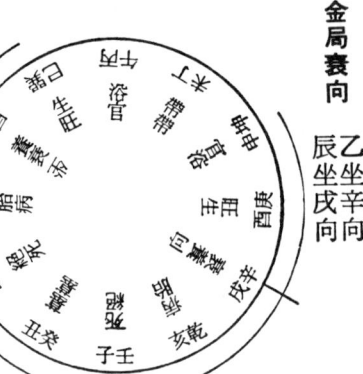

右旋龍에 左旋水가 合法이다. 坤申臨官水가 向上의 巨文水와 合하여서 胎天干으로 去水한다. 向上巨文水 즉 學堂水가 屈曲하며 來前하니 少年及第文章이요 巽辛이 相照하면 六秀의 首라 한다. 卯水는 凶하니 不犯卯字하고 甲으로 去하니 祿存流盡佩金魚라고 하니 大富大貴하고 福壽雙全하며 人丁旺盛한다. 但 平洋地는 坐空朝滿하니 穴後가 必是에 低陷하니 平洋穴後一尺低라는 말에 合當하여서 個個兒孫이 모여서 讀書를 하는 것이다. 辛水가 來朝하니 子孫이 稀有하니 平洋地가 平洋明堂高又高라는 말에 合當하니 平洋地는 坐滿朝空하여서 穴後가 仰瓦하였으니 前高後低하였으나 子孫이 稀有하는 法이니 山地에서 立向하면 敗絶한다.

에 穴後가 低하니 穴前이 高聳할 것이니 山地는 坐滿空朝하에서 立向한다.

金局自生向

坤坐艮向
申坐寅向
絶處逢生向

左旋龍에 右旋水가 合法이다. 丙午旺水가 巽巳臨官水 乙辰冠帶水 甲卯生氣水 艮寅生水와 同到上堂하여서 癸天干으로 歸去하나 癸을 養破라고 안한다. 借庫消水하는 楊公의 救貧進神水

人丁旺盛하고 發富發貴한다. 그러나 萬一 龍과 穴이 稍差있으면 即見消亡하는 水法이니 艮破는 不可亂用한다.

또 此向을 하고 右旋龍에 左旋水가 되는 局이 있으니 즉 癸丑方의 養水가 上堂하여서 浴方 甲天干으로 去하니 文庫消水法이며 楊公의 救貧進神水法이다. 書云하기를 祿存流盡佩金라 하며 自生向에서 癸破와 甲破는 安全하고 艮이 水口가 되는 法은 不可輕用하는 것이니 再 三말하며 甲破도 右邊의 水와 左邊水가 夾出하는 것이 眞法이라 한다. 大概 絶方艮破는 庚龍 아주 좋은 奇格이다.

法이다. 癸丑이 本金局의 墓庫이니 즉 本局의 庫를 借用하니 借庫라고 한다. 巽巳水가 特朝하면 巽巳는 本金局의 長生水며 借向 즉 自生向의 臨官水니 아주 切好하니 螽斯千古輔佐君王이라고 한다.

此向은 必是에 兩水가 左右에서 夾來하나 夾來하지 않으면 凶하며 宜當 右水가 長하게 來하는 것이 眞水라고 한다. 萬一 左水가 長大하면 冲生大殺이라 하니 極凶하다. 此向에서 但 水口가 艮天干이 되는 것도 있으니 亦是 하며 水口가 寅字를 不犯하고 百步轉欄하여서 去하면 亦是 上同

311

入首며 癸破之地는 丁龍入首며 甲破之地는 庚龍入首라 하겠다. 以上이 自生向三法이며 그中 二者는 龍과 水가 거의 相同하나 水口가 조금 틀리고 一者는 奇格이니 十分辨別하고 愼察하라.

金局自旺向

丙坐壬向
午坐子向   絕處逢旺向

右旋龍에 左旋水가 合法이다. 金局의 死絕壬子가 逢旺하였으니 絕處逢旺向이 된다. 坤申生水가 辛戌冠帶水 乾亥臨官水가 會合하여서 上堂하여 가지고 衰方癸天干으로 歸去하니 楊公進神水法이며 生來會旺하니 聽明之子가 生한다. 又에 壬子旺水와 乾亥水가 朝拱하면 食祿이 萬鍾하며 子孫이 繁榮한다. 書云 壬向水朝流入乾하면 子孫世代出英賢이라 하였으니 萬一에 乾方으로 去水하면 壬祿이 在乾하니 辛壬水路怕當乾의 大殺人黃泉이라 子孫을 不育하며 敗散한다.

金局自旺向

壬坐丙向
子坐午向   浴處逢旺向

右邊水가 界穴하면 眞穴이라 한다. 合局立向하면 壽高丁旺하고 大富大貴하며 男聽女秀한다.

左旋龍에 右旋水가 合法이다. 衰方丁天干水가 屈曲하여서 上堂하고 甲天干으로 歸去한다. 卯

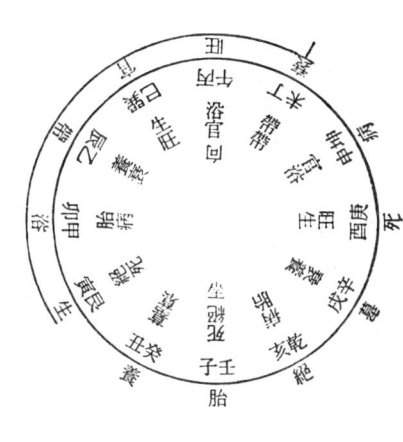

를 水口가 犯하면 極凶하며 艮寅水가 甲으로 去해야 하며 甲水가 艮方으로 出去하면 非穴이며 玄竅不通이라고 한다. 巽水가 朝拱하면 神童이 出生하고 午方에 馬山이 있으면 催官最速하다. 巽辛이 照對하면 六秀貴며 天乙太乙이 侵雲霄라고 한다. 此向立向이 靑囊經文庫消水法이다. 卽 書云 祿存流盡佩金라 하는 法이다. 不可輕用한다.

水局長生向
  艮坐坤向
  寅坐申向

左旋龍에 右旋水가 合法이다. 壬子旺水가 上堂하여서 墓乙 天干으로 出去하니 所謂 旺去迎生하며 富貴之期聚라고 한다. 또는 三合聯珠貫無價라 坤申方의 貪狼星 或은 長生峰이라 하는 것이 照穴하면은 顯文章한다. 星峰이 없고 長生水가 來朝하면 즉 書云一貪狼沼超入墳前한다고 하는 것이며 螽斯千古라 한다. 或 左方의 甲乙巽丙水가 倒右하면 冲生을 하니 少亡敗絶하니 凶하다. 生向을 하고 旺得庫破하니 玉帶案이 腰纒하고 去來水가 金城水法이면 얼마나 美好하

313

느냐—

乾方이 高大 或은 天馬가 있으면 再言할 것이 없고 水局의 馬가 居寅하니 極佳極佳하다. 五福이 滿門하며 妻賢子孝하고 富貴雙全하노라.

水局帝旺向

丙坐壬向
午坐子向

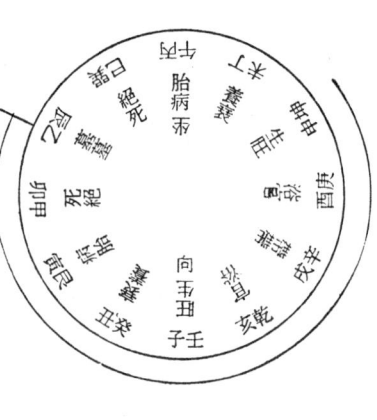

右旋龍에 左旋水가 可히 合法이다. 坤申長生水가 墓庫乙字 上으로 歸去하니 生來會旺하는 것이며 又云 貪狼直步天罡 百年頤壽之地라 한다. 祿位臨官方 乾亥方에 天馬가 있고 乾水가 入朝하면 書云 壬向水朝流入乾兒孫世代金傍名이라 한다. 或乾水方에 去水하면 壬祿이 在乾하니 冲祿을 하니 즉 辛壬水路怕當方 大殺人黃泉이니 極凶하다. 壬旺向子旺向에 壬水一勺이 如金이라 하나라 不迎祿하면 大減福力 하니 迎祿하여야 한다.

水局庫墓向

辛坐乙向
戌坐辰向

右旋龍에 左旋水가 合法이다. 壬子旺水가 絶位天干으로 歸去하니 書云 乙向巽流淸富貴라 하는 것이다. 墓向을 하면 必是 右方의 坤申生水가 夾來하는 法이니 生水가 過前하면 凶하니

所云 倒冲墓庫라 하니 生水가 辰巽方에서 過前하지 말고 流
合하여서 巽方으로 去하여야 한다. 이것이 墓庫出煞하는
法이다. 不得已하여서 乙破가 된다면는 右方坤申水가 百步
轉欄하여서 乙字上으로 歸去하면 大發富貴하나 稍差가 있
다면 即見敗絕하는 水法이니 當面出水法은 危險千萬하니
不可輕用하고 完全한 絕字上으로 巽破을 取用하는 것이
完全하다. 또 壬子旺水가 歸庚字上하면 巽破은 勿論 酉字도 不犯하
며 庚은 水局의 沐浴方이니 祿存流盡佩金魚라하며 平洋
地는 發福하고 山地는 敗絕하는 法이다. 前의 火金局의 墓
向에서 此水法을 不論하였으니 從此하면 可하다. 黃泉論 乙
丙須防巽水先이라하는 것을 墓乙辰向에서 平常에 不忘하고
愼察하여서 取用하여야 한다.

水局養向 癸坐丁向
丑坐未向

左旋龍에 右旋水가 合法이다. 壬子旺水가 巽字上으로 歸去
하니 三合聯珠며 又云 三折祿馬法이다. 進神이 在右하니
乾亥祿官水가 辛冠帶水 坤申長生水 或은 丁養水가 齊到하

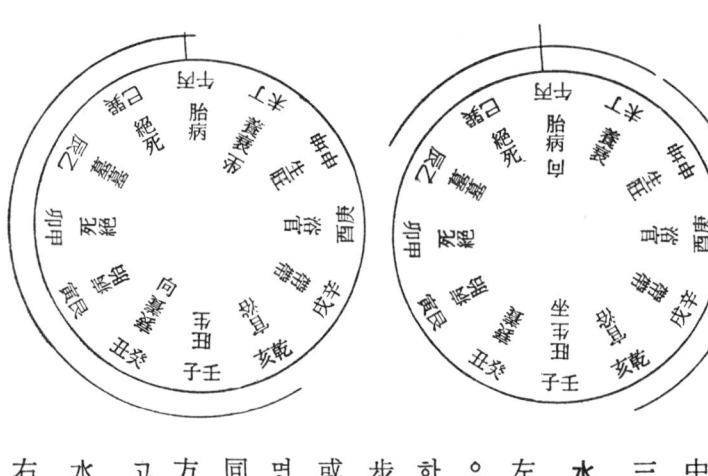

여서 巽方에 去하니 楊公의 進神水法이다. 八十向과 地理 中에서 第一吉向이니라 發福이 綿遠하고 房房이 皆發하나 三門이 尤盛하며 並發女秀하니라.

水局胎向

壬坐丙向
子坐午向

左旋龍에 右旋水가 合法이다. 乾亥臨官祿水가 胎天干丙字上 으로 歸去한다. 但 午를 不犯하여야 하니 午를 犯하면 極凶 하다. 宜當 左水가 細小해야 한다. 正丙字出水를 하는데 百 步轉欄하며 去하여야 한다. 大富大貴하고 人丁興旺하나 間 或 壽短하니 幼婦가 寡居하는 예가 있다. 眞龍 眞穴이 아니 면 敗絶하니 不可輕用한다. 特히 丁未養水와 坤申生水가 同到上堂하면 化煞生權하는 것이니 美好하다. 萬一墓乙辰 方水가 上堂하여서 丙字去하면 生來破旺 또는 牽動土牛라 고 하니 切忌한다.

丁坐癸向
未坐丑向

水局衰向

右旋龍에 左旋水가 合法이다. 乾亥臨官水가 向上巨文水와

流合하여서 胎天干으로 去水한다.
向上巨文癸水가 屈曲하여서 束前하니 癸는 學堂水라 하니
少年及第文章한다. 不犯午字하고 胎天干丙字로 去하니 祿存流盛佩金魚라 發富發貴하며 壽福
兼全한다. 此向이 平洋地는 坐空朝滿하니 水가 丙去하며 必是 穴後가 低陷하다.
平洋穴後一尺低하니 個個兒孫會讀書라 하는 말과 合理하였으며 癸水가 來朝하니 必是 穴前이
高聳하여서 所云―平洋明堂高又高하니 金銀積庫米陳廒라 하는 말에 最合하니 平洋地에는 發
富貴하나 山地는 坐滿空朝하여서 穴後가 仰瓦하는 것이니 前高後低하였으나 子孫이 稀少하며
敗絶한다.

水局自生向　乾坐巽向
　　　　　　　亥坐巳向　絶處逢生向

左旋龍에 右旋水가 合法이다. 庚酉旺水가 坤申臨官水 丁未
冠帶水 丙午生氣水와 同到上堂하여서 乙天干으로 歸去하니 楊公의 救貧進神
水法이라고 한다. 乙辰이 本水局의 墓庫라 즉 本局의 庫를 借用하니 借庫消水하는
것을 養破라고 하지 않으며 借庫消水하는 것을 借庫라고 한다. 坤水는 水局의 長生水며 借向의
臨官水라 坤水가 特朝하면 아주 美好하니 所云―盦斯千古
輔佐聖君이라 한다. 此向에 此水口면 必是 左右兩水가 夾

來하는 것을 眞水라 한다. 但 右水가 宜當 長大하여야 하며 左水는 細小해야 한다. 左水가 長大하면 冲生大煞이라고 하며 極히 凶하다.

此 向에서 左旋龍에 右旋水의 局 水口가 不犯巳字하고 酉旺水가 長大하여서 倒左하며 百步轉欄하고 巽上去하며 꼭 巽天干으로 去하는 法이 있으니 庚酉旺水가 倒左하여서 巽去하여야 한다. 大富大貴하고 人丁大旺하나 但 龍과 穴이 稍差가 있으면 即見敗絶하는 出水之法이니 不可輕用한다.

또 此向을 하고 右旋龍에 左旋水의 局이 있으니 즉 乙辰養水가 上堂하여서 丙字天干으로 歸去하니 文庫消水法이며 楊公의 救貧進神水法이라 書云―祿存流盡佩金라고 하며 아주 奇格이다. 右水가 界穴하니 方眞穴이라.

如上 自生向에서 乙破와 丙破는 安全하며 直破의 巽上水口는 不可輕用한다. 大概 巽破는 壬龍入首며 墓乙破는 辛龍入首며 丙破는 壬龍入首라 하겠다.

水局自旺向

庚坐甲向
酉坐卯向 絶處逢旺向

右旋龍에 左旋水가 合法이다. 水局의 死絶甲卯가 逢旺하니 絶處逢旺向이 된다. 乾亥生水 壬子生氣水 癸丑冠帶水 艮寅

水局自旺向

甲坐庚向 卯坐酉向 浴處逢旺向

臨官水가 會合하여서 上堂하여 가지고 衰方乙天干으로 歸去하니 九宮歌에 惟有衰方可來去라 楊公救貧進神水法이며 生來會旺하였으니 聰明之子가 出生한다. 甲旺水 艮官祿水가 來朝하면 艮은 向의 祿水요 三吉六秀의 水라 必出神童하며 富貴滿堂하고 出魁元한다. 萬一 艮方으로 出水하면 云一甲癸向中休見하는 大殺人黃泉이니 不育兒孫하며 敗絕한다. 右水가 界穴하니 方眞穴이라 乾은 天馬方位가 되니 借馬하여서 즉 乾에 馬山이 있으면 催官最速하다. 艮丙峰이 交應하면 文武不絕한다.

左旋龍에 右旋水가 合法이다. 衰方辛天干水가 到堂하여서 浴方丙天干으로 歸去하나 巳午를 犯하면 大凶하며 巽巳方水가 丙方으로 去하여야 하며 反對로 丙方에서 巽巳方으로 去하면 謂之一玄竅不通이라 非穴이다. 巽辛峰이 相照하면 六秀貴며 天乙太乙의 結穴이라 한다.

青囊經文庫消水法이며 楊公救貧進神水法이다. 書云一祿存流盡佩金魚가 즉 此也니라 或 巳午를 犯하면 淫亂하지 않으면 敗絕하니 不可輕扦한다.

木局長生向　巽坐乾向
　　　　　　　巳坐亥向

左旋龍에 右旋水가 合法이다. 甲卯旺水가 丁字上으로 去水 하니 所謂 旺去迎生 또는 三合聯珠라 한다. 貪狼星 즉 長生峰이 熙穴하면 顯文章하니 或 長生乾水가 來朝하면 蠢斯千古輔佐聖君한다. 左方巽丙丁坤水가 倒右하면 冲生을 한다고 하며 主로 少亡敗絕한다. 乾亥長生向을 하였으니 十四進神家業興이라 하는 楊公의 救貧水法이다. 艮은 六秀貴며 臨官貴人이며 艮는 土中의 首라 艮이 載帽있으면 眞貴人 이라고 하며 長生乾亥壬方에 天馬山이있으면 催官催貴가 最的하다

木局帝旺向　庚坐甲向
　　　　　　　酉坐卯向

右旋龍에 左旋水가 合法이다. 生方乾亥水가 墓方丁字上으로 歸去하니 所云 生來會旺이라 聰明之才가 出生한다. 又云 貪狼直步天罡百年頤壽之地라 한다. 臨官祿位에 載帽하고 艮水가 朝堂하면 少年壯元한다. 萬若에 艮字方去水하면 謂之 甲癸向中休見艮이라는 黃泉煞의 大殺人黃泉이니 少亡敗

絶한다. 艮은 臨官貴 六秀貴라 艮이 薦丙하면 大富貴하는 것이 綿遠하다. 巽方은 木局馬位라 한다. 甲旺水一勺이 千金과 바꾸지 않으니 察之하여라.

木局墓向

癸坐丁向
丑坐未向

右旋龍에 左旋水가 合法이다. 甲卯旺水가 絶方坤字上으로 歸去한다. 所云一丁坤終是萬斯箱이라 한다. 丁未墓向을 하면 오직 年久하면 風疾이 生하나 發福은 無關하다. 丁未墓向을 하면 必是 右邊 乾亥方生水가 過前을 하며 所云一倒冲墓庫位라 하며 極히 凶하니 生乾水가 未坤方位에서 流合하여서 坤上去를 謂之一墓庫出殺하는 最的한 水法이다. 不得已하여서 丁破가 된다면 乾亥水가 百步轉欄하여서 丁上去하면 坤絶方出水의 乾亥水가 或 過前하면 即見敗絶하는 法이니 坤絶方出水의 法이 第一 安全하다. 或은 此丁未墓向을 하고 甲卯旺水가 沐浴位 壬天干으로 歸去하는 일이 있다. 子字를 犯하여서 去水는 極凶하다. 此壬字上出水를 祿存流盡佩金魚라 하며 富貴兼全하고 壽福雙全하나 平洋地에서 多發福하며 山地는 敗絶하니 즉 坐空朝滿하는 綠故라 反對로 坐滿空朝하는 山地는 敗絶한다. 平洋明堂高又高하니 金銀積庫米陳厫라 하고 平洋穴後가 低陷하

니 平洋穴後 一尺 低하면 個個兒孫會讀書라는 말에 合當하나 山地는 坐滿朝空하였으니 必然 穴後가 仰瓦하여서 子孫이 稀罕한 故로 山地는 敗絕하는 法이니 丁未墓向이나 餘局의 墓向에 沐浴天干破는 其理가 相同하며 山地는 勿用한다.

丁未墓向에서 丁庚坤上黃泉論을 平常에 勿忘하고 살펴라. 그리고 墓庫向을 하면 出煞하는 絕位出水하는 것이 完全하다. 彼此의 見解의 差와 觀辨하는 差가 特히 平洋地에 甚하니 愼察이라.

木局養向
乙坐辛向
辰坐戌向

左旋龍에 右旋水가 合法이다. 甲卯旺水가 絕位坤字上으로 歸去하니 三合聯珠며 又云三折祿馬法이라 한다. 進神이 在右하니 艮寅臨官水가 癸冠帶水 乾生水 辛養水와 齊到하여 서 坤上去하니 楊公救貧進神水法이다. 大富貴하며 並發女秀하고 三門이 尤盛한다.

木局胎向
甲坐庚向
卯坐酉向

左旋龍에 右旋水가 合法이다. 艮寅臨官位水가 胎天干庚字上으로 歸去한다. 但 酉를 不犯하여라. 그리고 左水가 細小하

여야 한다。 또 百步轉欄하며 去하여야 한다。 大富大貴하고
人丁大旺하나 間或 壽短하니 幼婦가 寡居하는 例가 있다。特히 乾
眞龍 眞穴이 아니면 敗絶하는 法이 不可輕用한다。
長生水와 辛養水가 同到上堂하면 化煞生權이라 하니 美好
하다。 萬若 丁未墓水가 上堂하여서 出庚하면 生來破旺 또는
牽動土牛라 하며 極凶하다。

木局衰向 辛坐乙向
　　　　　　戌坐辰向

右旋龍에 左旋水가 合法이다。艮寅臨官水가 向上巨文水 但
乙天干水와 流合하여서 胎庚字上으로 歸去한다。乙水가 辰
과 同來하면 切不可하니 乙水가 屈曲하여서 束前하니 乙은
學堂水라 하니 必是 少年及第文章한다。
金魚라고 하니 發富發貴하고 壽福兼全한다。此向이 平洋地
는 坐空朝滿하니 穴後가 低陷하다。所云ー平洋穴後一尺低하
니 個個兒孫會讀書라 하는 것이며 乙水가 來朝하니 必是하
穴前이 高聳하니 所云ー平洋明堂高又高하니 金銀積庫米陳

厭라한다. 그러니 平洋地는 發福하고 山地는 坐滿朝空하니 必然 穴後가 仰互하였으니 前高後低하더라도 子孫이 稀罕하며 敗絶한다.

木局自生向
艮坐坤向
寅坐申向 絶處逢生向

左旋龍에 右旋水가 合法이다. 壬子旺水가 乾亥臨官水 辛冠帶水 庚生氣水 坤生水와 同到上堂하여서 丁天干으로 去水하니 丁을 養破라고 하지 않으며 借庫消水하는 楊公의 救貧進神水法이라고 한다. 丁은 本木局의 墓庫라 즉 本局의 庫를 借用하니 借庫라 한다. 乾水는 木局의 長生水며 借向의 臨官水라 乾水가 特朝하면 아주 切好하다. 所云—螽斯千古輔佐聖君한다고 한다. 此向의 此水口면 必是 左右兩水가 夾來하는 것을 眞水라고 한다. 但 右水가 長大해야 하며 左水는 細小하여야 한다. 左水가 長大하면 冲生大煞이라고 하며 極히 凶하다.

此向에서 左旋龍에 右旋水의 局 水口가 不犯申字하고 꼭 坤字로 去하는 法이 있으니 壬子旺水가 長大하여서 倒左하며 百步轉欄하고 右邊의 乙巽墓絶水가 細小하며 上堂하지 말고 坤去하면 大富大貴하고 人丁興旺하나 但 龍과 穴이 稍差가 있으면 即見敗絶하는 出

水法이니 不可輕托한다.

또 此向을 하고 右旋龍에 左旋水의 局이 있으니 즉 丁未養水가 上堂하여서 庚字上으로 去水한다. 文庫消水法이니 書云 -祿存流盡佩金魚라고 하며 아주 奇格이다. 右水가 界穴하니 方 眞穴이라.

如上 坤申自生向에는 丁破와 庚破는 安全하며 坤破之地는 不可輕用한다. 大槪 丁破之地는 癸龍入首며 坤破는 甲龍入首며 庚破는 甲龍入首라 하겠다.

木局自旺向

壬坐丙向
子坐午向 絕處逢旺向

右旋龍에 左旋水가 合法이다. 木局의 死絕이 逢旺하니 絕處逢旺向이라고 한다. 艮寅生水가 甲生氣水 乙冠帶水 巽官祿水가 會合하여서 上堂하여서 襄方丁天干으로 出水하니 九宮歌云 惟有襄方可來去며 楊公救貧進神水法이며 生來會旺하였으니 聰明之才가 出生한다. 丙旺水 巽官祿水가 來朝하면 巽은 祿位며 三吉六秀의 水라 必出神童하고 富貴滿堂한다. 萬一 巽方으로 去水하면 黃泉論의 乙丙須防巽水先이 大殺人黃泉이니 不育兒孫하며 敗絕한다. 右水가 界穴하니

325

十八、向向發微

木局自旺向

丙坐壬向 午坐子向 浴處逢旺向

方眞穴이라 巽은 文昌閣이니 文筆峰이 있으면 眞爲切地라 한다. 午方에 有馬山이면 催官最速하며 丁峰이 有照하면 長壽하며 文科不絶한다. 必히 迎祿立向하여야 한다.

左旋龍에 右旋水가 合法이다. 衰方天干癸水가 到堂하여서 浴方庚天干으로 去水하나 申酉를 不犯하여야 한다. 特히 坤申水가 庚字로 去水야 하며 反之則 玄竅不通하니 非穴이다. 靑囊經文庫消水法이며 楊公救貧進神水法이다. 書云一祿存流盡佩金魚가 卽 此也라 水口가 申酉를 犯하면 淫蕩하지 않으면 敗絶하니 不可輕用한다.

乙辛丁癸의 四大局龍과 辰戌丑未의 四大水口가 四局을 辨別하였으니 雙山의 十二宮이 그 水口에 依하여서 吉凶을 分辨할 수 있는 것이다. 이 十二水口의 吉凶이 易五行의 乙丙 丁庚 辛壬 癸

甲을 그 또 누가 否認하리요. 一言으로 이것이 곧 地理五訣과 直指原眞의 八十八向法이라 한다. 或은 八十八向外에 奇形怪穴도 있으나 그 穴을 難定하며 萬若 不中하면 그 禍 또한 非輕한 것이다. 그런故로 易의 定局이 發福永昌하다는 것이 各地의 名墓가 立證하는 것이며 八十八向이라는 것이 此册子의 本旨라 할 수 있다. 그러니 每局의 十二水口의 吉凶을 略記하여서 學者의 參考가 되면 多幸하다고 生覺하여 記載하니 學者는 八十八向의 根本遁環하는 根源을 모르고 略記論을 가지고 作地하면 凶多吉少하다고 믿어진다.

壬山丙向 子山午向 左水가 倒右하여서 辛戌方으로 出하는 것은 火局의 正旺向이라고 한다. 三合聯珠貴無價라는 局이며 楊公의 救貧進神水法이다. 水法에 있어서는 玉帶 纏腰하는 金城水法이다. 人丁이 昌熾하고 大富大貴하고 忠孝賢良하며 男女가 長壽하고 子子 孫孫이다 富貴하는 法이다. 旺山이 肥滿하고 旺水가 潮聚하면 石崇의 富와 此肩한 다는 것이다.

壬山丙向 子山午向 左水가 倒右하여서 丁未方이 水口라 九星歌에 惟有衰方可去來라는 歌句의 局이니 즉 木局의 自旺向이라 한다. 또한 面朝丙午中陽穴 丁水滎洄大發祥이라고 八穴借庫歌에 指定한 것이다. 水口가 辛方이라면 寅甲龍에 穴居하는 것이 正龍正穴이라 한다. 그러 니 丁未水口라 하여도 寅甲龍이 無妨하나 丁未水口에는 龍이 旺方乾亥龍에 穴居하는 것이 正居라 한다. 이 寅甲과 乾亥가 丙午向으로 同一한 旺向이나 正旺向과 自旺向으로서 明確하게 區

分된다는 것은 참으로 爲妙하다. 發富貴하고 壽高丁旺한 局이다.

壬山丙向 子山午向 右水가 倒左하여서 沐浴方天干甲字上으로 去하며 卯寅을 不犯하고 消去한다. 이것은 祿存流盡佩金魚라고 하는 文庫消水法이니 富貴雙全하고 人丁이 興旺한 局이다. 이것을 金局의 自旺向이라고 한다. 이와같은 文庫消水의 自旺向을 作穴하기가 至難하다. 이 金局의 自旺向은 巽巳나 庫兌龍에 居正하는 것을 或者는 坐山의 三合收水라 하며 神壬乙申 子辰局으로 誤認하는 수가 있을 수 있다. 이때 이 向에서 過前水가 艮寅字으로 去하면 破局이요 艮寅水가 甲子上으로 消水하는 것이 通竅을 確證하는 것이다. 向上의 衰方丁水는 壽高하는 學堂水라 이 向에서 切大로 重要한 것이다. 卯寅字上으로 消水하면 向上의 病死水가 本金局의 臨官帝旺이라 坤申庚兌方水가 暗拱하는 것이 爲妙하다. 向上의 衰方丁水가 絶嗣하던가 男女가 淫亂하니 愼察하고 不可輕托한다.

壬山丙向 子山午向 右水가 倒左하여서 巽巳가 水口라면 病死水가 向上의 祿位를 冲破하니 乙丙須防巽水先이라고 하는 大惡煞人黃泉이라 小兒를 難養하고 成才之子를 傷하니 敗絶하는 것이며 必然 軟脚 風癱 癆疾 吐血等의 難治의 病症이 侵身한다. 二房이 先傷하고 次及別房한다.

壬山丙向 子山午向 右水가 倒左하여서 乙辰方으로 消水한다면 冠帶位를 冲破하니 年幼한 聰明之才가 喪하며 따라서 閨中의 幼婦女少女가 傷하며 田産이 敗하니 敗絶한다. 或 龍眞穴

的하였다면 發福하나 어찌 一代를 保持하리요 化灰하는 것이다. 向上의 病死水가 冠帶位를 冲射하니 어찌 其禍를 免하리요.

主로 小兒를 傷하며 乏嗣敗絕한다. 이 向에서 水口가 金局의 水口라 的實히 退神沐浴丙午水가 侵犯하니 難避其禍한다.

壬山丙向 子山午向 右水가 倒左하여서 癸丑方으로 出하면 向上의 養位를 冲砂하는 故로

壬山丙向 子山午向 水口가 壬子方이라면 胎神을 冲胎하니 腹中胎兒를 墮胎한다. 或間 初年에 若干의 丁財가 있다 하나 終局에 가서는 敗絕한다. 그 緣故는 冲胎도 冲胎거니와 過宮水의 關係라 無壽無財하다.

壬山丙向 子山午向 水口가 乾亥方이라면 辛戌方水口를 지나서 情이 過한 過宮水와 같이 比하는 水法이다. 辛戌正庫를

壬山丙向 子山午向 水口가 太公이 八十에 文王을 만났다는 것에 比하는 水法이다. 이 局을 지내었으니 有壽하더라도 無財하다.

壬山丙向 子山午向 水口가 庚酉方이라면 正庫에 이르지못하고 病方에서 消水하니 交如不及이라 顔回三十便亡身과 같으니 間或 初年에 漸間 利가 있으나 어찌 壽福을 兼全하리요? 또한 有丁하면 無財하고 有財하면 無丁하며 吐血하고 產業이 退散하니 그 이름이 부끄럽더라. 三門이 先傷하고 次及別房한다.

壬山丙向 子山午向 水口가 坤申方이라면 坤申은 病方이니 男子가 短壽하여서 五六人의 寡

寡居가 數多하니 功名이 있는 것과 없는 것과 같으니라.

329

婦가 常哭한다. 三房이 先傷하고 次及別房한다. 病死方消水는 그 凶이 相似하다.

壬山丙向 子山午向 水口가 艮寅方이라면 旺去沖生하니 비록 財産은 있다 하나 小兒를 難하니 十中에 九는 有財하고 無子하니 絶嗣를 難免한다. 先敗長房하고 次及別房하는 것이다.

壬山丙向 子山午向 長大한 右水가 午字를 不犯하고 丙字上으로 不見隱去하는 것이니 胎向胎流의 出煞이라 한다. 特히 百步轉欄하여서 丙字로 不見隱去해야 한다. 萬若 直去하면 蕩然直去家資薄이니 財物을 保存하기가 困難하다.

한 男子가 있으니 幼年寡婦를 難免한다. 或 左水가 倒右하여서 丙午方으로 消水하면 生來破旺을 하는 것이니 有丁無財하여서 그 貧寒한 것이 茫丹과 같은 것이니 이것을 胎向胎流라고 誤作하여서는 大凶하다. 不可輕忽한다.

癸山丁向 丑山未向 右水가 倒左하여서 巽巳方으로 出하니 水局의 正養向이라고 한다. 三折祿馬上街去라고도 하며 丁財兩旺하고 功名顯達하고 男女가 忠孝賢良하며 壽高하고 發福이 綿遠하다. 房房이 皆發하나 三房이 尤盛하고 並發女秀한다. 地理中 第一吉地라 한다. 丁向壬龍貴極品 乾山乾巽位歸라고 한다.

癸山丁向 丑山未向 左水가 倒右하여서 坤申方으로 出하니 書에 云하는 丁坤終是萬斯箱이라고 하는 木局의 墓向 出煞하는 水法이다. 發富發貴하는 人丁大旺하고 壽福兼全하는 局이다. 生方乾亥水가 倒右하며 過堂하고 坤申絶水가 丁未墓位를 倒冲하면 丁庚坤上是黃泉이라

大禍를 不免하고 門門에 其禍를 不測하니 愼察愼察할 것이다. 癸龍甲水向坤流 丁向爲尊位王

는 侯라 것이 坤去하는 木局墓庫向을 指稱하는 것이다.

癸山丁向 丑山未向 右水가 倒左하여서 丙午方으로 出하면 冲砂祿位하니 小黃泉이라 窮乏 夭亡하니 寡居多出한다. 十中에 九는 乞食하고 窮困하다. 或은 五六兄弟를 두고 壽高하기도 한다. 水口가 未를 犯하든가 未方에 鎗刀惡石이 있다면 橫暴하고 爭鬪好勇之子가 出하니 詳察未方이 切切하다.

癸山丁向 丑山未向 右水가 倒左하여서 乙辰方으로 出하면 必是 退神을 犯하니 或 初年에 發丁은 하나 不發財하고 그리 凶하지는 않다.

癸山丁向 丑山未向 右水가 倒左하여서 甲卯方으로 出하면 初年에 間或 發丁하나 年久하면 壽短絕嗣한다.

癸山丁向 丑山未向 水口가 艮寅方이라면 主로 退財하고 小兒를 難養하고 男女가 夭亡하며 乏嗣한다. 長房이 先敗하고 次及別房한다.

癸山丁向 丑山未向 水口가 癸丑方이다면 必然 丁未方이 冠帶位가 되니 어찌 冠帶를 立向 하리요. 立向하면 夭亡敗絕한다.

癸山丁向 丑山未向 左水가 倒右하여서 乾亥方으로 出하면 날로 丁財가 衰退하여서 敗絕하는 것이니 不立向이 可하다.

癸山丁向 丑山未向 水口가 辛戌方이라면 火局의 衰向이 되니 衰不立向을 어찌 立向하리요.

丁財가 모두 不發한다.

癸山丁向 丑山未向 水口가 庚酉方이라면 情이 退하여서 初年에 間或 發富發貴하기도 하며 不發하기도 하고 或은 壽高하고 或은 壽短하여 不一하니 吉凶이 相半하다. 年久하면 不利하여서 有丁하고 無財하다.

癸山丁向 丑山未向 丁未方이 水口라면 左水가 倒右하여 丁字上으로 未字를 不犯하고 轉欄하며 去하면 發富發貴하나 少差가 있다면 丁庚坤上是黃泉을 犯하니 極凶하다. 또는 萬若 右水가 倒左하면 絶水가 墓庫를 倒冲하니 當面直去하든가 百步轉欄를 能히 하지 못하고 當面으로 直去하게 되니 黃泉의 丁庚坤上是黃泉을 犯하니 敗絶하는 것이다. 이 墓向墓流는 左方旺水 즉 甲卯水가 丁字上으로 去하는 것外에 右方絶水가 倒冲하면 大黃泉이 되니 가장 立向하기가 至難하다.

癸山丁向 丑山未向 丁水가 來朝하고 左水가 倒右하여서 穴後의 壬字上으로 子字를 不犯하고 去하면 祿存流存盡佩金이라고 하는 文庫消水法이라 發富發貴하고 壽福雙全한다. 그러나 但 平洋之地의 坐空朝滿하는 合局이다. 平洋穴後一尺低個個兒孫會讀書라고 하는 切好하고 特秀한 墓向沐浴放水이다. 또는 平洋明堂高又高하면 金銀積庫米陳厥라하는 것이다. 이와같이 丁水가 來朝하니 穴前이 必是 高聳하니 兩歌句에 適合하니 發福하나 山地는 坐滿空朝하니 穴

後가 必是仰瓦하여서 子孫이 極히 稀罕하여 不合하니 敗絕하는 法이다. 이 向에서는 穴後의 高丘가 極凶하다.

艮山坤向 寅山申向 旺去迎生하는 十四進神家業興의 水法이다. 妻賢子孝하고 五福이 滿門하고 富貴雙全한다. 水歸乙地子龍來 坤向乾山位棘槐라고 하는 것이 바로 이것이다.

艮山坤向 寅山申向 右水가 倒左하여서 乙辰方으로 出하니 三方이 弔照하여 三合聯珠의 水局 長生向이다. 旺去迎生하는 十四進神家業興의 水法이다. 玉帶가 纏腰하는 金城水法이다.

艮山坤向 寅山申向 右水가 倒左하여서 丁未方으로 出하니 借庫消水하는 木局의 自生向이며 楊公救貧進神水法이다. 向은 水局의 向을 借取하고 庫는 木墓를 借하였으니 丁未가 水局養位라 하여서 冲破養位라고는 하지 않는다. 富貴하고 壽高하고 丁旺한다. 先發小房한다.

艮山坤向 寅山申向 左水가 倒右하여서 庚酉方으로 出하는 文庫消水法이며 楊公進神水法이다. 書에 云하기를 祿存流盡佩金魚라고 하며 發富發貴하고 壽福雙全한다. 그러나 少差있으면 即絶하니 不可輕用한다. 龍眞穴的하면 無妨하다.

艮山坤向 寅山申向 水口가 丙午方이라면 胎神을 冲破하니 立向이 不可하다. 家道가 貧苦하고 不利한 局이다. 間或 初年에 發丁하고 旺財하고 壽高하나 年久하면 墮胎하며 乏嗣한다.

艮山坤向 寅山申向 水口가 巽巳方이라면 이것을 過宮水라고 하며 情이 過하니 모두 不發하고 間或 初年에 有壽有丁하나 窮困하고 淸廉한 것이다.

艮山坤向 寅山申向 水口가 甲卯方이라면 이것은 交如不及이라고 하니 壽短하고 敗財하며 不發하기도 한다.

艮山坤向 寅山申向 水口가 艮寅方이라면 이것도 亦是 交如不及이라고 하니 主로 家患이 不絕하고 敗絕한다. 不發하기도 한다.

艮山坤向 寅山申向 水口가 癸丑方이라면 臨官不立이 되는 것이니 退神을 犯한다고 하는 것이라 非敗한다면 即絕한다.

艮山坤向 寅山申向 水口가 壬子方이라면 生來破旺하는 것이니 破產하는 것이며 初年에 發丁하는 일이 있다가 久年하면 財產은 枯死하고 人丁도 없이 되겠다.

艮山坤向 寅山申向 水口가 辛戌方이면 天壽하니 病不立向을 犯하는 退神水法이다. 向만으로 論하자면 辛戌은 向上冠帶라 冠帶를 冲破하니 幼年한 聰明之子가 傷하니 敗絕을 不免하는 것이다.

艮山坤向 寅山申向 水口가 乾亥方이라면 臨官을 冲破하니 成才之子가 喪하고 失血하며 癆疾하고 夭壽敗絕하니 大凶하다.

艮山坤向 寅山申向 長大한 右水가 倒左하여서 申字를 不犯하고 向上坤字上으로 百步轉欄하며 去하면 大富하고 大貴하다. 人丁도 興旺하다. 그러나 龍穴이 稍差있다면 敗絕하니 不可輕用한다. 또는 萬若에 左水가 長大하여서 倒右하고 坤上으로 當面出水하면 墓絕方의 乙辰巽巳 水가 坤生方을 冲하는 惡殺이라 非敗하면 即絕한다. 申字上으로 出하면 尤凶하다.

甲山庚向 卯山酉向 左水가 倒右하여서 癸丑方으로 出하면 三方이 弔照하는 三合聯球貴無價라는 法이니 이것을 金局正旺向이라 金局正旺向이라 한다. 楊公救貧 進神水法이라 生來會旺하는 水法이니 玉帶가 纏腰하는 金城水法이라고도 한다. 大富大貴하고 丁財兩旺하며 男女가 壽高하고 忠孝賢良하다. 發福이 綿遠하고 房房이 均一하다. 龍巽峰坤庚向立 癸方放水福無窮이라 하는 것이 이 局을 指定한다.

甲山庚向 卯山酉向 左水가 倒右하여서 辛戌方으로 出하니 八穴借庫歐의 長男美穴朝庚立 楊公의 救貧十四進神家業興의 水法이다. 發富發貴하고 壽高丁旺하고 男子는 聰明하고 並發女秀하니 大吉大利하다.

甲山庚向 卯山酉向 右水가 倒左하여서 沐浴方丙字上으로 去水하니 祿存流盡佩金魚의 局이다. 이것을 浴處逢旺하는 金局自旺向이라고 한다. 富貴兼全하고 人丁興旺하다. 右方의 病死方乾亥壬子水가 衰方辛水와 더불어 第至向上하여서 旺方庚酉水와 合流하여 臨官方乾亥水 冠帶方乾亥壬子水가 衰方辛水와 더불어 金局으로 論之하는 것이니 壬子方旺水와 臨官方乾亥水 冠帶辛水가 上堂하는 故로 大發한다. 그러기에 金局으로 論之하는 것이니 水口가 午字巳字를 犯하게 되면 必然코 非淫하면 即絕하니 不可輕用한다.

甲山庚向 卯山酉向 水口가 坤申方이라면 臨官位를 沖砂하니 黃泉大煞이라 必然코 成才之

甲山庚向 子를 喪하니 立主敗絕하고 官詞賣産하고 軟脚風癱하고 瘑疾吐血等의 難病으로 先傷二門하고 次及別房하여서 一家도 不敗하지 않는 일이 없다.

甲山庚向 卯山酉向 水口가 丁未方이라면 向上의 冠帶位를 冲砂하니 幼年한 聰明之才를 喪하며 閨中幼婦를 並損하며 産業이 退敗하니 年久하면 絕嗣한다.

甲山庚向 卯山酉向 水口가 乙辰方이라면 向上의 養位를 冲破하니 小兒가 傷하며 敗産絕嗣한다. 金局으로 如上하며 水局의 沐浴逢旺하는 局으로 觀察하면 沐浴不立向의 法이 되어서 退神沐浴의 庚酉水가 上堂을 하니 어찌 立向保全하리요.

甲山庚向 卯山酉向 水口가 甲卯方이라면 胎神을 冲破하니 墮胎하며 成人이 傷하며 初年에 發丁稍利하고 壽高하는 일이 或間 있다하여도 年久하면 敗絕한다.

甲山庚向 卯山酉向 水口가 艮寅方이라면 過宮水가 情이 過하니 初年에 或間 發丁有壽는 漸間하나 過情하여서 水가 不歸庫하였으니 永永無財하다. 壽短하니 顔回三十便亡身의 短命水라 靑春이 夭亡하니 寡婦가 多出한다. 紅血勞疾이 多出하니 絕嗣한다. 先傷三門한다.

甲山庚向 卯山酉向 水口가 壬子方이라면 交如不及하였으니 鰥寡를 어찌 免하리요. 或間 初年에 稍利者가 있다 하나 有丁無財하고 有財하면 無丁하니 功名이 있다가도 夭壽하니 어찌 壽福齊全하리오.

甲山庚向 卯山酉向 水口가 乾亥方이라면 이것도 交如不及의 短命水 一名은 寡宿水가 되니

男子가 壽短하니 必然 寡婦가 五六人이 있으며 敗産絕嗣하니 咳嗽 吐痰 失血 癆疾 等으로 先敗三門하고 次及別房한다.

甲山庚向 卯山酉向

水口가 巽巳方이라면 旺去冲生을 하였으니 비록 有財하나 小兒를 難養하니 財物이 무슨 所用이 되리요? 十中에 九는 無丁하여서 絕嗣한다. 長房이 先敗하고 次及別房한다.

甲山庚向 卯山酉向

右水가 倒左하여서 向上庚字上으로 酉字를 不犯하고 百步轉欄하며 不見隱去하니 宜當 左水가 細小하여서 木局胎向이 的實하다. 이것을 胎向胎流의 出煞이라하며 大富大貴하고 人丁興旺한 局이다. 그러나 이 水法에는 아깝게도 或間 壽短함을 不免하니 靑春寡婦가 있기도 하다. 이 局이 富貴兼全이라 하여 輕托하는 것은 아주 不可하다. 萬一 眞龍眞穴이 아니라면 葬後에 不敗하면 卽絕하니 佳局이나 不可輕用이라. 萬若 左水가 倒右하여서 庚字上으로 出하면 百步轉欄을 못하며 當面直去하게 되고 生來破旺하는 胎不立向으로 變하였으니 強制로 胎向胎流를 立向하더라도 그저 有丁은 하나 必然코 無財하니 그 貧苦한 것이 范丹과 같으니 左水가 倒右하는 胎向胎流는 莫扞이 可하다. 甲卯山庚酉向만이 아니라 四局의 胎向胎流는 同一하니라 甚하면 凶中에도 尤凶하다.

乙山辛向 辰山戌向

右水가 倒左하여서 坤申方으로 出하는 것을 木局의 正養向이라 하는 辛向甲龍生鼎甲 艮山艮水面坤流라 한다. 三折祿馬의 法이며 楊公의 十四進神家業興의 水法이

라 功名顯達하고 丁財大旺하고 發福이 綿遠하고 忠孝賢良하고 男女가 壽高하며 皆皆房房이 均發하다. 그러나 三門이 尤盛하고 並發女秀하다. 特히 乾三分辛七分가 來朝하면 自古로 求嗣速發이라고 하는 것도 事實이니 名山을 踏査하면 舊墳新地에 間有하니 前代의 觀地는 一寸을 어기지 않는 것을 想起할 수 있다.

乙山辛向 辰山戌向 左水가 倒右하여서 乾亥方으로 出하니 墓向出煞의 法이라 辛入乾宮百萬壓이라고 하는 火局의 墓向이다. 發富發貴하고 人丁이 大旺하며 壽福이 雙全하다. 萬若 生方艮水가 上堂하든가 乾亥絕水가 墓庫를 倒冲하면 이 大黃泉煞을 누가 免하리요? 發福만을 狂醉하지 말고 登局하면 辛壬水路怕當乾을 살피는 것을 囑望한다.

乙山辛向 辰山戌向 水口가 庚酉方이라면 向上의 祿位를 冲破하는 것이라. 謂之 小黃泉이라고 한다. 窮乏하고 夭亡하니 寡婦가 出한다. 間或 五六兄弟를 두고 壽高하는 일도 있으나 大部分은 乏丐하고 乏嗣하니 窮困한 것은 有多하고 發福하는 것은 稀罕하다. 特히 戌字方面에 鎗刀惡石이 있다면 性質이 暴惡한 子孫이 出生할 것이니 極凶하다.

乙山辛向 辰山戌向 水口가 丁未方이라면 退神을 不免하니 初年에 稍利하고 發丁은 하나 不發財한다. 萬若 養向이라고 誤作하면 不可하니 進退를 細察하여야 한다.

乙山辛向 辰山戌向 水口가 丙午方이라면 初年에 發丁壽高하는 수가 或有하나 年久하면 天亡하여서 絕嗣하는 局이다. 窮困하며 田産이 退敗한다.

338

乙山辛向 辰山戌向 水口가 巽巳方이라면 退財하고 小兒를 難養하며 男女가 夭亡하니 乏嗣한다. 長房이 先敗하고 次及別房한다.

乙山辛向 辰山戌向 水口가 乙辰方이라면 退神을 犯하는 冠帶不立向이다。 天亡敗絕한다。

乙山辛向 辰山戌向 水口가 艮寅方이라면 丁財가 日衰하며 甚하면 絕嗣한다。

乙山辛向 辰山戌向 水口가 癸丑方이라면 衰不立向이 이것이니 退神水法이라 丁財가 다 不發한다。

乙山辛向 辰山戌向 水口가 壬子方이라면 이것은 情退라 하며 取捨하기에 不分明하다。間或 發福하는 수도 있고 不發도 하며 或은 壽高하고 或은 乏嗣하니 吉凶이 相半하다。

乙山辛向 辰山戌向 左水가 倒右하여서 戌을 不犯하고 向山의 正辛字上으로 去하며 百步轉欄하였다면 大富大貴한다。 稍差가 있다면 即絕하니 龍穴의 眞否를 아주 細心하게 觀察하여야 하며 不眞하면 不取하여야 하니 不可輕扦이라 한다。 發福이 速하고 求昌하는 墓向墓流의 水法이다。 萬若 右水가 倒冲墓位하면 辛壬水路怕當乾의 大黃泉煞을 犯하게 되니 特히 墓向絕位의 出煞하는 局보다 더 살피는 局이다。

乙山辛向 辰山戌向 辛水가 朝堂하고 左方旺位水가 倒右하여서 穴後의 甲字上으로 消去하며 卯字를 不犯하면 祿存流盡佩金魚한다는 大富大貴하고 壽福兼全하고 人丁이 興旺한 局이다。

但 坐空朝滿의 平洋之地에 限하여서 發福한다. 坐滿朝穴한 山地는 敗絕하니 不取하여야 한다.

平洋之地에 이 局이 있다면 個個兒孫會讀書하고 倉庫에 亦腐之米가 滿倉하다는 局이다.

巽山乾向 巳山亥向 水口가 倒左하여 丁未方으로 出하니 三方이 弔照하는 三合聯珠의 木局

長生이며 楊公救貧의 十四進神家業興이라고 하는 水法이다. 旺去迎生하는 富貴之期驟至라

한다. 妻賢子孝하고 五福이 滿門하고 富貴雙全하고 房房이 均發한다. 龍甲艮峰向乾朝 水放丁

方出壯元이라고 十二龍理氣의 歌句는 이 局이다.

巽山乾向 巳山亥向 水口가 倒左하여서 借庫辛戌方으로 消水하는 火局의 自生向이다. 楊公

의 十四進神 水法이니 辛戌이 養位라 하여도 冲破養位라고는 하지 않으며 火局의 庫를 借

用하는 借庫消水의 法이다.

書에 云하기를 祿存流盡佩金魚의 局이라. 主로 富貴兼全하고 壽福雙全하다.

巽山乾向 巳山亥向 水口가 倒右하여서 壬子方으로 出하니 文庫俱位得하는 文庫消水의 法

이다. 富貴高하고 人丁興旺하고 發福이 永昌하는 八穴借庫歐의 巽卦

穴量向乾理 辛宮水法壯元來라는 歌句가 이 局을 노래한 것이다.

巽山乾向 巳山亥向 水口가 庚酉方이라면 胎神을 冲破하니 初年에 間或 發丁發財하고 壽高

하는 수도 있으나 年久하면 乏嗣하여지니 言하자면 必窮하고 有壽하다.

巽山乾向 巳山亥向 水口가 丙午方이라면 交如不及이라 壽短財敗한다.

巽山乾向 巳山亥向 水口가 坤申方이라면 情過하니 初年에 有壽發丁하나 不發財하다. 水가

면 歸庫하지 못하니 有壽必窮하다.

巽山乾向 巳山亥向 水口가 巽巳方이라면 이것도 生向의 交如不及이라 하니 年久하면 敗絕하고 만다.

巽山乾向 巳山亥向 水口가 乙辰方이라면 十個退神如鬼靈이라고 하는 臨官不立向의 法이다 非敗하면 即絕한다.

巽山乾向 巳山亥向 水口가 甲卯方이라면 生來破旺을 하는 것이니 貧窮하다. 或 初年에 發丁한다고 하는 수도 있으나 年久하면 敗絕하기때문에 아주 不利하다.

巽山乾向 巳山亥向 水口가 癸丑方이라면 病不立向의 退神水法이다. 冠帶를 沖破하니 年幼한 聰明之才가 傷하고 嬌態한 婦女가 出하는 것이니 極凶하다.

巽山乾向 巳山亥向 水口가 艮寅方이라면 臨官位를 沖破하니 謂之 大黃泉의 煞人水法이니 甲癸向中夏見艮이라 成才之子가 喪하고 夭壽窮困하며 乏嗣하니 大凶하다.

巽山乾向 巳山亥向 長大한 右水가 倒左하여서 向上의 天干乾字上으로 亥字를 不犯하고 必期百步轉欄하며 出하니 大富大貴가 的實하다. 그러나 龍穴이 稍差있다면 即見敗絕하니 그 實은 不可輕托한다. 左水는 細小하고 右水가 長大해야 하나 或 反對로 左水가 長大하여서 倒右하여서 乾字上으로 出하면 左方의 墓絕水가 生方을 沖破하는 大煞이니 그 어찌 丁財를 保持하리요. 더우기 亥字를 犯하면 凶中尤凶하니 左方의 墓絕水를 詳察하는 것이 가장 重要하다.

丙山壬向　午山子向　左水가 倒右하여서 乙辰方으로 出하여 三方이 弗照하니 三合聯珠貴無價라고 하는 三合局이며 楊公救貧의 十四進神家業興이라고 하는 法이다. 生來會旺하는 水局의 正旺向이다. 玉帶가 纏腰하는 金城水法이다. 婦가 齊眉하며 房房의 發福이 相似하고 綿遠한 子子孫孫皆富貴의 申子辰 坤壬乙의 文曲從出이이 局이다. 十二理氣歌에 峰聳乾宮乙水去 坤龍壬向福多財라고 切切하게 言之하였으나 이 丙午山은 特히 尺寸을 難知한다고 하겠다. 前代의 傳句 五星의 南方火는 始末을 難辨한다고 地師의 그말은 事實인가 하니 詳察이 佳하다고 믿어진다.

丙山壬向　午山子向　左水가 上堂하여서 衰位癸丑方으로 出하니 金局自旺向이다. 九宮水法歌에 惟有衰方可去來라고 하는 것이며 楊公救貧의 十四進神水法이다. 이 歌句에 明示한 바와 같이 右旋作穴이나 事實이나 特秀한 것은 金局의 生方巽下에 正居其穴하였으니 旺龍旺向이 그 아닌가 發富發貴하고 壽高丁旺한다. 或은 庚兌下에도 穴居하나 其發福의 差가 없다 하리요? 如此하니 그 어느 局에서나 右口頭禪이나 踏査하는 子孫은 그 生旺을 明把하고 上等을 齊備하면 그 福이 萬代不絶한다는 것이 過言은 아닌가 한다.

丙山壬向　午山子向　右水가 倒左하여서 沐浴方庚字上으로 酉申字를 不犯하고 去하면 祿存流盡佩金魚라고 하는 金局自旺向이니 富貴雙全하고 人丁興旺하다. 萬一 水口가 酉申을 犯하

男女가 淫亂하든가 即絶하니 不可輕托이라. 衰方의 學堂水가 上堂하니 金銀이 盈谷하고 壽高가 無異하며 文筆이 不絶한다. 病方艮寅水 死方甲卯水가 衰方癸水와 同途上堂도 無妨하나 病死方水가 可及的 不見하고 暗拱穴하는 것이 眞實로 爲妙하다. 申水가 庚으로 流出은 通竅하는 法이다. 反之하면 즉 庚水가 申方으로 流去하면 玄竅가 不通하는 것이다.

丙山壬向 午山子向 水口가 乾亥方이라면 臨官位를 沖破하니 辛壬水路怕當乾의 大惡黃泉의 水法이라. 必然코 成才之子를 傷하고 小長之生을 不育하니 어찌 敗絶을 免하리요? 官詞賣産하고 軟脚 風癱 癆疾 吐血等의 雜病을 難避하니 並犯하며 先敗二門하고 次及別門하니 一家나 마 保全하지 못한다.

丙山壬向 午山子向 水口가 辛戌方이라면 冠帶位를 沖破하는 것이며 退神을 犯하니 年幼한 聰明之才가 傷하며 婦少女를 並損하며 産業이 退敗하니 年久하면 絶嗣한다. 俗間에서 盲目的으로 이것을 三合局이라고 하면서 龍身坐山에 取하는 수가 間或 있으니 그것은 理氣上으로 立向하는 道에 違背되며 凶中尤中하니 怪穴外에 勿取하는 것이 當然하다.

丙山壬向 午山子向 水口가 丁未方이라면 向上의 養位를 沖破하니 小兒가 傷하며 敗産絶嗣한다. 丁未가 水口라면 壬子는 沐浴位라 丁未水口에 沐浴壬子向은 沐浴不立向이며 退神水法이 되니 極凶하다.

丙山壬向 午山子向 水口가 丙午方이라면 胎位를 沖破하니 墮胎傷人한다. 或은 初年에 有

丁有財하고 壽高하다가 年久하면 敗絶한다. 이것도 過宮水이기 때문에 有壽하고 必窮한 것이다.

丙山壬向 午山子向 水口가 巽巳方이라면 情退하니 功名이 不利하다. 或은 初年에 發丁하고 有壽하나 敗하니 乙庫에 消水하지 못하고 巽巳에까지 가니 어찌 그 多情과 그 熟度를 保持하리요? 自然히 情退하고 말았다는 것이 事實이다.

丙山壬向 午山子向 水口가 甲卯方이라면 交如不及이니 壽短하고 顔回와 같다. 或은 有丁無財하든 婦가 多出하고 夭亡하니 敗絶하고 産業이 退敗하니라. 三房이 先傷한다. 그러니 寡가 有財無丁하며 功名도 하나 夭壽가기 때문에 壽福을 不能相兼하며 吐血癆疾等과 같은 惡患으로 因하여 死亡한다.

丙山壬向 午山子向 水口가 艮寅方이라면 病方이 水口가 되니 寡宿水라. 壽短하니 어찌 長壽하리요? 寡婦가 五六人이 出하니 敗産乏嗣하는 것이 事實이다. 病死方의 消水는 相似하며 咳嗽 吐痰等의 病을 犯하고 先傷三門하다.

丙山壬向 午山子向 水口가 坤申方이라면 旺去冲生하는 大惡煞이다. 비록 財産은 있다 하더라도 小兒를 難養하니 何爲리요? 十中에 九는 有財無丁하니 先敗長房하고 次及別門하는 것이다.

丙山壬向 午山子向 右水가 長大하며 上堂하고 向上壬字上으로 子字를 不犯하고 百步轉欄

하며 去하니 胎向胎流의 火局胎向의 法이다. 宜當 左水가 細小해야 한다. 但 間或 壽短子가 有하여서 寡居가 있을 수 있는 局이다. 龍眞穴을 이루지 못하면 不敗하면 即絶하니 不可輕用이다. 萬一 左水 즉 生水가 倒右하여 旺位壬字를 冲破하면 生來破旺이며 胎向胎流의 法이 아니나 비록 生水라 하나 極凶하며 有丁無財하고 家道가 貧困하다.

丁山癸向 未山丑向 右水가 倒左하여서 絶位乾亥方으로 出하니 書에 云하는 癸歸艮位發文 章이라고 하는 金局의 庫墓向이라. 또 十二龍理氣歌의 丁龍艮庫從庚頭 癸向立垄位六鄕이라 하는 局이니 發富發貴하고 人丁大旺하고 壽福이 雙全하다. 艮은 天上의 箕星이라 年久하면 風 疾이 生한다.

丁山癸向 未山丑向 右水가 倒左하여서 水口가 壬子方이라면 이것은 小黃泉이라. 窮乏夭亡 하니 寡居가 出한다. 或은 五六兄弟를 두고 壽高하나 乏嗣하고 乞丐하니 거의 모두가 窮困하 며 發福하는 일은 罕有하니라. 凶中에도 丑字上에 銛刀惡石이 있으면 性暴한 惡人이 出하며

拳棒을 好習한다. 發丁은 하나 그 財産은 不發한다.

丁山癸向 未山丑向 水口가 辛戌方이라면 退神을 犯하는 水法이 되는 故로 初年에 發凶은 有壽平安이라고 하더라도 不發財하며 功名이 不利하다.

丁山癸向 未山丑向 水口가 庚酉方이라면 或 初年에 發丁財하고 壽高하나 年久하면 壽短하고 退産하며 敗絶한다.

丁山癸向 未山丑向 水口가 坤申方이라면 退財하고 小兒를 難養하고 男女가 夭亡하니 乏嗣하게 된다.

丁山癸向 未山丑向 水口가 丁未方이라면 退神을 犯하는 冠帶不立向이다. 夭亡하고 敗絶한다.

丁山癸向 未山丑向 水口가 巽巳方이라면 丁財가 날로 衰하니 甚久하면 敗絶한다.

丁山癸向 未山丑向 水口가 乙辰方이라면 淸過하는 衰不立向이라 財丁不旺하다.

丁山癸向 未山丑向 水口가 甲卯方이라면 淸過하니 或은 發富發貴하기도 하고 或은 不發하기도 하고 或은 壽高하고 或은 壽短하고 或은 乏嗣하니 吉凶이 相半하다.

丁山癸向 未山丑向 左水가 上堂하여서 向上의 天干癸字上으로 不犯丑字하고 百步轉欄하며 有情하게 消去하면 大富大貴하나 但 龍穴에 稍差있다면 即絶하니 不可輕托이라. 萬若 右方水

346

가 倒左하여서 癸字上으로 當面直去하면 倒冲墓位하는 大惡殺이다. 大黃泉의 甲癸向中夏見艮이다.

丁山癸向 未山丑向 癸水가 來朝하고 左水가 倒右하여서 穴後丙字上으로 出하며 不犯午字하면 祿存流盡佩金魚의 文庫消水法이다. 大發富貴하고 壽福이 雙全한다. 平洋之地 坐空朝滿하니 發福하고 山地는 坐滿空朝하니 敗絶한다.

坤山艮向 申山寅向 右水가 倒左하여서 辛戌正庫로 出하니 三合聯珠의 局이며 火局長生向의 丙龍艮向水流辛 巽起文峰得路雲이라는 格이다. 妻賢子孝하고 五福이 滿門하고 富貴雙全하고 門門이 皆發한다.

坤山艮向 申山寅向 右水가 倒左하여서 借庫癸丑으로 消水를 하니 金局의 自生向이다. 楊公의 進神水法이며 富貴壽高하고 人丁大旺하다. 龍穴이 俱眞하면 長房이 先發한다. 八穴借庫歌에 艮向穴의 楊公救貧의 十四進神家業興의 水法이다. 玉帶가 纏腰하는 金城水法이다. 十二龍理氣하의 癸丑이 水口라 하여서 向上養位를 冲破한다고 하지 않는다. 여기에서 말하기는 始終과 그 序가 아니나 借庫歌에 老成屬老陰 癸方水去福財新이라고 한다. 借庫歌에 艮向穴陰穴이라 하니 小添하여 參考가 되게 하고자 한다. 老陽穴이 居坤하고 太陽穴이 居震하고 大陰穴이 居巽하고 中陽穴이 居坎하고 中陰穴이 居乾하고 老陰穴이 居艮하고 少陰穴이 居兌하고 木穴이 在東하고 火穴이 在南하고 金穴이 在西하고 水穴이 在北하고 土穴이

艮坤並四墓之地에 있으니 八穴과 五星穴의 區別을 하는 것이다. 八穴과 五星穴이 참으로 得位를 하면 이것을 綿上添花라고 하며 極贊한다. 즉 陽은 男이며 陰은 女라 한다.

坤山艮向 申山寅向 左水가 倒右하여서 甲卯方으로 消去하고 文庫消水의 法이다. 楊公救貧의 水法이며 靑囊經의 祿存流盡佩金의 局이다.

坤山艮向 申山寅向 水口가 壬子方이라면 胎神을 冲破하는 故로 凶한 局이다. 或은 初年에 旺丁發財와 壽高하는 수도 있으나 年久하면 墮胎乏嗣하며 貧寒하며 有壽하나 必然 窮困하니 水가 正借庫로 不歸하는 緣故인 것이다.

坤山艮向 申山寅向 水口가 乾亥方이라면 交如不及이라 하니 初年에 發丁하는 수는 있다 하나 不發財하니 壽高하나 貧困하며 功名이 不利하다.

坤山艮向 申山寅向 水口가 庚酉方이라면 情이 過하니 謂之 一言하자면 過交라 한다. 壽短敗財하니 不吉하다.

坤山艮向 申山寅向 水口가 坤申方이라면 情過하니 過交라 壽短하니 寡居하니 敗絶한다.

坤山艮向 申山寅向 水口가 丁未方이라면 十個退神如鬼靈이라고 하는 退神水法이니 非敗하면 卽絶한다. 또 臨官不立向이 된다.

坤山艮向 申山寅向 水口가 丙午라면 生來破旺을 하게 되니 有丁無財하다. 或初年에 發丁하더라도 年久하면 敗絶한다.

坤山艮向 申山寅向 水口가 乙辰方이라면 十個退神如鬼靈이라고 하는 退神을 犯하며 또 病不立向이 된다. 幼年의 聰明之才가 傷하니 損窃窕貞節之女라 한다.

坤山艮向 申山寅向 水口가 巽巳方이라면 向上의 臨官位를 冲破하는 關係로 成才之子가 傷하고 夭壽敗絶한다.

坤山艮向 申向寅向 長大한 右水가 倒左하여서 寅字를 不犯하고 向上의 艮字上으로 消去하면 大富大貴하고 人丁이 大旺하다. 萬若 龍穴이 稍差있다면 即見敗絶하니 不可輕杆한다. 또 左水가 細小해야 合法한다. 萬若 左水가 長大하여서 寅字를 犯하고 墓絶方辛乾水가 生位를 冲破하면 大惡煞이라 非敗하면 即絶한다. 其中에도 水口가 寅字를 犯하면 葬後尤凶하다.

庚山甲向 酉山卯向 左水가 倒右하여서 丁未方으로 出하니 三方이 弔照하는 三合聯珠貴無價라고 하는 木局의 正旺向이다. 楊公救貧의 十四進神家業興의 水法이니 生來會旺하는 水法이라. 玉帶가 纏腰하는 金城水法이라고도 한다. 大富大貴하고 忠孝賢良하고 男女가 壽高하며 房房이 相似하게 均發하며 綿遠하다. 亥卯未乾甲丁의 貪狼一路行이라는 것이다. 十二龍理氣歌에 峰艮甲向有龍乾 左水出丁福綿綿이라 하는 局이다.

庚山甲向 酉山卯向 左水가 倒右하여서 衰方乙辰으로 出하니 九宮水法歌에 惟有衰方可去來의 放水와 楊公救貧의 十四進神家業興의 水法이다. 八穴借庫歌에 兌宮穴落水歸乙 甲向逢之福

349

祿興이라고 하는 水局의 自旺向이다. 發富發貴하고 丁旺壽高하고 發福이 永昌하다. 萬若 祿位艮水가 來朝하면 三吉六秀의 水法이 되니 七歲의 神童이 能히 글을 짓는 法이라 하니 極佳하다.

庚山甲向 酉山卯向 右水가 倒左하여서 沐浴方壬字로 消去하면 祿存流盡佩金魚라고 하는 文庫消水의 法이며 火局의 自旺向이다. 丁財兩旺하고 富貴雙全한다. 水口가 子亥를 犯하면 凶하여서 男女가 淫蕩하지 않으면 敗絶하니 不可輕用한다. 巽巳丙午가 病死水라 하니 火局의 官旺水라 乙方衰水와 同倒上堂도 佳하나 可及이면 暗拱하는 것이 爲妙하다. 乙은 學堂水라 文筆이 不絶한다. 그뿐인가 巽三分辰七分이 來朝하면 古來로 求嗣速發이라 하였으니 的實하도다.

庚山甲向 酉山卯向 水口가 艮寅方이라면 向上의 臨官位를 冲破하니 甲癸向中憂見艮이라 하는 大黃泉의 水法이라 小長之生을 難育하며 成才之子를 喪하며 官詞賣産하니 立主敗絶한다.

庚山甲向 酉山卯向 水口가 癸丑方이라면 向上의 冠帶位를 冲破하니 十個退神如鬼霽이라는 退神水法이라 年幼하고 聰明之子가 傷한다. 아울러 閨中의 婦少女가 喪하며 産業이 退敗하니 年久하면 絶嗣한다.

庚山甲向 酉山卯向 水口가 辛戌方이라면 向上의 養位를 冲破하니 小兒가 傷하며 敗産絶嗣

한다. 退神沐浴의 不立向을 한 緣故이다.

庚山甲向 酉山卯向 水口가 庚酉方이라면 胎神을 冲破하니 墮胎傷人한다. 間或은 初年에 丁財稍利하는 수도 있으나 過宮水라 年久하면 敗絶한다. 其中에도 三門이 尤凶하다.

庚山甲向 酉山卯向 水口가 坤申方이라면 情神을 過交라 有壽無財하고 功名이 不利하다.

水가 不歸庫하니 發丁은 한다하나 無財하니 勿取어라.

庚山甲向 酉山卯向 水口가 丙午方이라면 交如不及하였으니 顔回와 같이 短命하고 夭亡하고 寡婦가 多出하며 產業이 退敗하니 絕嗣한다. 先傷三門하고 이 이 向이 有功無財하는 수도 있으나 十中에 九는 有財無丁하며 壽福을 兼全하지 못하니 功名도 不利하며 年久하면 夭亡敗絶한다.

庚山甲向 酉山卯向 水口가 巽巳方이라면 寡宿水라 男子가 短命하니 寡婦가 多出한다. 咳嗽 吐疾癆疾 等으로 傷人하며 敗財하고 乏嗣한다. 先傷三門하고 次及別房한다. 病死方의 消水는 發凶하는 것이 相似하다.

庚山甲向 酉山卯向 水口가 乾亥方이라면 旺去冲生을 하니 비로 有財하나 無丁하니 何爲리요? 十中에는 小兒를 不育하니 富而無丁하여서 絕한다. 先傷長房하고 次及別房한다. 旺向胎 流는 四局이 다 不立向한다.

庚山甲向 酉山卯向 長大한 右水가 倒左하여서 向上의 甲字上으로 出하며 不犯卯字하고 百

步轉欄하면 全局의 胎向胎流의 出煞하는 法이다. 大富大貴하고 人丁이 興旺하다. 그러나 間或 壽短하니 寡婦가 나오는 것을 免하기가 至難하다. 龍穴이 不眞하면 卽絶하니 不可輕托한 다. 萬若 이와 反對로 左水가 倒右하여서 甲字上으로 當面直去하면 生來破旺을 하는 것이니 胎向胎流가 아닙니다. 有丁無財하고 家道가 貧困하다.

辛山乙向 戌山辰向

右水가 倒左하여서 艮寅方으로 出하면 金局의 養向이다. 丁財兩旺하고 功名顯達하고 發福이 長久하고 男女가 壽高하고 子孫이 忠孝賢良하고 房房이 並發한다. 其中에 三門이 더 尤盛하고 並發女秀한다. 十二龍理氣歌에 庚龍乙向坤山水 歸艮由來福壽增이라고 하는 것이다.

辛山乙向 戌山辰向

에 云하는 乙向巽流淸富貴라는 것이다. 發富發貴하고 丁財大旺하고 壽福을 雙全한다. 十二龍理氣歌에 辛龍壬水歸巽位 乙向逢之官祿催라 한다.

辛山乙向 戌山辰向

水口가 甲卯方이라면 向上의 祿位를 冲破하니 小黃泉이라 窮困하고 夭亡하니 寡居한다. 或은 有壽하여서 五六兄弟를 두는 일도 있으나 十中八九는 窮困하다. 特히 辰上에 鎗刀惡石이 있다면 橫暴한 子孫이 出生하여서 爭鬪를 좋아하니 極凶하다.

辛山乙向 戌山辰向

水口가 癸丑方이라면 十個退神如鬼靈이라는 退神을 犯하니 비록 初年에 有丁有壽하나 不發財하니 凶하다.

辛山乙向 戌山辰向 水口가 壬子方이라면 初年에 或 發丁하는 수가 있다하나 年久하면 壽短하고 小産하며 乏嗣한다.

辛山乙向 戌山辰向 水口가 乾亥方이라면 退財하고 小兒를 難養하며 男子가 夭亡하니 乏嗣한다. 先敗長房하고 次及別房한다.

辛山乙向 戌山辰向 水口가 辛戌方이라며 十個退神如鬼靈이라고 하는 退神을 犯하는 冠帶不立向이다. 夭亡敗絕한다.

辛山乙向 戌山辰向 水口가 丙午方이라면 情過하여 或은 發富하고 或은 壽高하고 或은 壽短하고 或은 乏嗣하니 吉凶相半하다.

辛山乙向 戌山辰向 水口가 丁未方이라면 丁財가 不利한 衰不立向이다.

辛山乙向 戌山辰向 水口가 坤申方이라면 丁敗하고 退財하니 絕嗣한다.

辛山乙向 戌山辰向 左水가 倒右하여서 向上乙字上으로 不犯辰字하고 百步轉欄하여서 有情하게 去하면 發富發貴한다. 그러나 稍差있다면 即絕한다. 萬若 右水가 倒左하여서 乙字上로 當面直去하면 乙丙須防巽水先이라는 大惡黃泉이니 立主敗絕한다.

辛山乙向 戌山辰向 乙水가 朝來하고 左水가 倒右하여서 穴後庚字上으로 去하면 祿存流盡佩金魚의 局이다. 但酉字는 不犯해야 한다. 그러나 山地는 坐滿空朝하니 敗絕하고 平洋之는 坐空朝滿하니 平洋穴後一尺低하면 個個兒孫會讀書라 하는 局이

라. 金銀이 積庫한다.

乾山巽向 亥山巳向 右水가 倒左하여서 癸丑方으로 出하니 金局長生向이다. 旺去迎生하는 楊公救貧十四進神家業興이라는 水法이다. 玉帶가 纒腰하는 金城水法이다. 妻賢子孝하고 五福이 滿門하고 富貴雙全하고 門門이 皆發한다. 十二龍理氣歌에 庚龍癸庫巽朝宗 坤位高峰宰相公이라고 하는 것이다.

乾山巽向 亥山巳向 右水가 倒左하여서 乙辰方으로 出하면 文庫消水의 法 水局自生向의 借庫消水며 楊公救貧의 十四進神家業興의 水法이다. 이 水口가 向上養位라 하나 水局本庫를 借用하니 冲破養位라고는 하지 않는다. 富貴壽高하며 丁財大旺하다. 先發小房이 常例라. 그러나 龍砂가 俱眞하면 先發長房한다. 八穴借庫歌에 結穴老陽向巽方 水歸乙庫世其昌이라 한다.

乾山巽向 亥山巳向 左水가 倒右하여서 向上沐浴方丙字上으로 消去하니 大小文庫俱得位라 고 하는 文庫消水의 法이다. 楊公救貧의 十四進神家業興의 水法이며 靑囊經의 祿存流盡佩金魚의 局이다. 主發富貴하고 壽福兼全한다. 稍差있다면 卽絕하니 不可輕抒한다.

乾山巽向 亥山巳向 水口가 甲卯方이라면 胎神을 冲破하니 或 初年에 發丁하는 수도 있으며 稍利있고 壽高하는 것이나 年久하면 墮胎乏嗣하며 貧困하다. 水不歸故也라.

乾山巽向 亥山巳向 水口가 艮寅方이라면 或 初年에 發丁하기도 하고 有壽하기도 하나 不發財하며 功名도 不利하다.

乾山巽向 亥山巳向　水口가 壬子方이라면 交如不及이니 壽短敗財한다.

乾山巽向 亥山巳向　水口가 乾亥方이라면 交如不及이라 敗絕한다.

乾山巽向 亥山巳向　水口가 辛戌方이라면 十個退神如鬼靈이라고 하는 退神을 犯하였으며 臨官不立向이라 非敗하면 卽絕한다.

乾山巽向 亥山巳向　水口가 庚酉方이라면 生來破旺이라 窮困하다. 或 初年에 發丁한다 하나 年久하면 敗絕한다.

乾山巽向 亥山巳向　水口가 丁未方이라면 退神을 犯하는 病不立向이며 冠帶를 沖破하니 成才之子가 喪하며 貧困하고 夭壽敗絕한다.

乾山巽向 亥山巳向　水口가 坤申方이라면 臨官位를 沖破하니 年幼한 聰明之才가 傷하고 婦女가 嬌態를 내며 並損한다.

乾山巽向 亥山巳向　右水가 長大하여서 不犯己字하고 巽字上으로 百步轉欄하며 去하니 大富大貴하고 丁財大旺하고 男女가 壽高한다. 但 左水가 細小하고 龍穴이 俱眞해야 하나 龍穴에 稍差있다면 敗絕하니 不可輕用한다. 萬若 左水가 倒右하여서 巽巳方으로 去하면 墓絕水가 生方을 冲破하니 墓絕方의 殺水가 冲生하니 人丁을 어찌 保全하리요? 小長之生이 傷하여서 年久하면 敗絕한다. 棄左取右가 이 向의 本脉이라 한다.

十九、二十四龍(依卦說)

乾 龍

乾은 純陽이라 性品이 燥急하다. 이 乾은 八卦의 首라고 한다. 起祖가 卓立하고 龍樓鳳閣같이야 하며 十二宮에 同宮이라고 乾亥雙行을 하면 아주 凶한 것이다. 單行을 해야 한다. 單淸으로 過脉을 하고 地局이 砂水까지 全備해야 上格의 龍이다. 龍의 强弱 穴의 有無 砂의 拱峙 水의 淸澄 案의 朝拱 等이 俱備해야 得地하는 것이다. 乾은 陽이요 亥는 陰이다. 陰陽이 相薄하면 肅殺하기에 凶하다. 小春十月의 立冬節候가 된다.

亥 龍

亥는 十月小雪의 節候요 太極太乙이 常居하고 木의 長生位다. 亥도 過峽에서 出脉하면서 單淸單過하면서 束咽도 到頭도 單亥一字라야 한다. 二十四龍中에서 다섯가지 龍이 惟獨 雜한다고 五龍難下라고 하는 것이 五龍中에 亥龍이 乾이나 壬을 兼하여서라면 陰陽이 相雜하고 帶煞하는 것이다. 亥龍外에 辛龍이 酉나 戌을 兼하든가 午龍이 丙이나 巳를 兼하든가 震龍이 甲이나 乙을 兼하든가 先賢께 所忌한 것이다. 이 亥辛午巽震의 五龍이 單淸으로 過脉을 하고 結穴을 하면 發福이 更大하고 悠久한 것이다. 來龍이 雙過를 하면 特히 三房二

房이 受禍한다. 亥龍이 起祖하고 由入艮하여서 結穴을 하면 科甲及第하고 富貴顯耀한다. 卯龍에서 起祖하고 丙또는 亥로 轉하여서 結穴을 하면 文武雙全하고 宰輔三公한다. 兌龍에서 起祖하고 丙으로 가서 또 庚으로 와서 結穴을 하면 巨富하고 翰苑才名한다.

壬 龍

壬은 十一月大雪의 節候다. 北方의 陽水에 屬한다. 亥와 同行을 하면 帶煞을 하게 된다. 亥는 猪요 壬은 離가 納甲을 하니 八煞의 龍이라고 한다. 乾龍에서 起祖하고 由坤入午하고 結穴을 하면 官居極品하고 富貴한다.

坎 龍

坎은 正北이며 水의 旺位며 冬至節候다. 紫薇帝星의 座요 四輔六相이 左右를 輔佐하니 吉龍이다. 其性이 右에서 相互輔佐하는 天帝成始의 宮이다. 九紫의 離가 對照하고 八白의 艮과 六白의 乾이 左坎龍이 申으로 轉하고 다시 坎龍이 坤으로 轉하여서 結穴을 하면 上吉하다. 或 坎龍이 翻身逆勢를 하고 旋申由午하고 回龍顧祖로 結穴하면서 局勢가 端正하고 砂水가 秀麗하면 翰苑才名하고 日近天顏한다고 하나 或은 雙童이나, 六指의 子孫을 난다.

癸 龍

癸는 北方의 陰水며 小寒의 節候다. 癸龍이 旋申 入辰하고 다시 乙로가서 出面 結穴하면 英雄豪傑의 將帥를 난다. 癸龍이 旋申하고 起勢하고 坎에서 出面結穴을 하면 科甲富貴한다.

丑龍

丑은 東北에 居位하는 陰土며 大寒의 節候다. 金牛 또는 斗牛라고 한다. 癸丑雙行은 雜龍이라 忌한다. 兌에서 起祖하고 入艮由震하고 結穴하며는 文武全才之士를 産하여서 威鎭邊賣한다. 亥龍에서 起祖하고 入艮轉未하고 結穴을 하며는 牛羊으로 發財하며 巨富가 된다.

艮龍

艮은 立春節候다. 東北에 居位한다. 天市艮은 宰相之位며 金貸之府라 政事를 酌量하며 賢良이 永受爵祿한다. 艮寅雙行은 八煞의 凶龍이다. 卓拔하게 起祖하고 華蓋 文筆 玉印 貪狼 武曲같은 形體가 高拱하고 그 蓋下에 木星體로 出脈하고 一伏一起하며 一灣一曲하고 盤旋으로 到頭結穴하면 上之上의 吉龍이다.

寅龍

寅은 雨水의 節候다. 寅은 陽木이며 火長生의 位다. 寅은 天上의 箕星이며 後宮後妃之府라 고 한다. 寅은 北斗의 天柱며 八白의 艮이 旁照하니 上吉의 龍이다. 艮寅雙行은 八曜煞의 龍이다.

甲龍

甲은 東方의 陽木이요 六十甲子之首며 仲春 驚蟄節候다. 甲이나 壬의 墳塋에서 甲砂가 明大하면 多子孫한다. 乾龍에서 起祖하고 由坤轉乙을 하고 正面으로 結穴하면 少年及第 富貴한

震龍

震은 春分節候다. 雷以動之하니 正春이다. 萬物이 發生하고 天子가 休解之宮이며 后妃之府라고 한다. 震은 布政之宮이라 天子가 出乎震하시니 其星이 明大하면 天下가 泰平하다. 火星廉貞에서 起祖하고 四神이 拱峙하고 震穴이 出面을 하는 때에 庚水가 朝來하면 木生火라고 하나 木星貪狼에서 起祖한 것만은 못하다. 甲卯나 卯乙 雙行은 先賢의 忌하는 것이다. 陰陽相乘하니 禍咎踵門이라고 吉人이 云한 것은 卯龍의 雙行이 아주 危險한 것을 말한 것이다. 巽水가 滔滔하게 走入을 하는 境過에 震庚의 龍에서 未向을 하며는 陰陽配合의 天地生成의 이라 福祿이 永貞하다.

乙龍

乙은 淸明의 節候요 天干의 二數며 東方의 陰木에 屬한다. 乙龍이 辰이나 卯를 兼하면 八煞龍이다. 坤龍에서 起祖하고 結穴하며는 科甲名利하다. 乾龍에서 入坎轉乙하고 結穴하면 官居極品하고 主로 女貴하여진다. 坤龍에서 辛山乙向을 하고 乙水가 朝來하면 催官第一이다. 壬龍에서 入首를 하고 乙水가 來堂하면 當朝에 宰相이 된다.

辰龍

辰은 穀雨의 節候다. 東南에 있는 陽土며 時令이 季春이다. 辰星이 分明하면 鄕大夫요 淸

正하면 士庶人이 榮業하며 加爵한다. 또는 辰을 亢金龍이라고 한다. 大槪 辰龍이 起祖를 하고 出脈하며 踴躍하고 帳幕을 大開하고 起勢가 跌峽하고 大頓小伏하고 數百里를 行하고서 結穴하기도 하고 數十里 數里를 行하고 結穴하기도 하나 脈의 兩旁에 開梐하는 分板의 數가 적든지 많든지 꼭 그 梐가 있으며 入甲轉乾을 하고 結穴하면 壯元宰相을 난다. 一般人이 辰戌丑未의 龍을 墓龍이라고 不信하나 大都市는 辰戌丑未의 四大龍下에 結地하는 것은 그 偉力을 可히 짐작할 수 있다.

巽 龍

巽은 立夏節候다. 東南에 있는 一陰二陽의 東風의 卦요 天乙星이라고 하며 其星이 明大하면 貴人이 나고 天下가 安泰하다. 一峰이 獨出하든가 雙峰이 拱峙하면서 卓立雲霄하고 雙薦者가 帳下의 貴人같은가 蛾眉風葷하든가 玉圭鏡臺 같든가 하면서 出脈이 布氣하고 行度過峽하고 起伏屈曲하고 盤旋結穴하면 上吉의 眞龍이다. 辰과 同行은 아주 凶하다. 巳도 氣하면 巽鷄의 八煞이다. 이것을 모르고 巽巳同行을 可取하면 護福하지 못하고 招禍하는 것이다. 巽巳나 乙辰의 內理를 모르고 作穴하는 것은 有財無子한 것도 있다. 이 辰巳水를 倉板水라고 하며 이것이 冲堂하면 三房이 絶하고 다음은 二房 長房이 차례로 絶한다. 巽은 天帝文章之府며 力飽하여서 氣가 旺盛하며는 비록 二房이 不絶하나 貪困徹骨하다. 龍眞穴의 하河圖洛書四局의 貴龍이라고 한다. 震山에서 起祖하고 由庚을 하고 帳下貴人같이 出脈하고

360

入艮由巽을 하고 八將이 鼎立하고 四神이 高聳하며 朝山과 巽山이 齊雲하듯이 侵漢을 할 것이니 謂之眞龍正局이라 出將入相한다. 萬若 一峰이 獨出하면 壯元하고 小峰이면 參軍 司戶의 經略之士가 난다. 一峰이나 雙峰이 拱峙하여도 亦是 登科하고 低員方正하면 錢貨 가 無數하고 蛾眉의 形이면 王妃가 난다. 六秀中에서도 巽峰이 特高해야 하며 巽字上이 低陷 하고 凹風이 射穴하든가 巽字로 朝流하면서 去하며 主로 人亡財散하고 殺戮之事가 不絶한다.

巳 龍

巳는 小滿의 節候요 東南에 居位하며 火에 屬하며 金長生의 位가 된다. 其星이 明大하면 天下가 安康하고 萬民이 和樂하고 風調雨順을 하며 賢人이 疊出한다. 卯龍에서 起祖하고 由 亥入艮을 하고 結穴을 하면서 科甲及第하며 巨富之人을 産한다. 艮龍에서 起祖하고 入亥轉卯 하고 結穴을 하면서 文步全才之人을 낳고 腰懸金印한다. 亥龍에서 起祖하고 由艮入卯하고 結穴 을 하면 富貴雙全하고 田聯千萬하는 것이다.

丙 龍

丙은 芒種의 節候요 南方의 陽火이며 天子之樂府며 文物聲名之所라 俳唱嬉樂한다. 其星이 明大하면 君明臣賢하고서 禮樂이 興行하고 四夷가 順從한다. 丙午同行은 廉烈의 火龍이라 火 災가 난다. 巳와 兼하면 아주 極貴한 大富貴之人을 난다. 辛에서 起祖를 하여서 由亥入兌를 하고 다시 丁으로 轉入하여서 結穴을 하며는 富貴하며 尙書侍從이 난다.

離龍

午는 夏節의 夏至요 正南이며 萬物이 茂盛하다. 離는 文明之粹요 其星이 明大하면 天下가 大豊이다. 坤龍이 入坎하여서 向甲을 하고 結穴出面하면 翰苑才名하고 富貴雙全한다. 艮이 變하여서 離가 廉貞이고 離가 變하여서 廉貞艮이라 丙午는 廉貞火龍이라고 한다. 壬水가 丙火를 尅하며 亥水가 尅午火를 하는 故로 亥壬二水야 丙午廉貞龍을 制化한다.

丁龍

丁은 小暑節候며 壽高의 老人星이다. 그 星이 明大하면 人壽年豊하고 酒食이 滿庭하니 모두 昇平하다. 兌龍에서 起祖하고 由亥入艮을 하고 結穴하면 文武全才의 富貴가 淸高한 孫을 난다. 또는 王侯廟食하고 與國爲姻한다. 丙龍이 轉丁하고 다시 轉丙하면 (丁이 由轉丁에서 艮은 丙이다) 翰苑의 才高한 貴官이 난다. 丙龍이 轉丁하고 由艮轉丁을 하고 結穴을 하면 北斗 丙丁二砂가 起砂하였으니 赦文星 或은 赦文砂라고 한다. 丙水가 朝丁하든가 丁水가 朝丙하는 것을 赦文水라고 하며 犯罪하더라도 卽赦한다.

未龍

未는 大暑의 節候요 天星曰金羊이다. 未는 天下 士子之陰德이니 其星이 明明하면 每日德行을 한다. 卯龍이 入穴하는 때 甲山庚向을 하고 未水가 上堂하면 雷擊以興 하고 未水去하면 雷擊以敗한다. 未坤雙行은 不可하다. 未龍에 卯水來는 雷擊以興하고 未龍에 卯水去는 雷擊以敗한

다. 卯龍에서 甲山庚向을 하고 未水來는 雷擊以興하거니와 卯山西向은 不擊한다. 若 石山이라면 擊하는 것은 石은 龍의 骨氣가 生成在山하여서 數千年을 不擊하여서 비로소 擊하는 것이다. 庚龍에서 卯向을 하고 未水가 來하면 雷擊한다. 卯向에 巽水도 擊한다.

坤龍

坤은 立秋의 節候요 坤은 牝馬之性貞이요 柔順하다. 坤龍은 卓拔한 것이 如旗 如圭 如貴人 如御屛 如玉堂 如笏같이 起伏盤旋하며 到頭하는 것이 吉하다. 未坤同行은 帶煞한다. 坤龍의 行度가 眞正無偏하고 一峰은 높고 一峰이 低小하였다면 父子兄弟叔侄이 同朝한다. 坤龍이 結穴하면 科甲富厚하고 木星結穴者는 翰苑結才名하고 尙書侍讀하고 水星으로 結穴하면 金星體로 士하고 詩書가 滿箱하다. 火星에 如旗結穴하면 女帥男將하고 如火星尖而利者는 出壯元하고 土星에 結穴하면 巨富가 된다. 乾龍에서 爲文이요 坤龍은 爲母라 乙이 坤納音 亦是나 爲母다. 그러기에 庚龍이 遇震 辛龍이 遇巽 丙龍은 遇艮 壬龍이 遇午 丁龍이 遇兌 癸龍이 遇坎 甲龍이 遇乾 乙龍이 遇坤等의 龍은 納甲同宮의 吉龍이다.

申龍

申은 處暑節候다. 其星이 明正하면 雨順風調하여서 五穀이 豊盛하고 文名이 昌盛하고 賢集詩書한다. 申은 水土의 長生位가 된다. 申庚同行은 不可하다. 坤申雙行이 眞正한 出脈이며 卯龍에서 申水가 來하는 境遇에 꼭 申向을 하면 由乾하고 結穴하며는 大富大貴之人을 난다.

363

化煞生權을 하니 爲官하나 萬若 別向을 하여 絶嗣한다. 무릇 來龍이 帶煞을 하였을 때 八煞龍이며는 八煞의 向을 하는 것이 化煞生權이다. 이때에 來去水가 不合하며는 立向을 말아야 한다. 巽龍에서 酉水가 來하면 酉向을 하고 離龍에 亥水가 來하면 坤龍에 卯水來면 卯向을 하고 酉龍에 巳水가 來하면 巳向을 하고 艮龍에서 寅水가 來하면 寅向을 하는 것이 化煞爲官이다. 이와같은 듯하며 아주 相尅相反하여서 化煞이라. 寅龍을 못하고 申龍에 卯水가 來하면 卯向을 하는 것이 있으니 丙龍에서 寅龍에서 巽水가 來하면 巽向을 못하고 亥龍에서 午水가 來하면 午向을 못하고 坤水가 來하면 酉水가 來하면 酉向을 못하고 乾龍에서 丙水가 來하면 先天에 在水가 來하면 坤向을 못하고 巳龍에서 午水가 來하면 丙向을 못한다. 八煞에서도 不忌하는 것이 있으니 乾龍이 丙向을 할때. 後天의 離가 在南하고 先天과 相見한다고 하며 또는 乾離는 모두가 陽이기에 乾龍 申子辰은 不忌한다. 坎龍이 또 辰은 龍이다. 하는 故로 申子辰은 會成水局이기에 不忌한다는 結論이다. 이와같은 것을 地理家는 辨別하는 것이 一家眷屬이다. 또 卯乙이 八煞이기에 卯乙에 卯免라하니 어찌 不忌하리요? 그러하며 辰巽 巽巳 丙午 午丁 未坤 申庚 酉辛 辛戌 乾亥 亥壬 癸丑 艮寅 甲卯 卯乙의 龍은 不可相兼하며 雙朝도 忌하는 것이 많다. 이 雙行龍이 犯하면 軍流絞斬을 안하면 二子가 꼭 絶하는 것이다.

庚 龍

庚은 白露節候요 西方의 陽金은 震이 納甲을 한다。其形이 如鼎하니 參軍之令이요 行軍의 藏府라고 한다。其星이 明明하면 五穀이 熟萬한다。庚龍이 起祖하고 出兌入丁하여서 震向兌 坐가 되면 威武權謀의 士와 忠勇之人을 난다。亥龍에서 起祖하고 由艮入兌를 하고 出丙結穴 을 하면 科甲 翰苑 才名 台省之貴가 난다。巽龍에서 起祖를 하고 庚砂가 高拱하고 結穴을 하 면 爲官하며 淸正하고 或은 理學名士가 난다。壬龍에서 午向을 하고 庚砂가 高聳하면 有名한 強盜가 난다。

兌 龍

兌는 秋分의 節候요 河洛四龍之貴龍이며 陽關所居之司요 機樞之府라고 한다。兌龍에서 起 祖하고 由亥入卯를 하며 骨脈이 分明하고 地局이 端正하고 砂水가 全備하였다하며 文武全 才之士와 英雄橫覇之子를 난다。丁龍에서 起祖하고 轉卯入丙을 하고 單淸으로 過峽하고 出 結穴하면 富中에서 또 出貴한다。丙龍이 起祖하고 由丁入艮하여서 出面結穴을 하면 靑龍白虎 가 抱衛하는 것이며 官居極品하고 位列三公이 난다。

辛 龍

辛은 寒露의 節候다 太乙星이라고 하며 文章之府에서도 主로 圖書之府며 天之廚藏이며 五 穀之倉이다。辛龍이 單淸過脈하고 地局이 端正하면 上吉의 龍이다。戌을 兼하면 八煞의 龍이

戌 龍

戌은 霜降의 節候요 文庫가 上應하니 爲文章之府며 天下之士가 俱在其中하니 戌河魁는 天河之首요 一名文魁라고 하니 文章之府다. 其星이 明하면 郊杞得禮하고 文人이 治世하며 天子가 加福하시니 天下가 泰平하며 臣慶豊年한다. 戌龍의 起祖한 骨脈이 分明하고 地局이 端正하며 四砂가 全備하면 上吉의 龍이라 理學 名士 忠賢 孝子를 난다. 戌龍이 由坎入乙을 하고 結穴을 하면 乾龍에서 起祖하고 入坤 轉乙하고 結穴하면 貴秀富足하다. 離龍이 由坎入乙을 하고 結穴을 하면 天下의 巨富가 난다. 戌龍에서 天下의 人文高才의 極學과 巨富가 나는 서 天下의 人文高才의 極學과 巨富가 난다. 戌龍을 天皇龍이라고 하며 丙向壬坐를 것을 모르고 그 어찌 地理를 안다고 하리요? 世人이 亥龍을 天皇龍이라고 하며 丙向壬坐를 하고 寅水가 破局하는 것을 모르면 風疾家敗한다. 戌龍은 天星의 吉氣라 그 行度過脈이 非大하며 幹龍은 적고 支龍이 많은 故로 戌龍을 墓龍이라고 하며 不吉한 凶龍이라고만 하며 聖人을 나는 理致를 모르더라.

다. 辛龍이 起祖하고 由丙入亥하고 向艮結穴하면 壯元魁首가 난다. 坤龍에서 出脈하고 轉艮結穴하면 科甲文秀하고 大貴之人이 난다. 坤龍이 起祖하고 由巽結穴하면 大富하며 男은 得貴 女하고 女는 得貴男한다. 卯龍에서 起祖하고 轉亥入庚하고 結穴하면 富貴雙全하며 名播華夷하고 富貴奕世한다.

附 錄 (一)

一、陽宅正義

天地의 道는 陰이요 陽이라고 한 말로써 結論을 하는 것이며 陰陽의 道는 有晦하고 有顯하다고 하며 日月遁還의 經天을 또한 全知全能하다는 것도 至難하다. 이 宇宙間의 萬物의 靈長이라는 사람이나 한알 한포기의 草石에 이르기까지 그 모두가 陰陽의 造化가 아니고는 生死와 興亡이 없는 것이다. 이와같기에 그 道를 能通한다는 것은 우리같은 俗人은 當初부터 念頭에 두어서는 그 道를 修道하는 者로서 큰 虛慾의 暗影이랄까 뚫지 못한 큰 牆壁이라고 筆者는 斷言하고자 한다. 修道之士라고 하면서 이 말을 反問하든가 반박하는 것도 있을 수 없는 것이다. 그 理由로는 先聖 孔孟께서도 그 끝에 가서는 즉 結論에는 庶幾近乎라든가 其知道乎라고 하시었으니 單純히 이 陰陽之道에 가 아니라 그 每事의 修道에 있어서는 無限한 것이 數多한 것이라는 것을 多少나마 小見이 미치는 바이다.

傳來하는 術書에서 陽宅은 陰宅의 亡基라고 하는 文句가 往往 보이나 이 말은 陰宅을 專論하는 先士의 偏論이요 正論은 아닌것이다. 地上의 山水가 오로지 陰宅을 爲하여서 이루어진

것은 아닌가 한다. 이 天地는 天地나 天地間의 萬物이 陰陽의 氣로서 生焉하는 것이 的實하니 陽宅은 陽宅으로서의 正義가 있는 것이요 陰宅의 亡基라고 하는 것은 過言일 뿐더러 偏見이라고 하고싶다.

陽宅은 羅針의 內盤正針을 쓰는 것과 東四西四가 相混하지 않는 것과 水神이 冲生破旺하지 않는 것이 가장 緊要하며 白虎方이 昻昻하고 玄武 즉 主山이 本主든 借主든 間에 꼭 있어야 하며 宅基즉 터가 低下하고 向이 높아야 財丁이 俱興하다. 또는 騎龍下의 宅基도 있다. 또 宅基의 後方에 寺觀庵堂이 있던가 培土한 듯한 竹林이 있으면서도 敗絕하는 例가 間或 있는 것을 發見할 수가 있으니 陰宅과는 아주 判異하게 水法이 不合하고도 丁財旺盛하는 宅基가 十中에 八九를 發見할 수 있으며 水法이 하고서도 떨어진 衣服을 입는 수도 있으며 風寒이 有多하고도 좋은 衣服을 입는 수도 있는 것이다. 그러나 白虎首가 아주 險惡하게 破粹開口하든가 또는 白虎首가 轉頭하든가 轉凸하면 傷丁을 當하는 것이니 이같은 宅基에서는 避하고 堅造하는 것이 옳다고 하겠다. 大門 밖에서나 白虎首의 轉凸이나 破碎開口같은 것이 보이지 않는 宅基인 것이다. 山中은 都會地와는 달리 生旺方의 水가 來到하게 되면 生旺의 氣가 進入하는 것이니 이때에는 꼭 生旺方에 開門하면 吉하고 休囚方에 開門하면 아주 凶하다. 都市에서는 水法을 不論하고 周書의 東四西四의 八卦門을 開門하면 吉하다. 八卦의

門을 못낼 地境이면 門樓玉輦의 法에 따라서 開門하는 것도 有益한 것이다. 山中都市를 莫論하고 大小의 黃泉은 가장 不吉한 것이니 黃泉을 平常 不忘하는 것도 重要하다. 周書의 生延天의 三吉方에 不得已 開門을 못하면 來龍來水에 따라서 玉輦開門이나 門樓經에 依하여서 問路를 定하면서도 亦是 迎山就水하는 門路를 定해야 하며 이 迎山就水를 미처 生覺하지 못하고서 某門을 定하는 境遇에 休囚去水方位에다가 開門하면 不吉하다. 또는는 等을 撰定하면서도 迎山就水를 모르고 開門을 定하는 것은 五行理氣를 一分도 모르고 大禍를 招來케 하는 結果가 된다. 山水가 靑龍方 去水方에 왔다면 靑龍門이라는 것을 擇해야 하며 이것은 白虎方에서 왔다면 白虎門을 定하는 것이다. 이때에 丙午丁이 壬坎癸가 相對하였으니 子坐를 定濟라 하며 또 坎離는 相互間에 延年이다. 이때에 离가 丙午丁이다 하여서 迎山就水를 一考하지 않하고자 하면 來龍來水가 丙이나 丁에서 즉 兩者中에서 가까운 것이 東方이면 离가 丙을 쫓아서 開門해야 하며 來龍來水가 西方이라면 离가 丁을 쫓아서 開門을 해야 하니 이것을 謂之白虎門이라고 한다. 离가 丙午丁이다 하여서 迎山就水를 一考하지 않고 左右를 함부로 犯하면 吉中에 凶이 따르는 것이니 戒之하는 것이다. 俗間에서 坎山局의 巽門이 靑龍門이며 舊家大宅으로서 許多하게 發官하고 富足한 것을 보고 靑龍門이 第一 吉하다고 靑龍門靑龍門하는 말을 들을 수가 있다. 이때에 八卦로는 生氣門이다. 이 巽門이 靑龍門이며 生氣門이라 하나 防巽水先이라고 하는 黃泉歌를 想起하지 않으면 안된다. 生覺하면 乙丙須

一方으로는 黃泉門이다. 그런 關係로 大槪 三十有年 發福하고 傷丁敗財하는 例가 有多하다. 그러니 發福한다 하여서 그巽門을 長久하게 두지 말고 一代後는 반드시 離門으로 改開하는 것이 永久히 丁財가 興隆하는 結果가 되는 것이다. 兌山局에서 艮兌가 延年이 되는 艮門이 곧 靑龍門이다. 이때에도 甲癸向中憂見艮이라는 黃泉歌를 想起하는 것이 安全하다. 萬若 正門을 내고자 하면 東四와 西四가 相混하니 一利一害가 있다는 것을 窺知할 수 있는 關係라 延年艮門도 低下해야 하나 正門은 특히 低下하여서 主房을 剋하는 法이 없이 하나 艮門만은 못하다. 兌宮艮門하라면 大門內로 天井之水가 走하는 것이 黃泉中에서 그 曜를 避하는 것이다. 平素餘他의 句節에서도 筆者가 記述하였다 하나 즉 天地間의 相成하든가 그사람의 掌中에 있는 것이다. 兌宮에 艮門이 黃泉中의 大黃泉이 되나 兌宮의 三間이 가장 高大하고 南房二間이 兌宮에 比하여서 一尺程度가 低下하며 될 수 있는대로 坤宮으로 당겨서 세우고 北房二間中 一間은 즉 大門쪽으로 一間은 一尺五寸程度 低下하면 北房三間 亦是나 乾宮으로 偏建하는 것이며 東房三間은 北房보다 또 一尺이 低下하니 누가 이를 艮位 黃泉을 꺼리리요? 中斯가 必然 巽位에 있게 된다. 특히 癸坐丁向에서는 丁祿이 在午라 午를 犯하지 말며 丁未同宮이 되나 未庫의 煞曜가 있으니 正히 丁門을 세우는 것이 가장 吉한 門路라 하는 것이다. 또 踏驗하면 坎離震兌의 四局에서 十二向의 正門이 一般的으로 佳하나 그 中에서 子坐午向은 午門外에 祿位丙門이

나 丁門을 세우는 것이나 그外 十一向은 祿位의 門을 세우는 것을 꼭 避하는 것이다. 正棟
즉 本宮의 左右에 開門하면 孤寡와 殘疾之人이 나며 좋지 못하니 察之하고 避하는 것이 吉하
다. 陽宅에서는 分金을 取擇하지 말고 內盤正針을 써서 向을 定하는 것이나 萬不得已하여 分
金을 擇하려면 一例로서 十二宮에서 甲卯가 同宮이라 하여서 甲向을 하고 卯를 兼하든가 乙
辰이 同宮이라 하여서 乙向에 辰을 兼하든가 이것을 謂之하기를 羊刃이라고 正然코 浪
子가 나서 敗家하게되는 法이다. 또한 例로 白虎門을 내고자 한다면 癸坐丁向을 假想하여서
말하자면 坤申方의 來龍이어야 坤申水가 上堂하여서 辰巽方으로 流去할 때에 坤申門을 내는
것이라야 人丁이 大旺하여지는 것이요 이때에 靑龍門을 세우면 凶하며 아무리 좋은 吉地라
고 하여도 破地敗亡하는 것이다. 癸는 坎宮이니 東四命이요 坤申은 西四命이나 子女가 貴한
사람은 이와같이 東四西四가 相混하고서도 生男生女할 수 있는 宅基를 定하는 것이 陽基의
한 神妙라고 할 수 있다.

各編에서 重複되는 듯하나 天井의 放水가 乾兌坎離位로 流去하지 않는 것이나 어디든 一定
한 그 宅基의 한 位置에서 天干位上으로 流去하는 것이 吉하며 向上의 祿位도 不犯하는 것이 常
例인 것이다. 또 天井之水는 沐浴方衰方休囚方으로 流去하는 것임을 特히 山中에서 來龍으로
流去하면 極凶하니 一切 來龍方位으로 天井之水를 流去시키지 않는 것이 鐵則이라 하여도 過
貴하지 않을 것이다. 또 寺院의 大殿이 法殿보다 低下하든가 低小하면 主人의 權이 他人의 權

中에 있는 것과 같으며 亦是 一般 俗家의 本主가 廂房보다 低下低小하면 寺院에서와 같으며 이것을 一言하여 欺主라 하며 人人이 不和하고 꼭 忤逆之子가 나서 家道가 自然히 어지러워지는 法이다. 坎艮震巽離坤兌의 七山은 正門이 可하거니와 乾山에 限하여서 正門이 切實히 不可한 것이니 즉 辰巽己의 三向의 正門은 切大로 不可한 것이니 靑龍首의 乙門이나 白虎首의 己門이 可하며 特히 辰門을 犯하면 盛火같은 大禍를 免치 못하는 危險中에서도 危險한 것이다. 陽宅의 要가 곧 門主灶가 三要가 되는 것이며 그外에 靜宅 動宅 變宅 化宅 等으로 大分하여지는 것이다. 巷間의 俗家는 大槪 靜宅이니 靜宅을 主로 以後 略述하여서 學者의 參考가 되면 筆者의 幸일까 한다.

二、東 西 四 宅

陽宅의 東四宅과 西四宅을 一言으로 東西四宅이요 東四를 東四命 西四를 西四命이라고 하는 것이다. 坎宮 離宮 震宮 巽宮을 東四命인 東四宅이라고 하며 乾宮 坤宮 艮宮 兌宮을 西四命인 西四宅이라고 하며 陽宅을 大分하고 있는 것이다. 이 世上에서 或者는 陽宅을 或者는 陰宅을 或者는 相法을 가지고 各自의 傳言과 主張이 紛殊하나 그 終은 陰陽의 五行相生 陰陽 五行相剋의 一理에 各其分別하는 것이다. 陽宅의 東四命은 東四命으로서 西四命은 西四命으로서 相生

또는 比和하는 것이 宗要라고 하며 東四命과 西四命이 相混하는 것은 不可하며 그렇다면 傷丁敗財하는 것이다. 이것이 宗文이라 하나 東四와 西四가 그 宅基에서 相混하여서 得子하고 趣永하는 方法도 있으니 自身의 工夫가 不足하여서 그 神出鬼沒하는 造化之才가 一考도 하지 않으며 陰陽의 理致가 무슨 理致야 하고 豪言하는 愚民이 있다는 것을 恨歎하지 않을 수 없다.

六爻 八卦라는 것이 乾三畫과 坤六畫이 相交하여서 六爻八卦가 되었으며 八卦가 六十四卦로 變化하는 것이다. 原來에 乾의 三畫 乾三連은 陽金이요 父의 陽 母의 陰이 相合하여서 六爻라는 三男三女를 生하여서 一家庭을 이루었던 것이다. 乾三連의 下爻가 坤의 下爻에 交하여서 震下連이라는 長男이 後天으로 正東方에 居하며 五行의 木이라고 한다. 坤三切의 下爻가 乾의 下爻에 交하여서 巽下斷이라는 長女가 東南間에 居하며 五行의 木이라고 하니 震巽이 木은 木이 되나 震을 陽木 巽을 陰木이라고 한다.

交하여서 坎中連이라는 中男이 正北方에 居하며 陽水라고 한다.
交하여서 離虛中이라는 中女가 正南에 居하며 陽火라고 한다.
에 交하여서 震下連이라는 長男이 東北에 居하며 陽土라 한다.
에 交하여서 艮上連이라는 少男이 東北에 居하며 陰土라고 한다.
交하여서 兌上切이라는 少女가 正西方에 居하며 陰金이라고 한다.

이와같이 乾坤의 上中下爻가 相交하여서 先天의 乾南 坤北 坎西 離東 震東北 巽西南 艮西

北 兌東南외 相對하는 理致가 後天에서는 乾西北 坤西南 震東 巽東南 坎北 離南 艮東北 兌西로 그 位置를 定하고 五行이 相生하고 比和하여서 盛衰興亡을 云謂하니 默默한 山川이 말하는 것이 아니고 取用하는 그 사람이 山川을 말을 시키는 것이니 사람에 따라서 錯誤는 있으나 龍馬가 등에 지고 왔다는 先天의 理와 神龜가 獻書한 後天의 用은 즉 先天의 理가 六十四卦로 變하는것)와 後天의 用(金木水火土의 五行)은 비록 先天의 乾의 正南 坤의 正北이 後天의 乾의 西北 坤이 西南에 位置하고야 先天의 理致가 後天의 位置에 配合하여서 理와 用이 相通하여서 後人이 五行에 따라서 吉凶禍福을 察知하게 되는 것이다. 이 六爻八卦가 四象에서 生하니 乾坤이 相交하여서 生育之本 夫婦之道 造化之端이라고 한다. 이 少陰이며 四象이 兩儀에서 兩儀가 太極에서 太極이 無極에서 順次로 生하였으니 太陽太陰少陽少陰 亦是나 先天의 數가 되며 太陽은 九 太陰은 六 少陽은 七 少陰은 八 이와같은 數며 陽少陰 四九는 金 一六은 水 三八은 木 二七은 火라 四九 一六 三八 二七은 東西南北이 되고 天生五土와 地十成之는 戊己土라 中央에 居한다. 雷風相薄 水火不相射는 天地定位 山澤通氣는 西四命으로 先天理氣에 云하는 말이다. 四象의 太陽乾 太陰坤 少陽艮 少陰兌를 西四卦이라고 한다. 坎은 少陰中의 一陽이며 巽은 少陽中의 一陰이며 離는 少陰中의 一陽이며 震은 少陽中의 一陰이라 少陰中의 一陽이라 東四宅이 된다. 이와같이 東四卦 西四卦의 義가 四象에서 나오는 故로 東西未分前에 八卦가 없으며 太極뿐이었던 것이 東西가 旣分하고 五行이 生하였다. 그런故로

東四 西四가 있으며 嚴正하게 分別되었던 것이다.

先天禍害는 乾巽 坎兌 離艮 震坤

先天延年은 震巽 乾坤 艮兌 坎離

先天生氣는 巽坎 乾兌 艮坤 離震

先天絕命은 乾離 坤坎 兌震 巽艮

先天天醫는 乾艮 坤兌 震坎 離巽

先天五鬼는 乾震 坤巽 坎艮 兌離

先天六煞은 乾坎 巽兌 坤離 震艮

右의 禍天延五生六絕은 一定한 先天의 七星變卦며 이 先天의 理를 八方에 分佈한 後天의 位置를 가지고 取用하는 것이다. 遊年歌의 乾六天五禍絕延生이 先天의 理로 變하는 七星의 變遷하는 것을 後天의 八方에 順數로 노래한 句節이니 즉 乾卦라 乾六天五禍絕延生이라 하여서 坎六天五禍絕延生으로 坎卦가 順次로 分佈하는 것은 아니다. 乾卦하면 坎이 六煞 艮이 天醫 震이 五鬼 巽이 禍害 離가 絕命 坤이 延年 兌가 生氣라는 順佈를 말하는 것이요 坎卦라면 艮이 六煞 震이 天醫 巽이 生氣 離가 延年 坤이 絕命 兌가 禍害 乾이 六煞 이와같은 順次로 五天生延絕禍六이 된다. 그러니 八卦를 遊年하며 本卦가 生氣 五鬼 延年 六煞 禍害 天醫 絕命 歸魂 이와같이 遊年하는 것이다. 즉 生五延六禍天絕歸는 本卦에서 遊年하는 先天之理요 乾六天五禍絕延生과 坎五天生延絕禍六이라는 것은 後天의 八方을 順數로 가르친 八方인 것이다. 이와같이 理와 用 즉 先天之義와 後天之用을 差誤없음을 懇切히 愼察하고 取用함을 바란다. 八卦는 八門의 變化며 天上의 七星이 分佈함을 意味하였다. 어느卦든 여덟 번째든 本卦

三, 靜宅要旨

陽宅을 古來부터 靜宅 動宅 變宅 化宅으로 大分하고 그 宗旨는 陰陽을 不外하는 것이니 그 宗旨를 槪述코자 한다. 陽宅은 그門 즉 大門의 字에서 始作되기 때문에 三吉의 位를 定하는 것이다. 다른 곳에서도 力說하겠거니와 第一高大한 房屋 즉 몸채가 主房이지만 七星을 遊年하는데는 반드시 大門字上에서 遊年을 해야 하는 것을 妄覺하고 主房이나 簷下에서 遊年하며 그 實 門主灶를 三吉方에 定하는 듯하고 終에 가서는 大差를 빚어내고 陰陽變化의 差錯을 나타내는 것이다. 그 宅基에서 主房이 高大하여야 하며 他房屋이 主屋보다 高大하면는 吉이 化凶한다. 그 大門字上에서 七星을 遊年하고 生天延 三者中에서 主屋의 宮이 某宮인가를 選擇하여서 그字를 正針으로 坐向을 定位하는 것을 六煞 五鬼禍害 絶命 字上에 主房을 堅造로 돌아가기에 歸魂이 된다. 以上과 같은 原理는 不顧하고 恣意로 吉凶을 亂定하면 大差라 그 禍가 不淺하며 遊年을 亂定한 사람에 其害가 더 甚大하다는 것은 的實하다. 그사람 그사람의 掌中에 있으니 能히 通한다면 一見豁然하며 明若觀火할 것이요 奧義를 不究하고 그 어찌 吉凶을 正分하리요? 이와같이 乾坎艮震巽離坤兌가 天上七星에 依하여서 變하는 八卦가 東四西四로 나누어지고 陽宅의 意가 쉬운 듯하나 深奧함을 窺知할 것이다.

하면 비록 秀麗한 宅基라 하나 버리고 마는 것이다. 或 門字上에서 遊年을 한다 하여서 門에다 羅經을 놓고 方位를 定하는 것도 千萬不當하며 있을 수 없는 일이다. 그집의 大門을 定하면서 宅基의 中心에다 羅經을 놓고 門을 定하는 것을 簷下나 主房屋에 놓고 定하는 것도 千萬不當하며 또 正位에 즉 西門을 南門같이 北門같이 되지않게 꼭 그正位에 놓고 定한다. 그 宅基가 西四서 吉星이 高聳하고 圓大하면 吉하고 反하여서 凶星이 高圓하면 極凶하다. 그 宅基에 西四命의 乾宮을 乾宮으로 올바르게 定하지 못하고 坤兌宮을 定하는 것도 乾宮만 못하거늘 엉뚱하게 西四의 宅基에서 東四命의 坎離震巽으로 定하면 人丁이 不旺하고 敗亡하는 것이며 그집을 아무리 잘 지었다 하나 幾年을 지내리요? 이와같이 그 宅基와 遊年의 方法을 切大로 不可離한 것을 말하는 것이다. 즉 좋은 宅基라 하나 得位를 하지 못하면 破位하는 結果가 된다. 得位라 하면 그 宅基가 東四命이라면 東四로서 具全하는 것이요 西四라면 西四로서 그 形局이 西四인데 아주 適合하게 完備한 것을 말한다. 七星을 能熟하게 遊年한다 하여서 그 局의 門主가 四로 遊年하지 않고 東四로 遊年하여서 東四의 生延天의 吉을 定하는 것도 不得位라 한다. 이 得位에 對하여서 詳細하게 말하자면 貪狼木星이 坎水宮이나 震巽木宮으로서라든가 武曲金星이 坤艮土宮이나 乾兌金宮으로서라든가 巨文土星이 離火宮이나 坤艮土宮이 되었다면 星과 宮이 相生 比和하였으니 즉 星과 宮이 尅을 이루지 않고 具全하는 것이니 子孫이 興旺하며 永昌하는 것이라 이것을 得位하였다는 것이다.

萬若 貪狼木星이 離火宮이라든가 武曲金星이 坎水宮이

라든가 巨文土星이 乾兌金宮이라면 비록 星과宮이 相生은 하였으나 이것은 吉星이 洩氣를 未免하기 때문에 武曲金星에 中吉하며 子孫도 微微하고 富도 不巨하는 法이다. 貪狼木星에 坤艮土宮이라든가 武曲金星에 震巽木宮이라든가 巨文土星에 坎水宮이라면 宮이 星을 尅하는 것이라 子孫은 旺盛하여진다 하더라도 天敗與見損을 不免하는 것은 始順而逆終이 分明하다. 星은 그 宅基를 만드는 形勢(土星이다 金星이다 水星이다 木星이다 火星이다 한다)를 말하고 宮은 東四의 坎宮이라든가 西四의 乾宮이라든가 하는 말이다. 不得位를 더 仔細하게 말하자면 貪狼木星에 乾兌金宮이라면 金尅木이며 武曲金星에 離火宮이라면 火尅金이며 巨文土星에 震巽木宮이라면 木尅土라 宮이 星을 尅하였으니 謂之하기를 失位라 또는 不得位라고 하며 吉星失位라 하는 故로 人丁이 損傷하며 財物이 消散하여지니 凶하다. 或 凶星凶宮의 不得位라면 두말의 餘地가 없으나 凶星이 凶星으로서 得位를 하였다면 發凶이 更速하다. 그러니 吉星은 秀高하고 凶星은 低小하야 人丁과 食祿이 具興하여진다. 吉星은 生延天이니 즉 貪巨武요 凶星은 五六禍絶이니 乾門에 破祿文廉이며 乾에서 吉星이 秀高端正하니 凶星이 化吉이라 陰陽의 變化가 참으로 妙하더라. 乾門에 坎主는 乾의 六煞方位라 坎宮에 主房을 세우는 것이 不免하니 避하여서 艮宮이라도 세워야 하나 萬不得하여서 坎宮을 세우고자 하며 그 害를 덜기 爲하여서 그 好蕩한 水의 本性을 줄이기 爲하여서 低少한 房屋을 세우는 것이 不幸中 多幸하다.

前述의 星宮은 그 地形의 星과 세우고자 하는 宮 즉 本主를 말하나 다음의 星宮은 星이라면 癸子壬을 坎宮하는 것外에 癸坐라든가 子坐라든가 壬坐라든가 하는 것을 星이라고 壬子癸를 坎宮이라 한다. 本來 術書의 通語가 一定치 않고 子一한 것이 有多하다는 것이 學者로서 큰 苦痛임을 먼저 말하여 둔다. 즉 乾門에 癸宮을 定하고 艮坐의 집을 세우자면 艮은 七星의 天乙 吉星이라는 故로 艮坐집을 星이라고 한다. 그러니 艮主가 高大하면 艮土가 乾金을 生하게 되는 緣由로 大發壽福하다. 乾門에다가 震主를 세우려면 震은 乾의 五鬼方이라 主가 高大하면 離火가 乾金을 尅하는 것이며 모두가 宮星이 相尅을 이루는 故로 房屋이 低小하여야 한다. 乾宮은 延年吉星이며 正夫婦配合이며 土가 金을 生케 하는 즉 吉星得位가 된다. 즉 星宮의 門房이 相合하였으니 主房屋이 高大해야 하며 富貴雙金의 大吉宅이다. 乾門에 兌主는 生氣吉星이 되나 星宮이 不合하다. 乾門에 艮宮은 天乙吉星이나 星宮이 不合하다. 그러니 乾門에 兌宮 艮宮은 西四의 中吉之宅이 되나 꼭 兌艮의 房屋이 低小하여서 乾兌艮이 可合하도록 세우는 것이다. 이와같이 吉中에도 凶이 있음은 可히 알 수가 있다. 原來에 乾門乾主는 西四며 天乙吉星이나 子女가 死亡하니 老母가 격정을 免하지 못한다. 그러며 乾門艮主는 西四의 中吉之宅이 되나 꼭 兌艮의 房屋이 低小하여서 乾兌艮이 可合하도록 세우는 것이다. 宅基에서 그 離宮을 坤位로 당겨서 세우며 凶이 化吉하는 것이다. 坤은 延年이라 離主를 宅基의 坤位로 당기었으니 延年宅이 되는 것이다. 그뿐인가 이 例에 依

四、七星吉凶總論

七星의 吉凶이라 하는 것이 즉 天上의 七星의 運行하는 것이다. 그 數를 헤아릴 수 없는 數萬數千의 별이 天上에 偏在하고 있으나 衆星이 모두 七星을 받들어 주고 뭇별이 그 七星의 氣에 따라 있다는 緣由로 古人이 云하기를 千萬의 江派는 모두가 바다로 가듯이 衆星은 七星을 拱하는 것이다라고 하였으며 그 七星의 運化가 즉 八卦의 吉凶같이 變化하는 것이다. 地上의 八方位 乾坤艮巽坎離震兌는 相生하고 相剋하고 서로 比和하는 것을 生延天乙三吉星 臨官得位福祿增 六五禍絶四凶煞 勿論生剋俱傷財라고 詩로서 古人이 가장 簡明하게 表現하신 것은 後世의 學者로서 修得하는 큰 敎本이라고 할 수 있는 것이다. 三吉의 生延天乙이라고 하는 것은 즉 生은 生氣요 延은 延年이요 天乙은 一名天醫라고 하는 것이며 三吉星을 말하였으니 그 星宮에 生延天을 失하지 않고 得位하였다면 福祿이 日日益增하는 것이며 三吉을 失하면 凶

이 不旋踵으로 이르는 것이다. 六五禍絕 즉 六은 六煞의 凶星이요 五는 五鬼라는 凶星이요 禍는 禍害라는 凶星이요 絕은 絕命이라는 凶星이며 그 星宮을 만들었다면 傷丁敗財한다. 或三吉이 俱全하지 못하고 單一吉星이 秀拔하여 凶이 化吉하는 것도 三吉의 俱全을 따르지 못한다. 이와같기에 七星凶吉의 宗旨를 略記하면 다음과 같다.

乾坤은 서로 延年이다. 乾은 西北에 定位한 老父며 陽金에 屬한다. 坤門에 乾主라는 房屋이 高大하다면 星宮이 比合하는 것이요 老翁의 壽福을 加益하며 子孫이 繁榮하여진다. 乾門에 坤宮이라면 亦是나 房屋이 高大해야만 延年金星이 坤位에 臨하여서 宮星이 相生하는 것이니 老母가 慈惠스러워서 兒女가 福祿을 얻으며 富貴가 永遠하는 것이다. 乾과 坤은 이와같기에 自古부터 至今까지 乾坤正配의 道라고 世人이 稱하는 것이다.

艮兌가 서로 延年이다. 艮은 東北에 定位한 少男이며 陽土에 屬한다. 兌는 正西에 定位한 少女며 陰金에 屬한다. 艮兌는 兩者가 서로 相生하는 延年吉星이다. 艮門에 兌宮이라면 兌의 房屋이 高大하여서 必是 少年이 英發하여서 그 家門을 빛나게 한다. 兌門에 艮宮이라면 艮宮의 房屋이 高大하며는 艮土가 兌金宮에 臨하는 것이니 宮星이 比合하였으니 特히 智慧의 少男이 生하고 子孫이 孝賢하여지고 家庭이 和睦하고 子孫이 聰明하여진다. 이 艮兌의 配合으로써라면 夫婦의 倡隨之美라고 일컫는다.

坎離가 서로 延年이다. 坎은 正北에 定位한 中男이며 그 性이 水에 屬한다. 離는 正南에 定位한 中女며 그 性이 火에 屬한다. 坎離는 水火相剋이라 先天의 八卦 즉 伏羲八卦에 明示한 바에 火와 水가 相濟하는 것이라 水火不相射라고 말하였으니 즉 離門에 坎宮이라면 坎宮의 房屋이 高大하면서 離門內에 墻壁을 修影하여서 水宮에 火氣가 直來하는 것을 避하게 하는 것이다. 不相射의 要가 된다. 그러니 그집 울안의 모든 天井水는 離門의 東四寸에다 水路를 通하여서 水路로 나가게 하는 것이 水火旣濟之美라 한다. 그러면 坎門에 離宮이라면 勿論 離主의 房屋이 高大해야 하나 家業이 耗散하고 眼目을 受傷하는 것이 바로 水火不相射를 할 수 없으니 그實 難修全吉하다. 이와같이 坎主離門은 水火不相射가 될 수 없다. 그러나 理致와 實地는 相反되는 듯하는 말이나 坎離震兌에 旺門은 有利한 것이 事實이니 筆者의 識見이 不足하여서 더 具體的으로 記述치 못하고 그친다.

震巽이 서로 延年이다. 震은 正東에 定位한 長男이며 陽木에 屬한다. 巽은 東南에 定位한 長女며 陰木에 屬한다. 巽門에 震宮이 延年宅이라나 必是 震宮이 그 延年金星의 剋을 받기 때문에 長男이 筋骨의 痛患이 있으며 剋妻損子한다. 震門에 巽宮이라면 宮星이 相刑하기 때문에 長女長婦가 災禍를 當한다.

以上은 延年金星의 關係를 記述하였다. 五星의 理氣로 延年은 金星武曲이라고 生氣는 貪狼木星이며 天乙은 巨文土星인 것이다. 이와같기에 三吉은 즉 貪巨武라고 한다. 陽宅에서 三吉宅 즉 貪巨武를 그 宅基에서 갖추는 것이다. 우리가 三吉宅 보다도 大部分이 靜宅伏位 즉 主房屋에 부엌을 같이 만드는 式을 말한다. 或者는 一言으로 貪巨武最難得이라고 하며 그 坐向의 貪巨武를 主張하고 그 局의 三吉을 主張하며 陰宅의 龍과 坐를 一言으로 貪巨武로 云謂하는 것은 가장 危險하다. 또는 陰宅에서 三吉六秀를 嚴然하게 區分함을 妄却하고 貪巨武를 가지고 云謂하는 것도 不當하다. 數次 筆者가 恨歎하는 것은 術書의 類가 雜多하여서 術語가 一定치 않음을 여기서도 말하는 것을 學者는 一考 있기를 바란다. 오늘의 一例로 尺數의 變更이 그 世代의 變化와 같으니 古人의 不統一하는 術語에 怨望만 하지 말고 詳察하면 알 수 있는 것인가 한다.

乾兌가 서로 生氣가 된다. 生氣는 즉 貪狼木星이다. 兌門에 乾宮이라면 西四의 生氣宅이 된다. 그러나 乾兌는 그性이 金이요 貪狼은 木인故로 相尅이 되기 때문에 的實하게 長男傷損하고 老翁이 早死하는 것을 不免한다. 이와 같으니 乾主라 하여도 그 理는 相同하며 老母가 격정이 많으며 子女가 死亡하는 것이다. 이와 같으니 乾主라면 天地正配의 坤門으로 改開하고 兌主라면 艮門으로 고치면 山澤通氣의 正局이 된다는 것이다. 또한 그 地形에 있어서 乾主兌門을 坤門으로 改開하지 못할 地形이라면 主房을 艮主로 고치고 乾門兌主였다면 坤主로 고치는 것이 **趣吉避凶**인 것이다.

艮坤이 서로 生氣木星이 된다. 坤門에 艮宮이라면 榮華가 初年 約二十有年 內外旺盛하고 그 後는 尅妻損子하고 財物이 耗散하여진다. 生氣의 木과 艮坤의 土가 相尅하는 緣由인 것이다. 그 艮門에 坤宮이라 하여도 坤門艮主에서와 같이 老母가 災害를 當하며 每事가 半休半咎하다. 그러니 艮門에 坤主라면 乾門이나 兌門으로 改開하는 것이 吉하다. 그러나 不得已 乾門 또는 兌門으로 改開하지 못하면 그 坤宮을 向하고 坤宮의 後裝을 살펴서 山形이 一二尺이 높은 群星이 聚會하였으면 이것이 山澤通氣의 形容이니 坤宮의 絕命이 되는 坎方에 中斷를 세우면 大吉의 宅이 된다. 이 坎方은 坤宮의 絕命이나 艮門의 五鬼方이 된다. 또 巽方은 坤門의 五鬼方이 된다. 坎巽이 本是에 서로 相生하는 生氣하는 吉星이다. 坎門에 巽宮이든 巽門에 坎宮이든 吉氣의 吉星이라 大吉之宅이다.

震離가 서로 相生하는 吉星이다. 離門에 震宮이라면 生氣貪狼의 木星이 震宮에 臨하여서 宮星이 서로 相比하였으니 子孫이 顯達하다. 震門에 離宮이라면 生氣貪狼의 木星이 離火宮의 臨하였으니 火氣가 더 生生한 氣運을 加一加하는 것이나 火中의 木이 灰燼하는 故로 初年의 名利가 順和하고 二旬을 지내서는 焚盡木根하는 故로 敗絕을 免치 못한다. 이 離門 震宮이라면 震宮이 巽宮에 相連하는 高大한 것은 離門震宮보다 尤美하며 吉하다. 震門에 離宮이라면 急速하게 離宮이 巽宮에 相連하는 高大한 房屋으로 同時에 修造하고 西南方坤位에 厨房을 세우면 즉 八風의 動搖를 두려워 하지 않는 森木成林이 되는 것이다. 그 形狀이 森木成林하니 文明之象이라 富貴가 厚重하는 것이다. 또 이것을 生木이 高大하여서 得位를 하였다하는 五子가 隆興하는 靑蛇入宅이라고 稱하나 但 長男이 先死한다.

乾艮이 本是에 天乙吉星이며 土生金이다. 乾門에 艮宮이라면 天乙土星이 艮宮에 臨하였으며 兩土가 相比하며 艮土가 乾門을 生하게 하는故로 定然하게 少年이 興旺하고 父子가 和順하다.

艮門에 乾宮이라면 天乙의 土星이 乾宮과 相生하고 艮門의 陽土가 乾陽金을 生케하는 關係로 老翁이 壽福하며 子孝心寬하다. 原來가 天乙은 土中에서 陽土요 艮도 陽이요 乾土陽이기에 妻女의 屛弱을 不免한다. 즉 男子가 隆盛하다. 陽이 旺하여지고 陰이 衰하여진다.

以上같이 一短이 있으니 艮門에 乾宮이라면 艮門을 閉鎖하고 坤門으로 改開하는 것이 天地의 正道 즉 陰陽相配하는 것이다. 若不能하면 艮門을 그대로 두고 兌主로 改造하는 것이 上策이다. 또 艮門에 乾宮이었을 境遇에 門이나 主를 切大로 고칠 形便이 못되며는 坤位에 乾主다음가는 高大한 房屋을 세우며는 大吉하다. 亦是 乾門에 艮宮이었을 때에 門이나 主를 아주 고치지 못할 形便이다면 艮主다음가는 高大한 房屋을 兌位에 세우며는 更吉하다.

坤兌가 本是에 土生金하는 相生이며 天乙吉星이다. 兌門에 坤宮이라면 天乙吉星이 坤壬宮에 臨하였으니 比合하는 關係로 老母가 向善을 하니 사람들이 賢德을 可欽하는 것이다. 坤門에 兌宮이라면 亦是 星宮이 相生하는 故로 少女가 端莊하며 그 孝賢을 또한 人人이 칭찬한다.

이 坤兌가 坤도 陰土요 兌도 陰金이라 모두가 陰이 豊盛하기 때문에 衰陽하는 關係라 男子가 壽短하여지는 故로 寡婦를 未免한다. 그러니 무릇 坤兌宮 즉 坤門에 高大한 兌主라면 또는 坤地에 兌門이라며는 坤이나 兌의 地를 떠나서 乾地나 艮地보다 乾地나 艮地에 坤兌나 兌坤의 門主를 세우는 것이 아주 大吉하다. 다시 말하면 兌地나 坤地보다 乾地나 艮地에 兌坤이나 兌坤의 門主를 세우는 것이 大吉하다. 坤地에다가 兌門坤主를 세우든가 兌地에다가 坤門兌主를 세우는 것은 陰盛陽衰하는 것이니 즉 坤門兌主를 세우려면 艮地에다 세우고 兌門坤主라면 乾地에다가 세우는 것이 바로 乾坤이나 艮兌를 配合시키는 것이다.

坎震이 서로 天乙이다. 坎은 北方의 水요 震은 東方의 木이기에 水生木이며 相生하나 七星으로 遊年을 하면 天乙이라는 吉星이다. 震門에 坎宮이 다면 天乙土星이 坎水宮을 尅하기 문에 반드시 中男이 多病하며 水土가 溷濁하기 때문에 男女間에 愚魯하다. 坎門에 震宮이 다면 天乙土가 震木宮에 臨하여서 그 天乙의 貴土가 受尅을 하게 되는 關係로 長男이 그 災禍를 當하며 敗財損畜을 當하기 때문에 全吉之宅이라고 못한다. 그러나 坎門에 震宮이라면 그 震宮이 巽宮에 相連하는 高大한 房屋를 세우면 大吉하다. 또 震門에 坎宮이라면 震과 巽이 아주 가까운 距離에 있으니 震門을 巽門으로 改開하면 大吉之宅이다.

巽門에 離宮이라며는 天乙土星이 離宮에 臨하여서 비록 火生土라고도 하나 始順逆終星이다. 巽門에 離宮이 서로 天乙이다. 巽은 木이요 離는 火라 木生火라는 相生이며 遊年七星하면 天乙吉

을 하였으며 陰旺陽衰하기 때문에 大槪는 男子가 內子를 두려워한다. 離門에 巽宮이라면 天乙의 土星이 巽木宮에 臨하였으니 巽의 長女가 天乙의 土星의 尅을 避하지 못하는 故로 長女와 長婦가 그 災殃을 입는 것이니 어찌 萬事를 盡享하는 天乙의 吉宅이라고 하리요. 이와같이 巽門에 離宮이라며는 離宮의 高大한 主房屋이 巽宮에 相連하게 補修하고 坤位에다가 低小한 厨房을 세우고 巽門은 震宮으로 改開하면 大吉하다. 離門에 巽宮이라며는 巽宮의 高大한 房屋이 震宮에 相連케 補修하며는 이것을 古人이 傳하기를 天乙土星이 高大하니 사람들이 착한 것을 좋아하며 妻子가 敬佛燒香하는 것이며 또는 黃蛇入宅이라고 하는 것이니 田畓이 增進하며 男子가 木尅土의 尅을 같이 만나는 法이다.

以上은 延年金星 生氣木星 天乙土星에도 吉中吉이 있으며 吉中에는 또한 若少한 凶이 있다는 것은 天地自然의 理인 것이다. 三伏夏炎에도 寒凉의 氣가 있고 嚴多雪寒에도 暖日이 있는 것은 否認하리요? 以上의 貪巨武만을 八卦의 三吉이라고 하여서 四凶星論을 쓰지 않고자 하나 世上人家의 凶을 不點하고서 그 吉을 안다는 것은 있을 수 없기에 四凶星을 또한 略記하여 添加하고자 한다.

○ 乾坎이 互爲六煞이다. 乾은 金이요 坎은 水에 屬하며 西四命의 金이 東四命의 水를 生하니 生은 生이라고 하나 乾은 西四요 坎은 東四라 七星으로 遊年을 하면 六凶煞星이다. 乾門

387

에 坎宮이라면 六煞이 坎宮에 臨하였으니 비록 宮星이 比合하더라도 水旺하면 金이 沒하는 즉 水旺則金泛하는 水旺의 害를 不免하기 때문에 主로 中男이 飄浮하고 流蕩하는 關係로 無依하더라. 坎門에 乾宮이라면 亦是나 六煞이 乾宮에 臨하는 것이니 根本的으로 宮이 星을 生하나 이것은 도리어 그 泛濫과 流蕩하는 것을 도와주는 結果가 되는 故로 그저 宮星이 相生하는 吉宅이라고 하리요? 그집 老翁이 晩年에 依持할 곳이 없으니 老翁의 마음이 妄動하여 진다. 이와같으니 坎門에 乾門이라면 乾門을 巽門으로 改開하여서 坎坤의 延年宅으로 하든가 坎門을 艮門으로 치고 乾宮에 坎門이라면 坤門으로 改開하여서 乾坤의 延年宅으로 하든가 坎巽의 貪狼生氣宅으로 고치어서 乾艮의 天乙宅으로 고치는 것이 바로 順天의 道라고 할 수 있는 것이다. 震艮이 互爲六煞이다. 震은 木이요 艮은 土라 또 東四와 西로 그어찌 家庭을 保全하리요? 震艮이 互爲六煞이다. 震은 木이요 艮은 土라 또 東四의 六煞 四가 互爲相剋하는 것이며 七星으로 遊年을 하면은 六煞의 凶星이다. 震門에 艮宮이라면 六煞이 艮土宮에 臨하였으니 少男이 洩氣되고 또 震木이 艮土를 剋하였으니 主人이 壽短하기 때문에 寡婦가 집을 지키더라. 艮門에 震宮이라면 六煞이 震門에 臨하였으니 始順逆終이라 즉 久後敗絶한다. 그러니 이때에는 그 周圍를 詳察하여서 改開하고 그렇지 못하면 乾門으로라도 고치고 艮門에 震宮이라면 艮門을 坎門이나 離門으로 고치는 것이다.

〇兌巽이 互爲六煞이다. 兌는 金이요 巽은 木이다. 本是에 相剋이며 東四와 西四가 相剋을

388

하였으며 七星으로 遊年을 하면 六煞凶星이다. 兌門에 巽宮이라는 六煞이 巽木宮에 臨하였으며 不能相生하고 도리어 飄浮하며 金이 木을 尅하는 故로 長女와 長婦가 그 災禍를 當한다. 巽門에 兌宮이라면 六煞이 兌宮에 臨하였으나 相生은 못하며 翁婆가 愁罵하여지고 群女를 疊産하며 男兒를 不育하니 淫亂하여서 及其也는 家中을 攪亂하며 久後에는 敗絶한다. 그러니 兌門巽宮이라면 兌門을 閉鎖하고 離門으로 改開하면 吉하다. 坎門도 吉하다. 巽門에 兌宮이라면 巽門을 閉鎖하고 艮門으로 고치든가 坤門으로 改開하면 吉하다.

○ 離坤이 互爲六煞이다. 離는 火요 坤은 土라 비록 相生은 하나 東四가 西四를 犯하였으며 七星으로 遊年을 하면 六煞이라는 凶星이 되는 것이다. 離門에 坤宮이라면 六煞이 坤宮에 臨하였으니 坤宮이 尅을 입는 故로 老母가 洩氣하고 비록 火生土라고 하나 離는 모두가 陰이니 純陰은 不生하는 것이다. 主로 家母가 일찍 辭世한다. 坤門에 離宮이라면 六煞이 離宮에 臨하여서 六煞은 그 性이 水에 屬하여서 六煞의 水와 離火가 相煎을 하는 것이다. 이와같으니 離門에 坤宮이라면 乾門이나 兌門으로 고치고 坤門은 震門이나 巽門으로 改開하면는 吉하다. 以上은 水性의 六煞凶星을 말한 것이며 六煞의 水性은 好蕩을 하는 것이니 久後에는 寡婦가 그 집을 지키게 된다.

○乾震은 互爲五鬼가 된다. 乾은 金이요 震은 木이라 金尅木이라는 相尅이며 七星으로 遊年을 하면 五鬼라는 凶星이다. 乾門에 震宮이라면는 火性인 五鬼가 震木宮에 臨하여서 相生은 되나 이 相生은 發凶을 더 速하게 하는 故로 火盜官訟하며 強崇作厲하는 것이다. 또한 震木宮을 尅하기 때문에 老翁이 그 災禍를 當한다. 하물며 震門의 木이 五鬼外 火를 生하게 하나 結局에 金尅木을 하기 때문에 長男이 壽短하게 하나 끝에 가서는 五鬼의 火는 乾宮의 金을 尅하는 것이니 즉 星宮相尅을 하는 關係로 老翁이 當災한다. 그리고 震門의 木이 五鬼를 生하고마는 關係로 家長이 損壽하다. 以上과 같으니 乾門에 震宮이라면 乾宮을 閉鎖하고 震門에 乾宮이라면는 震門을 閉鎖하고 坤門이나 艮門으로 改開하면 吉하다.

○艮坎은 互爲五鬼가 된다. 艮은 土요 坎은 水에 屬하며 七星으로 遊年을 하면 五鬼라는 凶星이 된다. 또 艮은 西四命이요 坎은 東四命이다. 艮門에 坎宮이라면 五鬼라는 太烈한 火氣가 坎宮에 臨하여서 水火가 너무나 急煎하는 關係로 眼疾이 생기든가 繼室이 아들을 두지 못한다. 또 艮土가 坎水를 尅하기 때문에 中男이 辭世한다. 坎門에 艮宮이라면 五鬼의 火가 艮土宮을 生하게 하는 關係로 初年에는 丁財가 俱旺하다가 有始无終하는 故로 三七之年에 가서는 怪災와 橫禍가 並臨하여서 人亡破家하여서 敗絕한다. 이와같이 艮坎의 五鬼가 그 凶이 大端한 것이니 艮門에 坎宮이라면 艮門을 速閉하고 巽門으로 改開할 것이고 坎門에 艮宮이라면

坎門을 速閉하고 乾門으로 改開하면 小力而成大하는 것이다.

○ 巽坤이 互爲五鬼가 된다. 巽은 木이요 坤은 土에 屬하며 七星으로 遊年을 하며는 五鬼라는 凶星이다. 巽은 東四요 坤은 西四가 된다. 巽門에 坤宮이라면 五鬼의 火가 坤土宮에 臨하여서 火災土燥하여지니 萬物이 不生하는 故로 老母가 多灾하며 女權逞威하는 것이다. 巽宮이라며는 五鬼의 火와 巽木이 相生하는 듯하나 及其也는 反助甚凶하는 것이니 忤逆한 子弟와 酒色賭訟하는 子弟가 並出하여서 資財를 耗散하고 傷風敗北한다. 陽宅에서 赤蛇入宅이 凶中尤凶하다. 이와같이 巽門에 坤宮이라면 巽門을 閉鎖하고 乾門이나 兌門으로 改開할 것이요 坤門에 巽宮이라며는 坤門을 閉하고 坎門이나 震門으로 고치면 吉하다.

○ 離兌가 互爲五鬼가 된다. 離는 火요 兌는 金이다. 七星으로 遊年하며는 五鬼라는 凶星이다. 離는 東四命이요 兌는 西四命이다. 離門에 兌宮이라며는 五鬼가 兌宮에 臨하였으니 火燃金銷하며 다시 또 離火가 더 도우니 少女가 夭亡하지 않으면 女結爲群하는 것이다. 兌門에 離宮이라며는 五鬼의 太烈한 火가 離火에 火焰이 盛發하여서 立見凶禍하며 懸梁投井하여서 人亡家敗하며 特히 寅午年에 凶禍가 尤甚하다. 이와같으니 離門에 兌宮이라면 離門을 閉하고 坤門으로 改修하면서 乾宮에 房屋을 補造하면는 아주 大吉之宅이 된다. 兌門에 離宮이라며는 兌門을 閉하고 巽門으로 改開하는 것도 吉하며 또는 震門으로 改開하면서 巽宮

에 房屋을 세워서 離宮과 相連하면 吉하다.

○以上의 五鬼凶星은 그 性이 아주 太烈한 火라 橫暴하기 때문에 初年에 或 暴發丁財하다가도 及其也는 傷丁敗財한다. 特히 寅午年에 禍가 尤甚하며 榮華를 보지 못한다. 그러니 五鬼의 凶星이라며는 吉宮을 擇定하여서 改宮하든가 改門하여서 그 禍를 避하는 것이 至當하다.

○坤坎이 互爲絕命이다. 坤의 陰土가 坎의 陽水를 尅하는 것이니 즉 陰尅陽이요 七星으로 遊年을 하며는 絕命이라는 凶星이 된다. 坤門에 坎水宮이 臨하였으니 비록 絕命의 金이 坎水宮을 生케 한다고 하나 陰金이 陽水를 生케 하리요 도리어 水의 根源을 壅塞하는 結果를 나타나며 坤의 陰土의 尅을 加一層 添加하는 것이니 坎水가 其禍를 避하지 못하는 關係로 中男이 壽短하며 小口女가 淫亂하며 男死하는 것이다. 坎門에 坤宮이라며는 絕命이라는 陰金이 坤의 陰土에 臨하였으니 陰加陰이라. 不能相生하는 故로 特히 人丁이 不旺하다. 즉 絕命도 陰이요 坤도 陰이요 다못 坎만이 陽이기 때문에 陰旺陽衰하는 故로 年久하면 虧陽하는 것이락 敗絕을 不免한다. 이와같으니 坎門에 坤宮이라며는 乾門으로 고치고 坤門에 坎宮이라며는 巽門이나 離門으로 고치는 것이다.

○離乾이 互爲絕命이다. 離의 陰火가 乾의 陽金을 尅하는 것이며 七星으로 遊年을 하며는 絕命이라는 凶星이다. 離門에 乾宮이라며는 絕命이라는 陰金이 乾宮의 陽에 臨하여서 비록 相比하는 듯하나 原來에 陰金이 冷情하여서 不能相扶하며

不能行仁하고 도리어 그 陰金의 奸計로 陽金의 權限을 奪取하며 또한 離門의 火가 乾金을 尅하기 때문에 老翁見損하고 小口가 不旺하여지는 關係로 그집에 寒冷之氣가 滿院凝結한다. 乾門에 離宮이라면는 絶命의 陰金이 離火宮에 臨하여서 星宮이 相尅하기 때문에 寡母가 不絶하며 其終에는 敗絶한다. 이와같으니 離門에 離宮이라면는 乾門을 閉하고 坤門으로 고치고 乾門에 離宮이라면는 震門으로 改開하면는 그 災禍를 避하고 凶宅이 吉宅으로 된다.

○兌震이 互爲絶命이다. 兌는 金이요 震은 木이다. 七星으로 遊年旋佈하면는 絶命이라는 凶星이다. 또한 兌는 西四命이요 震은 東四命이다. 兌門에 震宮이라면는 星宮이 不合하며 震木이 兌金의 尅을 被하였으니 어찌 그 災殃을 받지 않으리요. 震門에 兌宮이라면서 비록 相比하나 이 比和는 도리어 轉禍하여서 그 災害가 尤甚하다. 如此하니 震門에 兌宮이라면는 震門을 閉하고 艮門으로 改開하고 兌門에 震宮이라면는 離門으로 改開하면서 震巽이 相連하는 高大한 房屋으로 改修하면는 아주 大吉之宅이 된다.

○巽艮이 互爲絶命이 된다. 巽은 木이요 艮은 土라 巽陰木이 艮陽土와 相尅하는 것이며 七星으로 遊年旋佈하면는 絶命이라는 凶星이다. 또 巽은 東四命이요 艮은 西四命이다. 巽門에 艮宮이라는 陰金이 艮의 陽土와 서로 相遇하였으나 養虎遺患의 災禍를 不免하는 것이니 먼저 子孫을 傷하고 婦女가 傷한다. 艮門에 巽宮이라면는 巽宮이 絶命陰金의 尅을 받으

며 雪上加霜으로 艮의 陽土가 絶命의 陰金을 生하게 하는 故로 長女長婦가 災禍를 立見한다. 이와같으니 巽門에 艮宮이라며는 巽門을 閉하고 兌門으로 改開한다. 不得已한 形便으로 兌門으로 고치지 못하고 坤門으로 改開하며는 兌艮通氣만은 못하다. 艮門에 巽宮이라며는 坎門으로 改開하고 坎門으로 고치지 못할때 또 形便을 살펴서 震門으로 고치게 되면 巽宮과 離宮이 相連하는 高大한 房屋을 세우며는 아주 大吉하여진다.

○乾巽이 互爲禍害가 된다. 乾은 金이요 巽은 木이다. 七星으로 遊年旋佈하며는 禍害凶星이 다. 또 乾은 西四命이요 巽은 東四命이다. 乾門에 巽宮이라며는 凶惡한 禍害의 土가 巽木宮 에 臨하는 것이다. 星宮이 相剋을 하여서 그 災禍가 極甚하며 主로 長女와 長婦가 그 災禍 를 입으며 病中에도 脾胃의 病이 有多하다. 巽門에 乾宮이라며 凶惡한 禍害의 土가 金乾宮을 生 하여 주는 듯하나 그 生은 凶을 更速하게 하며 또 土에도 陰陽이 있거니와 이 禍害의 土는 陰 土인 關係로 不能生金하며 反하여서 陽의 乾金을 埋沒시키는 作用을 하는 것이니 主로 老翁 이 胃病이 有多하다. 이와같으니 巽門에 乾宮이라며 巽門을 閉하고 坤門으로 고치면서 巽位 에다가 中斷을 세우는 것이 吉하다. 乾門에 巽宮이라며 乾門을 閉하고 坎門으로 고치면서 艮 方에 中斷를 세우는 것이 吉하다.

○兌坎이 互爲禍害가 된다. 兌는 金이요 坎은 水다. 七星으로 遊年旋佈하면 禍害凶星이다. 兌는 西四命이요 坎은 東四命이다. 兌門에 坎宮이라며 凶惡한 禍害의 陰土가 坎陽水宮을 剋하

는 關係로 中男이 受災하며 家人이 水蠱腫脹之患이 많아진다. 坎門에 兌宮이라는 土生金이 라고 얼핏 믿어지나 그 凶惡한 禍害의 陰土는 克宮의 吉을 生하게 하는 것이 아니고 그 凶을 更速하게 하며 도리어 克金을 埋沒시키는 것이다. 主로 少女와 少婦가 瘋疾의 病인 咳嗽를 免치 못한다. 이와같으니 克門에 坎宮이라는 克門을 閉하고 巽門으로 改開하고 坤位에 中斷를 세우는 것이 吉하다. 坎門에 克宮이라는 坎門을 閉하고 艮門으로 改開하면서 坎位에다가 中斷를 세우는 것이 吉하다.

○震坤이 互爲禍害가 된다. 震은 木이요 坤은 土며 七星으로 遊年을 하며는 禍害라는 陰凶한 土星이다. 또 震은 東四요 坤은 西四가 된다. 震門에 坤宮이라는 兩土가 比合하는 듯하나 凶惡한 禍害의 陰土가 坤土宮에 臨하여서 禍害의 陰土에 坤土가 覆하였으니 그집의 老母가 群女의 累를 벗지 못하고 男子가 壽短하여 寡婦가 雙雙이니 눈물이 그치지 않는다. 이 禍亂을 避하자면 震門을 乾門으로 改開하면서 震方에다가는 中斷를 세우는 것이 吉하다. 坤門에 震 宮이라며는 禍害의 陰土가 震木宮에 臨하였으니 男子가 洩氣하고 或은 脾胃를 傷하며 坤方에는 中斷 瘡病으로 그 家中이 不安하다. 이때에는 坤門을 閉하고 離門으로 改開하면서 坤方에는 中斷 를 세우는 것이 吉하다.

○離艮이 互爲禍害가 된다. 離는 火요 艮은 土며 七星으로 遊年旋佈하면 凶惡한 禍害의 陰 土가 된다. 또 離는 東四요 艮은 西四다. 艮門에 離宮이라며는 禍害의 陰土가 離火宮에 臨하

395

여서 비록 火生土라고 하나 그 實은 凶을 도우는 것이니 牝鷄司晨이라 久多敗絶한다. 그러니 이 때에는 艮門을 閉하고 震門으로 改開하면서 艮位에는 中斷을 세우는 것이 吉하다. 離門에 艮宮이라면 禍害의 土가 艮宮에 臨하여서 兩土가 相比하는 듯하나 土覆하는 故로 凡事를 阻碍하는 것이니 이때에는 克門으로 改開하고 離方에는 中斷를 세우면 大吉하다.

以上은 禍害의 陰土凶星이 三多의 冷土이기 때문에 萬物이 不生하여지는 故로 居住하면 殘疾과 傷丁이 格甚하며 孤寡貧窮하고 끝에 가서는 敗絶한다. 무릇 七星의 生氣를 木 延年을 金 天乙을 土 六煞을 水 五鬼를 火 絶命을 金 禍害를 土라고 하는 것이며 星이라면 七星의 吉凶星을 말한다. 宮은 房屋이니 즉 主房이다. 八卦의 變化는 곧 七星의 遊佈라는 것이니 三吉宅을 定하든가 靜宅動宅變化宅을 定하든가 그 根本의 原理는 八卦의 變化로서 可히 辨別하는 것이다. 吉한 데에도 凶이 있고 凶中有吉하기도 하니 作宮하는 法에 따라서 改修하든가 補修하여서 어떻든 取吉捨凶하는 것이 第一上인가 한다. 이와같은 先哲의 뜻을 一顧없이 그저 結論처럼 虛妄하다고 하는 人士가 或은 있으나 設令 一言으로 虛妄하다고 先賢의 敎示를 默殺하는 것도 한번 더 그 敎示를 多少나마 알고 實地로 모든 陽基를 分別하여 보면 先賢의 敎示의 可否를 可히 짐작할 수 있다고 믿어진다. 또 虛妄하다 하여도 棄凶乘吉하여서 무엇이 그 自身을 害하리요. 巷間에는 如此深奧한 無窮한 變化를 一分의 常識도 없으며 善良한 사람을 巧抄한 手段으로 속이고 相對로부터 財物을 取得하는 例가 非一非再하니 남을

396

속이고 自己의 주머니를 채우는 그사람이나 그 몇해를 保全하리요. 또 보고 또 **生**
覺하고 自身과 그 後孫의 安寧함을 바라며 서로서로가 남을 속이기보다는 先哲의 가르침을 하
나라도 더 깨닫고 硏究하여서 讀者 家家에 참다운 光明이 깃든다면 人倫大道는 다시 누구나
가 또 찾고 그 大道에 順從할 것을 確信한다.

五、星宮生剋吉凶論

星宮이라고 하며는 七星의 吉凶이라는 것이니 즉 星은 生氣木星이라든가 武曲延年金星 또
는 天乙巨文土星이라는 것이니 즉 貪狼生氣木星의 局에서 生氣門이라든가 巨文의 天乙土星局
에 延年武曲金星의 門이라든가 하는 것과 宮이라며는 延年門안의 本宮 즉 延年宅 또는 生氣
內의 本宮 즉 生氣宅 이와같은 즉 그집 몸채를 宮이라고 부르며 自古로 傳하는 것이다. 七星
의 延生天六五絕禍는 七星의 三吉星과 四凶星을 한 詩句로 簡單하게 略述하였으며 星의 吉凶
과 宮의 吉凶이 서로 相剋하면 凶한 것이오 서로 相生하면 吉한 것이다. 또한 相生相比하고
도 도리어 不吉하며 東四와 西四가 相混하여도 不吉한 것이다. 假令 震도 木 巽도 木이라고
하며 이 震巽의 木을 가장 相生하는 것이 順數의 水生木이고 逆數의 木生火라는 것은 어느 五
行에서나 五行의 大則이라 한다. 그러면 震巽의 木이 文曲의 水를 만나야 星宮이 相生하는

것이 또한 事實이다. 그러나 그 文曲의 水氣가 너무 過多하면 必然 그 木은 浮하는 것이며 反對로 木氣가 太多하며는 水가 泛하는 것이니 浮華라고 한다. 즉 水生木하여도 水氣나 木氣가 서로 相半하여야 참다운 相生을 하는 것이요 一者가 過多하든가 過少하면 그 相生은 이름이 相生하는 것이지 그 實地의 造化의 相生은 되지 못하는 것이다. 또한 乾兌의 金이 文曲의 水를 만나면 金生水라고 하며 그 星宮이 吉凶間에 相生하는 것이 事的하나 水性이 原體가 蕩浪함을 즐기기 때문에 그 水氣가 太多하면 人人이 遊蕩하여진다. 그와같이 大部分은 水가 逢生하면 過旺하여지는 것과 같이 陰이 旺하면 陽이 衰하여지기 때문에 疊産群女하며 生男不育하는 結果가 되는 것이니 그저 相生한다 하여서 吉하고 相剋한다 하여서 凶한 것은 아니다. 즉 相生하는 氣가 過重하며는 氣를 剋하는 氣가 있어 均衡을 取하는 것이 趨吉避凶하는 人目의 造化가 五行을 調整하는 길인 것이다. 相生相生이니 永昌하고 相剋相剋이니 너무 輕動인 것이다. 經에 이르시기를 宮과 星이 比合하면 凡事가 다 吉하다고 하시었다. 즉 文曲의 水氣가 坎水宮에 들어오고라든가 五鬼의 火氣가 離火宮으로 들어오면 星宮이 水요 또는 星宮이 火라 星宮이 서로 比和하였으니 모든 일이 有吉無凶하다고 하신 말씀이다. 그러나 쉬운 例로 아주 太烈한 五鬼의 火氣가 離火宮으로 들어왔다면 그 火氣 즉 五鬼의 火나 離火의 氣가 그 몇年 몇月을 갈 것이요 그 氣는 速滅하고 마는 것이다. 즉 凡事가 俱吉하다는 말씀은 文曲의 水나 坎의 氣가 適合해야만 凡事가 俱吉하다는 것이다. 더 알기 쉽게 말하자면 男子의

398

陽과 女子의 陰이 生男生女하여서 一家庭이 團樂하다고 하여서 一五歲少男이 六旬老婆와 夫婦가 된다든가 一五少女가 六旬老人과 夫婦가 된다 하여서 그 家庭이 和睦한 것은 아니다. 그 氣運이 相半하지 못하며는 陰陽配合은 形式上으로 配合이 되었다 하나 그 實은 太過의 差로 그 終은 不生하며 不睦하여지는 것과 같다. 大槪의 水性은 好蕩하기 때문에 그 水가 坎水宮에 居하게되면 住蓄하는 일이 거의 없다. 蕩盡에 또 蕩盡하는 關係로 財源을 得聚하여 保全하기가 至難하다. 또한 火性은 本是에 烈하다. 離火宮에 太烈한 火氣가 居하며는 萬物이 不生하는 것이요 東四西四가 相混하는 緣由라고 한다. 貪狼의 木은 勿論 吉星이다. 그러나 그때에 따라서는 그 吉星도 凶化하여진다. 그 가까운 例로서 貪狼의 木氣가 乾이나 兌宮으로 들어갔다면 그 貪狼의 吉星이 金剋木의 剋을 不免하는 關係로 그 집에 사는 사람의 大部分이 그 災殃을 입는 것이다. 그러니 大槪의 境遇에는 貪巨武의 三吉星이 相生하든가 相比하는 것이 宣當한 것이고 剋制하며는 吉도 凶하여진다. 또 破祿文廉의 四凶星이 剋制하면 凶하다. 그中에서 이 凶星이 相生 相比하며는 그 凶한 것이 아주 迅速하다. 이와같으니 그 누구나 그 어디서나 擇者는 趨吉避凶이다. 吉中에서 凶中에서 오직 吉을 擇하는 것이다.

或者가 말하기를 陽宅에 그 무슨 巧妙한 方法이 있느냐 즉 無巧다라고 한 것은 그 理를 파고 들어갈수록 깊고 깊기때문에 그 餘興에서 말한 것이다. 높고 秀麗한 三吉을 取하여서 宅基를 定하면 貴를 얻은 것이요 凶星은 低下한 것이 참으로 秀氣之結인가 한다. 그러나 사람의 才量이 같지 아니하여서 그 局을 數千年 버리고 앞으로도 버리니 그 基의 主人은 그누가 될것인가? 八卦의 七星에는 能熟하다 하여도 그 眼目이 미치지 못하였다면 恨할 것이 없으나 兩者를 거의 알고 金力이 있어서 그 땅을 버려두는 知者도 없다고는 못하리라. 添付하는 말이 重復되는 듯하나 그 門字에서 七星을 遊年하는 理致를 모르고 遇然히 得點하여 得位한 그 집의 子孫은 福中福人인가 하도다.

六、 相宅 定 規 論

相宅이라고 하면는 그 집을 세우고저 하려는 어디다가 어느 坐向의 집을 建造해야 吉하고 凶한가를 相으로 나누어서 본다는 것이라고 한다. 그것은 吉宅을 올바르게 定하는 것이니 어느 坐向에서나 그 집의 門과 主또는 灶까지라면 門主灶의 三吉宅이라든가 門主가 俱全하는 伏位의 吉宅을 定하는 一定한 規則을 말한다.

그러니 즉 어떠한 그 地方의 形勢라야만 집을 지으면 吉하고 어떠한 곳은 凶하는 것을 말하는 것이다. 陽宅의 變化나 八卦의 六十四變의 根源을 모르며 陽基를 定하든가 또는 그 坐向을 定한다는 等의 盲目的行動은 있어서는 안되는 것이다.

世俗의 或者는 그집의 本主가 根本이다 하며 그집의 中央이라든가 문터이라든가 마루라든가 簷下를 其宗이라고 그곳에다가 쇠를 놓든가 그곳을 爲主로 作卦를 하는 例가 아주 許多

한 것을 볼 수 있는 것이다. 이것은 누구나가 얼핏 그집의 몸채가 主人이다라고 私臆으로서나 大門과 中門이 있는 집에서나 어느 집에서나 그 집의 大門이 그 집으로서는 主가 되는 것이다. 즉 몸채 一名本主가 主라고 하여서는 不可하며 어느 집이든 門은 主요 主房 즉 몸채는 客인 것이다. 그 집터의 凶吉을 辨定하면서 그저 主房의 坐向爲主만을 버리고 門이라는 그 陽基의 主人과 本宮 즉 寺院에서는 大殿이 客이다라는 것을 올바르게 定하는 것이 무엇보다도 重要한 것이다. 그 一例로 그 宅相에 不合한 집이라든가 滴合한 집을 짓고 그 門을 잘내지 못하여서 吉宅이 凶하여지고 凶宅이 더 凶한 例가 얼마든지 있다는 것을 生覺하여도 可히 짐작이 가는 것이 아닌가! 相宅과 門主는 如此한 關係라 여기서도 再祿하는 것이다. 그러니 또는 門과 主만을 가지고 아무데나 陽基를 定하는 것도 있을 수 없는 일이다. 그 形勢 즉 來龍 來水 去水 向背等을 두리로 살피는 것이 가장 緊要한 것이니 背山을 하고 面水를 하여서 즉 아주 多情하게 山環水廻를 하였으며 그 來龍이 秀拔하고도 昻하며 모든 氣運이 聚會하는 곳에다가 陽宅의 基를 定하는 것이다. 特히 吉星이 秀高하고 端正하며 凶은 低少하고도 伏從하는 듯 秀拔한 吉星을 仰慕하는 듯하다면 참으로 奇特한 陽基일 것이고 若不然하여 吉凶의 星이 不備하다면는 單一의 吉星이나마 그 威態와 그 秀氣가 모든 諸星을 能히 눌렀다며는 可히 點基할 만한 것이다. 眞實로 光明正大한 門庭이라면 來龍이 長厚하고

宅基는 便闊하며 諸水는 大形의 灣曲을 이루었으며 昻昻秀麗한 吉砂는 相互交結하서 玉盃같은 그 陽基의 力量이 滿溢하였으니 이같은 陽基야 그 陰基만 못하리요! 特히 山地는 莊風한 것이 爲主이며 平洋은 得水가 爲主가 되나 或은 물이 없다면 그 行路가 물과 같으니 그 行路를 보고 辨定吉基하는 것이다. 宅基의 前後左右에 높은 墩阜가 連하고 連한 것은 英雄이 그 집에 代出하고 富貴 또한 千年도 갈 것이다. 得水爲主의 平洋之地에서 宅基의 面前에 高牆을 築造하는 것 吉이 化凶하는 것이요 山地나 平洋之地 그 어디를 莫論하고 砂水나 道路一小行路까지도 背地하였다는 것도 切不可하니 그것은 家中의 禍福을 左右하는 큰 凶이요 前에나 後에서 道路나 一小路가 冲射하는 것은 家中에 殘疾之人이 不絶하며 볼래야 老翁이 없더라 前의 道路나 門前의 砂水가 反弓을 하여서 無情하였다면 敗丁敗財는 勿論이며 淫亂하고 官訟이 連發하며 寡婦가 淫中에 또 淫行을 하는 것이다. 이와같으니 門前의 道路와 砂水는 抱하여서 多情하면 兒孫이 英奇하고 家中을 빛내는 것이며 富貴가 俱全한다. 門前에 半月形 形의 塘池가 있으면 兒孫이 眼目失光하고 婦女가 多病하다. 門前의 물이 玉帶形이라 彎彎環 抱하여서 多情하면 兒孫이 英奇하고 家中을 빛내는 것이며 富貴가 俱全한다. 門前에 半月形 언제나 眼弓과 같이 多情하게 內抱를 하고 그 氣力을 都聚시킨다면 財丁이 俱興하고 男義 女賢하는 것이다. 門前의 道路가 높고 道路의 左右가 低下하면 家中이 不和하고 門前에 三角 의 多情한 水坑이 있으면 福祿을 求하지 않더라도 福祿이 日益 加一加하며 繁榮하고 六畜이 興 盛하는 즉 이르기를 財庫라고 하니 富貴榮光이 定然하다. 門外의 左右에 水塘이 있다면 必

然 哭字形이 되기 때문에 門前路가 岔路가 되고 道路가 그 門을 直沖하는 故로 諸事凶中尤凶하다. 宅後에 한 水坑이 있다며는 이르기를 金櫃라고 하나 丁財가 兩旺하다가 一敗하면 再起不能한 것이니 좋다고만은 못한다.

이와같이 宅基를 定하면서 主가 되는 門을 定하는 것이 重要하다. 門前이 不吉하더라도 門을 定하고 七星의 吉宅을 어찌 定하리요. 그 門을 定하면 그 門이 어떠한가 그 宅後가 어떠한가를 辨別하고 定하는 것이 무엇보다도 切實하다. 즉 門과 主가 連生하고 得位를 이룬 宅基야 星宮이 相合하는 永昌의 宅基인 것이다. 그저 盲目이면서 어떤 것이 凶이라고 하며 取捨의 規要를 모르느니보다 自己가 習得한 것이 自信滿滿하더라도 細察하여서 참으로 秀拔의 三吉 貪巨武의 吉星을 取하고 四凶 破祿文廉의 凶星을 버리는 것이니 相宅의 定規라고 한다. 吉星이 秀拔하니 그 어찌 低小한 凶星이 吉星을 壓하리요. 凶星이 至高하면 每事가 凶한 것이다. 그 門은 朝夕으로 그 집의 모두가 出入하는 곳이니 사람이 比較하면 口와 喉와 같으니 淸靜寬平해야 한다. 끝으로 添加하고자 하는 것은 門樓를 修造하면서 너무 太高하면 昻頭煞로 變化하는 것이니 그 宅屋에 比하여서 相當해야 한다. 아주 太出하게 되면 探頭煞이니 招訟損丁의 灾亂을 不免한다. 언제나 本宮의 高大한 것보다 門樓는 低小해야만 閉氣를 하는 것이요 高大하면 洩氣라 退財한다. 春節은 木旺의 季節이라 東門의 修造는 避하고 夏節은 南門 秋節은 西門 冬節은 北門을 避修한다.

403

七、陽宅開門法

陽宅이 乾坤艮巽坎離震兌의 八山으로 區分되어서 延年門을 開用하는 것이다. 그러나 이 八山의 延年方位가 黃泉이 되는 立向이 있으니 避하는 것이 可하다고 믿어진다. 즉 甲庚丙壬向에서 乾坤艮巽門이 黃泉門이니 모두 같이 이웃이나 自己家屋을 살펴 보면 可否를 可히 分別할 것이다. 甲庚丙壬向에서 甲庚丙壬門이 즉 正向門이며 大旺하는 것이니 內外門을 두고자 하는 境遇에 內堂廳에서 먼저 正門을 開하고 外門을 內門의 左邊 一間이나 二間에 開하면 黃泉門이 되는 例가 있다. 그러면 初代는 有發貴人하다가 三十年 或은 二三代에 가서는 不利하며 凶하지 않은가? 八山局은 九宮의 八卦三山法이며 東四命 즉 東四宅坎離震巽과 西四命 즉 西四宅乾坤艮兌인 것이다. 俗間에서는 或 東西四宅을 一顧도 하지 않고 집을 세우는 것이 普通으로 通俗化하는 現世라 하나 東西四宅은 모른다손 치더라도 門路만큼은 八山門이나 玉輦經 門樓 經의 門法으로 開門하는 것이 可하다고 하겠다. 집의 內堂廳을 세우고 白虎方位에 數間의 房이 있든지 冲生破旺하는 것이 最喜한다고 한다. 집의 內堂廳을 세우고 不壙天井하면 財祿이 吉하다. 或 白虎首가 空濶하고 廂房이 없으 牆垣竹林 等이 遮風을 하고 不壙天井하면 財祿이 吉하다. 或 白虎首가 空濶하고 廂房이 없으면 財祿이 空虛하니 期必 집이나 庫舍를 세우고 空虛하지 않게 하는 것이다.

陽宅의 後가 높아서 龍氣를 阻塞하면 不吉하는 것이니 水要藏蓄하고 竹林이 遮攔周密하며 즉 사람이 多穿衣服을 하고 不怕風寒하는 것과 같으니 財祿이 聚積하는 法이다. 白虎首가 破碎開口하고 白虎가 轉凸하여서 昂頭하면 즉 白虎轉頭라고 主로 傷丁하니 不吉하다. 內堂屋이 一間이 더 많으면 亦是 白虎轉頭라고 한다. 白虎方位에 開窓하면 白虎開口라고 하며 凶하다. 鄕鎭 陽宅 亦是 來水方에 開門하는 것이 吉하다. 城市 즉 大都會의 市에서는 不論水法하고 八宅周書門路를 開하면서 黃泉方의 門路를 避하여라. 八宅門路는 延年 生氣 天醫 의 門路가 吉하다. 八宅門路를 開用하지 못하면 玉輦經의 門 門樓經의 門을 開用하는 것이며 來龍來水方으로 開門을 하여 迎山就水하는 것이니 去水方에 開門은 不利하다. 出門을 하 고 山水가 靑龍方에 去하더라도 休囚黃泉만을 不犯하면 靑龍方開門도 可하다. 山水를 보 靑龍方에 開門이 佳好하나 靑龍山水가 休囚에서 來하였다면 白虎方開門하는 것이 不妨하다. 市廛에서 一門에 二三間房의 境遇 東四命의 坎離震巽에서 靑龍門路를 開하면 可하다. 正棟下 左右에 開門하면 俱不可한 것이니 萬若 開門하면 孤寡나 殘疾之人이 出하는 法이다. 靑龍門路가 佳好하다고 休囚方에 開門하면 衰敗한다. 東四宅은 西四宅의 門路를 不開하고 西四宅은 東四宅의 門路를 不開하는 것이다. 甲의 祿이 在寅하니 立甲旺向을 하고 祿寅三分 立卯旺向을 하고 祿甲三分을 하면 借祿을 迎하니 大旺富貴한다. 그러나 或 反對로 甲이 兼卯 卯가 兼乙 乙이 兼辰을 하면 祿을 不迎하니 福祿이 輕微하다. 그러며 立丙向을 하고 兼午三分

立午向을 하고 兼丁三分 立丁向을 하고 兼未三分을 하면 兼羊及向이니 自然的으로 蕩浪之子가 破家하고 마는 것이다. 然하니 甲向을 하고 祿位艮寅을 不犯하는 靑龍門路를 開하는 法이다. 坤申來龍下에 立丁向을 하고 向前右水가 巽辰方으로 流去하면 來龍을 따라서 坤門을 開用하면 人丁이 大旺하는 것이니 이때에 坤은 絕이 아니라 坤이 生方이 된다.

玉輦開門法

坐山爲主	坎癸申辰	艮丙	震庚亥未	離壬寅戌	坤乙	兌丁巳丑	乾甲
福德○	申	亥	寅	巳	坤	酉	子
瘟黃×	庚	壬	甲	丙	乙	辛	癸
進財○	酉	子	卯	午	申	戌	丑
長病×	辛	癸	乙	丁	庚	乾	艮
訴訟×	戌	丑	辰	未	酉	亥	寅
官爵○	乾	艮	巽	坤	辛	壬	甲
官貴○	亥	寅	巳	申	戌	子	卯
自吊×	壬	甲	丙	庚	乾	癸	乙
旺生○	子	卯	午	酉	亥	丑	辰

興福 ○	法場 ×	顚狂 ×	口舌 ×	旺蚕 ○	進田 ○	哭泣 ×	孤寡 ×	榮昌 ○	少亡 ×	娼淫 ×	親姻 ○	觀榮 ○	敗絕 ×	旺財 ○
癸	丑	艮	寅	甲	卯	乙	辰	巽	巳	丙	午	丁	未	坤
乙	辰	巽	巳	丙	午	丁	未	坤	申	庚	酉	辛	戌	乾
丁	未	坤	申	庚	酉	辛	戌	乾	亥	壬	子	癸	丑	艮
亥	子	壬	癸	丑	艮	寅	甲	卯	乙	辰	巽	巳	丙	午
巽	巳	丙	午	丁	未	坤	申	庚	酉	辛	戌	乾	亥	壬
艮	寅	甲	卯	乙	辰	巽	巳	丙	午	丁	未	坤	申	庚
辛	戌	乾	亥	壬	子	癸	丑	艮	寅	甲	卯	乙	辰	巽

以坐山爲定

		乾亥壬子癸丑	艮寅甲	卯乙辰巽	巳丙午	坤申庚酉	丁未辛戌
質庫	○質庫	巳	申	戌	亥	寅	辰
	○赭衣	丙	庚	乾	壬	甲	巽
絕體	×絕嗣	午	酉	亥	子	卯	巳
	×憲剛	丁	辛	壬	癸	乙	丙
横財	○横財	未	戌	子	丑	辰	午
	×殖走	坤	乾	癸	艮	巽	丁
刑獄	×刑徒	申	亥	丑	寅	巳	未
	○天爵	庚	壬	艮	甲	丙	坤
囚禁	×遭官	酉	子	寅	卯	午	申
	×勇寶	辛	癸	甲	乙	丁	庚
進田	○進龍	戌	丑	卯	辰	未	酉
	○衛名	乾	艮	乙	巽	坤	辛
食邑	○食邑	亥	寅	辰	巳	申	戌

	五龍	秤斗	欠債	飯羅	夭耗	
×逋負	○進龍	○溫飽	○秤斗	×虛產	×欠債	○金畜	×飯羅	×夭孤	×夭耗	○富貴
壬	子	癸	丑	艮	寅	甲	卯	乙	辰	巽
甲	卯	乙	辰	巽	巳	丙	午	丁	未	坤
巽	巳	丙	午	丁	未	坤	申	庚	酉	辛
丙	午	丁	未	坤	申	庚	酉	辛	戌	乾
庚	酉	辛	戌	乾	亥	壬	子	癸	丑	艮
乾	亥	壬	子	癸	丑	艮	寅	甲	卯	乙

附 錄 (二)

一、喪 禮

臨終 病勢가 危急하시게 되면 屍體를 모실 房으로 옮겨 모시고 안팎 內外를 靜淑하게 하고 隕命하시거든 亡人의 口와 鼻를 淨潔한 綿으로 가리고 부엌便의 壁에다가 亡人의 발을 딱붙이어 발로 틀리지 않게 頤가 힘이 없으니 턱을 바르게 피고 모시고 隕命하시기 前은 발이 南方 頭上이 北方으로 뉘시는 것이 常例이다. 病勢가 危急하다가 隕命 數時間 數月前에 飮食을 願하시며 痛症이 덜하시게 되는 일이 있으니 그렇다 하여서 安心하고 患者엎을 비어 두는 것은 不可하다.

皐復 普通은 皐復을 招魂이라고 한다. 亡人이 隕命을 하시면 直時에 平素에 亡人이 着用하시던 上衣저고리나 적삼을 가지고 지붕에 올라가서 北向을 하고 兩手로 亡人의 上衣를 휘두르며 亡人이 男子인 境遇는 姓名三字 ○○○ 福福福을 세번 부르고 내려와서 그 웃옷은 屍體위에 덮어 두고 그 뒤에 靈座下에 두고 後에 遺衣로 保存하기도 하며 魂魄을 땅에 묻을때 魂魄과 같이 묻기도 한다.

喪主 喪主는 一切의 華飾 즉 金時計 金幣物을 몸에 간직하지 말고 버리고 左袒을 하고 屍

體앞에 俯伏하고 謹愼하며 呼哭한다. 左袒이라함은 두루마기 左便의 소매를 팔에 끼우지 않고 뒷便으로 제치는 것이다.

護喪 親族이나 親友中에서 喪禮를 잘 아는 사람이 初終喪事 一切을 擔當하여 본다. 紙筆墨과 空册을 準備하고 金錢과 物品의 出納 弔客의 出入 賻儀의 收入 等을 詳細하게 記錄한다.

收屍 亡人의 屍體가 틀리지 않게 收紙나 헝겊으로 屍體를 고루어 簡單하게 묶는것이니 屍體의 上下 頭面이 바르게 틀어지지 않게 한다.

襲과 襲이라고 하는 것은 香木을 끓인 물을 가지고 屍體를 씻는 것을 襲이라고 하며 씻길때 屍體를 홑이불로 가리고 亡人衣服을 벗기고 씻는다. 亡人이 男子라면 男子가 하고 亡人이 女子라면 女子가 한다. 斂은 小斂과 大斂이 있는데 斂衣를 입히는 것을 小斂이라고 하며, 入棺하는것을 大斂이라고 한다. 수의는 亡人의 衣服이니 家勢에 따라서 不一하다. 그 例로는

幅巾 갓과 같은 셈이다.
頭巾 머리에 쓰는 手巾과 같다.
瞑目 눈가리는 것이다.
握手 손을 싸는 것이다.
속中衣속적삼
바지저고리 버선 두루마기 道袍或深衣 홑이불 겹이불 女子는 女子衣服全部

撐頭

裏肚

襪과 履신

天衾地褥 枕 入棺時쓴다

絞布 屍體묶는 麻布

斂하는 節次 襲이 끝나면 그 水를 땅에 묻고 斂을 한다. 亡人의 몸을 香水로 씻고 衣服一切을 입히고 絞布橫絞를 일곱구비로 놓고 長絞一布을 깔고 겹이불 홑이불을 깔고 그 위에 屍體를 모시고 손은 握手로 싸매고 눈은 瞑目으로 싸고 頭巾과 幅巾을 머리에 씌우고 이불로 싸고 長絞로 머리와 발을 반듯이 묶은 다음 橫絞束布를 세갈래로 째어서 아래서 묶어 올라가는 것이니 橫絞가 일곱구비 즉 일곱매를 놓으나 一邊의 一布를 세번 묶게끔 째는 故로 總묶는 橫布의 매는 二十一매가 된다. 亡人이 女子인 境遇 수의만은 女子가 즉 씻기고 수의 입히는 것은 女子가 하고 그 後 入棺까지는 男子가 한다. 斂은 亡人에 對한 子孫으로서 最後의 奉仕라 喪主以下近親一同이 至誠을 다하여 精誠껏 하는 것이다. 斂이 끝나면 最初에 깔은 地衾을 들어 屍體를 棺에 모시고 屍體를 運搬하며 흔들리지 않게 빈틈을 平素 입으시던 衣服으로 채우고 天衾으로 덮고 棺天蓋를 덮고 은장을 친다. 可及이면 棺天蓋는 榛이나 墨으로 검게 칠하고 天蓋위에 官職이나 本貫○公之柩라 쓴다.

靈座 入棺後에 고의에 魂帛 寫眞 紙榜 等을 모신다. 魂帛을 四通五達이 되게 접은 것이니 不然이면 紙榜을 모시는 것이요 靑紅糸로 同心結한다.

銘旌 斂이 끝나면 廣一尺五寸 長七尺의 紅明紬나 紅綿布에 흰 글씨로 官爵本貫姓氏之柩라 고 써서 세운다.

成服 斂이 끝나면 銘旌을 세우고 靈座를 拜設하고 喪主以下가 喪服을 입고 靈座前에 祭羞 를 陳設하고 焚香하고 單酌으로 行祀하니 成服祭라고 한다.

永訣 永訣은 屍體에 對한 最後의 告別이니 靈柩를 喪轝나 自動車에 실은 後 祭床에 祭羞 를 陳設하고 焚香單酌으로 祭主가 行祀하고 난 後에 親戚과 弔客이 哭再拜하는 것이니 普通 喪家의 門前에서 行祀하나 亡人이 特別하게 知名人物인 境遇라면 特定한 場所에서 行한다.

發靷 永訣式이 끝나면 銘旌 功布 輓章等을 先導로 發靷을 하고 墓地에 간다.

穿壙과 灰隔 葬事日에 靈柩가 墓地에 到着하기 前에 墓地壙中을 파는 것을 穿壙이라고 한 다. 壙中의 周圍에 灰다지 하는 것을 灰隔이라고 한다. 穿壙을 하기 前에 喪主外의 사람이 山神祝을 읽고 山神에게 祭祀한다.

停喪 下棺의 時間餘裕가 있으면 靈前에 設小卓하고 魂帛을 奉安하고 爐香과 香盒을 놓고 靈魂을 편하게 一時나마 모시는 것이다.

下棺成墳 下棺하는 所定의 時間에 靈柩를 壙中에 틀리지 않게 그 立向에 맞게 移安하고

銘旌을 棺上에 덮고 玄纁을 열고 橫帶를 덮고 天灰를 밟아 成墳하고 祭羞를 陳設하고 焚香獻酌하고 返虞祝을 읽고 呼哭하며 返虞한다.

初虞 葬事日에 本家로 初虞하고 靈前에 祭羞를 陳設하고 初虞祝을 읽고 行祀한다.

再虞 戊甲庚丙壬日을 剛日 己乙辛丁癸日을 柔日이라고 하니 葬日이 剛日이면 그 翌日에 再虞祭를 行祀하고 萬一에 葬日이 柔日이라면 一日을 隔하여서 柔日에 行祀하는 것이다.

三虞 再虞祭를 柔日에 行祀하니 三虞祭는 剛日이 된다. 그러니 初虞後翌日이 剛日이면 一日을 隔하여 柔日에 再虞祭를 行祀하는 故로 언제나 三虞는 剛日에 行祀하는 것이며 初虞 再虞 三虞는 單酌이 아니고 祭禮에 依하여 行祀한다. 꼭 祝을 읽는다.

卒哭 初虞後 즉 葬事日後 三個月 되는날 剛日에 行祀한다.

祭 亡人의 祖考位와 祭羞를 並設하고 行祀하는 것이다.

小詳 一年이 되는 날 行祀한다.

大詳 二年되는 날 行祀한다.

禫祭 大喪後 三個月 되는 달 下旬 丁日이나 亥日에 行祀한다.

吉祭 大喪後 百日되는 날 夜에 丁日이나 亥日에 祖上의 神主를 고쳐쓰고 지내는 祭祀다.

父親喪訃告

某氏大人學生有官職別用官職名公以宿患某月某日某時別世專人訃告

415

某年　月　日

　　　　　　　　護喪人　某上

全州李氏宗赫氏以宿患陰某月日時於自宅別世玆以訃告

永訣式　某月日時 ○○廣場

發靷　某月日時　自宅○○○洞

葬地　○○○○

返虞　同日午後○七時

甲辰五月二十五日

嗣子　○○○

次男　○○○

三男　○○○

孫　○○○○

婿　○○○○

親族代表　○○○

友人代表　○○○

護喪 ○○○

上答書（問喪答禮書）

稽顙再拜言今般先考喪事母喪則先妣喪事伏蒙尊玆賻重慰問兼謝賜厚薄不勝 哀感

謹玆奉謝荒迷不次疏上

甲辰五月　日

嗣子 ○○○

○○○疏上

吊狀書式

某頓首再拜言降等只云頓首不意凶變亡人官存則云邦國不幸先府君母喪云先大夫 承重云尊祖考尊王大夫人若出系則加本生二字奄違色養喪人有官則奄棄榮養亡人官等則奄捐舘舍承訃驚怛 不能已 伏惟孝心 純至思慕號絶何可堪居日月流邁遽經成服已葬云遽經襄奉卒哭大小詳隨稱哀痛奈何罔極奈何不愼目罹荼毒父在母喪及本生父母喪云憂若 氣力何以伏乞降等云惟翼 强加從粥已葬云疏食 俯從禮制某職事所縻無官云道路稱左 末由奔慰其於憂戀無任下誠謹奉疏 伏惟

鑑察不備謹疏

年　月　日　姓名疏上

某姓某官 大孝 母亡云苦前已葬云
　　　　　　　至孝　　哀前

答疏

某稽顙再拜言　罪逆深重不自死滅禍延先考母喪云先妣承重喪云先祖考先祖妣樊號擗踊五內分崩叩地叩天靡所及日月不居奄踰裏奉　酷罰罪苦父云偏罰　母喪罪罰無望生全即蒙恩祗奉凡筵苟存視息休蒙尊慈俯賜哀感之至無任下誠降等云特承慰問其未由號訴不勝隕絕謹奉疏荒迷不次謹疏上

爲哀感無任下誠

年　月　日　孤子姓名　疏上
　　　　　　　　又稽顙謹封

某姓某官 座下

服制

斬衰三年 衰를 斬함이니 喪衣의 아래를 접지 아니한다. 衰도 베인채로 그대로 붙이는 것이다. 喪옷가슴에 붙이는 衰(눈물바지)와 어깨에 붙이는 辟領과 등에 붙이는 負版 등의 깃을 접지 않고 그대로 붙인다.

子爲父……아들이 아버지服을 입는 때

孫爲祖父……承重喪 즉 孫子가 祖父의 服을 입을 때

父爲子……아버지가 長男이 先死한 境遇에 입을때. (但 長男의 先死에만 限한다)

婦爲舅……며누리가 시아버지服을 입을때.

妻爲夫……妻가 男便의 服을 입을 때. 男便이 承重喪이면 妻도 同一하다.

二齊衰三年 齊衰는 斬衰의 反對로 喪옷의 아래나 衰나 辟領 負版 等의 갓을 접는 것이다.

子爲母……父가 生存하시고 母先亡하시면 子가 어머니服을 一年입는다. 父先亡하시고 母喪을 當하면 三年服을 입는다.

嫡孫爲祖母……孫子가 祖母의 承喪.

婦爲姑……며누리가 시어머니服.

母爲嫡子……母가 長男의 服을 입을 때.

三齊衰杖朞 杖朞는 喪人이 喪杖을 집는 것이다. 期間은 一年이다.

父在母喪……아버지보다 母가 先亡하신 때.

嫡孫在爲祖母……孫子가 祖父는 生在하시는 때에 祖母가 먼저 돌아가신 承重喪.

夫爲妻……男便이 妻의 服을 입을 때.

婦在爲姑……며누리가 시아버지는 生在하시고 시어머니가 先亡하신 때 입는다.

四齊衰不杖朞……喪옷은 斬衰가 아니고 齊衰이요 期間은 一年이다.

孫爲祖父母……孫子가 할아버지의 服을 입는때.

伯叔父母……조카가 伯父母叔父母의 服을 입을 때.

兄弟間의 服……兄弟間에 입는다.

父爲衆子……父가 嫡子外의 아들의 服

爲嫡孫……祖父께서 生在하시고 큰孫子가 죽었을 때 叔伯父가 입는다.

爲兄弟之子……조카가 죽었을 때 叔伯父가 입는다.

舅姑爲嫡婦……시아버지 시어머니가 生存하시고 큰며누리가 죽었을 때 祖父가 嫡孫의 服을 입을 때. 舅姑가 큰 며누리의 服을 입는다.

婦爲夫兄弟之子……伯母叔母가 시조카들의 服을 입을 때.

同居繼父……의붓아버지의 服.

爲人後者本生之父母……養子를 간 아들이 生家의 父母의 服을 입는다.

五齊衰五月

曾祖父母……曾孫이 曾祖父 曾祖母의 服을 입을 때.

爲繼後父母……의붓할아버지의 服을 입을 때.

六齊衰三月

爲高祖父母……高祖父母의 服을 입을 때.

420

爲繼父…… 繼父가 同居하지 않고 딴집에 사는 의붓아버지의 服을 입을 때.

七 大功九月

爲伯叔之子…… 從兄從弟間에 입는다.

爲衆孫…… 祖父가 嫡孫以外의 孫子服을 입을 때.

爲衆子婦…… 父가 嫡子婦外에 子婦服을 입을 때.

爲兄弟子婦…… 伯父叔父가 姪婦의 服을 입을 때.

爲夫之祖父母與伯叔父母及兄弟之婦…… 女子가 시조부모 시댁숙백부모 조카며누리의 服을 입을 때.

夫爲人後爲其本生舅姑…… 男便이 養子를 갔을 境遇 生家의 父母服을 입는다.

八 山功五月

爲祖之兄弟…… 從孫이 從祖父의 服.

爲再從兄弟…… 再從間의 服.

爲兄弟之孫…… 從孫의 服.

爲外祖父母…… 外孫이 外祖父母의 服을 입을 때.

爲甥…… 外叔이 甥姪의 服을 입을 때.

爲舅…… 外叔의 服을 甥姪이 입을 때.

爲從母……姪母의 服.
爲兄弟之妻……兄嫂 弟嫂의 服.
爲夫之兄弟……夫의 兄弟服.
爲姉妹……동서끼리 입는 服.
九總麻九月…… 細布를 빨아 익혀서 빨아가지고 喪옷을 짓는다.
爲曾祖之兄弟及其妻……從曾祖父母의 服.
爲兄弟之曾孫……從曾孫의 服.
三從兄弟間의 服…… 三從間의 兄弟服.
爲曾孫玄孫…… 曾孫가 曾孫의 服.
爲外孫…… 外祖가 外孫子의 服.
爲庶孫婦…… 祖가 庶孫婦의 服.
爲妻之父母…… 사위가 妻의 父母服.
爲婿…… 丈人이 사위의 服.

朝祖祝

二、祝文式

請朝祖

遷柩廳事祝
　請遷柩干廳事

祖奠祝
　永遷之禮靈辰不留今奉　柩車式遵祖道

遷柩就轝祝
　今　遷柩就轝　敢告

遣奠祝
　靈輀旣駕往卽幽宅載陳遣禮　永訣終天

土地祝　一名山神祝
　維
歲次辛卯　十月癸卯朔　二十日壬戌　學生姓名　敢昭告于
土地之神　今爲某官姓名　營建宅兆　神其保佑　俾無後艱　謹以淸酌　脯醢祇薦于神　尙饗（平土後는
營建宅兆를 奄玆幽宅이라고한다。學生或은 幼學이라고하며 喪主外의 사람 特히 깨끗한 사람

(이 行祀한다)

題主祝

維

歲次辛卯 五月甲子朔 初五日甲申 그날이 그달의 初旬 十日以內면 初一日 初八日과 같이 初字를 꼭 記하나 中旬下旬이면 十五日 二十八日이라고 하며 初字를 쓰지 않는다.

孤子 某 但姓은 쓰지않고 名만을 쓴다. 그리고 母喪에는 哀子 父母俱沒하셨다면 孤哀子 承重喪 즉 父母가 일찍 돌아가신後 祖父喪이면 哀孫 祖父母가 俱沒하시면 孤哀孫이라고 쓰는 것이며 그外의 關係는 亡人과의 關係에 따라서 適合하게 쓰면 된다.

敢昭告于 妻나 弟以下는 敢字를 빼고 昭告于라 한다.

顯考學生府君 父親이면 如上하고 母親이면 顯妣孺人全州李氏라고 하며 承重喪이면 顯祖考學生府君 顯祖妣孺人全州李氏라고 하며 男便이면 顯辟學生府君이라고 하며 妻라면 故室孺人全州李氏라고 하며 子면 父告子某라 하는 것이 一般通禮다.

形歸窀穸 神返室堂 神主未成 魂魄因存 神主를 祠堂에 모시지 않을 때는 如上한다. 神主를 모시면 神主旣成이라고 쓰며 神主未成魂魄因存이라고 쓰지 않는다.

伏惟라고 하나 卑處에는 伏惟尊靈을 惟靈이라고만 쓴다. 舍舊從新 是憑是依

是憑是依라고 하나 神主未造即仍舊是依라고 한다.

虞祭祝

『維 歲次辛卯三月甲子十二日乙亥』 이때 初旬이면 初字를 쓰나 中旬十二日이라 初字를 쓰지 않고 十二日이라 한다. 孤子某 父喪에는 孤字某라고 姓은 쓰지 말고 이름만을 쓴다. 母喪에는 哀子 父母俱没하시었다면 孤哀子라고 한다. 承重에는 哀孫 孤哀孫이라고 쓴다. 三年이나 一年이나 忌祭後에는 孝子 孝孫이라고 한다. 父喪中에 繼母가 生在하시면 亦是 哀子라 한다.

『顯考學生府君』 父喪에는 顯考學生府君 母喪에는 顯妣孺人全州李氏라 한다. 承重喪에는 顯祖考學生府君 顯祖妣孺人全州李氏라 한다.

『敢昭告于』 題主祝을 詳見

叔父學生府君 顯妣孺人伯母全州李氏 伯叔父母喪에는 從子某敢昭告于 顯伯父學生府君 顯

于 兄學生府君 告嫂에는 嫂全州李氏 弟喪에는 弟某 敢昭告于 姉某氏 告兄에는 弟某 敢昭告

夫姓名 昭告于 亡人孺人全州李氏 告妻에는 亡室孺人全州李氏라 한다.

州李氏 敢昭告于 兄이 告弟에는 兄告于弟某 父가 告子에는 父告于子某라 한다.

學生府君 顯辟學生府君 告妻에는 姓名三字 妻가 告夫에는 主婦全

『日月不居 奄及初虞』 初虞祭는 初虞 再虞祭는 再虞 三虞祭는 三虞라고 한다.

詳禫祭는 禫祀 이와같이 行祀하는 祭事에 따라서 稱하면 된다.

425

「夙興夜處 哀慕不寧」 告子에는 悲念相屬心焉如毀 告弟에는 悲痛猥至情何可處 告兄에는 悲痛無已至情如何 告妻에는 悲悼酸苦不自勝堪라고 隨稱한다.

「謹以」 兄以上은 尊上은 謹以라고 하나 弟子妻等과 같이 卑下는 玆以라 한다.

「淸酌庶羞 哀薦祫事」 祫은 合也라 土地祭와 虞祭에 祫者는 與祖先으로 合安故로 預言祫이라 告兄에는 薦此祫事 告子弟妻에는 陳此祫事 再虞에는 虞事라 하고 三虞에는 成事라 하고 卒哭에 亦同하나 但其下에 云柔日躋祔于 祖考學生府君이라 하고 祖母에는 祖妣全州李氏라 하고 小詳 大詳 禫祭는 大詳祝大詳禫祭祝에 따라 行한다. 언제나 再虞는 柔日이니 已乙辛丁癸가 再虞日의 天干이라 萬若 墓所가 멀어 道中에서 柔日을 過하면 於行館에서 行事하고 三虞는 剛日이니 戊甲庚丙壬日이라 雖墓所가 遠하여 道中에 過剛日이라도 關之코 至家하여야 乃行한다. 卒哭이라고 함은 卒去盧幕中無時之哭하고 惟有朝夕哭於階下有時之哭이라 剛日에 行之하나니 未三月而葬即卒哭을 必待三月而行之하나니라. 尙

饗

卒哭祝

維

「歲次甲辰 五月癸卯朔 十六日丙午 孤子某」 虞祭祝과 題主祝을 詳見하고 分別한다.

敢昭告于

「顯考某官府君」 學生府君 通政大夫府君 崇祿大夫府君이라고 亡人相合稱

日月不居 奄及卒哭夙興夜處 哀慕不寧 叩地號天 五情靡潰 謹以淸酌 庶羞哀薦 成事

饗

小祥大祥祝

維

歲次甲辰 五月甲子朔 初五日戊辰 孝子某(虞祭祝을 詳見分別)

『敢昭告于』

顯考某官封諡府君 (虞祭祝 卒哭祝을 詳見하고 分別) 日月不居 奄及小祥 (大祥이면 大祥)

夙興夜處 小心畏忌 不惰其身 哀慕不寧 謹以 (虞祭祝을 詳見하고 分別한다)。

淸酌 庶羞哀薦常事 (大祥에는 大祥事)

尚

饗

禫祭祝

維

歲次甲辰 五月乙未朔 十六日丙午 孝子某 (虞祭祝을 詳見)

敢昭告于

顯考某官封諡君 (詳見虞祭祝) 日月不居 奄及禫祀 夙興夜處 小心畏忌 不惰其身 哀慕不寧 謹以

詳見虞祭祝　淸酌　庶羞哀薦　（詳見虞祭祝）　禫祀

饗

父母合祭祝

維

歲次甲辰　五月庚寅朔　初五日甲午　孝子某敢昭告于

顯考學生府君

顯妣孺人全州李氏　歲序遷易

顯妣孺人全州李氏　諱日復臨（妻弟以下는 亡日復至）追遠感時　昊天罔極（妻는　追遠感時昊天罔極이라고 하지 않고 不勝感愴이라고 쓴다。妻나　弟以下는　詳見虞祭祝）謹以（妻나　弟以下는　詳見虞祭祝）淸酌　庶羞恭伸　奠獻（妻나　弟以下는　陳此奠儀）尙

饗

祖父母合祭祝

維

歲次甲辰　四月辛酉朔　十五日乙亥　孝孫某　敢昭告于

顯祖考學生府君

顯祖妣孺人金海金氏　歲序遷易

顯祖考學生府君 （祖母忌祭日에는 顯祖妣孺人金海金氏） 諱日復臨 追遠感時 不勝永慕 謹以清酌

庶羞恭伸 奠獻

尙

饗

妻祭祝

維

歲次甲辰 五月庚寅朔 十一日辛丑 夫姓名 昭告于

故室孺人密陽朴氏 歲序遷易

亡日復至 追遠感時 不勝悲苦 玆以清酌 陳此奠儀

尙

饗

夫祭祝

維

歲次甲辰 五月庚寅朔 十二日壬寅 主婦某氏 敢昭告于

顯辟學生府君 歲序遷易

諱日復臨 追遠感時 昊天罔極 謹以清酌 庶羞恭伸 奠獻

尙

饗

時祭祝

維

歲次甲辰 十月癸卯朔 十三日癸酉 孝玄孫某 (五代면 五代 六代면 六代 孝玄孫 玄孫不參이면 代孝孫某)

敢昭告于

顯高祖考某官府君 (高祖면 高祖라하고 七代면 七代祖考라고 隨稱한다) 顯高祖妣某封某氏 (考妣시면 不勝永慕를 昊天罔極이라 함) 謹以淸酌 庶羞祗薦 歲事

饗

改莎草祝

維

歲次壬寅 三月戊子朔 十五日代寅 某 敢昭告于 (某敢昭告于는 行事하는 子孫의 代에 隨稱한다)

顯祖考學生府君 (先代數에 따라서 稱墓合하며 母墓시면 顯妣孺人全州李氏) 之墓 伏以封築不謹 歲久頹圮 將加修治 伏惟

尊靈 不震不驚

莎草後慰安祝

維

墓祭祝

維

歲次甲辰 五月庚寅朔 初五日甲午 某 敢昭告于

顯祖考學生府君之墓 氣序流易 雨露既濡 瞻掃封塋 不勝感慕 謹以清酌 庶羞祗薦歲事 尚

饗

改葬祝 舊墓啓墓祝

維

歲次甲辰 五月庚寅朔 十五日甲午 某 敢昭告于

顯某親某官府君 葬于玆地 歲月玆久 體魄不寧 今將改葬 伏惟

尊靈 永世是寧

顯祖考學生府君之墓 墳宅崩頹 既封既莎 伏惟

歲次甲辰 三月代子朔 十五日代寅 某 敢昭告于

祠土地祝

維

歲次甲辰 五月庚寅朔 十五日甲午 幼學某 敢昭告于

尊露 不震不驚

土地之神 今爲某官某 宅兆不利 將改葬于 此神其保佑 俾無後難 謹以淸酌 脯醢祗薦于神

尙

饗

改葬後祠土祝

土地祝인 山神祝文을 評見

改葬後虞祭祝

維

歲次甲辰 五月庚寅朔 十五日甲午 某 敢昭告于

顯某親某官府君 新改幽宅 禮畢終虞 夙夜不寧 啼號罔極 謹以淸酌 庶羞祗薦虞事尙

饗

紙 榜

紙榜은 俗人이 男子가 벼슬이 없고 無官이면 學生이라고 하니 그 配位는 孺人이라고 하나 舊代의 官職으로 男子가 正一品의 崇祿大夫라면 그 配位는 崇祿大夫官이 아니라 貞敬夫人이라고 쓰는 것이라. 前記의 祝例에 學生 孺人이라 하였으나 그 官職에 相合하게 祝이나 紙榜을 쓰는 法이다. 古代의 官職은 正一品崇祿大夫 崇政大夫 資憲大夫 通政大夫 通訓大夫 嘉善大夫 通訓大夫 靈光郡守 等等의 職分이 있었으나 아직 禮儀簡素만을 一般이 알고 禮部 즉 文敎關係에서 詳細한 職分이 없으니 亡人의 官職에 過不足이 없이 그 子孫이 쓰는 것이 亡

人에 對한 子孫의 仕事가 된다고 믿어지며 俗間에 通用하는 法만을 쓰자면 아래와 같다.

高祖父母의 紙榜
　顯祖高學生府君　神位
　顯高祖妣孺人全州李氏　神位

曾祖父母의 紙榜
　顯曾祖考學生府君　神
　顯曾祖妣孺人金海金氏　神位

祖父母二位의 紙榜
　顯祖考學生府君　神位
　顯祖妣孺人安東權氏　神位
　顯祖妣孺人義城金氏　神位

父母二位의 紙榜
　顯考學生府君　神位
　顯妣孺人密陽朴氏　神位

男便의 紙榜
　顯辟學生府君　神位

妻의 紙榜
　故室孺人全州李氏　神位

地理 八十八向眞訣(山書)

初版 發行●1968年　10月　5日
14版 發行●2006年　3月　7日

著　者●金　明　濟
發行者●金　東　求
發行處●明　文　堂
서울특별시 종로구 안국동 17~8
대체　010041-31-001194
전화　(영) 733-3039, 734-4798
　　　(편) 733-4748
FAX 734-9209
Homepage www.myungmundang.net
E-mail mmdbook1@kornet.net
등록　1977. 11. 19. 제1~148호

●낙장 및 파본은 교환해 드립니다.
●불허복제·판권 본사 소유.

정가 15,000원
ISBN 89-7270-804-6　14150

明文易學叢書

1) (秘傳)**姓名大典** 曺鳳佑 著 값 15,000원
2) (奇學精說) 李奇穆 著 값 12,000원
3) (修正增補)알기쉬운 **擇日全書** 韓重洙 著 값 12,000원
4) (玉衡)**韓國地理總攬** 池昌龍 著 값 10,000원
5) (風水地理)**明堂全書**(特別版) 徐善繼·徐善述 著 韓松溪 譯 값 8,000원
6) **姓名學精說** 黃國書 著 값 15,000원
7) (秘傳)**四柱大典** 金于齋·柳在鶴 編譯 값 15,000원
8) **窮通寶鑑精解** 崔鳳秀·權伯哲 講述 값 25,000원
9) **陰陽五行의 槪論** 申天浩 編著 값 12,000원
10) (增補)**淵海子平精解** 沈載烈 講述 값 25,000원
11) **命理正宗精解** 沈載烈 講述 값 25,000원
12) **四柱와 姓名學** 金于齋 著 값 15,000원
13) **方位學入門** 全泰樹 編譯 값 8,000원
14) **姓名學全書** 朴眞永 編著 값 15,000원
15) (알기쉬운)**易數秘說** 沈鍾哲 編著 값 6,000원
16) (命理叢書)**三命通會** 朴一宇 編著 값 30,000원
17) (地理)**八十八向眞訣** 金明濟 著 값 15,000원
18) **奇門遁甲** 申秉三 著 값 6,000원
19) (正統秘傳)**四柱寶鑑** 金栢滿 著 값 15,000원
20) **擇日大要** 高光震 著 값 12,000원
21) (地理明鑑)**陰宅要訣全書** 金榮昭 譯編 값 15,000원
22) (詳解)**手相大典** 曺誠佑 著 값 9,000원
23) **命理精說** 李俊雨 編著 값 25,000원
24) **易占六爻全書** 韓重洙 編著 값 15,000원
25) **現代四柱推命學** 曺誠佑 編著 값 15,000원
26) (陰宅明鑑)**青松地理便覽** 金榮昭 編著 값 7,000원
27) **六壬精斷** 李在南 著 값 20,000원
28) **六壬精義** 張泰相 編著 값 15,000원
29) (自解秘傳)**四柱大觀** 金于齋 著 값 6,500원
30) (秘傳詳解)**相法全書** 曺誠佑 編著 값 9,000원
31) (地理)**羅經透解** 金東圭 譯著 값 6,000원
32) (四柱秘傳)**滴天髓** 金東圭 譯 값 15,000원
33) **滴天髓精解** 金于齋 譯編 값 15,000원
34) (新橋)**洪煙眞訣精解** 金于齋 編著 값 6,500원
35) **卜筮正宗精解** 金于齋·沈載烈 共著 값 12,000원
36) (風水地理)**九星學** 金東圭 編著 값 4,000원
37) (自解秘傳)**觀相大典** 曺誠佑 著 값 15,000원
38) (自解秘傳)**萬方吉凶寶典** 金于齋·李相哲 共著 값 15,000원
39) **九星學(氣學)入門** 金明濟 著 값 10,000원
40) (陰宅明鑑)**地理十訣** 金榮昭 編譯 값 8,000원
41) (完譯)**麻衣相法**(全) 曺誠佑 譯 값 20,000원
42) **易理學寶鑑** 韓宗秀 外 編 값 6,000원
43) **象理哲學** 趙明彦 著 값 9,000원
44) **易學原理와 命理講義** 曺誠佑 著 값 9,000원
45) (的中)**周易身數秘傳** 許充 著 값 12,000원
46) (自解)**八字大典** 金于齋 著 값 7,000원
47) **人生三八四爻** 이해수 編著 값 5,000원
48) (四柱秘傳)**紫微斗數精解** 金于齋 著 값 7,000원
49) **姓名大學** 蔡洙岩 編著 값 10,000원
50) (風水地理學)**人子須知** 金富根 監修 金東圭 譯 값 35,000원
51) (傳統)**風水地理** 林鶴燮 編著 값 12,000원
52) **周易作名法** 李尙昱 著 값 12,000원
53) **九宮秘訣** 金星旭 編著 값 15,000원
54) **占卜術入門** 全泰樹 編譯 값 7,000원
55) **命理學原論** 李相奎 著 값 10,000원
56) **四柱運命學의 精說** 金讚東 著 값 15,000원
57) **陽宅秘訣** 金甲千 著 값 25,000원
58) **戊己解** 金明濟 著 값 15,000원
59) **新命理學** 安成雄 著 값 10,000원
60) **里程標 經般圖解** 金東圭 編著 값 20,000원
61) (四柱詳論)**紫微斗數** 韓重洙 著 값 10,000원
62) **滴天髓闡微** 金東圭 譯 값 35,000원
63) **택일은 동양철학의 꽃이다**(協紀辨方) 값 30,000원
64) (秘傳)**風水地理全書** 金甲千 編著 값 35,000원
65) **命理正解 와 問答** 崔志山 著 값 20,000원